Sportpraxis

Die Buchreihe *Sportpraxis* informiert in praxisorientierten und wissenschaftlich fundierten Einzelbänden über die Ausführung gängiger Sportarten. Jeder Reihentitel greift eine spezifische Sportart auf und beantwortet die übergeordnete Frage: „Wie wird diese Sportart in der Praxis ausgeführt?".

Die Bücher sind didaktisch-methodisch ausgelegt, enthalten viele Beispiele und überzeugen durch eine kompakte und übersichtliche Aufmachung. Zahlreiche Fotos und Abbildungen erleichtern den Transfer in die praktische Anwendung. Die Mehrzahl der Einzelbände enthält zudem Videoausschnitte – beispielsweise von Technik- oder Taktikelementen – die mithilfe der kostenlosen SN More Media App gestreamt werden können.

Die Reihe richtet sich insbesondere an Sport-Studierende mit Praxismodulen, Trainer*innen im Vereinssport und Freizeitsportler*innen. Die Autorinnen und Autoren der Reihentitel lehren und forschen an Universitäten, sind selbst als Trainer*in aktiv oder engagieren sich in den Dachverbänden der jeweiligen Sportarten.

Philipp Born · Ralph Grambow ·
Dominik Meffert

Tennis – Das Praxisbuch für Studium, Training und Freizeitsport

 Springer Spektrum

Dr. Philipp Born
Institut für Vermittlungskompetenz
in den Sportarten, Abt. 1, Deutsche
Sporthochschule Köln
Köln, Deutschland

Dr. Ralph Grambow
Institut für Vermittlungskompetenz
in den Sportarten, Abt. 1, Deutsche
Sporthochschule Köln
Köln, Deutschland

Dr. Dominik Meffert
Institut für Vermittlungskompetenz
in den Sportarten, Abt. 1, Deutsche
Sporthochschule Köln
Köln, Deutschland

Die Online-Version des Buches enthält digitales Zusatzmaterial, das berechtigten Nutzern durch Anklicken der mit einem „Playbutton" versehenen Abbildungen zur Verfügung steht. Alternativ kann dieses Zusatzmaterial von Lesern des gedruckten Buches mittels der kostenlosen Springer Nature „More Media" App angesehen werden. Die App ist in den relevanten App-Stores erhältlich und ermöglicht es, das entsprechend gekennzeichnete Zusatzmaterial mit einem mobilen Endgerät zu öffnen.

ISSN 2662-9542   ISSN 2662-9550   (electronic)
Sportpraxis
ISBN 978-3-662-70465-3   ISBN 978-3-662-70466-0   (eBook)
https://doi.org/10.1007/978-3-662-70466-0

Die Deutsche Nationalbibliothek verzeichnet diese Publikation in der Deutschen Nationalbibliografie; detaillierte bibliografische Daten sind im Internet über https://portal.dnb.de abrufbar.

Einbandabbildung: © Amonthep / Generiert mit KI / Stock.adobe.com

Planung/Lektorat: Ken Kissinger
Springer Spektrum ist ein Imprint der eingetragenen Gesellschaft Springer-Verlag GmbH, DE und ist ein Teil von Springer Nature.
Die Anschrift der Gesellschaft ist: Heidelberger Platz 3, 14197 Berlin, Germany

Wenn Sie dieses Produkt entsorgen, geben Sie das Papier bitte zum Recycling.

Springer Nature More Media App

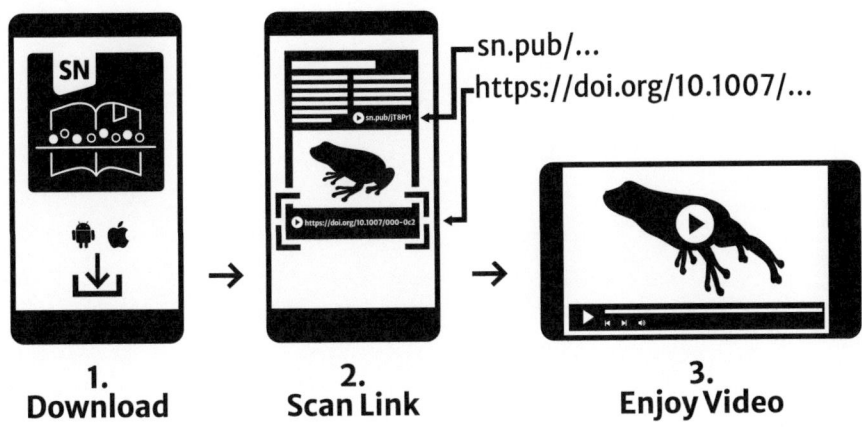

sn.pub/...
https://doi.org/10.1007/...

1.
Download

2.
Scan Link

3.
Enjoy Video

Support: customerservice@springernature.com

Genderhinweis

Den Autorinnen und Autoren liegt eine gleichberechtigte Ansprache aller geschlechtlichen Identitäten am Herzen. In diesem Buch werden je nach konkretem Anwendungsfall sowohl Doppelnennungen (für den Duden die höflichste Variante der sprachlichen Gleichstellung), Neutralisierung (sofern diese nicht missverständlich ist) und die männliche oder weibliche Schreibweise zugelassen. An Stellen, an denen es möglich ist, wurde das Gender-Sternchen als typographisches Zeichen/Wortzusatz verwendet. In Fällen, in denen der Lesefluss durch komplizierte Genderschreibweisen massiv gestört wird, wurden auch einzelne geschlechtliche Identitäten zugelassen. Hier wurde darauf geachtet, dass gleichermaßen männliche und weibliche Beispiele Verwendung fanden. Der jeweilige Kontext sollte zudem verdeutlichen, dass in der Regel immer alle Geschlechtsidentitäten angesprochen werden.

Vorwort der Autoren

Dieses Lehrbuch richtet sich an alle an der Sportart Tennis interessierten und bestenfalls gleichermaßen von ihr begeisterten Menschen, die unsere Sportart neu oder auch genauer kennenlernen, sich weiter verbessern oder aber sie anderen Menschen vermitteln wollen. Es ist daher unerheblich, ob und auf welchem Niveau Sie selbst bereits spielen, ob und in welcher Häufigkeit Sie bereits Tennis vermitteln. Ziel dieses Buches ist es allen Leser*innen einen Überblick über die vielen verschiedenen Facetten des Tennissports zu geben, angefangen mit theoretischen Grundlagen, sei es zur historischen Entwicklung, den bestehenden Strukturen oder auch den Leistungsfaktoren der Sportart. Neben praktischen Kurzbeschreibungen aller Tennistechniken in Verbindung mit Übungsreihen zum Erlernen eben dieser, dürfen natürlich Informationen zur Taktik, und wie die Chancen erfolgreich zu spielen gesteigert werden können, nicht fehlen. Dies gilt gleichermaßen für die Leser*innen die Ihre eigene Technik und Taktik verbessern wollen, aber auch für alle Trainer*innen, die eben diese Ziele in Ihren eigenen Trainingsgruppen erfolgreich vermitteln wollen. Darüber hinaus bietet Ihnen dieses Lehrbuch neben Einblicken in alle dem Para-Tennis zugehörigen Sportarten (Rollstuhl-, Gehörlosen- und Blindentennis sowie Tennis von Sportler*innen mit geistiger Behinderung), zudem auch Einblicke in dem Tennis verwandte Sportarten wie Padel, Beachtennis oder Pickleball. Für bereits aktive, aber auch für angehende Trainer*innen, bietet sich die Chance auf Grundlage der Inhalte dieses Buches den eigenen Vermittlungsansatz zu reflektieren, zu ergänzen oder zu erschaffen. In diesem Zusammenhang sei insbesondere die in Kap. 9 zu findende Sammlung an Trainings- und Spielformen erwähnt, die nach Themenschwerpunkten geordnet alle dem Tennissport zugehörigen Aspekte bedient. Dabei erhalten Sie transferfähiges Wissen, welches einerseits auf andere Sportarten übertragbar ist, andererseits aber auch in den verschiedensten Kontexten zur Anwendung kommen kann. Neben der wissenschaftlichen Fundierung aller dargestellten Inhalte bietet dieses Lehrbuch ebenso eine umfangreiche Auswahl an Lehr- und Lern- Videos.

Und nun viel Freude beim Lesen des Buches!

Philipp Born   Ralph Grambow   Dominik Meffert

Einleitung

Eine zentrale Aufgabe im Sportstudium ist die Auseinandersetzung mit den jeweiligen (technischen und taktischen) Anforderungen eines Sportspiels, welche anhand verschiedener Trainings-, Spiel- und Wettkampfformen eingeübt, trainiert und angewendet werden können. Zudem werden im Rahmen des Studiums auch interdisziplinäre Fragestellungen aus den Bereichen Natur-, Sozial- und Geisteswissenschaft thematisiert und auf ihre Relevanz für die jeweilige Sportart hin untersucht. Dies umfasst beispielsweise historische Hintergründe, bewegungs- und trainingswissenschaftliche Erkenntnisse, aber auch soziale und psychologische Zusammenhänge, welche in der Folge am Beispiel der Sportart Tennis mittels dieses Buches erörtert und veranschaulicht werden. Daher möchte dieses Buch neben allen Tennis-Interessierten vor allem alle Sportstudierenden mit Praxismodulen sowie Trainer*innen und Übungsleiter*innen aus dem Breiten-, Freizeit- und Leistungssport erreichen und ihnen als Wegweiser dienen. Hierbei kann es für die eigene persönliche Entwicklung in der Sportart Tennis eingesetzt werden, aber auch bei der Vermittlung dieser an Spieler*innen und zukünftige Trainer*innen behilflich sein. Anhand der breit gefächerten Auswahl von Trainings- und Spielformen, aber auch der Angabe vielfältiger Variationsmöglichkeiten wird sichergestellt, dass dieses Buch für alle Tennisniveaus anwendbar ist. Dabei werden auch Themeninhalte wie das Para-Tennis und dem Tennis verwandte Sportarten wie Padel einbezogen, wobei als grundsätzliches Credo dieses Lehrbuches immer die Frage „Wie lerne (und vermittle) ich die Sportart Tennis?" für alle Tennis-Interessierten beantwortet werden soll.

Der Aufbau dieses Buches sieht vor, dass alle für den Tennissport relevanten Themenbereiche behandelt und in abgeschlossenen Kapiteln zusammengefasst und niedergeschrieben wurden. Jedoch ist es unabdingbar, dass es immer wieder zu Verzahnungen innerhalb der Sportart und somit auch innerhalb dieses Lehrbuches kommt. Bspw. sind Korrekturhinweise in nahezu allen Themengebieten relevant, sei es im Technik- oder Taktiktraining, aber auch im methodisch-didaktischen Zusammenhang und beim Einsatz digitaler Medien sowie abschließend im umfassenden Pool der Trainings- und Spielformen. Damit diese Überschneidungen sichtbar und nachvollziehbar gemacht werden, arbeitet dieses Buch mit Querverweisen, die es den Leser*innen ermöglichen sollen, themenbasiert innerhalb der verschiedenen Kapitel zu springen, falls eine thematische Akzentuierung vorgenommen werden soll. Die Inhalte dieses Buches, basierend auf Erkenntnissen des Spitzensports, sind so beschrieben, dass sie von allen Tennis-Interessierten erfolgsversprechend eingesetzt werden können. Jedoch gilt es, den jeweiligen Kontext, bspw. das eigene Spielniveau oder die zu unterrichtenden Zielgruppen, individuell zu beachten und ggf. Anpassungen bzw. Vereinfachungen vorzunehmen. So kann es im Breitensport als Ziel ausreichend sein, einen Aufschlag ins Feld zu servieren, während im Leistungstennis dieser mit Drall, Präzision und Geschwindigkeit aufgeschlagen werden muss.

Dieses Lehrbuch soll als Anregung dienen, sich vertiefend (oder auch erstmals) mit der Sportart Tennis zu befassen, dabei Einblicke in die Historie, aber auch aktuelle Entwicklungen sowie professionelle Strukturen kennenzulernen und für den eigenen Werdegang im Sport zu nutzen. Großteile der abgebildeten Trainings- und Spielformen können auch ohne Trainer*in auf dem Platz und mit leichter Differenzierung, sowohl in allen Leistungs- und Erfahrungsstufen als auch im Rollstuhltennis sowie im Sinne eines sportartübergreifenden Transfers, angewendet werden.

Inhaltsverzeichnis

1 Die Grundlagen der Sportart Tennis.......................... 1
  1.1 Entstehung und Geschichte – von „Jeu de Paume"
        bis zu den „Big Three"............................. 2
  1.2 Spielidee, Regeln, der Tennisplatz und die Zählweise.......... 6
  1.3 Tennisschläger und -bälle, Platzbeläge 9
  1.4 Sicherheit und Verletzungsprophylaxe auf dem Tennisplatz 10
  1.5 Internationale und nationale Verbandsstrukturen.............. 13
        1.5.1 Wettkampftennis in Deutschland.................... 14
  1.6 Professioneller Tennissport 15
        1.6.1 Spielervereinigungen WTA und ATP................. 15
        1.6.2 Ranglistensystem................................ 16
        1.6.3 Turnierstrukturen 16
        1.6.4 Anforderungen an professionelle Tennisspieler*innen 18
  1.7 Para-Tennis: Tennis für Menschen mit Behinderung........... 19
        1.7.1 Rollstuhltennis 19
        1.7.2 Gehörlosentennis 20
        1.7.3 Blindentennis 21
        1.7.4 Tennis von Sportler*innen mit geistiger
                Behinderung..................................... 22
  1.8 Tennis-verwandte Sportarten: Padel, Beachtennis &
        Pickleball 22
        1.8.1 Padel... 23
        1.8.2 Beachtennis 29
        1.8.3 Pickleball 31
  Literatur.. 32

2 Anforderungsprofil und Matchstruktur...................... 35
  2.1 Anforderungsprofil und Leistungsfaktoren 36
        2.1.1 Koordination.................................... 38
                2.1.1.1 Koordinationstraining 41
        2.1.2 Kondition 42
                2.1.2.1 Konditionstraining......................... 46
                2.1.2.2 Komplextraining 53

        2.1.3   Psyche 53
                2.1.3.1   Psychologisch orientiertes Training 55
  2.2   Matchstruktur.. 58
  2.3   Ballwechsellänge 59
        2.3.1   Bedeutung der (erweiterten) Spieleröffnung 62
        2.3.2   Tennis – ein Fehlersport......................... 64
        2.3.3   Zonen des Tennisplatzes......................... 66
  Literatur.. 70

3   Technik und Techniktraining............................... 75
  3.1   Funktionale Bewegungsanalyse (FBA) 76
  3.2   Prinzipien des Bewegungssehens, der Fehleranalyse und der
       Fehlerkorrektur...................................... 77
  3.3   Schlagtechniken 84
        3.3.1   Aufschlag....................................... 84
                3.3.1.1   Gerader Aufschlag....................... 84
                3.3.1.2   Slice-Aufschlag.......................... 84
                3.3.1.3   Kick-Aufschlag.......................... 85
                3.3.1.4   Methodische Reihe zum Erlernen des
                          Aufschlags............................. 85
        3.3.2   Return... 89
                3.3.2.1   defensiver Return/Slice Return 89
                3.3.2.2   offensiver Return......................... 90
        3.3.3   Vorhand 90
                3.3.3.1   Vorhand-Topspin......................... 90
                3.3.3.2   Vorhand-Slice 91
                3.3.3.3   Methodische Reihe zum Erlernen der
                          Vorhand-Topspin......................... 91
        3.3.4   Rückhand 96
                3.3.4.1   Rückhand-Topspin 96
                3.3.4.2   Rückhand-Slice.......................... 97
                3.3.4.3   Methodische Reihe zum Erlernen der
                          beidhändigen Rückhand-Topspin 98
                3.3.4.4   Methodische Reihe zum Erlernen der
                          einhändigen Rückhand-Topspin 102
                3.3.4.5   Methodische Reihe zum Erlernen des
                          Rückhand-Slice.......................... 106
        3.3.5   Volley... 108
                3.3.5.1   Vorhand-Volley 108
                3.3.5.2   Rückhand-Volley......................... 108
                3.3.5.3   Halbvolley.............................. 109
                3.3.5.4   Topspin-Volley 109
                3.3.5.5   Methodische Reihe zum Erlernen des
                          Vorhand-Volleys 109
                3.3.5.6   Methodische Reihe zum Erlernen des
                          Rückhand-Volleys........................ 112

	3.3.6	Schmetterball	115
		3.3.6.1 Rückhand-Schmetterball	115
		3.3.6.2 Methodische Reihe zum Erlernen des Schmetterballs	116
	3.3.7	Lob	118
	3.3.8	Stoppball	119
		3.3.8.1 Video zum Erlernen des Rückhand-Stoppballs	119
3.4	Techniktraining		120
	3.4.1	Stufen des Techniktrainings	120
	3.4.2	Prinzipien des Techniktrainings	121
	3.4.3	Trainer*innen-Rolle und Unterrichtsmaßnahmen im Techniktraining	122
Literatur			124

4 Taktik und Taktiktraining 125
4.1	Strategie und Taktik	125
4.2	Taktische Handlung	126
4.3	Einzeltaktik	127
4.4	Doppeltaktik	130
	4.4.1 Taktische Prinzipien	130
	4.4.2 Kommunikation/Absprachen/Zeichensprache	133
4.5	Taktiktraining	134
	4.5.1 Trainer*innen-Rolle und Unterrichtsmaßnahmen im Taktiktraining	138
Literatur		141

5 Beinarbeit 143
5.1	Bedeutung der Beinarbeit	143
5.2	Positionierung auf dem Platz	145
5.3	Laufwege	148
5.4	Beinarbeits-Techniken	150
5.5	Training der Beinarbeit	152
Literatur		152

6 Zuspielvariationen 155
6.1	Zu- und Anwurf	156
6.2	Zu- und Anspiel	157
6.3	Mitspiel	159
Literatur		160

7 Methodik, Didaktik, Organisation 161
7.1	Zielgruppen	162
7.2	Methodische Konzeptionen	163
7.3	Play+Stay	166
	7.3.1 Low-T-Ball	171

| | 7.3.2 | Tennis 10s | 172 |

        7.3.2   Tennis 10s.................................... 172
        7.3.3   Tennis Xpress................................. 173
    7.4   Differenzierung 173
    7.5   Planung und Aufbau einer Trainingseinheit.................. 175
    7.6   Tenniscamps... 177
    Literatur... 178

8   Einsatz digitaler Medien................................... 179
    8.1   Einsatz digitaler Medien im Training...................... 179
    8.2   Einsatz digitaler Medien in der Matchanalyse................ 182
    Literatur... 182

9   Trainings- und Spielformen................................ 185
    9.1   Schwerpunkt Warm-up.................................. 186
    9.2   Schwerpunkt Einspielen................................. 206
    9.3   Schwerpunkt Technik................................... 210
    9.4   Schwerpunkt Taktik 221
    9.5   Schwerpunkt Koordination 238
    9.6   Schwerpunkt Kondition 252
    9.7   Schwerpunkt Mentale Stärke 263
    9.8   Schwerpunkt Doppel 272
    9.9   Schwerpunkt Beinarbeit................................. 281
    9.10 Schwerpunkt Padel..................................... 284
    Literatur... 291

10   Schlussworte 293

Stichwortverzeichnis... 295

Abkürzungsverzeichnis

ATP	Association of Tennis Professionals
bspw.	beispielweise
bzw.	beziehungsweise
cm	Zentimeter
CRM	Contract-Relax-Method
DVZ	Dehnungs-Verkürzungs-Zyklus
DTB	Deutscher Tennis Bund
Etc.	et cetera
Evtl.	eventuell
FBA	Funktionale Bewegungsanalyse
FFT	Fédération Française de Tennis
HIT	High-Intensity-Training
HIIT	High-Intensity-Intervall-Training
HVT	hoch-volumiges Ausdauertraining
ITF	International Tennis Federation
LFG	Lehr- und Forschungsgebiet
LK	Leistungsklasse
LTA	Lawn Tennis Association
m	Meter
max.	maximal
min.	mindestens
Min.	Minute
o. ä.	oder ähnliches
Sek.	Sekunde
TA	Tennis Australia
u. a.	unter anderem
USTA	United States Tennis Association
usw.	und so weiter
u. U.	unter Umständen
vgl.	Vergleiche
WTA	Women's Tennis Association
z. B.	zum Beispiel

Abbildungsverzeichnis

Abb. 1.1   Tennisplatz mit allen Längen- und Höhenmaßen.   6

Abb. 1.2   Rollstuhl-Tennisspieler, während einer sogenannten „Reverse-
Backhand", die mit dem gleichen Griff wie die Vorhand
geschlagen wird und im Rollstuhltennis üblich ist. Die Nicht-
Schlaghand ist währenddessen am Greifreifen des Sportrollstuhls, der sich durch die schräge Achsen-Stellung sowie das
hintere Stützrad auszeichnet (Foto: Stefan
Brendahl)   20

Abb. 1.3   Blindentennisbälle in zwei verschiedenen Farben (Mitte),
Blindentennisball inkl. „Innenleben" (mit Metallstiften
gefüllter Plastikgolfball) (unten), sowie zum
Größenvergleich ein Stage 2 Tennisball (oben)   21

Abb. 1.4   Padelschläger inkl. Handschlaufe   24

Abb. 1.5   Der Padelplatz und seine Maße (eigene Abbildung)   24

Abb. 1.6   Beachtennis-Schläger und Bälle   30

Abb. 1.7   Pickleball Feld mit allen Linien und Entfernungen   32

Abb. 2.1   Koordinative Anforderungen von Bewegungsaufgaben
(nach Neumaier, 2009).   40

Abb. 2.2   Konditionelle Fähigkeiten in ihrer Bedeutungs-Hierarchie
innerhalb der Tennisspezifischen Kondition   43

Abb. 2.3   Schnelligkeit inklusive der drei Teilfähigkeiten Reaktions-,
Lauf- und Schlagschnelligkeit   43

Abb. 2.4   Kraft inkl. der vier Teilfähigkeiten Maximalkraft,
Schnellkraft, Reaktivkraft und Kraftausdauer   44

Abb. 2.5   Die drei im Tennis bedeutenden konditionellen
Mischformen Schnellkraft, Schnelligkeitsausdauer und
Schnellkraftausdauer   45

Abb. 2.6   Plank in der Grundform   48

Abb. 2.7   Plank mit einem Bein in der Luft.   48

Abb. 2.8   Plank mit einem Arm in der Luft   48

Abb. 2.9   Plank mit einem Arm und einem Bein in der Luft   49

Abb. 2.10 Video „Plank Variationen"
(▶ https://doi.org/10.1007/000-dj8)   49

Abb. 2.11   Video „Movement Preparation Übungen"
            (▶ https://doi.org/10.1007/000-dj7)   50
Abb. 2.12   Zonenaufteilung des Platzes nach Born et al. (2021).   67
Abb. 2.13   Die verbotene Zone, die um das T-Kreuz herum liegt   68
Abb. 2.14   Aufschlagzonen nach Born (2017); Abkürzungen:
            w = wide/außen, b = body/Körper, t = t-cross/T-Kreuz   69
Abb. 3.1   Prozess des Bewegungssehens, der Fehleranalyse und der
            Fehlerkorrektur.   78
Abb. 3.2   Zeitliche Intervalle innerhalb eines Korrekturprozesses   80
Abb. 3.3   Griffhaltung Aufschlag
            (▶ https://doi.org/10.1007/000-dkw)   85
Abb. 3.4   Schritt 1.1 der methodischen Reihe zum Erlernen des
            Aufschlags. Fokus auf die Hauptaktion (hinten-unten nach
            vorne-oben) und Anwurf
            (▶ https://doi.org/10.1007/000-dja)   86
Abb. 3.5   Schritt 1.2 der methodischen Reihe zum Erlernen des
            Aufschlags. Fokus auf die erweiterte Hauptaktion aus
            der Heiligenschein-Position
            (▶ https://doi.org/10.1007/000-djb)   87
Abb. 3.6   Schritt 2 der methodischen Reihe zum Erlernen des
            Aufschlags. Fokus auf die Auftaktbewegung
            (▶ https://doi.org/10.1007/000-djc)   88
Abb. 3.7   Schritt 3 der methodischen Reihe zum Erlernen des
            Aufschlags. Fokus auf die Zusammenführung der
            Teilbewegungen (▶ https://doi.org/10.1007/000-djd).   89
Abb. 3.8   Schritt 4 der methodischen Reihe zum Erlernen des
            Aufschlags. Fokus auf die komplette Aufschlagbewegung
            inkl. Oberkörper- und Beineinsatz
            (▶ https://doi.org/10.1007/000-dje)   90
Abb. 3.9   Griffhaltung Vorhand Option 1: Schläger vom Boden
            aufheben (▶ https://doi.org/10.1007/000-djf).   92
Abb. 3.10   Griffhaltung Vorhand Option 2: Handshake
            (▶ https://doi.org/10.1007/000-djg)   93
Abb. 3.11   Schritt 1 der methodischen Reihe zum Erlernen der Vorhand
            Topspin. Fokus auf die Hauptaktion von hinten-unten nach
            vorne-oben (▶ https://doi.org/10.1007/000-djh).   93
Abb. 3.12   Schritt 1.2 der methodischen Reihe zum Erlernen der
            Vorhand Topspin. Fokus auf die erweiterte Hauptaktion
            (▶ https://doi.org/10.1007/000-djj).   94
Abb. 3.13   Schritt 2 der methodischen Reihe zum Erlernen der Vorhand
            Topspin. Fokus auf die Ausholbewegung und den Spin
            (▶ https://doi.org/10.1007/000-djk)   94
Abb. 3.14   Schritt 3 der methodischen Reihe zum Erlernen der Vorhand
            Topspin. Kompletter Schlag aus halb-offener Stellung
            (▶ https://doi.org/10.1007/000-djm).   95

Abb. 3.15 Schritt 4.1 der methodischen Reihe zum Erlernen der
           Vorhand Topspin. Kompletter Schlag inkl. Split-Step aus
           offener Stellung (▶ https://doi.org/10.1007/000-djn) 96
Abb. 3.16 Schritt 4.2 der methodischen Reihe zum Erlernen der
           Vorhand Topspin. Kompletter Schlag inkl. Split-Step
           aus geschlossener Stellung
           (▶ https://doi.org/10.1007/000-djp) 97
Abb. 3.17 Schritt 5.1 der methodischen Reihe zum Erlernen der
           Vorhand Topspin. Kompletter Schlag aus der Bewegung
           (offene Stellung) (▶ https://doi.org/10.1007/000-djq) 98
Abb. 3.18 Schritt 5.2 der methodischen Reihe zum Erlernen der
           Vorhand Topspin. Kompletter Schlag aus der Bewegung
           (geschlossene Stellung)
           (▶ https://doi.org/10.1007/000-djr). 98
Abb. 3.19 Griffhaltung beidhändige Rückhand. Schläger mit der linken
           Hand vom Boden aufheben, rechte Hand kommt von oben
           dazu (▶ https://doi.org/10.1007/000-djs) 99
Abb. 3.20 Schritt 1 der methodischen Reihe zum Erlernen der
           beidhändigen Rückhand-Topspin. Vorübung: Vorhand mit der
           linken Hand (▶ https://doi.org/10.1007/000-djt) 100
Abb. 3.21 Schritt 1.2 der methodischen Reihe zum Erlernen der
           beidhändigen Rückhand-Topspin. Fokus auf die Hauptaktion
           (▶ https://doi.org/10.1007/000-djv) 101
Abb. 3.22 Schritt 1.3 der methodischen Reihe zum Erlernen der
           beidhändigen Rückhand-Topspin. Fokus auf die erweiterte
           Hauptaktion (▶ https://doi.org/10.1007/000-djw) 102
Abb. 3.23 Schritt 2 der methodischen Reihe zum Erlernen der
           beidhändigen Rückhand-Topspin. Fokus auf die
           Ausholbewegung und den Spin
           (▶ https://doi.org/10.1007/000-djx) 102
Abb. 3.24 Schritt 3 der methodischen Reihe zum Erlernen der
           beidhändigen Rückhand-Topspin. Beidhändige Rückhand aus
           der Bereitschaftsstellung
           (▶ https://doi.org/10.1007/000-djy) 103
Abb. 3.25 Schritt 4 der methodischen Reihe zum Erlernen der
           beidhändigen Rückhand-Topspin. Beidhändige
           Rückhand inkl. Split-Step aus geschlossener Stellung
           (▶ https://doi.org/10.1007/000-djz) 104
Abb. 3.26 Schritt 5.1 der methodischen Reihe zum Erlernen der
           beidhändigen Rückhand-Topspin. Kompletter Schlag
           aus der Bewegung (geschlossene Stellung)
           (▶ https://doi.org/10.1007/000-dk0). 105
Abb. 3.27 Schritt 5.2 der methodischen Reihe zum Erlernen der
           beidhändigen Rückhand-Topspin. Kompletter Schlag aus
           der Bewegung (offene Stellung)
           (▶ https://doi.org/10.1007/000-dk1). 106

Abb. 3.28   Griffhaltung einhändige Rückhand Option 1:
            Schläger aus der linken Achselhöhle ziehen
            (▶ https://doi.org/10.1007/000-dk2)..................... 107
Abb. 3.29   Griffhaltung einhändige Rückhand Option 2. Schläger vor den
            Körper halten (▶ https://doi.org/10.1007/000-dk3) 107
Abb. 3.30   Schritt 1.1 der methodischen Reihe zum Erlernen der
            einhändigen Rückhand-Topspin. Fokus auf die Hauptaktion
            (▶ https://doi.org/10.1007/000-dk4)..................... 108
Abb. 3.31   Schritt 1.2 der methodischen Reihe zum Erlernen der
            einhändigen Rückhand-Topspin. Fokus auf die erweiterte
            Hauptaktion (▶ https://doi.org/10.1007/000-dk5) 109
Abb. 3.32   Schritt 2 der methodischen Reihe zum Erlernen der
            einhändigen Rückhand-Topspin. Fokus auf die
            Ausholbewegung und den Spin
            (▶ https://doi.org/10.1007/000-dk6)..................... 110
Abb. 3.33   Schritt 3 der methodischen Reihe zum Erlernen der
            einhändigen Rückhand-Topspin. Einhändige
            Rückhand aus der Bereitschaftsstellung
            (▶ https://doi.org/10.1007/000-dk7)..................... 111
Abb. 3.34   Schritt 4 der methodischen Reihe zum Erlernen der
            einhändigen Rückhand-Topspin. Einhändige Rückhand inkl.
            Split-Step aus geschlossener Stellung
            (▶ https://doi.org/10.1007/000-dk8)..................... 112
Abb. 3.35   Schritt 5 der methodischen Reihe zum Erlernen der ein-
            händigen Rückhand-Topspin. Einhändige Rückhand aus der
            Bewegung (geschlossene Stellung)
            (▶ https://doi.org/10.1007/000-dk9)..................... 113
Abb. 3.36   Schritt 1 der methodischen Reihe zum Erlernen des
            Rückhand-Slice. Fokus auf die Hauptaktion
            (▶ https://doi.org/10.1007/000-dka)..................... 114
Abb. 3.37   Schritt 2 der methodischen Reihe zum Erlernen des
            Rückhand-Slice. Kompletter Schlag aus der
            Bereitschaftsstellung (▶ https://doi.org/10.1007/000-dkb)..... 115
Abb. 3.38   Schritt 3 der methodischen Reihe zum Erlernen des
            Rückhand-Slice. Rückhand-Slice inkl. Split-Step und
            Beinarbeit zum Ball (▶ https://doi.org/10.1007/000-dkc) 116
Abb. 3.39   Griffhaltung Volley. Schläger wie einen Hammer greifen
            (▶ https://doi.org/10.1007/000-dkd)..................... 117
Abb. 3.40   Schritt 1 der methodischen Reihe zum Erlernen des
            Vorhand-Volley. Fokus auf die Hauptaktion
            (▶ https://doi.org/10.1007/000-dke)..................... 118
Abb. 3.41   Schritt 2 der methodischen Reihe zum Erlernen des
            Vorhand-Volley. Fokus auf die erweiterte Hauptaktion
            (▶ https://doi.org/10.1007/000-dkf)..................... 119

Abb. 3.42   Schritt 3 der methodischen Reihe zum Erlernen des
            Vorhand-Volley. Vorhand Volley aus der
            Bereitschaftsstellung (▶ https://doi.org/10.1007/000-dkg).   120
Abb. 3.43   Schritt 4 der methodischen Reihe zum Erlernen des
            Vorhand-Volley. Vorhand Volley inkl. Split-Step
            (▶ https://doi.org/10.1007/000-dkh).   121
Abb. 3.44   Schritt 5 der methodischen Reihe zum Erlernen des
            Vorhand-Volley. Vorhand Volley tiefer Treffpunkt
            (▶ https://doi.org/10.1007/000-dkj)   122
Abb. 3.45   Schritt 1 der methodischen Reihe zum Erlernen des
            Rückhand-Volley. Fokus auf die Hauptaktion
            (▶ https://doi.org/10.1007/000-dkk).   122
Abb. 3.46   Schritt 2 der methodischen Reihe zum Erlernen des
            Rückhand-Volley. Fokus auf die erweiterte Hauptaktion
            (▶ https://doi.org/10.1007/000-dkm)   123
Abb. 3.47   Schritt 3 der methodischen Reihe zum Erlernen des
            Rückhand-Volley. Rückhand Volley aus der
            Bereitschaftsstellung (▶ https://doi.org/10.1007/000-dkn).   124
Abb. 3.48   Schritt 4 der methodischen Reihe zum Erlernen des
            Rückhand-Volley. Rückhand Volley inkl. Split-Step
            (▶ https://doi.org/10.1007/000-dkp).   125
Abb. 3.49   Schritt 5 der methodischen Reihe zum Erlernen des
            Rückhand-Volley. Rückhand Volley tiefer Treffpunkt
            (▶ https://doi.org/10.1007/000-dkq).   125
Abb. 3.50   Schritt 1 der methodischen Reihe zum Erlernen des
            Schmetterballs. Fokus auf die Hauptaktion (hinten-unten
            nach vorne-oben) (▶ https://doi.org/10.1007/000-dkr).   126
Abb. 3.51   Schritt 2 der methodischen Reihe zum Erlernen des
            Schmetterballs. Fokus auf die erweiterte Hauptaktion
            aus der Heiligenschein-Position
            (▶ https://doi.org/10.1007/000-dks)   127
Abb. 3.52   Schritt 3 der methodischen Reihe zum Erlernen des
            Schmetterballs. Vorübung zur Stellung zum Ball
            (▶ https://doi.org/10.1007/000-dkt)   128
Abb. 3.53   Schritt 4 der methodischen Reihe zum Erlernen des
            Schmetterballs. Fokus auf die Zusammenführung der
            Teilbewegungen (▶ https://doi.org/10.1007/000-dkv)   129
Abb. 3.54   Schritt 5 der methodischen Reihe zum Erlernen des
            Schmetterballs. Schmetterball aus der Rückwärtsbewegung
            inkl. Sprung (▶ https://doi.org/10.1007/000-dj9).   130
Abb. 3.55   Erlernen des Rückhand-Stoppballs
            (▶ https://doi.org/10.1007/000-dkx).   131
Abb. 4.1   Doppelformationen. Klassische Doppelformation (links),
            i-Formation (Mitte), australische Formation (rechts).   140

Abb. 4.2   Sanduhr-Methode im Taktiktraining. Beginn in offener
            Situation mit Taktikanwendung, anschließend im
            Taktikerwerb die Entscheidungsalternativen einschränken,
            um dann wieder zur Taktikanwendung zu öffnen   144
Abb. 4.3   Umgekehrter Trichter. Beginn mit Technikanwendung mit
            gradueller Öffnung der Situation und Hinzunahme von
            Entscheidungsalternativen   145
Abb. 5.1   Winkelhalbierende an der Grundlinie leicht versetzt in die
            Vorhandecke des Rechtshänders   154
Abb. 5.2   Verkürzter Winkel am Netz leicht versetzt auf der
            Rückhandseite des Rechtshänders   155
Abb. 5.3   Beispielhafte Heatmaps einiger ausgewählter Profis. Die
            Farb-Skala geht von Rot (sehr oft dort positioniert) über
            Gelb und Grün bis zu Blau (wenig dort positioniert).   156
Abb. 6.1   Video „Zuspiel-Variationen"
            (▶ https://doi.org/10.1007/000-dky)   167
Abb. 7.1   Methodische Konzeptionen in der Tennisvermittlung
            (eigene Abbildung nach Deutscher Tennis Bund,
            2004, S. 27)   171
Abb. 7.2   Die spielorientierte Konzeption als Hauptstraße der
            Tennisvermittlung, die technikorientierte Konzeption als
            Nebenstraße bzw. Umleitung   172
Abb. 7.3   Eng gesetzte Leitplanken im deduktiven Vorgehen (links) und
            breit gesetzte Leitplanken im induktiven Verfahren (rechts)   174
Abb. 7.4   Play+Stay-Material: Schläger der Größe 25 und 26 sowie
            rote, orangene und grüne Bälle (links), roter Ball (rechts)
            (Foto Jens Wenzel)   175
Abb. 7.5   Umsetzung eines Grundsatzes von Play+Stay, miteinander
            spielen unter vereinfachten Bedingungen (Foto Jens
            Wenzel).   177
Abb. 7.6   Red Courts   177
Abb. 7.7   Orange Court   178
Abb. 7.8   Low-T-Ball Anlage.   180
Abb. 8.1   Videoaufnahmen mithilfe eines Tablets mit anschließender
            Analyse und Besprechung (Foto Jens Wenzel)   188
Abb. 9.1   Ball- und Schlägergewöhnung in der Variation „Ball wird
            auf dem Schläger hochgespielt, ohne Bodenkontakt"
            (Foto Jens Wenzel).   195
Abb. 9.2   Warm-Up/Movement Preparation-Übungen   196
Abb. 9.3   Zonenball   199
Abb. 9.4   Warm-Up mit Ball-Anwurf (rechts-links) mit Schläger   202
Abb. 9.5   Warm-Up mit Ball-Anwurf (umlaufen) mit Schläger   203
Abb. 9.6   Warm-Up mit Ball-Anwurf (vor-zurück) mit Schläger   204
Abb. 9.7   Warm-Up-Spiel „TicTacToe" in der Variante 2 gegen 2
            auf ein 3 × 3 Feld   206

Abb. 9.8   Touch & Go 209
Abb. 9.9   Bälle klauen (Foto Jens Wenzel) 211
Abb. 9.10 Mexico/Boxenspiel/Jeder gegen Jeden/4er 212
Abb. 9.11 Tennishockey 214
Abb. 9.12 Trainingsform „3er-Rotation" in der Variation
           Cross-Duell. Spieler*in C ist gerade von A ausgewechselt
           worden und läuft nun zu B um dort einzuwechseln........... 215
Abb. 9.13 Aufschlag-Angabe (Foto Jens Wenzel) 216
Abb. 9.14 Aufschlag-Return Spezial-Warm-Up..................... 217
Abb. 9.15 Systematisches Aufschlag- und Returntraining mit
           Zielzonen (links) und mit Methodiknetzen als Hindernisse
           (rechts) 220
Abb. 9.16 Vorhand auf Zuwurf (Foto Jens Wenzel) 222
Abb. 9.17 Trainingsform „Stabilität der Grundschläge" 224
Abb. 9.18 Trainingsform Grundlinien-Zonen-Challenge.............. 226
Abb. 9.19 Volleys miteinander (Foto Jens Wenzel) 227
Abb. 9.20 Spielform „Longline-Eröffnung"........................ 230
Abb. 9.21 Trainingsform „Verbotene Zone" in der Variation
           erweiterter Hosenträger 233
Abb. 9.22 Trainingsform „C-Zonen" in den Variationen Korbübung
           (links) und erweiterter Hosenträger (rechts) 235
Abb. 9.23 Basis Taktik 4 Ecken 236
Abb. 9.24 Basis Taktik Verteilen aus der Mitte..................... 237
Abb. 9.25 Trainingsform Aufschlag-Spielzüge in der Variation
           „großes V" mit Trainer*in als Return-Back-up 239
Abb. 9.26 Trainingsform „Vorhand einsetzen" im Taktikerwerb.
           Die Zielzonen können in der Taktikanwendung als
           Orientierung beibehalten werden........................ 242
Abb. 9.27 2-Ball-Challenge 247
Abb. 9.28 Trainingsform Volley-Duell 248
Abb. 9.29 Trainingsform Ein-Bein-Tennis 249
Abb. 9.30 Trainingsform „Spiel mit zwei Bällen" in der Variation
           von der T-Linie.. 251
Abb. 9.31 Trainingsform „Spiel mit Zusatzaufgaben" in der Variation
           „Zusätzliches Schlagen eines zugeworfenen Balles".......... 252
Abb. 9.32 Spielform „Orientierungsspiel" 253
Abb. 9.33 Trainingsform „Zonen treffen" 255
Abb. 9.34 Trainingsform „Zeitdruck" in der Variation mit zwei
           Spieler*innen am Netz.................................. 256
Abb. 9.35 Trainingsform „Präzisionsdruck" in der Variation
           „erweiterter Hosenträger" 258
Abb. 9.36 Trainingsform „Raumdruck".......................... 260
Abb. 9.37 Trainingsform „Mäusefangen"......................... 261
Abb. 9.38 Trainingsform „Tennisspezifische Laufschnelligkeit"........ 263

Abb. 9.39   Trainingsform „Tennisspezifische Schnelligkeitsausdauer"   264
Abb. 9.40   Trainingsform „semispezifisches Tabata-HIT" mit den
             vier Übungen „Vorhand-Rückhand-Imitation",
             „Vorhand-umlaufen, Sprint zur Vorhand", „tiefer Volley,
             Schmetterball aus dem Sprung" und „großes X".   266
Abb. 9.41   Spielform „Ausdauer-Doppel/Tschüss mach's gut"   267
Abb. 9.42   Semispezifischer Konditions-Zirkel mit acht Übungen   268
Abb. 9.43   Beispielhafte Set-up-Points-Karten, von denen jeweils
             eine vor jedem Aufschlagspiel gezogen wird und den
             Punktestand vorgibt   272
Abb. 9.44   Aufschlag-Level-Challenge   276
Abb. 9.45   Platzabdeckungs-/Verschiebe – Übung   282
Abb. 9.46   Poaching-/Wildern-Übung   283
Abb. 9.47   Doppel mit Aufgaben   284
Abb. 9.48   Einzel-Doppel/Donzel/EiDo   285
Abb. 9.49   Tischtennis-Doppel & Ein-Schläger-Doppel   286
Abb. 9.50   Königs-Doppel/Prinzessin-Doppel   288
Abb. 9.51   Erweiterter Hosenträger   291
Abb. 9.52   Padel Wand Drill   294
Abb. 9.53   Padel Volley Duell   296
Abb. 9.54   Padel Verteidigung der Netzposition   297

Tabellenverzeichnis

Tab. 2.1   Das Akronym DORFKRUG steht für die Anfangsbuchstaben der sieben Koordinativen Fähigkeiten sowie dem Wort Fähigkeiten 38

Tab. 2.2   Ballwechsellänge aller Herrenmatches der Grand Slams 2016 geordnet in die Kategorien 0–4, 5–8 und 9 + Schläge (nach O'Shannessy, 2016). 60

Tab. 2.3   Übersicht Ballwechsellängen 61

Tab. 2.4   Prozentzahl der Matchsieger*innen, die auch in der jeweiligen Ballwechsel-Kategorie mehr Punkte gewinnen als ihre Gegner*innen 62

Tab. 2.5   Übersicht der wichtigsten Daten zur Spieleröffnung 64

Tab. 2.6   Anteile von Gewinnschlägen, unerzwungenen und erzwungenen Fehlern an allen Punkten der Grand Slam-Turniere 65

Tab. 5.1   Schlagstellungen inkl. Vor- und Nachteilen sowie typischen Situationen. 159

Tab. 7.1   Zählweisen, Match- und Turnierdauer für die drei Stufen des Play+Stay (eigene Tabelle nach International Tennis Federation, 2012). 181

Tab. 7.2   CHANGE-IT-Modell (nach Born et al., 2018) 182

Die Grundlagen der Sportart Tennis

1

▶ Die Sportart Tennis hat historisch ihre Wurzeln im Hochmittelalter Frankreichs, damals als „Jeu de Paume" bekannt, während die heutige Form des Tennis sich auf das „Lawn Tennis", welches in England 1874 eingeführt wurde, zurückführen lässt. Neben historischen Details zur Entstehung und Strukturierung der Sportart, beispielsweise der Gründung des Weltverbandes International Tennis Federation (ITF) 1913, werden in den nächsten Kapiteln auch wichtige Erfolge berühmter Spieler*innen sowie Informationen zur Spielidee, dem Regelwerk (Abschn. 1.2) und den Platzmaßen im Tennis vorgestellt. Es folgt Grundlagenwissen zu nationalen und internationalen Wettkampfstrukturen (Abschn. 1.5), sowohl im Breitensport, Stichwort Leistungsklassen (LK)-System, als auch für den professionellen Tennissport (Abschn. 1.6) mit den beiden Dachverbänden Association of Tennis Professionals (ATP) und Women's Tennis Association (WTA), sowie Einblicke in das Ranglistensystem (Abschn. 1.6.2), die jeweiligen Turnierkategorien (Abschn. 1.6.3) und die Anforderungen an professionelle Tennisspieler*innen (Abschn. 1.6.4). Abschließend werden sowohl Para-Tennis (Abschn. 1.7), mit den zughörigen Formen Rollstuhl-, Blinden- und Gehörlosentennis sowie Tennis von Sportler*innen mit geistiger Behinderung, als auch die dem Tennis verwandten Sportarten (Abschn. 1.8) Padel, Beachtennis und Pickleball, vorgestellt. Dabei basieren sowohl die Para-Tennis-Formen als auch die verwandten Sportarten größtenteils auf dem Tennisregelwerk, welches jeweils durch Modifikationen abgewandelt bzw. erweitert wurde. So darf im Rollstuhltennis der Ball beispielsweise zweimal aufkommen, während im Beachtennis alle Bälle aus der Luft gespielt werden müssen.

© Der/die Autor(en), exklusiv lizenziert an Springer-Verlag GmbH, DE, ein Teil von Springer Nature 2025
P. Born et al., *Tennis – Das Praxisbuch für Studium, Training und Freizeitsport*, Sportpraxis, https://doi.org/10.1007/978-3-662-70466-0_1

1.1 Entstehung und Geschichte – von „Jeu de Paume" bis zu den „Big Three"

Die Geschichte und Entstehung der Sportart Tennis beginnt in hochmittelalterlichen französischen Klöstern mit der Sportart „**Jeu de Paume**", frei übersetzt aus dem Französischen „Spiel mit der Handinnenfläche". Dieses Spiel wurde erstmals 1250 erwähnt, u. a. in Kreuzgängen der Klöster gespielt und hatte im 16. und 17. Jahrhundert in den Ballhäusern Frankreichs und Englands seine Hochzeit, war 1908 sogar olympische Sportart und wird auch noch heute unter verschiedenen Namen, neben Jeu de Paume auch Real Tennis, Court Tennis oder Royal Tennis, gespielt (Gillmeister, 2017). Die Ausrüstung besteht aus einem Holzschläger und Filzbällen und es wird bereits über ein Netz gespielt, jedoch auch mit den Wänden.

Zur Herkunft des Namens „Tennis" gibt es eine Vielzahl an Theorien und Argumenten, sie ist jedoch nicht abschließend geklärt (Gillmeister, 2017). Die Erfindung des heutigen Tennis, damals in Form des Rasentennis („**Lawn Tennis**"), wird auf das Jahr 1874 in England datiert und Major Walter Clopton Wingfield zugeschrieben. Das Besondere am „Lawn Tennis" war vor allem, dass es mit wenig Material und Aufwand auf einer Wiese gespielt werden konnte und kein Ballhaus mehr nötig war. Gespielt wurde zunächst häufig auf Croquet-Wiesen. Die Sportart Croquet ist auch heute noch im offiziellen Namen vom wohl bekanntesten Tennisclub der Welt enthalten: Der „All England Lawn Tennis and Croquet Club" in **Wimbledon** veranstaltete bereits 1877 die erste Tennismeisterschaft. Die für dieses Turnier festgelegten Regeln sind mit wenigen Ausnahmen bis heute im modernen Tennisregelwerk enthalten, u. a. die Platzmaße für einen Einzelplatz von 78 × 27 Fuß (Gillmeister, 2017).

Um 1900 fanden dann in Europa bereits sowohl die ersten international besetzten Turniere als auch die erste Ausgabe des **Davis Cups**, des internationalen Mannschaftswettbewerbs der Herren, statt.

1913 fand die Gründung der **International Tennis Federation** (**ITF**, vgl. Abschn. 1.5), damals noch unter der Bezeichnung International Lawn Tennis Federation (ILTF), in Paris statt. Auch hier taucht das Wort „Lawn" für Rasen erneut auf, obwohl auch das Sandplatztennis bereits in den 1890er Jahren entwickelt wurde (International Tennis Federation, 2024c).

Im Jahre 1923 folgten sowohl die Verabschiedung der offiziellen Tennisregeln durch die ILTF als auch die Schaffung einer neuen Turnierkategorie, die **Grand Slam-Turniere** (International Tennis Federation, 2024b). Diese vier Turniere, die Australian Open in Melbourne, die French Open in Paris, die Wimbledon Championships in London sowie die US Open in New York, sind bis heute die bedeutendsten Turniere im Tennis.

Weitere Meilensteine in der Tennishistorie sind:

- 1963: Einführung des Federation Cups, des Pendant des Davis Cups im Damentennis

- 1968: der Beginn der sogenannten „**Open Era**", der Abschaffung der Beschränkung auf Amateure im Turnierbetrieb und somit der Beginn von Tennis als Profisport.
- 1972: Einführung des gelben Tennisballs, zur besseren Sichtbarkeit vor allem bei TV-Übertragungen.
- 1972: Gründung der **Association of Tennis Professionals** (**ATP,** vgl. Abschn. 1.6.1), der Spielervertretung der Herren zu besseren Vermarktung des Tennissports.
- 1973: Gründung der **Women's Tennis Association** (**WTA**, vgl. Abschn. 1.6.1), der Spielervertretung der Damen aus denselben Gründen wie ein Jahr zuvor die ATP.
- 1974: Einführung des **Tiebreak**s als alternative Zählweise am Ende eines Satzes.
- 1988: Tennis wird (wieder) olympische Sportart.
  (Association of Tennis Professionals, 2024; International Tennis Federation, 2024b; Women's Tennis Association, 2024)

Auswahl an bedeutenden Spieler*innen und deren Erfolgen in der Tennishistorie (Stand Oktober 2024):
Grand Slam Sieger*innen
(Sieg bei allen vier **Grand Slam-Turnieren** in einem Kalenderjahr):

- 1938 Donald Budge (USA)
- 1953 Maureen Connolly (USA)
- 1962 Rod Laver (AUS)
- 1969 Rod Laver (AUS)
- 1970 Margaret Court (AUS)
- 1988 Stefanie Graf (GER)*

Anzahl der Grand Slam-Titel

- 24: Margaret Court (AUS)
- 24: Novak Djokovic (SRB)**
- 23: Serena Williams (USA)
- 22: Stefanie Graf (GER)
- 22: Rafael Nadal (ESP)**
- 20: Roger Federer (SUI)

Längste Zeit an Nr. 1 der Weltrangliste (Anzahl der Wochen)

- 428: Novak Djokovic (SRB)**
- 377: Stefanie Graf (GER)
- 332: Martina Navratilova (USA)
- 319: Serena Williams (USA)
- 310: Roger Federer (SUI)
- 286: Pete Sampras (USA)

Die „Big Three"

Roger Federer, Rafael Nadal und Novak Djokovic werden als die „**Big Three**" bezeichnet. Über einen Zeitraum von 20 Jahren, seit dem ersten Grand Slam-Titel von Federer in Wimbledon 2003 bis Ende 2023, gewannen diese drei Spieler 66 von 81 möglichen Grand Slam-Titeln. Gelegentlich wird in diesem Zusammenhang auch von den „Big Four" geredet, welche durch die Hinzunahme von Andy Murray (3 Grand Slam-Titel, 2 Olympiasiege im Einzel, 41 Wochen Nr. 1) zustande kommen.

Die besten Deutschen

- Stefanie Graf: 22 Grand Slam-Titel, Golden Slam 1988, 377 Wochen Nr. 1
- Boris Becker: 6 Grand Slam-Titel, 12 Wochen Nr. 1, Olympiasieger Doppel
- Angelique Kerber: 3 Grand Slam-Titel, 34 Wochen Nr. 1, Olympiasilber Einzel
- Cilly Aussem: 2 Grand Slam-Titel
- Gottfried von Cramm: 2 Grand Slam-Titel
- Michael Stich: 1 Grand Slam-Titel, Olympiasieger Doppel
- Henner Henkel: 1 Grand Slam-Titel
- Alexander Zverev: Olympiasieger Einzel

*Graf gewann auch die Goldmedaille bei den Olympischen Spielen 1988 und sicherte sich somit sogar den „Golden Slam"
   **noch aktiv (Stand Oktober 2024)

Die Herkunft der sehr speziellen **Zählweise** im Tennis ist nicht endgültig geklärt. Die wahrscheinlichste Variante ist, dass ursprünglich die Zählweise des **Jeu de Paume** übernommen wurde und im Laufe der Zeit modifiziert wurde. Beim **Jeu de Paume** wurde in 15er-Schritten gezählt und man musste vier Punkte am Stück, also insgesamt 60 Punkte, erzielen, um ein Spiel zu gewinnen. Zudem mussten beim Spielstand von 45:45 zwei Punkte am Stück gewonnen werden, um das Spiel zu gewinnen. Hatte eine Seite den ersten der beiden Punkte gewonnen, musste „avantage", also „Vorteil" gerufen werden. Der Einfachheit halber wurde später 45 zu 40, da dies im Französischen das deutlich kürzere Wort ist. „Das im englischen Sprachraum verwendete Deuce für Einstand ist eine Verballhornung des französischen „à deux (points) du jeu" („noch zwei Punkte zum Spiel")" (Gillmeister, 2017, S. 127–128).

Eine weitere, gut einprägsame und nachvollziehbare Variante besagt, dass sich die **Zählweise** am Ziffernblatt einer Uhr orientiert. Zunächst konnte man die 60 min einer Stunde in 6 Teile unterteilen, die zu den 6 Spielen wurden, die zum Satzgewinn notwendig sind. Zudem können die Punkte innerhalb eines Aufschlagspiels in 15er Schritten bis 60, also einer Umdrehung des Ziffernblattes, gezählt werden. Um die Situation des „entscheidenden Punktes" zu umgehen, wurde die **Zählweise** dahingehend angepasst, dass nach der 30 die 40 anstatt die 45 folgte. Beim Stand von 40 zu 40 gab es dann den Zwischenschritt 50, der dem heutigen Vorteil entspricht (vgl. Abschn. 1.2) (Gillmeister, 2017).

Eine dritte Variante sind die damals üblichen Wetteinsätze pro Punkt. Im mittelalterlichen Frankreich wurden die sogenannten „gros denier tournois"-Münzen zum Wetten verwendet, die zu dieser Zeit 15 „Denier" wert waren, daher die 15er-Schritte in der **Zählweise**. Zudem bildet die Zahl 60 im Französischen eine Zählgrenze, da 70, 80 und 90 durch eine Kombination kleinerer Zahlen ausgedrückt werden und zudem im Mittelalter ein Großteil der Bevölkerung nur bis 60 zählen konnte. Weiterhin waren in vielen Ländern Wetteinsätze nur bis zur Grenze von 60 Deniers erlaubt (Gillmeister, 2017).

Der Begriff „love", der in der englischen Tenniszählweise für Null verwendet wird, stammt wahrscheinlich ebenfalls aus dem Bereich des Wettens. So spielte der unterlegene Spieler nicht für Geld, sondern nur zum Spaß oder „für die Liebe", also „for love" (Gillmeister, 2017).

Eine letzte Variante der Zählweise besagt, dass die Spieler beim Punktgewinn jeweils 15 Fuß (englische Maßeinheit, 1 Fuß = ca. 30 cm) näher ans Netz durften. Da die letzten 15 Fuß aufgrund des Platzmangels zu nah am Netz gewesen wären, entstanden die Schritte 15, 30, 40.

Ebenfalls aus dem englischen imperialen Maßsystem stammen alle Abmessungen des **Tennisplatzes** (vgl. Abb. 1.1). Für das erste **Wimbledon**-Turnier im Jahre 1877 wurden die bis dato geltenden Tennisplatz-Maße überarbeitet, sodass seitdem die heutigen Maße von 78 Fuß Länge sowie einer Breite von 27 (Einzel) bzw. 36 Fuß (Doppel) gelten. Zudem wurde die Höhe des Netzes auf 3 Fuß in der Mitte und 3,5 Fuß an den Netzpfosten festgelegt.

Abb. 1.1 Tennisplatz
mit allen Längen- und
Höhenmaßen

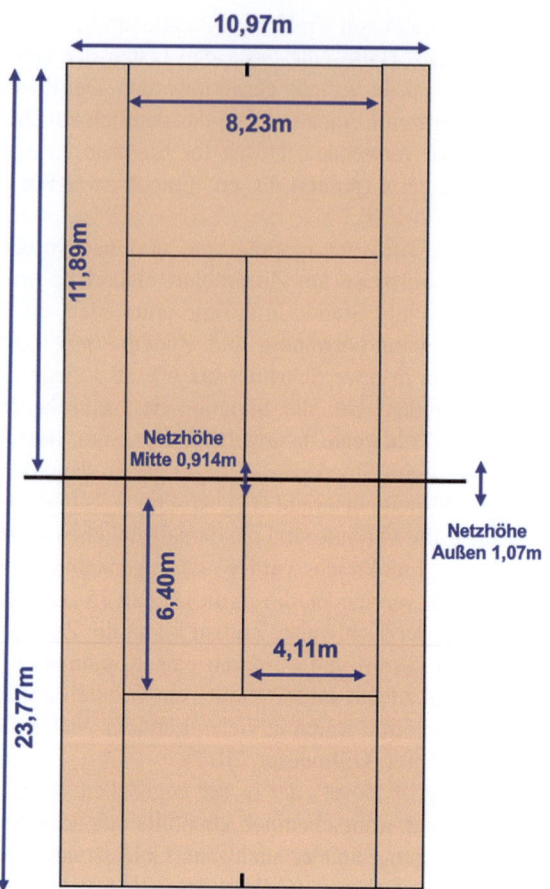

1.2   Spielidee, Regeln, der Tennisplatz und die Zählweise

Die **Spielidee** des Tennisspiels ist es, den Tennisball mit dem Tennisschläger über
das Netz in die gegnerische Spielfeldhälfte zu platzieren, und dies möglichst so,
dass man eigene Fehler vermeidet, der Gegner den Ball nicht mehr zurückspielen
kann, man also einen Gewinnschlag oder auch „**Winner**" schlägt, oder der Gegner
einen Fehler macht. Ein Fehler ist hierbei definiert als ein Schlag, der entweder
im Netz oder im Aus landet. Ein **Winner** ist definiert als ein Schlag, den der Gegner nicht mehr schlagen kann, bevor der Ball das zweite Mal aufspringt. Fehler
sind der häufigste Grund für einen Punktgewinn, weswegen Tennis häufig auch als
Sport der Fehler (vgl. Abschn. 2.3.2) bezeichnet wird (Deutscher Tennis Bund,
2001; Molina, 2004).

Die **Tennisregeln** werden von dem Tennis Weltverband, der **ITF**, festgelegt
und zudem, falls notwendig, verändert bzw. weiterentwickelt. So wurden u. a. im
Jahre 2007 neue Regeln für das Kindertennis eingeführt. Diese Regeländerungen

beinhalteten u. a. die Festlegung bestimmter Feldgrößen für Kinder bis 10 Jahre und die Einführung neuer, offizieller Wettkampfformate (vgl. Abschn. 7.3). Im Folgenden werden die wichtigsten **Tennisregeln** in Kürze vorgestellt. Das komplette Tennis-Regelwerk kann in seiner jeweils aktuell gültigen Form auf der Homepage der **ITF** unter „rules and regulations" abgerufen werden.

Das Tennisnetz (vgl. Abb. 1.1) hat an den Netzpfosten eine Höhe von 1,07 m und hat in der Mitte seine geringste Höhe mit 91,4 cm. Die Netzpfosten stehen wiederum genau diese 91,4 cm weit außerhalb der Doppellinien. Das **Tennisfeld** (vgl. Abb. 1.1) hat die Form eines Rechtecks mit einer Länge von 23,77 m (von Grundlinie zu Grundlinie). Für das Einzel, also das Spiel 1 gegen 1, hat das Feld eine Breite von 8,23 m, für das Doppel, das Spiel 2 gegen 2, eine Breite von 10,97 m. Zudem gibt es pro Spielfeldhälfte zwei Aufschlagfelder, die zwischen den Einzellinien und dem Netz liegen. Die Aufschlagfelder sind vom Netz aus 6,40 m lang und werden in der Mitte in zwei gleich große Hälften geteilt (International Tennis Federation, 2024a).

In diese Felder muss der **Aufschlag**, der erste Schlag eines jeden Punktes, gespielt werden. Hierbei muss der Spieler hinter der Grundlinie, je nach Spielstand, auf der rechten (Einstand-Seite) bzw. der linken (Vorteil-Seite) Seite seiner Spielfeldhälfte zwischen der Mittelmarkierung und der Einzellinie (bzw. im Doppel der Doppellinie) stehen und von hier den Ball direkt aus der Luft in das diagonal (oder im Tennis-Fach-Terminus „cross") gegenüberliegende Aufschlagfeld schlagen. Zu Beginn eines jeden Aufschlagspiels und bei einer geraden Anzahl von gespielten Punkten (bspw. 0–0, 15–15, 40–15 oder 40–40 bzw. Einstand) wird von der rechten Seite, der Einstandseite aufgeschlagen, bei einer ungeraden Anzahl von gespielten Punkten (bspw. 15–0, 40–30, A-40/Vorteil) dementsprechend von der linken Seite, der Vorteilseite. Eine Einzigartigkeit des Tennissports ist die Regel, dass der Spieler beim **Aufschlag** immer zwei Versuche hat, also den ersten Aufschlag verschlagen kann, ohne den Punkt zu verlieren (International Tennis Federation, 2024a).

Wie bereits in der Historie des Tennissports beschrieben, stammen die im metrischen System sehr „krummen" Maße des Tennisplatzes aus dem imperialen System. So entsprechen die 91,4 cm Netzhöhe im imperialen Maß 3 feet, die 1,07 m Netzhöhe an den Netzpfosten 3,5 feet, die Länge des Platzes (23,77 m) 78 feet bzw. 26 yard usw. (International Tennis Federation, 2024a).

Eine weitere Besonderheit ist die **Zählweise** des Tennissports, auf deren Historie bereits im vorangegangenen Kapitel eingegangen wurde. Ein Tenniswettkampf (das „**Match**") ist aufgebaut aus Punkten, die Spiele bilden, die wiederum Sätze bilden. Ein Match besteht im Normalfall aus zwei **Gewinnsätzen** („bestof-three-sets Match"). Die Spiele werden auch **Aufschlagspiele** genannt, da jeweils einer der Spieler durchgehend für ein **Aufschlagspiel** das Aufschlagrecht hat. Der Spieler schlägt beim ersten Punkt von der Einstandseite, beim zweiten Punkt von der Vorteilseite auf usw. Die **Zählweise** innerhalb des Aufschlagspiels aus der Sicht des Aufschlägers und nach vier aufeinander gewonnenen Punkten ist wie folgt: „Null – Null"; „15 – Null"; „30 – Null"; „40 – Null"; „Spiel" (International Tennis Federation, 2024a). Ein Grundsatz der Tenniszählweise ist zudem, dass ein Spieler immer zwei Punkte Vorsprung benötigt, um ein **Aufschlagspiel** zu gewinnen. So gewinnt die aufschlagende Spielerin bspw. ihr **Aufschlagspiel**, wenn sie beim Spielstand von 40–30 den nächsten Punkt gewinnt. Gewinnt allerdings die returnierende Spielerin bei diesem Spielstand den nächsten Punkt, so steht es 40–40. Dieser Spielstand wird „Einstand" (oder international „Deuce") genannt. Hier greift nun die sogenannte Vorteil-Regel (im englischen advantage-rule), welche besagt, dass die Spielerin, die den nächsten Punkt gewinnt, „Vorteil" hat und mit einem weiteren Punktgewinn das **Aufschlagspiel** für sich entscheiden kann. Gewinnt allerdings die Spielerin, die nicht „Vorteil" hat, den nächsten Punkt, geht der Spielstand wieder zurück zum „Einstand". Dies wiederholt sich, bis eine der Spielerinnen bei eigenem Vorteil den Punkt und somit das Aufschlagspiel gewinnt. Gewinnt die returnierende Spielerin das **Aufschlagspiel**, so spricht man von einem „**Break**", da der Aufschlag der Gegnerin „gebrochen" wurde (International Tennis Federation, 2024a).

Nachdem das **Aufschlagspiel** beendet ist, wechselt das Aufschlagrecht zur anderen Spielerin. Die Spielerin, die als Erstes sechs Spiele mit mindestens zwei Spielen Abstand für sich entscheidet, gewinnt den ersten Satz. Der eindeutigste Satzgewinn ist somit ein 6–0, der knappste Satzgewinn mit sechs Spielen ist ein 6–4. Kommt es zum Spielstand von 5–5, dann wird der Satz bis 7 „verlängert", sodass der Satz dann 7–5 ausgehen kann. Bei einem Spielstand von 6–6 wird der sogenannte „**Tiebreak**" (zu Deutsch: „den Gleichstand brechen") gespielt, um den Satz mit 7–6 für eine der Spielerinnen zu entscheiden. Im **Tiebreak** wird, anders als im Aufschlagspiel, von 0 bis 7 gezählt, sodass die Spielerin, die als Erstes mindestens sieben Punkte mit zwei Punkten Vorsprung vor der Gegnerin gewinnt, den **Tiebreak** und somit den gesamten Satz für sich entscheidet. Ab einem Spielstand von 6–6 im **Tiebreak** wird so lange gespielt, bis eine Spielerin einen Zwei-Punkte-Vorsprung erreicht. Beim ersten Punkt des **Tiebreaks** liegt das Aufschlagrecht bei derjenigen Spielerin, die beim letzten Aufschlagspiel die Returnspielerin war. Innerhalb des **Tiebreaks** wechselt das Aufschlagrecht jeweils bei ungeraden Spielständen, d. h. nach dem ersten Punkt und dann nach jeweils zwei weiteren gespielten Punkten (bspw. bei 1–2 oder 4–3). Nach Ende des ersten Satzes beginnt der zweite Satz mit dem **Aufschlagspiel** der Spielerin, die zu Beginn des **Tiebreaks** Returnspielerin war. Wenn beide Spieler*innen einen Satz gewonnen haben, kommt es zum entscheidenden dritten Satz, daher auch der englische Begriff „best-of-three-sets Match". Dieser dritte Satz wird mittlerweile häufig, vor allem im Breitensport, aber auch bspw. in der Tennis-Bundesliga oder auf Profi-Ebene im **Doppel**, als verlängerter **Tiebreak** bis 10 Punkte gespielt. Dieser **Tiebreak** wird dann, im Gegensatz zum Satz-**Tiebreak**, als Match- oder Champions-**Tiebreak** bezeichnet (International Tennis Federation, 2024a).

Um möglichst gleiche Spielbedingungen für alle Spieler*innen zu schaffen, werden in einem Tennismatch regelmäßig die Spielfeldseiten gewechselt, d. h. die Spieler*innen wechseln auf die jeweils andere Seite des Netzes. Der erste Seitenwechsel erfolgt nach dem ersten **Aufschlagspiel** und ab dann jeweils nach zwei weiteren **Aufschlagspielen**, dementsprechend also immer bei ungeraden Spielständen (bspw. 4–1 oder 4–5). Im **Tiebreak** erfolgt der Seitenwechsel jeweils nach sechs gespielten Punkten (bspw. 2–4, 3–3, 6–6, 9–9 usw.).

Zusätzlich sind die (maximalen) Pausenzeiten innerhalb eines Tennismatches klar geregelt:

- 20 Sek.: zwischen den Ballwechseln
- 60 Sek.: beim Seitenwechsel nach dem ersten Spiel eines jeden Satzes sowie bei Seitenwechseln im **Tiebreak** (hier dürfen sich die Spieler*innen zudem nicht hinsetzen)
- 90 Sek.: beim Seitenwechsel
- 120 Sek.: Pause nach einem Satz (auch bei geradem Spielstand, dann jedoch ohne anschließenden Seitenwechsel) (International Tennis Federation, 2024a).

Fun Facts: Tennisregeln
- Obwohl es gängige Praxis ist, den **Aufschlag** im Tennis über dem Kopf zu schlagen, steht dies so nicht in den Regeln. Regel Nr. 16 der offiziellen **ITF**-Regeln besagt lediglich, dass der Ball aus der Hand bzw. direkt aus der Luft geschlagen werden muss, d. h. ohne vorherigen Aufsprung auf den Boden (International Tennis Federation, 2024a).
- Auch wenn es die **Spielidee** ist, den Ball übers Netz ins Feld zu spielen, kann man diesen, bei einem sehr weit aus dem Feld geschlagenen Ball auch um den Netzpfosten herum ins gegnerische Feld spielen. Die Höhe des Ballfluges spielt hierbei keine Rolle.
- Die Zeit zwischen einem fehlerhaften ersten und dem darauffolgenden zweiten **Aufschlag** ist nicht zeitlich geregelt. Regel Nr. 20 der offiziellen **ITF**-Regeln sieht lediglich vor, dass die Aufschläger*innen den zweiten **Aufschlag** ohne Verzögerung schlagen sollen (International Tennis Federation, 2024a).
- Ein Ball darf nur auf der eigenen Seite geschlagen werden, ein Übergreifen auf die gegnerische Seite ist verboten. Einzige Ausnahme: Der Ball springt von selbst (Wind oder Drall) nach dem Aufkommen wieder auf die gegnerische Seite zurück. In diesem Fall darf übergegriffen werden und der Ball dort aus der Luft geschlagen werden.
- Die Einzelstützen ersetzen im **Einzel** die Aufgabe des Netzpfostens. Der Bereich ab Einzelstütze bis zum Netzpfosten ist im **Einzel** daher eigentlich laut Regelwerk nicht existent. So ist es bspw. während eines laufenden Ballwechsels erlaubt, in diesem Bereich das Netz zu berühren.

1.3   Tennisschläger und -bälle, Platzbeläge

Ein **Tennisschläger** besteht laut offiziellem Regelwerk (International Tennis Federation, 2024a) aus einem Rahmen und Saiten, wobei der Rahmen sich aus dem Schlägerkopf, dem Schlägerherz (auch Schlägerschaft genannt) und dem Griff

zusammensetzt. Die Saiten befinden sich im Schlägerkopf und bilden die Schlagfläche des **Tennisschlägers**, mit der die Spieler*innen den Tennisball treffen.
Tennisschläger dürfen eine Gesamtlänge von 73,7 cm und eine Gesamtbreite von
31,7 cm nicht überschreiten. Die Schlägerfläche darf diesbezüglich eine Gesamtlänge von 39,4 cm und eine Gesamtbreite von 29,2 cm nicht überschreiten.

Offizielle **Tennisbälle** müssen laut offiziellem Regelwerk (International Tennis
Federation, 2024a) eine gleichförmige und nahtlose äußere Hülle haben, zwischen
56–59,4 g wiegen, zwischen 6,54–6,86 cm groß sein (Ausnahme: Druckball für
das Spielen ab einer Höhe von 1.219 m, in diesem Fall wären es 7,00–7,30 cm)
und farblich gelb oder weiß sein. Weitere Vorgaben existieren je nach Balltypus
bezüglich der Sprunghöhe, der Verformung und der Rückverformung. Im professionellen Tennis unterscheiden sich die gespielten **Tennisbälle** von Turnier zu
Turnier, was im Zusammenhang mit den vielen verschiedenen Anbietern, einhergehend mit den jeweiligen Sponsoren des Turnieres, sowie dem gespielten Bodenbelag und der damit einhergehenden Klassifizierung der Platzgeschwindigkeit
steht. Darüber hinaus gibt es für Tenniseinsteiger*innen bzw. Kinder und Jugendliche im Rahmen des **ITF Play+Stay** Konzeptes (vgl. Abschn. 7.3) angepasste
Tennisschläger und druckreduzierte **Tennisbälle**. Hierbei gibt es entsprechend
den jeweiligen Kategorien folgende Balltypen:

> In der ersten Stufe werden rote Bälle gespielt, welche um 75 % druck-
> reduziert und leicht größer als normale Tennisbälle sind (Größe 7,0–8,0 cm,
> Sprunghöhe 85–105 cm). In der zweiten Stufe werden orangene Bälle (50 %
> druckreduziert, Größe 6,0–6,86 cm, Sprunghöhe 102–115 cm) und in der
> dritten Stufe grüne Bälle (25 % druckreduziert, Größe 6,3–6,86 cm, Sprung-
> höhe 118–132 cm) gespielt.

Bezüglich der verschiedenen Bodenbeläge wird in Deutschland in der Sommer-
saison nahezu ausschließlich auf Sandplätzen (rote Asche oder red clay) und in
der Wintersaison in der Halle auf Teppich- oder Hartplätzen gespielt. International
werden unter freiem Himmel Turniere auf verschiedenen Sandplätzen (red clay
und green clay), Hartplätzen, wobei auch hier die Art des Platzes variiert – so gibt
es z. B. DecoTurf, GreenSet, Rebound Ace, Plexicushion, und Rasenplätzen ausgetragen. In der Halle werden nahezu alle Turniere auf Hartplätzen gespielt, es
gibt wenige Ausnahmen auf Sandplätzen.

1.4   Sicherheit und Verletzungsprophylaxe auf dem Tennisplatz

Tennis gilt nicht nur als sicher, sondern zählt zudem auf breitensportlicher Ebene
mit weniger als einer Verletzung pro 1.000 gespielter Stunden zu den verletzungs-
ärmeren Sportarten (Busse & Thomas, 2001). Gründe hierfür sind das Spiel ohne

direkten Gegner- und Körperkontakt sowie das hindernisfreie Spielfeld. Insgesamt kann das Ausüben des Tennissports also als risikoarm bezeichnet werden. Nichtsdestotrotz kommt es wie in allen Sportarten auch beim Tennis zu **Verletzungen** und Überlastungserscheinungen, wobei Erstere vermehrt in den unteren Extremitäten und Letztere vermehrt in den oberen Extremitäten und dem Rumpf auftreten (Schumacher, 2012; Flügel, 2017). Um diesen bestmöglich vorzubeugen, sind einige grundlegende Dinge zu beachten.

Tennisplatz frei von Bällen halten

Die wichtigste Grundregel für die sichere und verletzungsfreie Ausübung des Tennissports betrifft die Aufmerksamkeit aller beteiligten Spieler*innen und Trainer*innen hinsichtlich herumliegender und/oder hereinrollender Bälle. Sowohl im Wettkampf, hier sind meist drei bis vier Bälle in Benutzung, als auch in noch gravierender Form im Training, bis zu 100 Bälle in Verwendung, befinden sich zusätzlich zu dem sich im Spiel befindlichen Ball weitere Bälle auf dem **Tennisplatz**. Diese müssen zu jedem Zeitpunkt so weit im Auge behalten werden, dass sie sich weit außerhalb jeglicher potenzieller Laufwege der Spieler*innen befinden. Potenziell gefährlich sind vor allem Bälle, die sich hinter den Spieler*innen befinden. Aber auch Bälle, die vor oder neben den Spieler*innen liegen, können leicht zur „Stolperfalle" werden und zu **Verletzungen** führen, bspw. knicken die Spieler*innen um und/oder fallen aufs Handgelenk. Zudem stellt jeder herumliegende Ball im Sichtfeld der Spieler*innen eine optische Ablenkung dar, da die Augen, die primär den sich im Spiel befindlichen Ball verfolgen, immer wieder von den anderen „kleinen gelben Signalen" abgelenkt werden. Weiterhin sind Bälle, die in das Spielfeld rollen, zu beachten, und der laufende Ballwechsel bzw. die laufende Trainingsübung sind im Zweifel unmittelbar zu unterbrechen, bis der Ball entfernt wurde. Das Tennis-Regelwerk sieht innerhalb eines Wettkampfes eindeutig vor, dass der laufende Punkt unterbrochen und wiederholt werden muss, sobald ein Ball während des Punktes auf den Platz gerät, unabhängig davon, ob sich die Spieler*innen gestört fühlen.

Fliegende Bälle

In Gruppentrainingssituationen gibt es immer wieder Konstellationen bzw. Organisationsformen, in denen auf einem Platz mehr als ein Ball gleichzeitig im Spiel ist, bspw. wenn jeweils zwei Spieler*innen-Paare auf jeweils einer Doppelhälfte longline miteinander spielen. Hier gilt es, die Organisation so zu wählen, dass ein u. U. falsch getroffener Ball möglichst wenig Chancen hat, einen der anderen Spieler*innen zu treffen. Bspw. sollten in einer solchen Situation niemals zwei Spieler*innen cross gegenüber am Netz stehen, da hier der Abstand zu gering ist und ein Querschläger durchaus gefährlich werden kann. Auch in Trainingssituationen, in denen Spieler*innen Bälle einsammeln, während andere Spieler*innen einen Korb-Drill absolvieren, muss dafür Sorge getragen werden, dass für die Sammler*innen keine Gefahr durch die fliegenden Bälle entsteht.

Ein weiterer wichtiger Hinweis in diesem Zusammenhang ist, dass die Spieler*innen, deren geschlagener Ball in Richtung einer anderen Person fliegt, unmittelbar

und laut vernehmbar eine Warnung rufen, wie dies bspw. beim Golf mit dem Ausruf
„FORE" üblich ist.

Abstand halten in Gruppensituationen
In Gruppensituationen, die nahezu ausschließlich im Training stattfinden, sind
vor allem die wartenden bzw. momentan nicht aktiven Spieler*innen in der Verantwortung, dafür zu sorgen, dass sie in genügendem Abstand zu den aktiven Spieler*innen stehen bzw. sich über den Platz bewegen. Hier gilt das gleiche Prinzip
wie für die herumliegenden Bälle: Alle potenziellen Laufwege der Spieler*innen
müssen frei sein. Vor allem ist hierbei zu beachten, dass Spieler*innen teilweise
einen großen Bewegungsradius für die Aushol- und Ausschwungbewegungen ihrer
Schläge benötigen. Bspw. muss beim Aufschlagtraining genügend Abstand hinter
den aufschlagenden Spieler*innen gehalten werden. Im Training mit Kindern bietet es sich an, spezielle Wartezonen bspw. mit Hütchen zu markieren.

Bestmögliche Vorbereitung auf die Belastungen beim Tennis
Zu den häufigsten akuten Traumata zählen **Verletzungen** der Sprunggelenke und
der Knie sowie muskuläre **Verletzungen** der unteren Extremitäten sowie des
Schulterbereichs. Aber auch die Bereiche des Rückens und des Rumpfes sind von
muskulären **Verletzungen** betroffen. Zudem können Überlastungserscheinungen
in all den genannten Körperregionen, jedoch vermehrt in den oberen Extremitäten
und dem Rumpf, auftreten (Schumacher, 2012; Flügel, 2017).

Hier hat es die Sportart Tennis mit dem Tennisarm bzw. Tennisellenbogen sogar
in den Bereich der medizinischen Begrifflichkeiten geschafft. Es handelt sich hierbei um eine Über- oder Fehlbelastung der Muskelansätze am Oberarmknochen
und somit der beteiligten Sehne (Flügel, 2017).

Den allermeisten **Verletzungen** und Überlastungen kann jedoch präventiv vor-
gesorgt werden, indem vor allem eine gute Vorbereitung auf die Tennisbelastung
durchgeführt wird. Zu dieser bestmöglichen Vorbereitung gehören u. a.:

- Auswahl des richtigen Schuhwerks, bspw. Sandplatzschuhe für Sandplatz,
  profillose Schuhe für Teppichplätze.
- Auswahl des passenden Schlägers, u. a. passende Größe und Gewicht, richtige Griffstärke, passende Besaitung und Besaitungshärte (Flügel, 2017)
- Mittel- und langfristige Vermeidung von Technikfehlern, die zu Überlastungen führen können, u. a. sind extreme Griffhaltungen zu vermeiden.
- Gutes **Warm-up**: allgemeine Erwärmung des Herz-Kreislauf-Systems,
  Movement-Preparation-Übungen, Erwärmung individueller Schwach-
  punkte wie bspw. der Schulter. U. a., deshalb empfehlen die Autoren vor
  jeder Tennisbelastung ein adäquates **Warm-Up**. Hier lohnt es sich auch,
  vor einer kurzen Tenniseinheit mindestens fünf besser 10–15 min zu in-
  vestieren. Zu diesem Thema finden Sie unter Abschn. 9.1 eine Vielzahl an
  Ideen und Möglichkeiten.

1.5 Internationale und nationale Verbandsstrukturen

Tennis gehört mit weltweit rund 87 Mio. Aktiven zu den beliebtesten Sportarten (International Tennis Federation, 2023). Die **ITF**, der Tennisweltverband mit Sitz in Roehampton (GBR), ist die leitende und oberste Institution innerhalb der Verbandsstrukturen des Tennis. Neben der Verantwortung der offiziellen **Tennisregeln** veranstaltet die ITF pro Jahr zudem ca. 3000 internationale Turniere für Profis, Junior*innen, Senior*innen, **Rollstuhltennis** sowie Beachtennis und organisiert die zugehörigen internationalen Ranglisten. Außerdem ist die **ITF** zuständig für die weltweite Weiterentwicklung des Tennissports und führt in diesem Zuge Aus- und Fortbildungen für Trainer*innen sowie Schiedsrichter*innen durch.

Der **DTB** (**Deutscher Tennis Bund**), mit Sitz in Hamburg, ist wiederum einer der 213 nationalen und regionalen Verbände, aus denen sich die **ITF** zusammensetzt. Mit ca. 1,4 Mio. Mitgliedern ist der **DTB** der mitgliedsstärkste Tennisverband der Welt. In den 17 Landesverbänden des **DTB** gibt es aktuell 8.770 Vereine mit ca. 45.000 Tennisplätzen (Deutscher Tennis Bund, 2024). Der **DTB** ist zusammen mit seinen Landesverbänden für die Durchführung der Mannschaftsspiele, der offiziellen Ranglisten und der Leistungsklassen sowie für die nationale Aus- und Fortbildung von Trainer*innen und Schiedsrichter*innen verantwortlich.

Weitere traditionell große nationale Tennisverbände sind u. a. die vier Nationen, in denen jeweils ein **Grand Slam- Turnier** stattfindet: Australien (Tennis Australia), Frankreich (Fédération Française de Tennis), Großbritannien (Lawn Tennis Association) sowie die USA (United States Tennis Association).

Tennis Australia (TA), der australische Tennisverband, wurde im Jahre 1904 gegründet und hat seinen Hauptsitz in Melbourne, wo jedes Jahr im Januar auch die Australian Open stattfinden. Über 1,5 Mio. Australier*innen, davon ca. 600.000 Kinder, spielten 2023 in 2329 Tennisclubs und -anlagen Tennis (Tennis Australia, 2023; Wikipedia, 2024a).

Die Fédération Française de Tennis (FFT), der französische Tennisverband, wurde 1888 gegründet und hat seinen Sitz und Leistungszentrum in Paris, wo jedes Jahr im Mai/Juni die French Open ausgetragen werden. Mit über 1 Mio. Mitgliedern ist die FFT der größte Individualsportverband Frankreichs. Auf den 32.455 Tennisplätzen der über 7000 Tennisvereine finden jährlich mehr als 40.000 Tennisturniere statt. Zudem gibt es rund 1500 Padel- sowie ca. 400 Beachtennis Plätze in Frankreich (Fédération Française de Tennis, 2024).

Die Lawn Tennis Association (LTA), der britische Tennisverband, trägt mit der Bezeichnung „Lawn" die Tennistradition bereits in seinem Namen, zudem beim traditionsreichsten **Grand Slam-Turnier** in **Wimbledon** noch immer auf Rasen gespielt wird. Die LTA wurde im Jahr 1888 gegründet und hat ihren Sitz sowie ihr National Training Centre (NTC) in Roehampton, London. Es sind keine Mitgliedszahlen bekannt, jedoch spielen laut LTA über 2 Mio. Erwachsene min. einmal im Monat und 3,6 Mio. Kinder min. einmal wöchentlich Tennis in Großbritannien. Zudem gibt es mehr als 200 Padelplätze in Großbritannien (Lawn Tennis Association, 2024a; Wikipedia, 2024b).

Die United States Tennis Association (USTA), der US-amerikanische Tennisverband, wurde 1881 gegründet und hat seinen Hauptsitz in New York, wo jährlich im August/September auch die US Open stattfinden. Neben dem „USTA Billie Jean King National Tennis Center" in New York hat die USTA in Orlando mit dem „USTA National Campus" ein weiteres großes nationales Trainingszentrum. Die USTA hat offiziell 570.000 Mitglieder, wobei die Anzahl der Menschen, die in den USA Tennis spielen, deutlich höher sein dürfte (United States Tennis Association, 2024a, b).

1.5.1 Wettkampftennis in Deutschland

Wettkampftennis in Deutschland findet auf vielen Ebenen und in allen Altersbereichen statt. Beginnend im **Play + Stay**-Bereich (vgl. Abschn. 7.3) bei den Kindern unter 10 Jahren im Kleinfeld, über den Erwachsenenbereich bis hin in die Altersklassen, startend mit den Damen und Herren ab 30 Jahren bis zu den Kategorien der ab 90-jährigen Spieler*innen. Jedem Mitglied in einem Tennisverein, welches für eine Mannschaft gemeldet ist, wird eine sogenannte ID-Nummer zugeordnet, mit der man sich dann für jegliche Turniere innerhalb des **DTB**, an denen man aufgrund des individuellen Alters teilnehmen darf, anmelden kann. Den Einstieg ins Wettkampftennis finden die meisten Menschen in Deutschland über die **Mannschaftsspiele**, bei denen die Mannschaften einzelner Vereine gegeneinander antreten. Hierbei werden, je nach Alters- und Spielklasse in 2er, 4er oder 6er-Mannschaften, jeweils Einzel- und Doppelmatches gegeneinander gespielt. Die **Mannschaftsspiele** sind in einem umfangreichen Ligensystem von der Kreisebene bis hin zu Regional- und Bundesligen in jeglichen Altersklassen organisiert. Neben den **Mannschaftsspielen** finden zudem verschiedenste Turniere statt. Zusammen mit der ID-Nummer haben alle organisierten Tennisspieler*innen eine sogenannte **Leistungsklasse** (**LK**), die die individuelle Spielklasse widerspiegeln soll. Beginnend mit **LK** 25 kann diese bis zur **LK** 1 gesteigert werden. Die **LK** wird anhand verschiedener Formeln ermittelt, die die erzielten Wettkampfergebnisse im **Einzel** und **Doppel**, die Gegner*innen-**LK** sowie dessen Alter mit einbezieht. Besonders beliebt sind hierfür seit einigen Jahren die sogenannten **LK**-Tagesturniere, bei denen Teilnehmende mehrere Matches gegen Gegner*innen mit einer ähnlichen **LK** an einem Tag spielen können. Aufbauend auf das **LK**-System werden für bessere Spieler*innen Turniere mit Ranglistenwertung angeboten, bei denen Punkte für die deutschen Ranglisten gesammelt werden können. Diese bestehen, wie auch die **Weltranglisten** (vgl. Abschn. 1.6), aus einem Turnierrunden-Punkte-System, sodass man pro gewonnener Turnierrunde, abhängig von der Turnierkategorie, eine bestimmte Anzahl Punkte für die Rangliste sammelt. Siege bei **Mannschaftsspielen** sind ebenfalls ranglistenrelevant. Hier gibt es Festpunkte für einen Sieg in einer bestimmten Liga an einer bestimmten Position, unabhängig vom Gegner bzw. der Gegnerin.

1.6 Professioneller Tennissport

Der professionelle Tennissport unterscheidet sich bezüglich der Dauer und des Umfangs an Wettkämpfen von den meisten anderen Sportarten. So gibt es mit den vier **Grand Slam-Turnieren** sicherlich gewisse Saisonhighlights, allerdings erstreckt sich die komplette Wettkampfsaison über elf Monate, wodurch Tennis (vergleichbar wäre noch die Sportart Golf) als **Ganzjahressport** zu bezeichnen ist. Diese nahezu durchgehende Wettkampfsaison hat auch ein spezielles Ranglistensystem zur Folge, bei dem die Spieler*innen die erzielten Ranglistenpunkte für ein Jahr gutgeschrieben bekommen, bevor diese zum gleichen Zeitpunkt der nächsten Saison durch das dann neu erzielte Ergebnis ersetzt werden.

1.6.1 Spielervereinigungen WTA und ATP

Der Tennissport bzw. die internationalen Turniere werden von drei großen Vereinigungen durchgeführt. Im Damentennis ist dies die **WTA** welche 1973 durch die weltberühmte amerikanische Tennisspielerin Billie Jean King gegründet wurde. Neben zahlreichen sportlichen Erfolgen (12 Einzel-, 16 Doppel- und 11 Mixed Titeln bei Grand Slam Turnieren zwischen 1961–1980) ist sie vor allem auch für ihren Kampf um die Gleichbehandlung von Damen und Herren im Sport bekannt und somit verwundert es auch nicht, dass bereits kurz nach der Gründung der **WTA** bei den US Open 1973 erstmals das gleiche Preisgeld für Damen und Herren angeboten wurde. Mit der Gründung der **WTA** wurden alle professionellen Turniere unter einer Tour vereint. Heute gilt die **WTA** als weltführend im professionellen Frauensport. Sie umfasst mehr als 1650 Spielerinnen aus 85 Ländern, die jährlich auf über 50 Turnieren auf sechs Kontinenten und in knapp 30 Ländern vor einem globalen Publikum von mehr als 700 Mio. Zuschauer*innen um Ranglistenpunkte und Preisgelder kämpfen (Women's Tennis Association, 2024).

Bereits ein Jahr früher wurde 1972 die **ATP** gegründet, mit dem Hintergrund, die Interessen der professionellen männlichen Spieler zu schützen. Eine der ersten Änderungen war die Einführung eines Ranglistensystems, welches bis heute noch, inklusive kleinerer Modifikationen, in Benutzung ist. Die **ATP**-Tour umfasst aktuell mehr als 2000 Spieler, die bei mehr als 60 Turnieren in über 30 Ländern um Weltranglistenpunkte und Preisgeld spielen und dabei eine Milliarde Fans weltweit erreichen (Association of Tennis Professionals, 2024).

Die vier **Grand Slam-Turniere** sowie kleinere Weltranglistenturniere im Damen- und Herrentennis werden von der **ITF** (siehe auch Abschn. 1.5) verantwortet und durchgeführt.

1.6.2 Ranglistensystem

Im Tennis wird sowohl bei den Damen als auch bei den Herren ein spezielles Ranglistensystem verwendet, bei dem die Spieler*innen die erzielten Punkte
immer genau für ein ganzes Jahr behalten, bevor diese im Folgejahr durch die
dann neu erspielten Punkte ersetzt oder gestrichen werden. Hierbei können die
Spieler*innen jeweils die besten 19 Turnierergebnisse (Stand September 2024)
in die Wertung einbringen. Alle weiteren Ergebnisse stehen in Reserve, sollten
Punkte nicht verteidigt werden können und somit ein Platz unter den besten 19
Ergebnissen frei werden. Bei der Punktevergabe bestehen allerdings noch kleinere
Unterschiede bezüglich der Wertigkeit einzelner Runden oder aber auch ganzer
Turniersiege. So wird beispielweise der Sieg in der 1. Runde eines **Grand Slam-
Turniers** bei den Herren mit 50 Punkten belohnt, während die gleiche Leistung
bei den Damen mit 70 Punkten bewertet wird (Stand September 2024). Der Sieg
bei einem **Grand Slam-Turnier** ist in beiden Fällen die Höchstpunktzahl von
2000 Punkten wert, jedoch kam es bei der Bemessung der übrigen Turniersiege in
der Vergangenheit immer wieder zu Unterschieden.

Die **ATP** verteilt, dem Namen ihrer Turnierkategorien entsprechend, jeweils
die genannte Zahl für den Turniersieg. So gibt der Gewinn eines **ATP** 1000 entsprechend auch 1000 Punkte, respektive 500 Punkte bzw. 250 Punkte für die Titel-
gewinne bei **ATP** 500 bzw. **ATP** 250 Events. Bei der **WTA** ist diese Vereinfachung
seit der Saison 2024 auch umgesetzt worden, sodass nun auch hier der Kate-
gorisierung (**WTA** 1000, **WTA** 500, **WTA** 250) entsprechende Punkte zu erreichen
sind. Die jeweilige **Weltrangliste** dient auch als Grundlage für die Zulassung zu den
entsprechenden Turnieren, welche im folgenden Kapitel näher erläutert werden. Generell lässt sich festhalten, dass die bestplatzierten gemeldeten Spieler*innen direkt
im Hauptfeld des jeweiligen Turniers starten, während die dahinter folgenden Spie-
ler*innen an der Qualifikation teilnehmen oder aber ein parallel stattfindendes Turnier spielen müssen, da sie über die Rangliste den Zugang nicht geschafft haben. Der
Meldeschluss variiert zwischen drei bis sechs Wochen vor Turnierstart.

1.6.3 Turnierstrukturen

Im professionellen Tennis sind die vier **Grand Slam-Turniere** die wichtigsten und prestigeträchtigsten Veranstaltungen des Jahres. Diese vier Turniere, angefangen mit den Australian Open in Melbourne (Ende Januar), über die French
Open in Paris (Mitte/Ende Mai), das wohl bekannteste Turnier der Welt Wimbledon in London (Ende Juni bis Anfang Juli) und die US Open in New York (Ende
August), erstrecken sich über einen Zeitraum von jeweils drei Wochen mit einem
Hauptfeld von 128 Spieler*innen, welches innerhalb von zwei Wochen ausgespielt
wird und einer ebenso großen Qualifikation in der Vorwoche. Verantwortlicher
Veranstalter dieser Turniere ist die **ITF** (siehe auch Abschn. 1.5). Auf obers-
ter Ebene veranstalten die **WTA** sowie die **ATP** zudem circa 50 bzw. 60 Profi-
turniere in den bereits genannten Kategorien. Beide Vereinigungen tragen zudem

ein Saisonfinale, eine Art Weltmeisterschaft, aus, für das sich die besten 8 Spieler*innen im **Einzel** bzw. die besten 8 **Doppel**-Teams qualifizieren. Diese Saisonfinals verfügen neben den **Grand Slam-Turnieren** über das meiste Preisgeld und bieten den qualifizierten Spieler*innen zudem die Möglichkeit, ein 20tes Ergebnis für Ihre Ranglistenwertung zu sammeln.

Auf der Ebene darunter bietet die **ATP** die sogenannte Challenger Tour an, bei der es Turniere der Kategorien **ATP** 175, 125, 100, 75 und 50 gibt. Diese Turniere werden zumeist von Spielern gespielt, die in der Weltrangliste zwischen 100 bis 350 stehen, wobei auch immer wieder vereinzelt Top 100 Spieler, bspw. in ihrem Heimatland, antreten. In den meisten Wochen finden auf dieser Ebene zwischen drei und fünf Turniere gleichzeitig statt, während zwei bis drei Turniere der Kategorien **ATP** 250 und 500 ausgetragen werden. Eine Sonderstellung haben hierbei die **Grand Slam-Turniere** und die **ATP** sowie **WTA** 1000-Turniere, denn zu Turnierbeginn dieser Turniere finden keine weiteren Veranstaltungen statt. Erst mit Beginn der zweiten Woche dieser „großen" Turniere finden parallel wieder „kleinere" Turniere statt.

Im Damenbereich gibt es diese vergleichbare zweite Ebene nicht, da die **WTA** im Bereich unterhalb ihrer **WTA** 250 Turniere noch die **WTA** 125 Turniere anbietet. Daher unterteilt sich das professionelle Damentennis eher in zwei Ebenen, während bei den Herren von drei Ebenen gesprochen werden kann.

Die **ITF** veranstaltet alle Turniere dieser untersten Ebene im professionellen Tennis, welche bei den Herren Futures genannt werden. Bei diesen Future-Turnieren (Kategorie M25 und M15, wobei die Zahlen 25 und 15 für das Gesamtpreisgeld von 25.000 bzw. 15.000 $ stehen) können die Spieler die ersten Weltranglistenpunkte sammeln und es finden bis zu 20 Turniere zeitgleich pro Woche statt. Im Damenbereich ist diese Ebene aus den oben erwähnten Gründen etwas größer, da im Unterschied zum Herrenbereich die **ITF** mehr Turniere ausrichtet und es keine vergleichbare Challenger-Tour der **WTA** gibt. Folglich umfasst diese Ebene bei den Damen auch Turniere der Kategorien W15, W35, W50 und W75 und es finden bis zu 15 Turniere zeitgleich statt.

Die **ITF** ist zudem Veranstalter der Junior*innen Tour, die ebenfalls schon weltweit und mit einer Vielzahl an gleichzeitig ausgetragenen Turnieren (mehr als 10 Turniere pro Woche) stattfindet und deren Krönung die Junior **Grand Slam-Turniere** sind, welche parallel zur zweiten Woche des jeweiligen **Grand Slam-Turniers** der Profis ausgetragen werden.

Damit im Turnierkalender die Zuordnung leicht nachvollziehbar ist, stellt die **ITF** die Buchstaben W (Women's), M (Men's) und J (Junior's) vor die jeweilige Turnierbezeichnung.

Generell gibt es bei den Turnieren aller Bereiche unterschiedliche Feldgrößen. Während die **Grand Slam-Turniere** die meisten Spieler*innen zulassen (Hauptfeld- und Qualifikationsgröße jeweils 128 Spieler*innen), sind diverse weitere Feldgrößen im Einsatz. So werden beispielsweise bei einem **ATP** 250 häufig nur 28 Spieler (die Top-4-gesetzten Spieler haben in der 1. Runde Freilos) direkt zum Hauptfeld zugelassen, während die Qualifikation zusätzlich Platz für 16 weitere Spieler bietet, von denen sich vier Spieler für das Hauptfeld qualifizieren. Es gibt leider keine komplett einheitliche Vorgabe, denn die Feldgrößen können auch innerhalb der jeweiligen Kategorie unterschiedlich groß sein, was mit dem zugeteilten Zeitraum und der vorhandenen Infrastruktur des jeweiligen Turnieres zusammenhängt. Als Beispiel hierfür gibt es **ATP** 1000-Turniere (z. B. Indian Wells, USA), bei denen 96 Spieler direkt für das Hauptfeld zugelassen werden (die besten 32 gesetzten Spieler haben in der 1. Runde Freilos) und weitere 48 Spieler (von denen sich 12 fürs Hauptfeld qualifizieren) für die Qualifikation, während es auch **ATP** 1000-Turniere gibt (Paris), bei denen 56 Spieler im Hauptfeld und weitere 28 Spieler für die Qualifikation zugelassen werden. Es lässt sich festhalten, dass die Turniere in allen Bereichen meist direkt auf 128er, 64er oder 32er Feldgrößen zurückzuführen sind, bei denen oftmals über Freilose für die besten und somit gesetzten Spieler*innen die tatsächliche Feldgröße noch modifiziert wird. Es findet generell immer eine Qualifikation im Vorfeld statt, bei der meist zwischen vier und 16 Startplätzen für das Hauptfeld ausgespielt werden. Zudem vergeben die Veranstalter bzw. die jeweiligen Landesverbände noch sogenannte **Wild Cards** (**WC**) an junge oder einheimische Spieler*innen, oftmals aber auch an besonders bekannte Spieler*innen, die dann als Hauptattraktion für das Turnier gelten. Die Anzahl dieser **WC**s ist an die jeweilige Feldgröße bei dem Turnier gekoppelt.

1.6.4   Anforderungen an professionelle Tennisspieler*innen

Der zuvor beschriebene Turnierkalender (siehe Abschn. 1.6.3) und das spezielle Ranglistensystem (siehe Abschn. 1.6.2) haben zur Folge, dass die Tennissaison für professionelle Spieler*innen sich quasi über das ganze Jahr erstreckt und mit einer Vielzahl an Flugreisen verbunden ist. Das Jahr startet für die besten Spieler*innen im Januar in Australien, gefolgt von einer Hallensaison in Europa und parallel stattfindenden Outdoor -Turnieren in Südamerika und im arabischen Raum. Anfang März finden große Turniere in den USA statt, bevor im Frühjahr die Sandplatzsaison in Europa startet. Im Anschluss findet die Rasensaison im Juni/Juli statt, bevor es danach auf Hartplatz in den USA weitergeht. Ende des Jahres finden dann erneut Hartplatzturniere im asiatischen Raum statt, während parallel Hallenturniere in Europa und den USA stattfinden sowie Sandplatzturniere in Südamerika. Die Saison endet Ende Oktober bis Mitte November, Tennisspieler*innen müssen also ganzjährig durch die Welt fliegen, auf unterschiedlichen Belägen spielen, mit Zeitumstellungen zurechtkommen und sich quasi durchgehend in Wettkampfform befinden. Meist spielen die Spieler*innen über einen Zeitraum von zwei bis sechs Wochen hintereinander Turniere, bevor eine kurze Trainingsphase (ein bis zwei Wochen) eingelegt wird, um sich auf die nächste Turnierphase (gegebenenfalls einen Wechsel des Belags, was aber auch von Turnier zu Turnier stattfinden kann) vorzubereiten. Die Trainingsumfänge differieren je nach Turnier- oder Trainingswoche, aber auch von Spieler*in zu Spieler*in. Es ist davon auszugehen, dass in Trainingswochen circa vier Stunden täglich Tennis gespielt wird, was noch durch 60–90 Min. Athletik und 60 Min. Behandlungen (z. B. Massage) ergänzt wird. Während eines Turniers müssen die Spieler*innen meistens bis zu fünf Matches in sieben Tagen spielen, zu Beginn des Turniers im Zwei-Tages-Rhythmus, ab dem Viertelfinale dann täglich.

1.7   Para-Tennis: Tennis für Menschen mit Behinderung

Tennis als olympische Sportart findet sich auch im Bereich des Parasports, dem Sport für Menschen mit Behinderung, wieder. **Rollstuhltennis** ist hierbei die einzige paralympische Tennisdisziplin. Weitere Para-Tennis Disziplinen sind Gehörlosentennis, Blindentennis sowie Tennis von Sportler*innen mit geistiger Behinderung.

1.7.1   Rollstuhltennis

▶ „**Rollstuhltennis** ist für Menschen geeignet, die Tennis nicht laufend ausüben können" (Team Deutschland Paralympics, 2021).

Die häufigsten Behinderungen von **Rollstuhltennis**-Spieler*innen sind u. a. Amputationen der unteren Extremitäten, Querschnittslähmungen oder Einschränkungen an Hüfte, Knien oder Füßen. Im internationalen Wettkampfsport starten die Spieler*innen in zwei Startklassen: Die offene Klasse („Open Division"), hier wird differenziert nach Herren und Damen, sowie die Quad-Klasse („Quad Division"). Um in der Open Division startberechtigt zu sein, muss eine attestierte Gehbehinderung vorliegen, aufgrund dieser sich die Sportler*innen nur mittels eines Rollstuhls fortbewegen können. In der Quad Division starten die Sportler*innen, die eine Behinderung an min. drei Extremitäten haben. Hier wird gemischt-geschlechtlich gespielt. In allen Startklassen werden **Einzel** und **Doppel** gespielt.

Rollstuhltennis wird nach den bekannten Tennisregeln (siehe Abschn. 1.2) gespielt. Die einzige Regelanpassung ist die, dass der Ball vor dem Schlag bis zu zweimal aufspringen darf. Nur der erste Ballaufsprung muss hierbei regelkonform im Feld sein, der evtl. zweite Aufsprung darf auch außerhalb des Spielfeldes landen (Deutscher Tennis Bund, 2023). Zudem wird der Rollstuhl als ein dem Körper zugehöriges Sportgerät behandelt, sodass bspw. kein Rad des Stuhls beim Aufschlag auf oder vor der Grundlinie stehen darf („Fußfehler") oder der ankommende Ball als angenommen gilt, wenn dieser vor dem ersten Aufsprung den Rollstuhl trifft, auch wenn sich dieser z. B. hinter der Grundlinie befindet. Zudem darf während des Ballwechsels weder aus dem Stuhl aufgestanden werden, noch dürfen die Füße den Boden berühren.

Die Sport- bzw. Tennisrollstühle sind speziell an die Bedürfnisse auf dem **Tennisfeld** angepasst. So sind diese durch schräge Achsen und zusätzliche Kipp-bzw. Stützräder vorne und hinten wendig und gleichzeitig stabil. Zudem sind sie im Idealfall an die Bedürfnisse der Nutzer*innen angepasst. So können Menschen, die eine Amputation am Bein haben und gleichzeitig im Oberkörper keinerlei Einschränkungen haben, deutlich freier sitzen als bspw. Menschen mit einem hohen Querschnitt, die eine höhere Rückenlehne sowie mehr Gurte benötigen, um stabil im Stuhl zu sitzen.

Abb. 1.2 Rollstuhl-Tennisspieler, während einer sogenannten „Reverse-Backhand", die mit dem gleichen Griff wie die Vorhand geschlagen wird und im Rollstuhltennis üblich ist. Die Nicht-Schlaghand ist währenddessen am Greifreifen des Sportrollstuhls, der sich durch die schräge Achsen-Stellung sowie das hintere Stützrad auszeichnet (Foto: Stefan Brendahl)

Auch in der Schlagtechnik gibt es Besonderheiten. So wird bspw. die Rückhand nahezu ausschließlich einhändig und mit derselben Griffhaltung wie die Vorhand gespielt („reversed backhand"), um die ohnehin hohen koordinativen Herausforderungen etwas zu minimieren (vgl. Abb. 1.2).

1.7.2   Gehörlosentennis

▶ „Gehörlosentennis fasst den Tennissport aller Menschen mit Beeinträchtigungen der Hörfähigkeit zusammen" (Deutscher Tennis Bund, 2023).

Die Spielweise und das Regelwerk des Gehörlosentennis sind identisch mit dem olympischen Tennis der Hörenden (siehe Abschn. 1.2), daher spielen viele Gehörlosen-Spieler*innen auch im regulären Spielbetrieb der Hörenden mit. Dies zeigt bereits das besondere inklusive Potenzial des Gehörlosentennis. Die einzige wichtige Zusatzregel bei Wettkämpfen des Gehörlosentennis ist, dass das Tragen von Hörhilfen während des Matches verboten ist.

Das Highlight der zahlreichen nationalen und internationalen Wettbewerbe im Gehörlosentennis sind sicherlich die **Deaflympics**, die alle vier Jahre ausgetragen werden und vom International Olympic Committee (IOC) als olympisches Äquivalent für Sport von Gehörlosen anerkannt sind (Deutscher Tennis Bund, 2023).

Wie überall im Parasport gibt es auch im Gehörlosentennis unterschiedliche Abstufungen der Beeinträchtigung. So gilt ein Hörverlust auf dem besser hörenden Ohr von 20–34 Dezibel (etwa eine Unterhaltung) bis mehr als 95 Dezibel (eine Autohupe) als Hörbeeinträchtigung (Deutscher Tennis Bund, 2023).

1.7.3 Blindentennis

▶ Blindentennis oder Tennis für Menschen mit Sehbeeinträchtigung „funktioniert mit rasselndem Ball und fühlbaren Linien" (Deutscher Tennis Bund, 2023).

Blindentennis stellt im Bereich des Blindensports eine Besonderheit dar, da der „tennistypische Umgang mit dem Ball und Schläger sowie vor allem das dreidimensionale Spiel mit einem fliegenden Ball, der zwischendurch nicht gestoppt wird" (Deutscher Tennis Bund, 2023) eine große Herausforderung für die Teilnehmenden darstellt.

Die **Spielidee** des Tennis (siehe Abschn. 1.2) bleibt hierbei komplett erhalten, es werden allerdings mehrere Anpassungen vorgenommen. Gespielt wird, je nach Beeinträchtigung der Spieler*innen teilweise oder komplett nach Gehör und daher mit einem rasselnden Schaumstoffball, der je nach Startklasse bis zu drei Mal aufspringen darf. Der Schaumstoffball hat „im inneren eine Plastikkugel, in der durch Metallstäbe das Rasseln erzeugt wird" (Deutscher Tennis Bund, 2023; s. Abb. 1.3). Zudem werden die Linien des Spielfeldes fühlbar gemacht, bspw. durch Klebeband, welches auf die Linien geklebt wird. So können sich die Spieler*innen auf dem Spielfeld orientieren.

Abb. 1.3 Blindentennisbälle in zwei verschiedenen Farben (Mitte), Blindentennisball inkl. „Innenleben" (mit Metallstiften gefüllter Plastikgolfball) (unten), sowie zum Größenvergleich ein Stage 2 Tennisball (oben)

Zusätzlich zu den grundsätzlich geltenden **ITF**-Regeln sowie dem mehrfachen Aufkommen des Balles, ist auch auf den Dialog, der vor jedem **Aufschlag** verpflichtend ist, zu achten: „Aufschläger*in fragt „Ready?", Rückschläger*in antwortet mit „Yes", Aufschläger*in sagt „Play" und darf erst dann den Ball ins Spiel bringen" (Deutscher Tennis Bund, 2023). Eine weitere Zusatzregel betrifft die Situation, wenn Spieler*innen von einem fliegenden Ball ohne vorherigen Bodenkontakt getroffen werden. Steht sie währenddessen im Feld, gilt es als Punktverlust für die getroffene Person. Steht sie im Aus, gilt der Ball als aus.

Gestartet wird im Blindentennis in vier Startklassen, die sich nach dem sogenannten LogMAR-Wert, der den Sehrest der jeweiligen Person angibt, richten. In der Klasse B1 starten Sportler*innen mit dem wenigsten Sehrest und tragen zusätzlich, zur Angleichung unter den Sportler*innen, eine Dunkelmaske. In der Klasse B4 starten wiederum diejenigen mit dem meisten Sehrest. B1-Sportler*innen spielen mit kürzeren Schlägern (erleichtert die Orientierung zum Ball) im T-Feld und dürfen den Ball bis zu dreimal springen lassen. Alle anderen Kategorien spielen im Midcourt-Feld, teilweise ebenfalls mit kürzeren Schlägern, und dürfen den Ball dreimal (B2), zweimal (B3) bzw. einmal (B4) springen lassen.

1.7.4　Tennis von Sportler*innen mit geistiger Behinderung

Tennis von Sportler*innen mit geistiger Behinderung unterscheidet sich zunächst nicht vom Tennis mit Menschen ohne eine solche Behinderung. Hier geht es vor allem darum, das Zielspiel Tennis, sehr ähnlich wie im Bereich des **Play+Stay,** an die Voraussetzungen der Spieler*innen anzupassen. Je nach geistiger Behinderung müssen bspw. die **Zählweise** und/oder die Länge eines Matches angepasst werden. Auf nationaler und internationaler Ebene treten die Spieler*innen in unterschiedlichen Kategorien und Turnierformen bei den Special Olympics an.

1.8　Tennis-verwandte Sportarten: Padel, Beachtennis & Pickleball

Weitere Sportarten, die sich aus dem Tennissport entwickelt haben, sind u. a. **Padel**, Beachtennis und Pickleball. Während Beachtennis in den 1970er Jahren entstand und bereits seit 2010 Teil der **ITF** ist, hat **Padel** seinen Ursprung in den 1960er Jahren und hat mit der Federación Internacional de Padel (FIP) einen eigenen internationalen Dachverband. Auch Pickleball entstand bereits 1965 in den USA und wurde dort um die Jahrtausendwende eine beliebte und weit verbreitete Sportart mit mittlerweile einer eigenen Profiliga.

1.8.1 Padel

Historie

Die allgemein verbreitete Version der Entstehung von **Padel** hat seinen Ursprung im Jahre 1969 in Mexiko, als dort der ansässige Geschäftsmann Enrique Corcuera den ersten Padelplatz der Welt in seinem Garten baute (Sánchez-Alcaraz Martínez, 2013). Zur Verbreitung der Sportart kam es dann durch den Besuch des spanischen Geschäftsmannes Prinz Alfonso Hohenlohe bei seinem Freund Corcuera, da er im Anschluss seiner Reise (1974) zwei eigene Plätze in seinem Club in Marbella bauen ließ. Durch einen ähnlichen Ablauf gelang der Sport dann nach Argentinien, nachdem der argentinische Millionär Don Julio Menditeguy aufgrund seines Besuches in Marbella (1975) auf seinem Anwesen in Mar del Plata ebenfalls zwei Plätze bauen ließ und die Verbreitung der Sportart in Argentinien vorantrieb. Innerhalb kürzester Zeit entwickelte sich **Padel** zu einer der beliebtesten Sportarten Argentiniens mit mehr als 4 Mio. Spieler*innen und über 10 000 Plätzen und breitete sich von dort aus in andere südamerikanische Länder wie Brasilien, Uruguay, Chile und Paraguay aus (Almonacid, 2012). Im Jahre 1991 gründeten Vertreter der Padelverbände Argentiniens, Spaniens und Uruguays den heutigen Weltverband FIP, der aktuell 64 nationale Verbände mit über 25 Mio. aktiven Spieler*innen umschließt (Federación Internacional de Padel, 2024b, a).

Regelwerk

Padel wird mit Schlägern aus Kunststoff, die aus Sicherheitsgründen eine Handschlaufe haben (s. Abb. 1.4) sowie tennisähnlichen Bällen mit etwas geringerem Druck und ausnahmslos im **Doppel** (ggf. Mixed) gespielt, auch wenn es mancherorts inzwischen sogenannte Singlecourts gibt. Diese dienen lediglich zum Ausprobieren bzw. Trainieren, es gibt keine Wettkampfform im Einzel. Die beiden Teams werden durch das sich in der Mitte befindliche Netz getrennt. Der Ball darf maximal einmal auf der eigenen Seite aufkommen, bevor er wieder (direkt oder indirekt) auf die andere Seite gespielt werden muss. Hierbei dürfen die umliegenden Glaswände benutzt werden. Versucht ein*e Spieler*in den Ball nach ein oder mehreren Wandberührungen (unabhängig ob Glas oder Gitter) zu spielen, so muss dies stets direkt aus der Luft als Volley geschehen. Die Zählweise ist aus dem Tennissport übernommen. Sollten beide Teams drei Punkte gemacht haben (40:40), kommt es entweder zur Vorteil Regel oder es wird in den meisten Wettbewerben ein Entscheidungspunkt, ein deciding oder golden point, ausgespielt. Neben den Glaswänden umgibt auch noch eine Gitterkonstruktion den Platz (vgl. Abb. 1.5). Jegliche Berührung dieses Gitters auf der eigenen Seite (durch den eigenen Schlag) ist ein Fehler. Gleiches gilt auch nach dem ersten Aufsprung des Aufschlags, der wie beim Tennis mit maximal zwei Versuchen diagonal in das Aufschlagfeld gespielt werden muss. Bei allen weiteren Schlägen Richtung gegnerischer Seite ist die Gitterkonstruktion, genau wie die Wände, ein fester Bestandteil des Spieles. Im Gegensatz zum Tennis muss der **Aufschlag** (zwei Versuche) als Unterhandschlag nach vorherigem Aufkommen des Balles hinter der

Abb. 1.4 Padelschläger inkl.
Handschlaufe

Abb. 1.5 Der Padelplatz
und seine Maße (eigene
Abbildung)

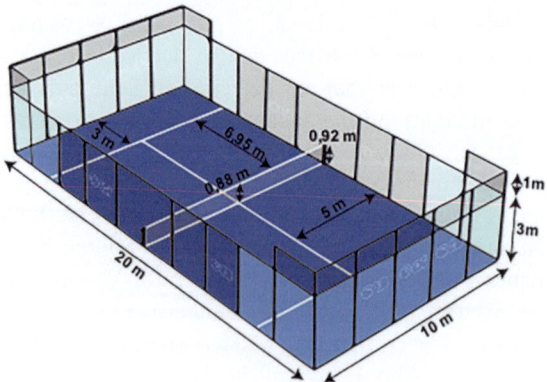

Aufschlaglinie maximal in Taillenhöhe (Bauchnabel) gespielt werden, wobei die
aufschlagende Person die Aufschlaglinie mit den Füßen weder berühren noch vor
dem Treffpunkt überschreiten darf. Im Übrigen gelten die gleichen Regeln wie
beim Tennis **Doppel** (Deutscher Padel Verband, 2024).

Padelschläger und -bälle

Wie oben bereits kurz angedeutet, unterscheiden sich **Padel**schläger deutlich von Tennisschlägern (vgl. hierzu Abschn. 1.3), sie sind einerseits deutlich kürzer und zudem gibt es keinen Rahmen, dessen Schlagfläche aus Saiten besteht, sondern der Schläger und die Schlagfläche sind ein durchgängiges Konstrukt aus Kunststoff (s. Abb. 1.4). Dabei werden verschiedene Materialien verwendet, die sich sowohl auf das Gewicht, aber auch auf die Spielfähigkeit bzw. Performance des Schlägers auswirken. So werden die meisten Schläger aktuell aus Carbon (relativ leicht, bietet Schnelligkeit, Widerstand und Steifigkeit), Glasfaser (etwas schwerer, dafür aber flexibler, wird gerne in Kombination mit Carbon oder Grafit verwendet, erleichtert den Ballabgang vom Schläger, besonders geeignet für Anfänger*innen bzw. mittelschwere Schläger) und Grafit (sehr leicht und resistent, wird häufig als Verstärkung in Schlägern verwendet) hergestellt. Weitere verwendete Materialien sind Titan, Kevlar, Komposite, Epoxy, Moosgummi und EVA-Gummi (Swiss Padel, 2024).

▶   An jedem **Padel**schläger befindet sich aus Sicherheitsgründen eine Handschlaufe, die auch von allen Spieler*innen zu jeder Zeit auf dem Platz um das Handgelenk gebunden sein sollte.

Es haben sich drei verschiedene Schlägerformen etabliert – Diamant, Rund, Tropfen – deren Namen sich nach Ihrer Form ergeben. Jede Schlägerform hat individuelle Vorzüge bezüglich der Spielfähigkeit bzw. Performance:

Übersicht
Diamant: Erhöht die Power und Geschwindigkeit der Schläge, da diese Schläger recht kopflastig sind, was gerade zu Beginn gewöhnungsbedürftig sein kann. Daher geeignet für fortgeschrittene Spieler*innen, die viele Angriffsschläge spielen (wollen).
  Rund: erhöht die Kontrolle und Sicherheit der Schläge, da der Schwerpunkt recht grifflastig ist, wodurch sich diese Schläger leicht bewegen lassen. Daher geeignet für Spieler*innen, die Ihre Stärken in der Defensive haben und lange Ballwechsel spielen (wollen).
  Tropfen: Bietet eine gute Mischung der Eigenschaften, der Schwerpunkt dieser Schläger ist recht mittig, wodurch sie komfortabel zu spielen sind, obwohl sie kopflastiger als die runden Schläger sind. Daher geeignet für Allround Spieler*innen, die ein ausgeglichenes Spiel haben (Swiss Padel, 2024; Lawn Tennis Association., 2024b).

Das Gewicht von **Padel**schlägern ist erstaunlicherweise sogar durchschnittlich schwerer als das von Tennisschläger, obwohl sie deutlich kleiner sind. Leichte **Padel**schläger für gesteigerte Kontrolle, aber weniger Power, wiegen zwischen 340–360 g, wohingegen schwere **Padel**schläger für mehr Power, aber weniger

Kontrolle, zwischen 370–390 g wiegen. Zudem unterscheiden sich die Schläger aufgrund des verwendeten Materials in Ihrer Festigkeit. Man spricht in diesem Zusammenhang von weicheren oder härteren Schlägern, wobei weich für mehr Power und Geschwindigkeit steht, während hart für mehr Kontrolle sorgt (Lawn Tennis Association, 2024b).

Padelbälle unterscheiden sich ebenfalls von Tennisbällen (vgl. hierzu Abschn. 1.3), sie sind etwas kleiner und verfügen über einen leicht geringeren Innendruck, wodurch die Absprunghöhe leicht reduziert ist. Laut offiziellem Regelwerk (Federación internacional de Padel, 2024; Deutscher Padel Verband, 2024) ist der Durchmesser auf 6,35–6,77 cm begrenzt und das Gewicht muss zwischen 56,0–59,4 g liegen.

Padelplatz
Der **Padel**platz hat die Form eines Rechtecks, ist 10 Meter breit und 20 Meter lang und wird von einer Konstruktion aus (hauptsächlich) Glas- oder (vereinzelt) Betonwänden in Verbindung mit einem Metallgitter umgeben. Hierbei bilden die Glas- oder Betonwände die komplette Rückwand sowie seitlich die hinteren vier Meter der jeweiligen Platzhälfte. Oberhalb dieser drei Meter hohen Wände befindet sich eine ein Meter hohe Gitterkonstruktion (s. Abb. 1.5). Ab Höhe der Flutlichtmasten bestehen die Seitenwände im vorderen Bereich ausschließlich aus diesem Metallgitter. Während die Glas- und Betonwände zum Zurückspielen des Balles genutzt werden können, ist dies für das Metallgitter verboten. In der Mitte des Platzes befindet sich das Netz, welches an den Seiten 92 cm und zentral 88 cm hoch ist. Bodenbelag ist meistens ein Kunstrasen, auf dem zusätzlich Quarzsand gestreut wird.

Padel-spezifische Begrifflichkeiten
Padel orientiert sich bei der **Zählweise** und den Regeln zu großen Teilen an der Sportart Tennis, dennoch gibt es einige sehr Sportart spezifische Begrifflichkeiten und Schlagvariationen, deren Erläuterung sinnvoll erscheint.

Direkte und indirekte Schläge
Der offenkundigste Unterschied zum Tennis besteht in dem Spiel mit und von den Wänden, weshalb eine Unterteilung in direkte Schläge (ohne jeglichen Wandkontakt) und indirekte Schläge (nach und/oder mit Wandkontakt) als zielführend erscheint. Folglich sind sämtliche Volleys, Aufschläge, Schmetterbälle, Vorhand- und Rückhandschläge, die nach der Netzüberquerung auf direktem Wege wieder ins gegnerische Feld gespielt werden, als direkte Schläge zusammenzufassen. Indirekte Schläge können nach einfacher Wandberührung, doppelter Wandberührung direkt oder mithilfe der Wand ins gegnerische Feld gespielt werden (Mellado-Arbelo et al., 2019). Insbesondere die indirekten Schläge nach einer Wandberührung stehen im Fokus der Sportart. Hierbei gilt es zu beachten, dass im Unterschied zum Tennis die Flugbahn des zu schlagenden Balles bereits hin zum gegnerischen Feld gerichtet ist, wohingegen diese bei direkten Schlägen weg vom gegnerischen Feld führt. Dies beeinflusst die Dosierung des eigenen Schlages merklich.

Drive und Revés

Im Tennisalltag wird üblicherweise in Anlehnung an den Spielstand von der Einstand- und der Vorteilseite gesprochen. Wie im Tennisdoppel ist auch im **Padel** die Returnseite der jeweiligen Doppelpartner*innen für den Verlauf eines Satzes durch die Regeln festgelegt. **Padel**-Spieler*innen in der Weltklasse wenden diese Festlegung (freiwillig) auch während der eigenen **Aufschlagspiele** an. Die jeweils gewählte Seite, Drive oder Revés, kann man z. B. beim Aufrufen der aktuellen Weltrangliste und der verknüpften Profilseiten der Spieler*innen einsehen. Spielt ein*e Spieler*in auf der Einstandseite, so wird im Profil Drive stehen, bei der Wahl der Vorteilseite entsprechend Revés. Im Weltklasse-Bereich spielen Linkshänder*innen ausschließlich Drive, während Revés durchweg von Rechtshänder*innen gespielt wird. Grund hierfür ist die Mehrzahl an Überkopfvariationen durch die sich hierdurch jeweils in der Mitte des Platzes befindende Vorhand. Da es in der Weltklasse ein erhöhtes Angebot an Rechtshänder*innen gibt, kommt es zudem zu Doppelpaarungen, bei denen beide Seiten durch Rechtshänder*innen belegt werden.

Überkopfvariationen (Smash, El Gancho, Vibora, Bandeja)

In der Weltspitze liegt der Fokus auf dem Netzspiel und dem Erlangen bzw. Beibehalten der Netzposition. So spielen **Padel**spieler*innen bei eigenem **Aufschlag** zu 100 % Serve & Volley, sie folgen also Ihrem **Aufschlag** direkt ans Netz, wo der jeweilige Partner bereits steht. In der Konsequenz sind Volleys und vor allem Überkopfbälle von großer Bedeutung. Während die Volleys in der Ausführung denen im Tennissport ähneln, gibt es im **Padel** im Gegensatz zum Tennis eine Vielzahl an Überkopfvariationen, von denen eigentlich nur der Smash so auch im Tennis gespielt wird, während die weiteren drei Varianten als **padel**spezifisch zu bezeichnen sind.

Der Smash ist die offensivste Überkopfvariante, bei der die Spieler*innen den Ball zentral über dem Kopf mit ausgestrecktem Schlagarm treffen und maximal beschleunigen, mit dem Ziel, dass der geschlagene Ball im Optimalfall nach dem Bodenkontakt über eine der Wände den Platz verlässt oder nach der anschließenden Wandberührung entweder über das Netz zurück auf die eigene Seite oder über die Seitenwände aus dem Platz herausfliegt. Hierbei sollte das Gewicht in Schlagrichtung verlagert werden können und die Spieler*innen nicht zu weit vom Netz entfernt stehen, da sonst schnell die Gefahr besteht, dass der eigene Smash durch den verlangsamenden Kontakt mit der Rückwand zum Nachteil wird und die Gegner*innen ihrerseits einen leichten Ball in aussichtsreicher Position schlagen können. Aufgrund dieser Gefahr haben sich im **Padel** weitere Überkopfvariationen entwickelt, die entweder einen flacheren Absprung (Bandeja, Vibora) oder die Herausnahme von Tempo (El Gancho) und dadurch den Zeitgewinn für die Beibehaltung der Netzposition als Ziel haben.

Beim El Gancho (dt.: der Haken) befinden sich die Spieler*innen in der Rückwärtsbewegung und bereits im mittleren bis hinteren Bereich des Platzes (circa auf Höhe der Aufschlaglinie). Der Schlag wird mit komplett durchgestrecktem Schlagarm weit oberhalb und leicht hinter dem Kopf geschlagen, wobei der Schlag bewusst langsam ausgeführt wird, um dadurch selbst Zeit für die Beibehaltung der eigenen Netzposition zu erlangen. Ein beliebtes Ziel ist hierbei das Seitengitter bzw. die Glaswand, um so noch mehr Zeit zu gewinnen. Diese Überkopfvariante wird zudem häufig als Antwort auf sehr hohe Lobs der Gegner*innen gewählt.

Der wohl bekannteste Schlag im **Padel** ist der Bandeja (dt.: Tablett), eine Überkopfvariante, bei der das Ziel ein möglichst flacher Absprung des eigenen Balles ist. Hierfür wird der ankommende Ball bewusst tiefer fallen gelassen und erst auf Schulter- bis Augenhöhe seitlich neben dem Körper (weit weg) mit einer von hinten oben nach vorne unten abwärts gerichteten Schlagbewegung getroffen. Die Schlagbewegung ist dabei derart deutlich seitlich neben dem Körper und die Schlägerfläche kurz vor dem Treffpunkt recht stark geöffnet, dass dieses Bild an das Halten eines Tabletts erinnert. Der auf diese Weise erzeugte Rückwärtsdrall sorgt für einen flachen Absprung, der auch nach der Wandberührung die Gegner*innen in der Defensive halten soll und die Beibehaltung der eigenen Netzposition erleichtert. Somit ist der Bandeja eine eher defensive Überkopfvariante, die gespielt wird, wenn sich die Spieler*innen z. B. durch einen guten Lob in einer hinteren Netzposition (weiter vom Netz entfernt, bspw. Höhe der Aufschlaglinie) befinden, aber dennoch mit dem Gewicht hinter den Ball gekommen sind.

Aus ähnlicher Position wird auch der sogenannte Vibora gespielt, der erneut recht weit weg vom Körper, im Unterschied zum Bandeja allerdings etwas höher (auf Kopfhöhe) und mit Seitwärtsdrall anstatt Rückwärtsdrall getroffen wird und das Ziel hat im besten Fall einen direkten Punkt zu erzielen. Der Vibora ist im Gegensatz zum Bandeja ein offensiverer Schlag, wobei beide Schlagvarianten (Bandeja und Vibora) sowohl offensiv als auch defensiv ausgeführt werden können.

Salida de pared, Bajada de pared und Contra pared
Neben dem starken Fokus auf das Netzspiel ist **Padel** besonders für das Spielen mit bzw. nach der Wand bekannt, den oben bereits erwähnten indirekten Schlägen. Hierbei sind die folgenden beiden Schlagvarianten hervorzuheben, bei denen der Ball nach dem Seiten- und/oder Rückwandkontakt gespielt wird.

Beim Salida de pared wird der zu spielende Ball unter Netzhöhe getroffen und muss aufgrund des tiefen Treffpunktes von unten nach oben gespielt werden. Dies geschieht zumeist flach oder halbhoch, sofern die Spieler*innen nur eingeschränkte Zeit zur Schlagvorbereitung haben, oder als Lob, falls die Spieler*innen ausreichend Zeit für die Schlagpositionierung haben.

Im Unterschied hierzu ist beim Bajada de pared der Absprung des ankommenden Balles über Netzhöhe und kann somit von oben nach unten geschlagen werden. Dadurch ist es den Spieler*innen möglich, den Ball mit erhöhter Geschwindigkeit und, wenn erwünscht, deutlich offensiver zu spielen.

Eine dritte zu erwähnende Schlagvariante ist der Contra pared, bei dem im Unterschied zu den beiden vorangegangenen Varianten der Ball mithilfe der Rückwand (oder in seltenen Fällen über die Seitenwand) ins gegnerische Feld zurückgespielt wird. Dieser Schlag findet meist seine Anwendung, wenn Spieler*innen beim Zurücklaufen erkennen, dass der zu spielende Ball nach dem ersten Aufkommen nicht die Rückwand erreichen wird (oder nicht weit genug von dieser abspringen würde) und aus diesem Grund vor dem (automatisch den Ballwechsel beendenden) zweiten Aufkommen über die Rückwand (dabei gilt es einen möglichst günstigen Winkel von unten nach oben zu erzeugen) ins gegnerische Feld gespielt wird.

Die **Spieleröffnung**, **Aufschlag** und **Return**, im **Padel** ist im Vergleich zum Tennis (vgl. hierzu Abschn. 2.3.1) deutlich weniger dominant. In der Weltspitze werden so gut wie keine Asse (Aufschlag ohne Gegner*innen Berührung) und auch nur sehr wenig Doppelfehler (Risiko lohnt sich nicht) serviert. Wie bereits weiter oben erwähnt, spielen die Teams zu 100 % Serve & Volley, wodurch sich die Returnspieler*innen, die sich beide hinter der Aufschlaglinie befinden, beim **Return** direkt in der verteidigenden Position befinden. Dabei ist die am häufigsten gewählte Variante ein flacher **Return**, damit das aufschlagende Team den Punkt durch einen Volley (Treffpunkt auf Netzhöhe bis Schulterhöhe) eröffnen muss. Im fortlaufenden Ballwechsel versucht das verteidigende Team dann die Netzposition zu erobern, ein sehr häufig dafür verwendeter Schlag ist der sogenannte Chiquita (dt.: kleines Mädchen), bei dem der ankommende Schlag (in den meisten Fällen ein Volley) möglichst flach und mit wenig Tempo über das Netz und den Gegner*innen vor die Füße zurückgespielt wird, mit dem Ziel, dass die Netzspieler*innen unter Netzhöhe vollieren müssen. Man möchte mit diesem Schlag einen schlechten bzw. suboptimalen Volley provozieren, um in der Folge eine Chance für einen Lob oder eine andere Art der Übernahme (z. B. ein überraschendes Aufrücken ans Netz) der Netzposition zu erlangen. Der Chiquita kann bei guter Stellung zum Ball auch direkt als **Return** gespielt werden, wird jedoch meistens im Ballwechsel aus der Verteidigungsposition an der Grundlinie gespielt.

1.8.2   Beachtennis

Historie
Das erste Beachtennis-Turnier fand 1988 in Italien statt. Zehn Jahre später nahm der **DTB** die Sportart Beachtennis offiziell auf. Mittlerweile besteht die **ITF** Beach Tennis World Tour aus über 300 internationalen Turnieren in 37 Ländern weltweit.

Regelwerk
Beachtennis gleicht in seiner Zählweise dem Tennis **Doppel**, jedoch wird, wie auch überwiegend im **Padel** (vgl. Abschn. 1.8.1), nach jeweils drei gewonnenen Punkten in einem Spiel (40:40) ein Entscheidungspunkt gespielt. Offizieller Spielball ist der Stage 2 (orange) **Tennisball**, der 50 % druckreduziert ist gegenüber normalen Tennisbällen (vgl. Abschn. 7.3). Als Schläger dienen spezielle Beachtennis-Schläger, die Padel-Schlägern ähneln, jedoch deutlich dünner sind und zudem eine raue Schlagfläche aufweisen (s. Abb. 1.6).

Zu Beginn eines jeden Ballwechsels muss die aufschlagende Person mit beiden Füßen hinter der Grundlinie sowie zwischen den (verlängerten) Seitenlinien stehen. Im Unterschied zum Tennis gibt es nur einen Aufschlagversuch, welcher

Abb. 1.6 Beachtennis-
Schläger und Bälle

überall im gegnerischen Spielfeld platziert werden darf und somit auch von beiden Gegner*innen angenommen werden kann. In der Mixed-Konkurrenz dürfen
die Herren jedoch nur von unten aufschlagen. Eine weitere Besonderheit ist der
Umgang mit Netzrollern, welche immer, also auch beim **Aufschlag**, weitergespielt
werden, sofern der Ball über das Netz und Richtung Spielfeld der Gegner*innen
abspringt. Generell werden Punkte durch Fehler (Netz oder Aus) und Gewinnschläge, der Ball berührt auf der Gegenseite innerhalb des Spielfeldes den Boden,
erzielt. Folglich müssen alle Bälle direkt aus der Luft (Volleys oder Schmetterbälle) und mit dem ersten Kontakt direkt wieder über das Netz auf die gegnerische
Seite gespielt werden.

Das Spielfeld
Beach Tennis wird im Sand gespielt, wobei dieser mindestens 25 cm tief sein
muss und frei von Steinen, Muscheln oder anderen Gefahren sein sollte. Das
Spielfeld (ein Rechteck) ist in allen Doppelvarianten (Damen, Herren, Mixed)
16 m lang und 8 m breit, wohingegen es im Einzelwettbewerb 4,5 m breit ist. Wie
auch beim Tennis und **Padel** wird das Spielfeld in der Mitte durch ein Netz getrennt, wobei dieses mit einer Höhe von mindestens 1,70 m deutlich höher als bei
den anderen beiden Sportarten ist. Das Netz sollte vollständig gespannt und sehr

engmaschig sein, damit keine Bälle durch das Netz fliegen können. Die seitliche und hintere Begrenzung des Spielfeldes wird durch Linien markiert, welche sich während eines Ballwechsels durch natürliche Bewegungen verschieben können, aber vor jedem Punkt wieder in die Ursprungsposition gebracht werden müssen (International Tennis Federation, 2024d).

1.8.3 Pickleball

Historie
Pickleball wurde 1965 in den USA erfunden und verbindet Elemente aus Tennis mit solchen aus dem Badminton sowie Tischtennis. Seit den 1980er Jahren wird Pickleball in den USA organisiert gespielt und wächst seitdem stetig. Mittlerweile gibt es in den USA und Kanada große Turniere und Profi-Ligen, in denen um hohe Preisgelder gespielt wird. Weltweit gehört es zu den am schnellsten wachsenden Sportarten (Pickleball Europe, 2023).

Spielidee, Spielfeld, Regelwerk und Material
Die **Spielidee** von Pickleball ist die gleiche wie beim Tennis. Gespielt wird jedoch auf einem Spielfeld mit den Maßen eines Badmintonfeldes (6,10 m mal 13,40 m) über ein Netz, welches mit einem Kleinfeld-Tennisnetz vergleichbar ist. Der perforierte Plastik-Ball, der große Ähnlichkeit mit einem Unihockey-Ball hat, jedoch weicher ist, wird mit einem Schläger, dem Paddle, den man als Tischtennisschläger mit doppelt so großer Schlagfläche beschreiben kann, über das Netz ins Feld geschlagen.

Der Unterhand-**Aufschlag** erfolgt dabei von hinter der Grundlinie und von unter der Hüfthöhe und muss wie im Tennis diagonal erfolgen. Der **Aufschlag** muss hierbei hinter der Non-Volley-Zone (siehe Abb. 1.7) landen und darf das Netz berühren. Alternativ kann der Ball auch auf den Boden fallen gelassen werden und nach dem Aufsprung geschlagen werden (Sprungaufschlag). Je nach eigener Punkteanzahl bzw. des eigenen Teams, wird von der rechten (gerade Punkteanzahl) bzw. der linken Seite (ungerade Punkteanzahl) aufgeschlagen, genau wie im Badminton.

Auch Pickleball wird, wie **Padel**, überwiegend im Doppel gespielt. Aber auch **Einzel** ist möglich, welches auf dem gleichen Feld gespielt wird. Beim **Doppel** hat eine Person des Teams so lange das Aufschlagrecht, bis das Team einen Punkt verloren hat. Daraufhin schlägt die andere Person des Teams auf, bis ein weiterer Punkt verloren geht, woraufhin das Aufschlagrecht zum gegnerischen Team wechselt. Gezählt wird numerisch bis 11 Punkte mit zwei Punkten Abstand.

Eine besondere Regel im Pickleball ist die „Double-Bounce-Rule", die besagt, dass der Ball nach dem **Aufschlag** auf jeder Seite einmal aufkommen muss, d. h. erst frühestens der vierte Schlag des Ballwechsels aus der Luft gespielt werden darf.

Weitere Regeln betreffen die Zone vor dem Netz, welche als „Non-Volley-Zone" oder auch „Kitchen" bezeichnet wird. In diesem Bereich (2,13 m vom Netz

Abb. 1.7 Pickleball
Feld mit allen Linien und
Entfernungen

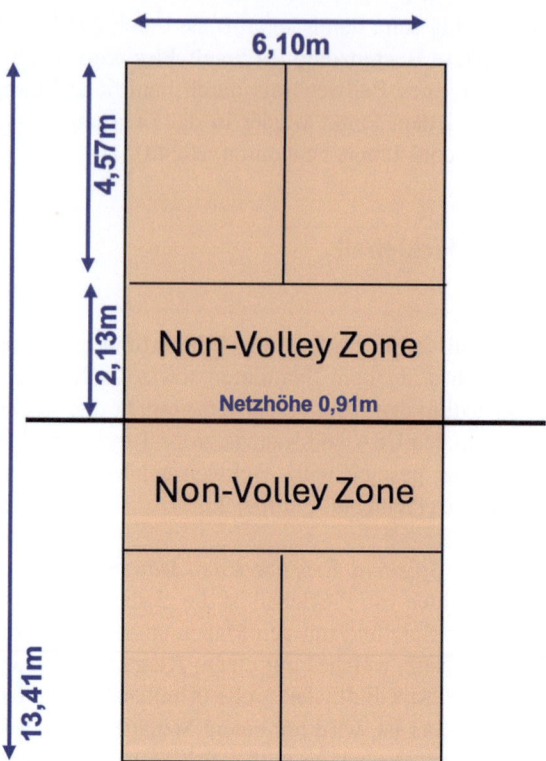

aus ins Feld herein) dürfen die Spieler*innen nicht hereintreten, ohne dass der Ball vorher aufspringt. Dies bedeutet also, dass nur hinter dieser Linie stehend Schläge aus der Luft erfolgen dürfen.

Literatur

Almonacid, B. (2012). *Perfil de juego en el pádel de alto nivel.* Tesis Doctoral: Universidad de Jaén.

Association of Tennis Professionals (2024). www.atptour.com.

Busse, M., & Thomas, M. (2001). Leistungsmedizinische Aspekte beim Tennis. *Clinical Sports Medicine-Germany, 2*(4).

Deutscher Padel Verband. (2024). *Historie.* https://www.dpv-padel.de/geschichte-verbreitung/.

Deutscher Tennis Bund. (Hrsg.). (2001). *Tennis-Lehrplan. Bd. 1 Technik & Taktik* (8. Aufl., durchges.). BLV.

Deutscher Tennis Bund. (2024). https://www.tennis.de/dtb/verband/ueber-uns.html.

Deutscher Tennis Bund. (2023). https://www.tennis.de/dtb/angebote/zielgruppenspezifische-an-gebote/Inklusion.html.

Fédération Française de Tennis. (2024). https://www.fft.fr/la-federation/decouvrir/presentation-generale-de-la-fft.

Federación internacional de Padel. (2024). About us. www.padelfip.com/about.

Federación internacional de Padel. (2024). *Documentations*. https://www.padelfip.com/documentation/.

Flügel, J. (2017). *Verletzungen im Tennis – eine Langzeitanalyse von ambitionierten Freizeit-und Leistungsspielern, Dissertation*. Julius-Maximilians-Universität Würzburg.

Gillmeister, H. (2017). *Tennis: A cultural history* (2. erw. Aufl.). Equinox.

International Tennis Federation. (2024a). *ITF Rules of Tennis*. ITF LTD.

International Tennis Federation. (2024b). https://www.itftennis.com/en/about-us/organisation/history-of-the-itf/.

International Tennis Federation. (2024c). https://www.youtube.com/watch?v=hA-EpgnRhdo&t=7s.

International Tennis Federation. (2024d). *ITF Rules of Beach Tennis*. ITF LTD.

Lawn Tennis Association. (2024a). *LTA Finance and Governance Report 2022*. https://www.lta.org.uk/4a370e/siteassets/news/2023/may/lta-finance-and-governance-report-2022.

Lawn Tennis Association. (2024b). *Padel*. https://www.lta.org.uk/play/ways-to-play/padel/.

Mellado-Arbelo, Ó., Vidal, E. B., & Usón, M. V. (2019). Análisis de las acciones de juego en pádel masculino profesional. *Culture Science Sport, 42*.

Molina, I. (2004). Match analysis and evaluation. *ITF Coaching and Sport Science Review, 34*, 3–4.

Pickleball Europe. (2023). www.pickleball-europe.de.

Sánchez-Alcaraz Martínez, B. J. (2013). Historia del Pádel. *Materiales para la Historia del Deporte, 11*(11), 57–60.

Schumacher, C. (2012). *Sportmedizin: Prävention und regenerative Maßnahmen, Risiken und Probleme des Leistungstennis*. https://backend.wtv.de/s/sg_wtv_files/cukxhwg2hyhfwgh-scbqa7ixpnhucestg.pdf.

Swiss Padel. (2024). *Über Padel*. https://swisspadel.ch/so-findest-du-den-richtigen-padel-schlaeger/.

Team Deutschland Paralympics. (2021). *Rollstuhltennis*. https://youtu.be/VzQlLRxkCs4.

Tennis Australia. (2023). *Tennis Australia Annual Report 2022–2023*. https://www.tennis.com.au/about-tennis-australia/reports-and-policies/annual-report.

United States Tennis Association. (2024a). https://www.usta.com/en/home/membership/join-benefits.html.

United States Tennis Association. (2024b). https://pub.hozinc.com/usta2023yb/.

Wikipedia. (2024a). https://en.wikipedia.org/wiki/Tennis_Australia.

Wikipedia. (2024b). https://en.m.wikipedia.org/wiki/Lawn_Tennis_Association.

Women's Tennis Association. (2024). www.wtatennis.com.

Anforderungsprofil und Matchstruktur

▶ Das Rückschlagspiel Tennis ist geprägt von sich untereinander bedingenden Leistungsfaktoren, auf welche in den folgenden Abschnitten eingegangen wird, wobei die Faktoren Technik und Taktik im späteren Verlauf des Buches als eigene Kapitel behandelt werden. Tennis hat durch das Zusammenspiel der diversen Aspekte ein sehr komplexes Anforderungsprofil, welches von Training zu Wettkampf, aber auch von Match zu Match stark differieren kann, nicht zuletzt durch das Regelwerk und im Speziellen die Zählweise. Im Tennis spielen die Koordination (Abschn. 2.1.1), die Kondition (Abschn. 2.1.2) mit all ihren Aspekten, aber auch die Psyche (Abschn. 2.1.3) jeweils eine große Rolle, und nur das Zusammenspiel aller Facetten ermöglicht individuelle Spitzenleistungen. So erfordert ein Aufschlag diverse koordinative und konditionelle Fertigkeiten, welche je nach Spielstand unter großer nervlicher Anspannung wiederholt und präzise abgerufen werden müssen. In den folgenden Abschnitten werden diese Faktoren vorgestellt sowie deren Training sowohl allgemein als auch inhaltlich thematisiert. Abschließend wird die Matchstruktur (Abschn. 2.2) im Tennis vorgestellt und detailliert auf die Ballwechsellänge (Abschn. 2.3) und deren Bedeutung für die Trainingsinhalte, insbesondere der (erweiterten) Spieleröffnung (Abschn. 2.3.1), eingegangen. Hierbei wird auch eine mögliche Zoneneinteilung (Abschn. 2.3.3) des Tennisplatzes vorgestellt.

Ergänzende Information Die elektronische Version dieses Kapitels enthält Zusatzmaterial, auf das über folgenden Link zugegriffen werden kann https://doi.org/10.1007/978-3-662-70466-0_2. Die Videos lassen sich durch Anklicken des DOI Links in der Legende einer entsprechenden Abbildung abspielen, oder indem Sie diesen Link mit der SN More Media App scannen.

„Die Sportart Tennis gehört zu den sogenannten Spielsportarten, genauer gesagt zu den Rückschlagspielen und ist charakterisiert durch die Interaktionen zwischen 2 bis 4 Spieler*innen" (Deutscher Tennis Bund, 2024), welche gemeinsam mit dem Regelwerk des Tennis ein spezifisches **Anforderungsprofil** ergeben.

2.1   Anforderungsprofil und Leistungsfaktoren

Tennis stellt an die Spielenden hochkomplexe Anforderungen und ist geprägt durch eine Vielzahl an sich untereinander bedingenden Leistungsfaktoren. Ferrauti et al. (2014) beschreiben diese Leistungsfaktoren in einem vielschichtigen Kreismodell, in dem die Themen Gesundheit und Ernährung den Rahmen bilden. Es folgen von außen nach innen die **konditionellen Fähigkeiten**, die Einzel- und Doppeltaktik, mentale Aspekte sowie im innersten Kreis die **Koordination** und die Schlagtechnik. Während **Technik** (siehe Kap. 3) und **Taktik** (siehe Kap. 4), aufgrund ihrer herausragenden Bedeutung eigene Kapitel gewidmet sind, werden alle weiteren Aspekte im Folgenden behandelt.

Der **DTB** beschreibt das **Anforderungsprofil** des Tennis als eine sehr komplexe Ganzkörperbelastung, innerhalb der die Aspekte **Kraft, Schnelligkeit, Ausdauer, Koordination, Beweglichkeit**, Konzentrationsfähigkeit und Kognition in komplexen Handlungssituationen gefordert werden (Deutscher Tennis Bund, 2024). Aus dem Tennis-Regelwerk und den daraus resultierenden Pausenzeiten ergibt sich ein spezifisches Belastungsprofil (Deutscher Tennis Bund, 2024). Dieses kann von Training zu Wettkampf stark differieren. Insgesamt wird Tennis „als azyklische Ganzkörperbeanspruchung mit Intervallcharakter unterschiedlicher Intensitäten und Zeitdauer beschrieben" (Deutscher Tennis Bund, 2024). Hierbei überwiegen extensive Belastungsphasen im überwiegend aeroben Bereich im Wechsel mit teils „intensiven und schnellkräftigen Belastungsphasen von variabler und unvorhersehbarer Dauer" mit anaerob-alaktaziden Spitzenintervallen (Ferrauti et al., 2014, S. 19; Busse & Thomas, 2001).

Tennis ist also geprägt von überwiegend kurzen, sowie oftmals, aber nicht immer, schnellen Laufwegen in alle Richtungen, inklusive daraus resultierenden Abbremsbewegungen sowie erneuten Beschleunigungen in jeglicher Bewegungsrichtung. Zu diesen bereits von **Schnellkraft** und **Reaktivkraft** bestimmten Bewegungen, kommt eine Vielzahl Hoch-Tief-Bewegungen inklusive kleinerer Sprünge sowie schnell- und reaktiv-kräftige Schlagbewegungen hinzu. Tennisspieler*innen müssen folglich in der Lage sein, hohe Belastungsspitzen, sowohl Cardio-pulmonal als auch im Muskel-Sehnen-Knochen-Apparat, aushalten zu können.

Weiterhin haben Tennismatches durch die besondere **Zählweise**, u. a. die Vorteilregel, zwei Punkte Vorsprung im **Tiebreak**, keine ablaufende Spielzeit usw., eine unvorhersehbare Spieldauer, sodass Spieler*innen sich darauf einstellen müssen, u. U. mehrere Stunden Leistung bringen zu müssen, während gleichzeitig jeder Punkt von Beginn an Bedeutung hat. Darüber hinaus kann die Gesamtbelastung bei Turnieren oder **Mannschaftsspielen** von einem Match alle zwei

Tage, wie bspw. bei **Grand Slam-Turnieren** (vgl. Abschn. 1.6.3), bis zu drei Matches pro Tag, bspw. zwei **Einzel** und ein **Doppel** bei nationalen Turnieren, differieren. Das klassische **Mannschaftsspiel** bspw. besteht normalerweise aus einem **Einzel** und einem **Doppel** am Spieltag in relativ kurzem Abstand hintereinander, sodass die Gesamtbelastung auf physischer und psychischer Ebene sehr hoch sein kann.

Das Anforderungsprofil in Zahlen (Deutscher Tennis Bund, 2024; Ferrauti et al., 2014, 2016)
Dauer

- Durchschnittliche Matchdauer ca. 90 Min., mit großen Schwankungen von 30 bis 300 Min.
- **Nettospielzeit**, d. h. der Ball ist im Spiel, ca. 10–30 %, abhängig vom Bodenbelag
- 80–230 Punkte pro Best-of-Three Match*

Laufwege

- 1300–3600 Meter Laufstrecke pro Spielstunde
- Ca. 3 Meter durchschnittlicher Laufweg pro Schlag, 80 % davon unter 2,5 m, 10–20 % ca. 4–5 Meter ohne festen Stand beim Schlag. Bei Letzteren verdoppelt sich die Fehlerquote.
- Ca. 20 % aller Schläge unter Zeitnot, vor allem in der seitlichen Bewegung, Fehlerquote steigt hier um den Faktor 3,5
- 8–15 Meter Gesamtlaufstrecke pro Punkt inklusive durchschnittlich vier **Richtungswechseln**
- 9–18 Meter: Längster Laufweg geradeaus am Stück
- Grundsätzlich alle Bewegungsrichtungen vorhanden. Am häufigsten sind seitliche Laufwege hinter der Grundlinie vermehrt zur Vorhandseite

Physiologische Daten

- durchschnittliche Herzfrequenz 160 Schläge/Min. mit Spitzenbelastungen um die 200 Schläge/Min.
- 1,8–3,5 mmol/l Blutlaktat, Spitzenwerte zwischen 6 und 8 mmol/l möglich.
- vorrangig anaerob-alaktazide Energiebereitstellung während der Belastung im Ballwechsel mit aeroben Phasen in den Pausen
- ca. 70–80 % Energiebereitstellung über Kohlenhydrate, bei längeren Spielzeiten bis zu 40 % über die Fettverbrennung möglich

- 2400–3200 Kilojoule/Std. Kalorienverbrauch
- Sauerstoffaufnahme (Vo2max) bei männlichen Profis ca. 60 ml/kg/Min., bei weiblichen Profis ca. 45 ml/kg/Min.
- Nur durch die Schläge bereits kurzzeitige VO2-Werte von über 80 %

Geschwindigkeiten

- über 200 km/h Aufschlaggeschwindigkeiten
- über 120 km/h Grundschläge Vorhand und Rückhand
- 0,003–0,005 Sek. Kontaktzeit zwischen Ball und Schläger
- 0,5–1,0 Sek. Zeit zwischen Treffpunkt des Aufschlags und Treffpunkt des Returns

*Zahlen zur **Ballwechsellänge** siehe Abschn. 2.3

2.1.1 Koordination

▶ **Koordination** ist definiert als das Zusammenwirken des zentralen Nervensystems mit der Skelettmuskulatur innerhalb eines gezielten Bewegungsablaufs (Schönborn, 2006) und wird in der sportwissenschaftlichen Literatur in sieben verschiedene Fähigkeiten unterteilt (Born & Vogt, 2020a; Hirtz, 1985; Harre, 1982; Meinel et al., 2007; Weineck, 2010).

Das geläufige Merk-Akronym für diese koordinativen Fähigkeiten lautet DORF-KRUG, dargestellt in Tab. 2.1.

Tennis wird als koordinativ hoch anspruchsvolle Sportart bezeichnet, u. a. da alle koordinativen Fähigkeiten von hoher Bedeutung für ein erfolgreiches Tennisspiel sind und die **Koordination** ein leistungslimitierender Faktor sein kann (Born, 2017; Schönborn, 2006). So wird die kinästhetische Differenzierungsfähigkeit bei jedem Schlag benötigt, um u. a. den Krafteinsatz zu differenzieren. Weitere

Tab. 2.1 Das Akronym DORFKRUG steht für die Anfangsbuchstaben der sieben Koordinativen Fähigkeiten sowie dem Wort Fähigkeiten

D	=	Differenzierungsfähigkeit
O	=	Orientierungsfähigkeit
R	=	Reaktionsfähigkeit
F	=	Fähigkeiten
K	=	Kopplungsfähigkeit
R	=	Rhythmisierungsfähigkeit
U	=	Umstellungsfähigkeit
G	=	Gleichgewichtsfähigkeit

Beispiele sind die Differenzierung der Schlaglänge, -höhe und -platzierung sowie der Einsatz von Topspin oder Slice. Die räumliche Orientierungsfähigkeit beim Tennis beinhaltet die durchgehende Kenntnis über die eigene Position auf dem Tennisplatz, die Position des Gegners sowie des Balles. Im Doppel kommen ein weiterer Gegner sowie der Doppelpartner hinzu. Außer beim eigenen **Aufschlag**, spielt die Reaktionsfähigkeit im Rückschlagsport Tennis eine herausragende Bedeutung, da die Spieler*innen jeweils auf den vorangegangenen Schlag des Gegners schnell und angemessen reagieren müssen. U. a. hier besteht eine direkte Schnittstelle zu den **konditionellen Fähigkeiten**, in diesem Falle zur Reaktionsschnelligkeit. Die Kopplungsfähigkeit ist u. a. grundlegend für eine optimale **Technik** im Tennis, da bei jedem Schlag viele einzelne Bewegungen zum einen schnell hintereinander, bspw. Aushol-, Schlag-und Ausschwungbewegung, zum anderen simultan, bspw. Anwurf und Ausholbewegung beim **Aufschlag** oder Lauf zum Ball und Ausholbewegung bei der Vorhand, gekoppelt werden müssen. Damit die Schlagtechnik optimal auf den ankommenden Ball abgestimmt werden kann, benötigen Tennisspieler eine gut ausgeprägte Rhythmisierungsfähigkeit. Diese kommt zudem in der **Beinarbeit** zum Tragen (siehe auch Abschn. 5.1), die ebenfalls rhythmisch an den ankommenden Ball angepasst werden muss. Verspringt der Ball oder wird er von der Netzkante abgelenkt, so benötigt der darauf reagierende Spieler eine gute Umstellungsfähigkeit, um sein geplantes motorisches Programm schnell auf die neue Situation umzustellen. Und zuletzt sollten sich Tennisspieler in jeder Situation in einem dynamischen Gleichgewicht befinden, um bestmöglich handlungsfähig zu sein. Zudem gehört hier auch das schnelle Wiederfinden des Gleichgewichts dazu, falls dieses kurzzeitig verloren wurde.

Aus den oben besprochenen allgemeinen **koordinativen Fähigkeiten** lassen sich die drei tennisspezifischen Fähigkeiten Positionierung, Timing und Ballkontrolle ableiten, die im Folgenden näher beschrieben werden (Heinzel et al., 1997; Schönborn, 2010).

Positionierung
Einer optimalen Positionierung beim Schlag liegt eine gute räumliche und zeitliche Orientierung und Anpassung zugrunde, also eine Kombination aus Wahrnehmung des ankommenden Balles, Orientierungsfähigkeit und Beinarbeit in Form von präzisen Anpassungsschritten. Eine optimale Schlagposition ist eine entscheidende Voraussetzung für Schlaggeschwindigkeit und -präzision. Desweiteren bezieht sich die Positionierung auch auf die Positionierung in Bezug auf den Gegner, d. h. das rechtzeitige Einnehmen der **Winkelhalbierenden** an der Grundlinie bzw. das Folgen des eigenen Balles beim Netzangriff (vgl. Kap. 5) sowie auf die Positionierung der jeweiligen Doppelpartner*innen im Doppel (vgl. Abschn. 4.4) (Heinzel et al., 1997; Schönborn, 2010).

Timing
Timing meint den zeitlichen Aspekt der Schlagvorbereitung und -ausführung, steht im engen Zusammenhang mit der Wahrnehmung sowie der Differenzierungs- und Rhythmisierungsfähigkeit und unterliegt in hohem Maße dem Präzisionsdruck.

Man unterscheidet hierbei das innere und äußere Timing. Inneres Timing bezeichnet das Timing innerhalb der Schlagbewegung, bestehend aus der meist ruhigeren Ausholbewegung, gefolgt von der schnelleren Zuschlagbewegung. Dieses Muster unterscheidet sich zudem bei jedem Schlag, bspw. zwischen einem schnellen Topspin-Schlag und einem gefühlvollen Slice. Äußeres Timing hingegen bezieht sich auf die Anpassung an den Ballflug und -absprung, die durch viele Faktoren wie u. a. Drall, Platzbelag und Geschwindigkeit bei jedem Schlag neu antizipiert und vorgenommen werden muss. Erschwert wird dies bei früh genommenen Schlägen und Schlägen aus der Luft (Heinzel et al., 1997; Schönborn, 2010).

Ballkontrolle
Nach möglichst optimaler Positionierung und Timing muss der Ball noch bestmöglich kontrolliert geschlagen werden. Die Qualität der Ballkontrolle ist in hohem Maße für den Erfolg eines Schlages mitentscheidend. Die wichtigen Komponenten hierbei sind die Schlaggeschwindigkeit und -richtung sowie der daraus entstehende Drall. Diese drei Komponenten entscheiden über Flugbahn und Platzierung auf der gegnerischen Platzhälfte.
(Heinzel et al., 1997; Schönborn, 2010).

Eine weitere Definition der **Koordination** liefert uns der Koordinationsanforderungs-Regler nach Neumaier (2009) (vgl. Abb. 2.1), welcher wiederum davon ausgeht, dass die **Koordination** von jeweils fünf Informationsanforderungen und **Druckbedingungen** beeinflusst wird. Mithilfe dieser kann wiederum das **Koordinationstraining** gesteuert werden.

Im Tennis überwiegen die optischen Informationsanforderungen, da das Spiel primär optisch wahrgenommen wird. Es folgen die taktilen und kinästhetischen Anforderungen, da man den Ball im Schläger spürt und ebenso seine Bewegungen wahrnimmt. Aber auch akustische Anforderungen, wie der Klang des

Abb. 2.1 Koordinative Anforderungen von Bewegungsaufgaben (nach Neumaier, 2009)

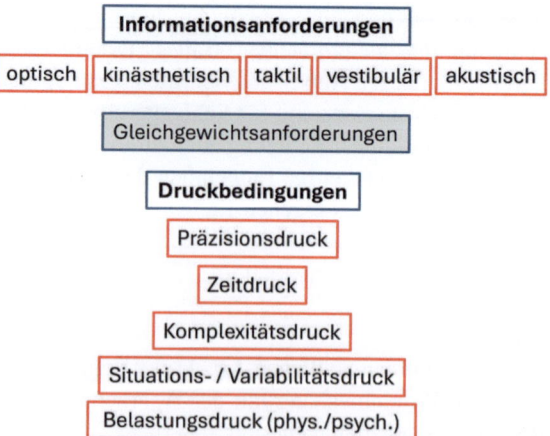

Balles beim Schlag, und vestibuläre Anforderungen, wie das Halten des dynamischen Gleichgewichts, bestimmen das Tennisspiel. Die **Druckbedingungen** nach Neumaier (2009) wurden von Born und Vogt (2020a; 2020b) noch um den Raumdruck ergänzt. Dieser entsteht „beim Tennis dadurch, dass der Spieler nur einen bestimmten Raum für die eigene Bewegung zur Verfügung hat" (Born & Vogt, 2020a, S. 20), bspw. die Positionierung nahe an der Grundlinie, um die gegnerischen Bälle im Aufsteigen zu schlagen und den Gegner dadurch unter (Zeit-) Druck zu setzen. Wollen Spieler*innen dies erfolgreich durchführen, haben sie nur wenig Raum zur Verfügung, da sie nicht nach hinten ausweichen dürfen, bspw. in der Situation direkt nach dem eigenen **Aufschlag**, wenn ein **Return** lang durch die Mitte gespielt wird und die aufschlagenden Spieler*innen den ankommenden Ball nach dem Aufsprung noch im Steigen spielen möchten, um Druck auf ihre Gegner*innen aufzubauen (Born & Vogt, 2020b).

Neben dem Raumdruck steht man beim Tennis unter permanentem Zeitdruck, da man, außer beim eigenen Aufschlag, immer auf den ankommenden Ball reagieren muss. Hierzu hat man ab dem gegnerischen Schlag meist deutlich unter einer Sekunde Zeit. „Neben dem Zeitdruck, ist auch der Präzisionsdruck im Tennis ständig präsent und für den Erfolg ausschlaggebend" (Born & Vogt, 2020b, S. 22). So wirkt der primäre Präzisionsdruck auf die Spieler*innen, wenn diese den kleinen, fliegenden **Tennisball** möglichst präzise im sogenannten ‚Sweet Spot' des eigenen Schlägers treffen müssen, um diesen wiederum möglichst präzise und taktisch sinnvoll in der gegnerischen Platzhälfte zu platzieren (sekundärer Präzisionsdruck). „Hier entstehen höchste optische und im Moment des Treffens auch kinästhetische Anforderungen" (Born & Vogt, 2020b, S. 22).

„Laut Ex-Profi Dominik Hrbaty liegt der Fokus auf Präzision zudem bereits im Alter von unter 12 Jahren und damit sehr früh im langfristigen Trainingsaufbau" (Born & Vogt, 2020b, S. 22).

Neben dem Schlag an sich müssen u. a. auch noch der Lauf zum Ball und die Übersicht über die eigene Platzposition und die des Gegners koordiniert werden, wodurch Komplexitätsdruck entsteht. Nicht zuletzt übt auch die Spielsituation selbst einen gewissen Druck auf die Bewegungsaufgabe aus, sodass Situationsdruck entsteht. All dies muss unter physischem und psychischem Belastungsdruck, der durch intensive Punkte und/oder fortgeschrittene Spieldauer im Laufe des Matches zudem noch ansteigt, absolviert werden (Neumaier, 2009; Born & Vogt, 2020b).

2.1.1.1 Koordinationstraining

An dieser Stelle wird das **Koordinationstraining** allgemein beleuchtet, während konkrete tennisspezifische **Trainingsformen** in Abschn. 9.5 zu finden sind.

▶ Das oberste Prinzip des **Koordinationstrainings** ist es, dass Trainierende koordinativ beanspruchende Übungen durchführen, die sie an die Grenze der Leistungsfähigkeit hinsichtlich der Informationsverarbeitung führen (Hohmann et al., 2010). Eine optimal trainierte **Koordination** ist die Grundlage für ein erfolgreiches Techniktraining. Somit stellt das Training dieser den ersten Schritt des **Techniktrainings** dar (vgl. Abschn. 3.4), sollte den Trainingsprozess idealerweise durchgehend und langfristig begleiten und ist in jedem Leistungs- und Altersbereich zielführend (Born & Vogt, 2020b).

So war Roger Federer dafür bekannt, auch noch mit über 35 Jahren regelmäßig herausforderndes **Koordinationstraining** zu absolvieren. Gleichzeitig wird die Basis der allgemeinen und auch tennis-spezifischen **Koordination** im Kindesalter gelegt. Da ein gut geplantes, zunächst allgemeines und später tennisspezifisches **Koordinationstraining** auch immer einen hohen Aufforderungscharakter besitzt, ist gerade diese Form des Trainings nicht nur ideal für ein Kindertraining, sondern ergänzt unabhängig vom Alter das **Techniktraining** zudem ideal. Durch eine Vielzahl an Übungs- und Spielformen kann das technische Repertoire der Spieler*innen optimal automatisiert und erweitert werden (Born & Vogt, 2020b; vgl. Abschn. 9.5).

Optimal ausgebildete **koordinative Fähigkeiten** sind aufgrund der komplexen Bewegungsformen im Tennis in allen Alters- und Leistungsbereichen erforderlich. „**Koordinationstraining** bedeutet hierbei immer, dass die Anforderungen variiert werden, sei es durch eine Variation der Übungs- und Ausführungs- Bedingungen oder durch eine Variation der Aufgaben. Sobald der Spieler die Übung beherrscht, sollte die nächste Variation oder Schwierigkeitsstufe eingeführt werden (Born & Vogt, 2020a, S. 20). Innerhalb einer Trainingseinheit können koordinative Übungen, mit oder ohne Ball und Schläger, bereits im Aufwärmen durchgeführt werden. Das Training sollte sich an den in Abschn. 2.1.1 beschriebenen Fähigkeiten und **Drucksituationen** orientieren, wobei meist jeweils eine Fähigkeit bzw. **Drucksituation** im Fokus der Übung steht, weitere jedoch unter Umständen eine ebenso wichtige Rolle spielen (Born & Vogt, 2020a). Zudem sollte sich tennisspezifisches **Koordinationstraining** immer an den wichtigsten Spielsituationen im Tennis-**Einzel** bzw. -**Doppel** orientieren. So sind die Situationen mit dem höchsten Zeitdruck im Tennis die Netzsituation im **Doppel**, wenn alle Spieler*innen gleichzeitig vorne am Netz sind. Da diese Situation im **Einzel** jedoch überaus selten vorkommt und das moderne Tennis-**Einzel** „hauptsächlich aus der **Spieleröffnung** und der Grundliniensituation besteht, macht es viel Sinn das Training unter Zeitdruck in diese Situationen zu verlegen" (Born & Vogt, 2020b, S. 21).

2.1.2 Kondition

Auch hinsichtlich der **Kondition**, also den vier großen **konditionellen Fähigkeiten** sowie deren Teilfähigkeiten und Mischformen, sind die Anforderungen innerhalb der Sportart Tennis sehr komplex. Grundsätzlich sind alle **konditionellen Fähigkeiten** für eine gute Leistungsfähigkeit entscheidend. Dennoch kann aus dem **Anforderungsprofil** eine gewisse Bedeutungs-Hierarchie abgeleitet werden. So gilt die **Schnelligkeit** mit all ihren Teilfähigkeiten als die bedeutsamste **konditionelle Fähigkeit** im Tennis, gefolgt von der **Kraft** und **Ausdauer,** ebenfalls mit den jeweiligen Teilfähigkeiten. Die **Beweglichkeit** steht in der Hierarchie zwar unten, hat jedoch innerhalb der komplexen Anforderungen des Tennisspiels ebenfalls ihre Bedeutung (vgl. Abb. 2.2).

Schnelligkeit

▶ Sportwissenschaftlich wird die **Schnelligkeit** als die Fähigkeit definiert, unter ermüdungsfreien Bedingungen aufgrund kognitiver Prozesse, maximaler Willenskraft, und der Funktionalität des Nerv-Muskel-Systems in maximal kurzer Zeit höchstmögliche motorische Reaktions- und Bewegungsgeschwindigkeiten zu erzielen (Grosser, 1991; Hohmann et al., 2010).

Sie steht in der Tennis-Hierarchie ganz oben, da sie mit allen ihren Teilfähigkeiten (vgl. Abb. 2.3) und Mischformen im Tennis einen leistungslimitierenden Faktor darstellt. Tennisspieler*innen, die nicht schnell genug und adäquat auf einen spezifischen Reiz, meist der ankommende Ball, reagieren (**Reaktionsschnelligkeit**), nicht schnell genug zum Ball und erneut in eine gute Platzposition laufen (**Laufschnelligkeit**) sowie **Aufschlag**, Vorhand und Rückhand nicht schnell genug schlagen können (**Schlagschnelligkeit**), sind in ihrer Leistung stark limitiert (vgl. Abb. 2.3). Defizite in diesen Gebieten können nicht ausgeglichen werden. Auch die bedeutenden Mischformen **Schnellkraft** und **Schnelligkeitsausdauer** sind

Abb. 2.2 Konditionelle
Fähigkeiten in
ihrer Bedeutungs-
Hierarchie innerhalb der
Tennisspezifischen Kondition

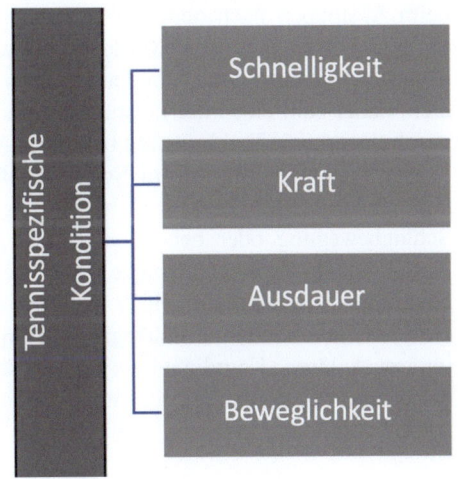

Abb. 2.3 Schnelligkeit
inklusive der drei
Teilfähigkeiten Reaktions-,
Lauf- und Schlagschnelligkeit

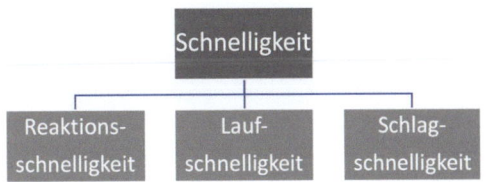

entscheidend für eine hohe Leistungsfähigkeit im Tennis. Erstere brauchen Tennis-spieler*innen zum einen, um den eigenen Körper zu beschleunigen, also immer, wenn sie zum Ball laufen oder hochspringen, zum anderen, um den Schläger zu beschleunigen, der letztendlich den Ball beschleunigt. Zweitere befähigt Spie-ler*innen dazu, alle schnellen und schnellkräftigen Bewegungen auf dem **Tennis-platz** auch am Ende eines anstrengenden Ballwechsels, auf Dauer in langen **Matches** sowie in mehreren **Matches** in kurzer Zeit hintereinander, wie bspw. beim **Mannschaftsspiel** oder Turnier, abzurufen.

Kraft

▶ **Kraft** ist die Fähigkeit des Nerv-Muskel-Systems, durch Muskeltätigkeit nennenswerte Widerstände zu überwinden, ihnen nachgebend entgegenzuwirken sowie sie zu halten (Steinhöfer, 2008).

Zum einen als wichtige Grundlage für die **Schnelligkeit** und zum anderen als Sta-bilisator des gesamten Bewegungsapparates ist die **Kraft** die Nummer Zwei in der Tennishierarchie. Hierbei sind alle Arten der Muskelarbeit wichtig im Tennis. Die konzentrische Muskelarbeit überwindet nennenswerte Widerstände von mehr als 30 % des individuellen Kraftmaximums, bspw. beim Abdruck aus der Ecke beim **Richtungswechsel** oder beim Absprung beim **Aufschlag**. Die exzentrische Muskelarbeit wirkt nennenswerten Widerständen nachgebend entgegen, bspw. beim Abstoppen nach dem Sprint zum Ball oder bei der Landung nach einem Sprung. Die isometrische Muskelarbeit wirkt haltend und stabilisierend, bspw. in der Rumpfmuskulatur, um den Körper in der Bewegung stabil zu halten. Kraft dient daher zum einen der Leistungssteigerung und zum anderen der Verletzungs-prophylaxe sowie Verhinderung bzw. dem Ausgleich von Dysbalancen.

Besonders die Mischform **Schnellkraft** (vgl. Abb. 2.4 und 2.5), die Fähig-keit des Muskels, in einer kurzen Zeit möglichst hohe Kraftwerte, bspw. bei einer Schlagbewegung oder bei einem Sprung, zu erzeugen, hat einen bedeutenden Anteil an der Leistungsfähigkeit von Tennisspieler*innen. Die Grundlage für eine gute **Schnellkraft** bildet eine optimal ausgeprägte **Maximalkraft** (vgl. Abb. 2.4), die wiederum abhängig ist vom Muskelquerschnitt und der intra- und intermuskulären Koordination. Eine besondere Form der **Schnellkraft** stellt die **Reaktivkraft** dar, die die exzentrische und konzentrische Muskelarbeit im

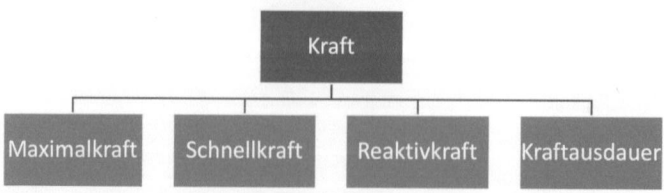

Abb. 2.4 Kraft inkl. der vier Teilfähigkeiten Maximalkraft, Schnellkraft, Reaktivkraft und Kraftausdauer

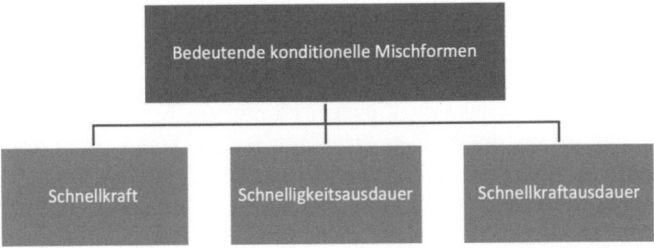

Abb. 2.5 Die drei im Tennis bedeutenden konditionellen Mischformen Schnellkraft, Schnellig-keitsausdauer und Schnellkraftausdauer

sogenannten **Dehnungs-Verkürzungs-Zyklus** (**DVZ**) miteinander vereint (vgl. Abb. 2.4). Innerhalb des **DVZ** wird zunächst exzentrische Muskelarbeit verrichtet, der Muskel wird also gedehnt (bspw. beim Abstoppen in der Ecke). Bei dieser Dehnung des Muskels wird Energie im Muskel-Sehnen-Apparat gespeichert, die wiederum den Kraftstoß der anschließenden Kontraktion des Muskels deutlich erhöht, bspw. beim Abdruck aus der Ecke während eines schnellen **Richtungswechsels**. So können Tennisspieler*innen durch geübte **Beinarbeit** sowie eine gute Schlagtechnik den **DVZ** innerhalb ihrer Bewegungen nutzen, um mehr Energie in einen **Richtungswechsel** oder einen Schlag zu bekommen. Auch hier ist eine gewisse **Ausdauer** entscheidend, um genau wie bei der **Schnelligkeit** auch in beanspruchenden Situationen leistungsfähig zu sein. Die **Schnellkraftausdauer** (vgl. Abb. 2.5) wirkt hierbei eher leistungsbestimmend, die Kraftausdauer in der Haltemuskulatur vor allem um die Gelenke herum eher verletzungspräventiv.

Ausdauer

▶ **Ausdauer** ermöglicht es physische und psychische Belastungen möglichst lange aufrechtzuerhalten und sich nach Abbruch der Belastung möglichst rasch zu erholen. Daher kann die **Ausdauer** ideal mit den Begriffen **Ermüdungswiderstandsfähigkeit** und **Regenerationsfähigkeit** umschrieben werden (Hohmann et al., 2010).

Ausgehend vom **Anforderungsprofil** sind beide genannten Aspekte im Tennis von hoher Bedeutung. Durch den regelmäßigen Wechsel von Belastung und Pause mit vergleichsweise intensiven Belastungsphasen müssen Tennisspieler*innen über eine gute **Ermüdungswiderstandsfähigkeit** und **Regenerationsfähigkeit** während und zwischen den einzelnen Ballwechseln sowie während und zwischen den einzelnen **Matches** verfügen. Diese intervallförmige Belastung innerhalb eines Tennismatches unterscheidet sich deutlich von anderen Ausdauerbelastungen wie bspw. Jogging. Zudem hat eine schnelle Schlagausführung allein bereits einen starken, wenn auch kurzfristigen Anstieg der VO2 zu Folge (Ferrauti et al., 2001, 2014). Die daraus resultierende **tennisspezifische Ausdauer** kann und sollte nach dem Aufbau einer soliden **Grundlagenausdauer** vermehrt trainiert werden, um die Spieler*innen auf die Herausforderungen im **Match** vorzubereiten.

Neben der physischen **Ausdauer** ist ebenfalls die psychische bzw. mentale **Ausdauer** zu beachten, denn auch psychisch müssen Tennisspieler*innen in der Lage sein, sich erstens über einen insgesamt langen Zeitraum zu konzentrieren und zweitens diese Konzentration ebenfalls intervallförmig hoch und herunterzufahren. Gleiches gilt für alle anderen psychischen Aspekte wie bspw. Motivation oder Emotionskontrolle.

Beweglichkeit

▶ **Beweglichkeit** bezeichnet die Fähigkeit, Bewegungen mit einem möglichst großen Bewegungsausmaß in einem oder mehreren Gelenken auszuführen. Weiterhin kann man diese noch detaillierter zum einen in die Dehnfähigkeit der Muskeln, Sehnen und Bänder sowie zum anderen in die Gelenkigkeit der Knochen und Knorpel unterteilen (Hohmann et al., 2010). Erstere besitzt Potenzial zur Längenänderung und wird von einem hemmenden Schutzreflex begrenzt, während zweitere größtenteils genetisch bedingt und wenig zu verbessern ist.

Im deutschen Sprachgebrauch wird der Begriff **Beweglichkeit** häufig für die Fähigkeit von Spieler*innen verwendet, sich schnell und gut auf dem Platz zu bewegen, was dem englischen agility nahekommt. Hier sollte man jedoch im Sinne der Begriffs-Abgrenzung von Wendigkeit oder Gewandtheit sprechen.

Bedeutsam ist die **Beweglichkeit** zum einen im Bereich der Verletzungsprophylaxe, da Tennisspieler*innen in der Lage sein müssen, Bewegungen mit extremen Bewegungsradien durchzuführen, ohne sich zu verletzen, bspw. sich einen Muskel bei einem Ausfallschritt zu zerren. Zudem führt eine bessere **Beweglichkeit** auch zu einer besseren Wendigkeit auf dem Platz, welche zusätzlich evtl. Traumata verhindern bzw. abmildern kann.

Desweiteren spielt die **Beweglichkeit** eine Rolle in der effektiven und ökonomischen Technikausführung vieler Schläge im Tennis. So ist bspw. für eine technisch saubere Ausholbewegung beim **Aufschlag** eine gewisse **Beweglichkeit** im Schultergürtel und Rumpf notwendig.

2.1.2.1 Konditionstraining

▶ **Konditionstraining** umfasst alle Trainingsarten, die zur konditionellen Leistungssteigerung führen, sowie Training im Bereich der Prävention und Rehabilitation.

Der Begriff **Athletiktraining** wird mittlerweile oftmals als Synonym für das **Konditionstraining** verwendet. Im Folgenden wird auf das Training der einzelnen **konditionellen Fähigkeiten** im Allgemeinen eingegangen. Konkrete Trainingsformen sind in Abschn. 9.6 zu finden.

Schnelligkeitstraining

Um die **Schnelligkeit** zu verbessern, müssen jegliche Übungen mit höchster Intensität, also maximal schneller Bewegungsausführung, durchgeführt werden. Für ein effektives und optimales **Schnelligkeitstraining** sollten die Spieler*innen folglich zum einen sehr gut aufgewärmt sein und sich zum anderen in einem physisch und psychisch ausgeruhten Zustand befinden. Daher sollte das **Schnelligkeitstraining** möglichst zu Beginn einer Trainingseinheit bzw. eines Trainingstags eingeplant werden (Weineck, 2010).

Die Ausprägungen der anderen Belastungsnormative lassen sich wie folgt ableiten: Die geforderte maximale Intensität führt zu einer kurzen Reizdauer von max. 10 Sek., sowie zu einer Belastungs-Erholungs-Relation von 1:4 bis 1:5, d. h. bei einer maximalen Belastung von 10 Sek. Dauer sollte eine vollständige Pause von 40–50 Sek. folgen. Bei Ermüdungsbeginn sollte das **Schnelligkeitstraining** sofort beendet werden. Die sich daraus ergebende Trainingsmethode wird als Wiederholungsmethode bezeichnet (Weineck, 2010).

Der erste Schritt hin zu einem **tennisspezifischen Schnelligkeitstraining** sollte immer das Grundlagentraining sein, welches im Schnelligkeitsbereich aus dem Training der Frequenzschnelligkeit, bspw. durch Tappings, sowie einem intensiven und umfangreichen Lauf-ABC, welches alle Laufarten und -richtungen beinhaltet, besteht.

Auf diese Grundlagen baut dann das **semi-spezifische Schnelligkeitstraining** auf. Hier werden bereits tennis-adäquate visuellen Reize (**Tennisball**), Bewegungsabläufe, Laufstrecken sowie möglichst viele **Richtungswechsel** trainiert, all dies jedoch noch nicht in Verbindung mit dem Schlagen des Balles.

Das **tennisspezifische Schnelligkeitstraining** findet dann auf dem Platz innerhalb einer Tennisübung statt, sodass die Schnelligkeitsbeanspruchungen in direkter Verbindung mit den tennisspezifischen Beinarbeits- und Schlagtechniken stehen. Bspw. können den Spieler*innen aus dem Korb drei Bälle so zugespielt werden, dass diese nur mit höchster Laufintensität erreicht werden können. Die Spieler*innen müssen diese Bälle ersprinten und übers Netz ins Feld spielen (vgl. Abschn. 9.6). Während sowohl die Reaktions-, als auch die Lauf- und Schlagschnelligkeit trainiert werden sollten, kann und sollte in einzelnen Übungsformen idealerweise eine der Schnelligkeitsarten in den Fokus gerückt werden.

Krafttraining

Krafttraining für Tennisspieler*innen verfolgt, wie bereits in Abschn. 2.1.2 beschrieben, unterschiedliche Ziele, die dementsprechend auch die Trainingsinhalte bestimmen.

Das erste Ziel eines **Krafttrainings** sollte immer die Verletzungsprophylaxe sein, zu der zunächst die Stabilisierung des Rumpfes (Englisch: core), also der Bauch- und Rückenmuskulatur, zählt. Dieses Ziel lässt sich hervorragend durch Körpergewichtstraining erreichen, bspw. durch verschiedenste Varianten der Halteliegestütz bzw. Plank (vgl. Abb. 2.6, 2.7, 2.8 und 2.9) sowie unterschiedliche Formen der Schwimmer-Übung, in deren Grundform in Bauchlage sowohl das Brustbein als auch die Oberschenkel vom Boden abgehoben werden. Hieraus

Abb. 2.6 Plank in der Grundform

Abb. 2.7 Plank mit einem Bein in der Luft

Abb. 2.8 Plank mit einem Arm in der Luft

lassen sich verschiedene Varianten und Schwierigkeitsgrade entwickeln (vgl. Video hinterlegt in Abb. 2.10).

Ein weiterer wichtiger Teil ist die Kräftigung der Rotatoren-Manschette, also all jener meist kleinen Muskeln, die um das Schultergelenk herum liegen und

Abb. 2.9 Plank mit einem Arm und einem Bein in der Luft

Abb. 2.10 Video „Plank Variationen" (▶ https://doi.org/10.1007/000-dj8)

dieses stabilisieren. Hier bieten sich Übungen mit einem Zugband an, sowohl ein- als auch beidarmig und in alle Bewegungsrichtungen.

Übungen aus dem Bereich des Dynamic Warm-up bzw. der **Movement-Preparation** sind nicht nur ideal für ein **Warm-Up** vor einer Tennisbelastung, sondern stellen gleichzeitig auch ein grundlegendes **funktionelles Krafttraining** dar. Diese Art der Kraftübungen charakterisiert sich durch gemeinsame Aktivitäten mehrerer Muskeln des Ober- und Unterkörpers sowie natürlichen „Bewegungen, die über mehrere Gelenke hinweg und durch mehrere Bewegungsebenen auftreten" (McGill et al., 2009). Die speziellen Übungen des Dynamic Warm-ups bzw. der **Movement-Preparation** zeichnen sich zudem durch eine Mischung aus dynamischer Kräftigung und Dehnung bzw. Mobilisation aus. Ein einfaches Beispiel ist ein Ausfallschritt nach vorne, bei dem zum einen das vordere Bein gekräftigt wird, und zum anderen der Hüftbeuger und die Oberschenkelvorderseite des hinteren Beins gedehnt und mobilisiert werden. Wird dann zusätzlich

Abb. 2.11 Video „Movement
Preparation Übungen"
(▶ https://doi.org/10.1007/000-dj7)

im Ausfallschritt der Oberkörper dynamisch um 90 Grad zu einer Seite gedreht,
kommt neben der Mobilisation der Hüfte und Wirbelsäule auch noch der Gleich-
gewichtsaspekt hinzu, sodass vor allem auch die stabilisierende Rumpfmuskulatur
angesprochen und beansprucht wird. Weitere praktische Beispiele finden Sie in
Abschn. 9.1 sowie im hinterlegten Video in Abb. 2.11.

Die Grundlage für die im Tennis so wichtige und leistungslimitierende **Schnellkraft** bildet das Maximalkrafttraining, welches immer mit einem Muskelaufbau-
training, dem Hypertrophie-Training, zur Vergrößerung des Muskelquerschnitts
beginnt und in ein intramuskuläres Koordinationstraining zur Verbesserung der
koordinativen Abläufe im Muskel übergeht. Hypertrophie-Training ist gekennzeichnet durch viele Wiederholungen, in der Regel 8–12, und Intensitäten zwischen 40 und 80 %. Das darauf aufbauende intramuskuläre Koordinationstraining
wiederum ist geprägt durch wenige, im Normalfall 1–3, 90–100 %ige hoch-
intensive sowie schnellkräftige Wiederholungen (Weineck, 2010).

Die **Schnellkraft** selbst lässt sich u. a. durch verschiedene Formen von Sprüngen
sowie Würfen mit leichten Medizinbällen von 500–2000 g trainieren. Entscheidend

ist hierbei jeweils die höchstmögliche Durchführungsgeschwindigkeit (Weineck, 2010).

Krafttraining mit Kindern ist nicht nur empfehlenswert, sinnvoll und wirksam, sondern vor allem, wenn richtig durchgeführt, auch gesundheitlich völlig unbedenklich und sicher. Kindgemäßes **Krafttraining** sollte vor allem funktionelle Übungen mit dem eigenen Körpergewicht zur Rumpf- und Gelenkstabilisation umfassen sowie durch Übungen mit Zugbändern und, wenn vorhanden, an Krafttrainingsgeräten ergänzt werden (Ferrauti et al., 2014).

Ausdauertraining

Das Training der **Grundlagenausdauer** bildet den Start eines jeden langfristigen **tennisspezifischen Ausdauertrainings**. Mithilfe der Dauermethode kann diese durch zunächst extensive Läufe über 30 bis 60 min im mittleren Herzfrequenzbereich zwischen 130 und 160 Schläge/Min., und später auch durch intensive Dauerläufe in höheren Herzfrequenzbereichen zwischen 140–185 Schläge/Min. ideal trainiert werden (Weineck, 2010). Im nächsten Schritt werden bei der **Intervallmethode** mit sogenannten Fahrtspielen Schnelligkeits- und Schnellkraftbeanspruchungen sowie regelmäßige Tempowechsel in den Dauerlauf eingebaut, wodurch die Ausdauerbelastung der Intervall-Belastung eines Tennismatches immer näher rückt. Die **Intervallmethode** kann auch sehr gut im **semispezifischen Ausdauertraining** angewandt werden. Hiervon spricht man genau wie beim **Schnelligkeitstraining**, wenn das **Ausdauertraining** bereits tennis-adäquate Bewegungsabläufe, Laufstrecken sowie viele **Richtungswechsel** beinhaltet. An diesem Punkt des **Ausdauertrainings** kommt die **Schnelligkeitsausdauer**, die wichtigste Form der **Ausdauer** im Tennissport, ins Spiel. Diese sollte nach erfolgreichem Aufbau der **Grundlagenausdauer** vermehrt trainiert werden. Dies kann vor allem im Training mit Kindern bspw. in Form von Fangspielen umgesetzt werden. Aber auch Seilspringen oder Pendelsprints bieten sich an. Grundsätzlich entsteht ein **Schnelligkeitsausdauertraining** immer dann, wenn beim **Schnelligkeitstraining** die Belastungsnormative wie folgt verändert werden: Reizdauer hoch; Pausendauer runter; Intensität runter.

Eine mittlerweile im Tennis gängige Ausdauertrainingsform ist das **High-Intensity-Training** (**HIT**), oft auch als High-Intensity-Intervall-Training (HIIT) bezeichnet. Dieses Training hat für das **Anforderungsprofil** des Tennissports eine sehr hohe Validität, ist hoch-effektiv, zeit-ökonomisch und kann sehr gut mit tennis-spezifischen Inhalten ausgeführt werden. Bei einer Durchführung von **HIT** ist ein deutlich geringerer Trainingsumfang nötig, um physiologische Anpassungen hervorzurufen und die Ausdauerleistungsfähigkeit zu verbessern (Ulbricht et al., 2012; Gibala & McGee, 2008).

Das **HIT** zeichnet sich durch den Wechsel aus hoch- bis höchst-intensiven Belastungsphasen und kurzen aktiven oder passiven Pausen aus (Ulbricht et al., 2012; Paton & Hopkins, 2004), sodass ein hoher prozentualer Anteil der VO2max (maximale Sauerstoffaufnahme) wiederholt und über einen möglichst langen Zeitraum eingesetzt und aufrechterhalten wird (Wahl et al., 2010).

Die Belastungsphasen können hierbei mit jeglichen Bewegungs- und Übungsformen gefüllt werden, vom einfachen Laufen bzw. Sprinten über **Richtungswechsel**-Sprints mit Schlagimitationen bis hin zu tennisspezifischen Inhalten wie Grundlinienschlägen aus dem seitlichen Lauf mit **Richtungswechsel**. Ein beispielhaftes **HIT**-Programm ist das sogenannte Tabata, bestehend aus 4-min-Blöcken, die wiederum aus 8×20 Sek. Belastung mit jeweils 10 Sek. Pause dazwischen bestehen. Diese 4-min-Blöcke können dann, mit 1–2 min Serienpause beliebig oft aneinandergereiht werden. So kann ein komplettes **Ausdauertraining,** bestehend aus einem **Warm-Up**-Tabata, drei bis vier intensiven Tabatas und einem Cool-Down-Tabata in nur 25–35 min absolviert werden.

Vor allem im **tennisspezifischen Ausdauertraining** bietet es sich ein **HIT** an, sodass bspw. die letzten 10–15 min eines Tennistrainings dem **Ausdauertraining** gewidmet werden können. Bekannte Trainingsformen aus dem **Techniktraining** werden hierbei durch Veränderung von Belastungs-Umfang, -Intensität und -Dichte zu einem **tennisspezifischen Ausdauertraining** umgewandelt (vgl. Abschn. 9.6).

HIT kann somit ein sehr wettkampfnahes **Ausdauertraining** abbilden und lässt durch die Zeitersparnis im Gegensatz zum klassischen hoch-volumigen Ausdauertraining (HVT) zudem mehr Zeit für andere Trainingsinhalte für die hochkomplexe Sportart Tennis. Nicht zuletzt sei erwähnt, dass **HIT** keine negativen Auswirkungen, auf die im Tennis so wichtige **Schnellkraft** und **Schnelligkeit** hat (Iaia et al., 2009) und zudem eine sehr motivierende Form des **Ausdauertrainings** darstellen kann. Dennoch soll und kann **HIT** klassisches HVT nicht ersetzen, sondern lediglich sportartspezifisch ergänzen, sodass im Idealfall durch HVT **Grundlagenausdauer** entwickelt wird, welche die Grundlage für das tennisspezifischere **HIT** bildet (Ulbricht et al., 2012).

Beweglichkeitstraining
Das Training der **Beweglichkeit** kann sowohl im **Warm-up** als auch im Cool-Down sehr gut integriert werden, aber auch, vor allem im leistungsorientierten Training, mehrmals die Woche als eigene Einheit durchgeführt werden. Integriert ins **Warm-up** bieten sich eine Vielzahl an Übungen aus dem Bereich des Dynamic Warm-up bzw. der **Movement-Preparation** an (vgl. Abb. 2.11). Vor allem nach einem intensiven Tennistraining oder Match bieten sich zudem klassische Dehn- bzw. Stretching-Übungen an, bei denen der zu dehnende Muskel-Sehnen-Komplex zunächst ca. fünf Sek. angedehnt und dann weitere 10–60 Sek. verstärkt statisch gedehnt wird (Weineck, 2010).

Eine weitere sinnvolle Variante ist die Anspannungs-Entspannungs-Dehnung (Englisch: Contract-Relax-Method (CRM). Hierbei wird der Muskel-Sehnen-Komplex zunächst bis zum subjektiven Endausschlag gedehnt, um diesen nach einigen Sek. für 1–2 Sek. maximal isometrisch anzuspannen. Dies geht am besten in Partnerarbeit. Nachdem bei gleicher Gelenkstellung ca. drei Sek. entspannt wurde, wird bis zum neuen Endausschlag weitergedehnt und hier ca. 10–30 Sek. gehalten. Die Differenz zwischen dem ersten subjektiven Endausschlag und dem nach der Anspannungs-Phase ist teilweise erstaunlich hoch (Weineck, 2010).

Eine weitere, mittlerweile in der Sportwelt weit verbreitete Variante des Mobilisationstrainings ist das Faszien-Training, welches vorwiegend mit Faszienrollen und -bällen verschiedenster Größe sowohl vor als auch nach der Belastung durchgeführt wird. Im Grundsatz handelt es sich um die Lockerung der Faszien, also der Weichteil-Komponenten des Bindegewebes, und das gleichzeitige Lösen von Verklebungen zwischen diesen und den von ihnen umhüllten Muskeln. Ziel ist eine verbesserte Muskelfunktion und Regeneration.

2.1.2.2 Komplextraining

▶ **Komplextraining** bezeichnet die Integration von koordinativen und konditionellen Übungen ins Tennistraining zur Verbesserung der Tennistechnik und die dadurch bessere Verzahnung dieser beiden Trainingsinhalte (Schönborn, 1998; Ferrauti et al., 2014).

Es werden also ergänzende Übungen in ein **Techniktraining** eingebaut, die jegliche konditionelle oder koordinative Fähigkeit trainieren. Einer Technikübung vorgeschaltet wird so die Möglichkeit geschaffen, diese konditionelle bzw. koordinative Fähigkeit direkt in die **Technik** einfließen zu lassen. So lassen sich u. a. Leistungssteigerungen durch das Überwinden von Barrieren mittels der Kontrastmethode erreichen. Man spricht hier von dem sogenannten Nachwirkungseffekt. Hierfür werden bspw. Schattenschwünge mit einem erschwerten Schläger gemacht und unmittelbar danach schnelle Vorhände gespielt (vgl. Abschn. 9.6). Voraussetzung ist eine ausreichende Vorbereitung und Erwärmung des Körpers. Zudem muss ein eindeutiger Zusammenhang der Übungen zur Zieltechnik gegeben sein. Sowohl die vorgeschalteten Komplex-Übungen als auch die anschließenden Zielübungen müssen in vollem Umfang und mit optimaler Intensität durchgeführt werden.

2.1.3 Psyche

Eine gewisse **psychische Stärke** und psychische Widerstandsfähigkeit scheinen vor allem in der Sportart Tennis, die sich durch eine hohe Komplexität auszeichnet, ein entscheidender Faktor zu sein. Auch wenn eine herausragende **Technik**, ausgeprägte taktische Fähigkeiten und starke konditionelle Aspekte als Grundgerüst der sportlichen Leistungsfähigkeit im Tennis angesehen werden (Ferrauti et al., 2014), so herrscht in der Sportwissenschaft jedoch auch ein breiter Konsens, dass eine gewisse **mentale Stärke** unabdingbar für den langfristigen Erfolg zu sein scheint (Crespo et al., 2006; Schweer, 2008; Wüstholz, 2011; Jekauc, 2012). Dieser psychische Anteil wird im Tennis auch als mentale Fitness bezeichnet. In diesem Zusammenhang sei erwähnt, dass die Begriffe „**psychische Stärke**" und „**mentale Stärke**" gleichzusetzen sind. **Mentale Stärke** beschreibt die Fähigkeit, sich unabhängig vom Spielstand an der oberen Leistungsfähigkeit zu bewegen, währenddessen die mentale Schwäche einen Leistungsabfall in Drucksituationen beschreibt (Benarndt & Schweer, 2015). Mentale Schwäche kann im Gegensatz zu anderen Aspekten, wie z. B. das Kompensieren konditioneller Schwächen bei enormer Hitze durch taktische Anpassungen, nicht oder kaum ausgeglichen werden (Hitzler, 2019). Schaffen es Spieler*innen durch die vorhandene mentale Schwäche nicht in Drucksituationen, ihre guten Techniken oder taktischen Spielzüge abzurufen, so schwindet die Wahrscheinlichkeit, die Partie als Sieger*in zu beenden, da nicht selten die mentale Leistung im Gegensatz zu technisch oder taktischen Aspekten über Sieg oder Niederlage entscheidet (Ferrauti et al., 2014). Eines der bekanntesten Zitate von Novak Djokovic verdeutlicht diese Bedeutung des mentalen Aspektes im Tennissport auch aus Sicht der aktiven Spieler*innen: „Tennis is a mental game. Everyone is fit. Everyone hits great forehand and backhand".

Zusätzlich ist durch die besondere **Zählweise** die Bedeutung der mentalen Aspekte im Tennis deutlich ausgeprägter als in anderen Sportarten, da häufig Punkte existieren, bei denen großer Druck entsteht, den Ballwechsel gewinnen zu müssen, da sie für den weiteren Verlauf des Spiels entscheidend sind (Meffert, 2022).

Sowohl im professionellen Tennissport als auch im Breitensport erscheint die Liste der mentalen Herausforderungen nahezu endlos. So befinden sich beide Spieler*innen ständig in einer direkten Gegner*innen-Konfrontation und müssen mit der besonderen **Zählweise** im Tennis, der unvorhersehbaren Spieldauer, mit den eigenen und fremden Erwartungen sowie der Tatsache zurechtkommen, dass es sich beim Tennis um eine Fehlersportart (vgl. Abschn. 2.3.2) handelt, d. h., dass der Großteil der Punkte durch einen Fehler eines Spielers beendet wird. Die lange Saison im Tennis verlangt desweiteren von Profispieler*innen den Verzicht auf viele Alltagsgewohnheiten, den täglichen Umgang mit den Medien und die Akzeptanz von Niederlagen. Bei Betrachtung der geringen Anzahl von Turniergewinner*innen pro Kalenderjahr im Vergleich zu den Turnierteilnehmer*innen erscheint der Umgang mit dem Verlieren eine besondere Bedeutung einzunehmen. Beispielhaft soll hier der deutsche Tennisprofi und **Davis Cup** Spieler Jan-Lennard Struff erwähnt werden, dem es erst in seinem 13ten Profijahr gelang, ein **ATP**- Turnier zu gewinnen (BMW Open in München im April 2024), obwohl er konstant unter den besten 60 Spielern der Welt zu finden war (Stand September 2024, Höchstplatzierung ATP-Ranking 29, 31.08.2020). Somit ist das Umwandeln von Niederlagen in Motivation für das nächste Training mit Sicherheit ein entscheidender Faktor und gleichzeitig psychisch sehr anspruchsvoll. Es ist außerdem sinnvoll, Spieler*innen schon im frühen Kindesalter die Akzeptanz für Fehler generell näherzubringen, denn selbst die besten und erfolgreichsten Spieler*innen des Sports gewinnen nur knapp über die Hälfte aller gespielten Punkte über eine Saison hinweg. Es ist also nicht die Frage, ob man Fehler machen oder Partien verlieren wird, sondern wie man mit diesen Fehlern und Niederlagen umgeht. Diese sogenannte Resilienz gegenüber Fehlern gewinnt in der Sportwissenschaft immer mehr an Bedeutung und spielt in Sportarten, in denen man versucht, den Gegner zu Fehlern zu zwingen, eine entscheidende Rolle.

2.1.3.1 Psychologisch orientiertes Training

Es hat sich in der Öffentlichkeit mehrheitlich die Meinung manifestiert, dass **mentale Stärke** entweder vorliegt oder nicht. Der wichtigste Aspekt, der an dieser Stelle aber erwähnt werden soll, ist die Tatsache, dass **mentale Stärke** trainierbar (siehe dazu auch Abschn. 9.7) ist. Auch wenn es Spieler*innen gibt, die offensichtlich eine natürliche Begabung haben, in kritischen Situationen besser zu handeln, so lässt sich festhalten, dass sich **psychologisch orientiertes Training** positiv auf die psychische Stabilität auswirkt. Obwohl sich Tennisfachleute mittlerweile über die Bedeutsamkeit des psychologischen Anteils im Tennis einig sind, wird **psychologisch orientiertes Training** im Gegensatz zu Technik, – Taktik – und Konditionstraining weiterhin oftmals vernachlässigt (Heger, 2020). **Psychologisch orientiertes Training** im Tennis bezieht sich auf Methoden und Techniken, die darauf abzielen, die mentale und emotionale Stärke von Spieler*innen zu fördern. Dieses Training konzentriert sich auf verschiedene Aspekte der psychologischen Vorbereitung, um die Leistung auf dem Platz zu verbessern, und kann folgendermaßen definiert werden:

▶ „Training, bei dem Vorstellungs-, Entscheidungs-, Konzentrations- und Stressverarbeitungsprozesse im Vordergrund stehen. Sie sind den verschiedenen Trainingsformen in unterschiedlichem Maße zuzuordnen" (Gabler & Maier, 1998, S. 12).

Eine präzise und idealerweise positiv formulierte Zielsetzung ist entscheidend, die sowohl Spieler*innen als auch Trainer*innen immer wieder ins Bewusstsein gerufen werden sollte. Dabei unterscheidet man zwischen langfristigen, mittelfristigen und kurzfristigen Zielen (Eck, 2012). Im Vergleich zu anderen Trainingsbereichen spielt die Kommunikation eine zentrale Rolle, wobei Feedback das wichtigste Werkzeug im Training darstellt. Besonders werden die psychischen Prozesse angesprochen, während die Korrektur der Schlagtechnik eher in den Hintergrund rückt (Ferrauti et al., 2014). Daher liegt der Fokus auf der persönlichen Anstrengung der Spieler*innen, um ein stärkeres Gefühl von Kontrolle zu vermitteln und die Motivation zu erhöhen (Eck, 2012).

▶ Laut Ferrauti et al. (2014) besteht das Hauptziel des psychologisch orientierten Trainings darin, **mentale Stärke** zu entwickeln. Dieses Ziel gliedert sich in drei zentrale Aspekte:

1. Optimale Leistungsbereitschaft
2. Höchste Konzentrationsfähigkeit
3. Stabile Widerstandsfähigkeit gegenüber Ablenkungen

Die optimale Leistungsbereitschaft hilft dabei, die Übersicht auf dem Spielfeld zu bewahren, und fördert das ständige Bewusstsein für die eigenen Stärken und Schwächen sowie die des Gegenspielers (Ferrauti et al., 2014). Ziel ist es, eine positive und selbstbewusste Einstellung zum Spiel zu fördern, da dies entscheidend ist, um Spielsituationen als Herausforderungen und nicht als Bedrohungen zu betrachten.

Zusätzlich spielt der Wille – also Engagement und Durchsetzungsvermögen – eine entscheidende Rolle. Nur wer diese Eigenschaften zusammen mit einer selbstbewussten Grundeinstellung zeigt, kann eine optimale Leistungsbereitschaft erreichen. Eine außergewöhnlich hohe Konzentrationsfähigkeit beruht darauf, die Sinne und Gedanken gezielt zu fokussieren und aufeinander abzustimmen (Memmert & Leiner, 2020). Zu den relevanten Sinnen gehören Hören, Gleichgewicht, Kinästhetik und andere, wobei dem Sehen besondere Bedeutung zukommt (Ferrauti et al., 2014). Beim Tennis hilft es, die Augen auf bestimmte Objekte zu richten, um sowohl Entspannung als auch Aktivierung zu fördern. Zudem dient die Visualisierung von Schlägen oder Aktionen als Werkzeug zur Fokussierung der Gedanken. Siegemund (2017) bezeichnet dies als Emotionalisierung, was die Akzeptanz von Gedanken und Emotionen umfasst.

Das letzte Ziel besteht darin, äußere Störfaktoren, wie beispielsweise Geräusche, auszublenden. Diese Widerstandsfähigkeit während des Matches und die Fähigkeit, sich auf das eigene Spiel zu konzentrieren, sind hier entscheidend. Vielen Spieler*innen hilft es, das Spiel als kontinuierlichen Problemlösungsprozess zu betrachten und äußere Einflüsse als zusätzliche Herausforderungen zu sehen (Wardlaw, 2000). Die Einstellung, aus jeder Situation das Beste herauszuholen, sollte angestrebt werden (Schweer, 2008). In einem nachbereitenden Gespräch wird die Leistung im Match reflektiert, wobei die Spieler*innen bewerten, ob sie mit ihrer emotionalen Stabilität zufrieden waren oder nicht. Problematische Situationen werden besprochen und geeignete psychologisch orientierte Übungen für das nächste Training gesucht, um diese Herausforderungen im kommenden Match besser zu bewältigen (Ferrauti et al., 2014; Nittinger, 2013).

> Nittinger (2013) identifiziert beim **psychologisch orientierten Training** acht Bereiche: mentale Trainings- und Matchvorbereitung, **Routinen** und Rituale, Motivation, Emotionen, Gedanken, Konzentration, Visualisierung und Regeneration.

Ferrauti et al. (2014) unterteilen diese Inhalte in zwei Hauptkategorien. Die erste ist die „sportpsychologische Beratung", die Aspekte wie Gespräche, **Selbstgespräche**, **Visualisierung**, beobachtendes Training und Rituale umfasst. Die zweite Kategorie ist das „Mentaltraining auf dem Platz", das in „Denken und Steuern" – zum Beispiel durch einen Mentalaufschlag – und „Fühlen und Wollen" – mit Übungen zur Geduld und Prognosetraining – unterteilt wird. Ein zentraler Punkt sind positiv formulierte Gespräche, die sowohl in Kurzgesprächen als auch durch nonverbale Kommunikation zwischen Coach und Spieler*in stattfinden. Ziel ist es, eine ideale innere Einstellung zu entwickeln (Ferrauti et al., 2014). Anschließend sollten diese Gedanken langfristig durch **Selbstgespräche** internalisiert werden, um negative Gedanken durch positive zu ersetzen. Das Vertrauen in die eigene Leistung, die Überzeugung, dass ein Sieg jederzeit möglich ist, und eine realistische Selbsteinschätzung sind entscheidende Faktoren für positive Gedanken (Nittinger, 2013). Ein weiterer wichtiger Aspekt sind **Routinen** und Rituale, insbesondere das Verhalten in Pausen, da Tennisspiele zu circa 70 % aus Pausen bestehen und deren Gestaltung dementsprechend großen Einfluss auf das Spiel hat.

Die Pausenroutine zwischen den Ballwechseln wird nach Loehr (1997) in vier Phasen unterteilt:

1. **Reaktionsphase (3–5 Sek.):** Diese sollte idealerweise positiv sein. Sind negative Emotionen vorhanden, sollten diese ausgesondert und positive in die nächste Phase überführt werden (Bspw. Abwenden, Schläger in „Nicht Schlaghand", Schlägerkopf hoch)
2. **Entspannungsphase (5–15 Sek.):** Hier wird angestrebt, körperliche und psychische Anspannung abzubauen, um eine kurze, effiziente Pause zu ermöglichen (Bspw. Bewusste Atmung, Augenkontrolle auf Schlagfläche)
3. **Vorbereitungsphase (3–5 Sek.):** In dieser Phase konzentriert man sich auf sich selbst und die Ziele für den nächsten Ballwechsel, um diesen vorzubereiten (Bspw. zum Ort des **Aufschlags/Returns** gehen, mental auf den nächsten Ballwechsel vorbereiten, mentale Vorstellung/Visualisierung des **Aufschlags/Returns** oder sogar des Spielzugs)
4. **Aktivierungsphase/Ritual (4–8 Sek.):** Spieler*innen sollten sich hier psychisch und körperlich aktivieren, indem sie ein individuelles Ritual durchführen, welches den ersten Schlag einleitet. Diese Rituale fördern sowohl die Sicherheit als auch die Motivation (Eck, 2012) (Bspw. Konzentration mithilfe einer Routine, Ball aufprellen etc.)

Die beschriebenen vier Phasen können im Training besprochen und ausprobiert werden. Besonders das Finden und Testen einer eigenen **Routine** bzw. eines Rituals, wie lockere Sprünge oder ein motivierender innerer Dialog, ist empfehlenswert. Darüber hinaus sollten die vier Phasen regelmäßig im Training durchgespielt werden, um sie für Matches zu verinnerlichen und ein Gefühl von Sicherheit in schwierigen Spielsituationen zu schaffen (Nittinger, 2013). Ein ähnlicher, lediglich längerer Ablauf findet beim Seitenwechsel statt. Hier haben die Spieler*innen bis zu 90 Sek. Zeit.

Bei der **Visualisierung** stellen sich Spieler*innen die Bewegungen und Aktionen vor, die sie im Match ausführen möchten, mit dem Ziel, diese gezielt zu steuern. Dies ist entscheidend, um die Bewegungen nachvollziehen und spüren zu können, was sich positiv auf Ihre Leistung auswirken kann. Zudem sorgt die **Visualisierung** dafür, dass die beteiligten Muskeln leicht angespannt und entspannt werden, wodurch die Koordination verbessert wird und die Bewegungen auf dem Platz präziser ausgeführt werden können (Crevenciuc, 2004). Durch die Wiederholung und die Einbeziehung verschiedener Sinneseindrücke wird der Lernprozess beschleunigt. Daher empfiehlt es sich, im Training eine entspannte Position einzunehmen und die Bewegungen mit allen Sinnen vorzustellen, basierend auf einer klar festgelegten Zielsetzung. Die **Visualisierung** sollte regelmäßig in kurzen Einheiten im Training durchgeführt werden, um sie später im Wettkampf anwenden zu können (Ferrauti et al., 2014; Nittinger, 2013).

Zusätzlich kann observatives Training eingesetzt werden, bei dem Schlagabläufe, Spielverhalten und Strategien beobachtet werden. Dies kann durch Videos oder Bildserien geschehen und dient der Motivationssteigerung sowie einer besseren Vorstellung der Bewegungen (Ferrauti et al., 2014). Ein weiterer wichtiger Aspekt ist das **Prognosetraining** (vgl. Abschn. 9.7), bei dem eine realistische Selbsteinschätzung und der Umgang mit Erfolg und Misserfolg geübt werden. Ziel ist es, das Selbstvertrauen und das Gefühl der Selbstwirksamkeit zu stärken, um die Wettkampfkompetenz zu verbessern (Franz, 2017). Hierbei wird eine Prognose über die eigene Leistung erstellt, die anschließend überprüft wird. Diese kann in geschlossener Form erfolgen, bei der nur die Spieler*innen selbst die Prognose kennen, oder in offener Form, bei der auch die jeweiligen Trainer*innen die Prognose kennen (Ferrauti et al., 2014).

Ein weiterer zentraler Bereich ist die Schulung der Geduld, die den Durchhaltewillen und die Konzentration fördert (Ferrauti et al., 2014). Sie zielt auf die Fokussierung ab, was bedeutet, sich mit höchster Bewusstseinsklarheit auf eine Aufgabe zu konzentrieren und sich nicht von äußeren Einflüssen ablenken zu lassen. Das Üben dieser Konzentration sowie die Anwendung bestimmter Taktiken zur Fokussierung sind wesentliche Bestandteile des Trainings (Nittinger, 2013).

2.2   Matchstruktur

Die Struktur eines Tennismatches ist stark durch das Regelwerk geprägt, hat aber auch darüber hinaus einige Besonderheiten aufzuweisen. Durch die besondere **Zählweise** innerhalb der **Aufschlagspiele**, allem voran die Vorteilregel, die besagt, dass immer mindestens ein Zwei-Punkte-Vorsprung zum Gewinn des **Aufschlagspiels** notwendig ist, ist die Dauer eines Tennismatches nicht planbar (vgl. Abschn. 1.2). Ferrauti et al. (2014) nennen dennoch ca. 90 Min. als durchschnittliche Länge eines Tennismatches.

Das Match ist zudem geprägt von einem ständigen Wechsel aus Belastung und Pausen, wobei die **Netto-Spielzeit**, also die Zeit, in der der Ball im Spiel ist, bei lediglich 10–15 % auf Hartplatz und 20–30 % auf Sandplatz liegt (Ferrauti et al., 2014). Diese Dominanz der Pausen hat weitreichende Bedeutung, sowohl für die konditionelle als auch für die mentale Seite des Tennissports (vgl. Abschn. 2.1.2 und 2.1.3). Die Gesamtdauer eines Matches hängt zudem vom Spielmodus ab. Der mit Abstand größte Teil aller Tennismatches wird im Modus Best-of-Three-Tiebreak-Sets, also mit zwei **Gewinnsätzen**, die jeweils bei einem evtl. Spielstand von 6–6 durch einen **Tiebreak** entschieden werden, gespielt. Immer häufiger gibt es die Anpassung, dass der entscheidende dritte Satz lediglich als Champions- bzw. Match-**Tiebreak** bis 10 Punkte gespielt wird, was einen erheblichen Einfluss auf die Gesamtdauer des Matches haben kann. Im **Doppel** wird zudem, zumindest im Profibereich, auch immer häufiger auf die No-Ad-Regel zurückgegriffen, also den Verzicht auf die Vorteil-Regel innerhalb des **Aufschlagspiels**, sodass beim Spielstand „Einstand" ein entscheidender Punkt gespielt wird, was wiederum eine erhebliche Verkürzung der Spielzeit nach sich zieht.

Die Anzahl aller Schläge innerhalb eines Tennismatches wird von den Grundschlägen bzw. dem Grundlinienspiel mit ca. 60 % angeführt, welche sich wiederum in 51 % Vorhände und 49 % Rückhände aufteilen. 21,3 % aller Vorhände wiederum sind Vorhände aus der Rückhandecke, sogenannte **umlaufene Vorhände**. Die für den Matcherfolg sehr wichtige **Spieleröffnung** (vgl. Abschn. 2.3.1) folgt mit ca. 35 % und das Netzspiel macht rund 5 % aller Schläge aus (Born, 2017; Deutscher Tennis Bund, 2004; Ferrauti et al., 2014; Hlavka, 2008). Im **Doppel** gewinnen die **Spieleröffnung** mit 40–50 % sowie die Netzsituation mit 25–30 % gegenüber dem **Einzel** stark an Bedeutung. Aber auch im **Doppel** rückt das Grundlinienspiel in den letzten Jahren immer mehr in den taktischen Fokus (Deutscher Tennis Bund, 2024; Ferrauti et al., 2014).

Die **Ballwechsellänge**, die die Matchstruktur besonders beeinflusst, wird im folgenden Abschnitt näher betrachtet.

2.3 Ballwechsellänge

Denkt man an die **Ballwechsellänge** im Tennis, dann häufig an episch lange Ballwechsel, die zusätzlich noch mit einem spektakulären Gewinnschlag beendet werden. Solche Ballwechsel sind u. a. ein Grund dafür, dass Tennis über viele Jahre eine so beliebte Sportart für Millionen Zuschauer*innen weltweit geworden ist. Verstärkt wird dies noch durch die vielen „Highlight-Videos", die vor allem in den sozialen Medien zu finden sind. Und auch wenn solche Ballwechsel natürlich regelmäßig stattfinden, so trügt dieser Schein. Betrachtet man die durchschnittliche **Ballwechsellänge** sowohl im Breiten- als auch im Leistungssport, so sprechen diese Zahlen eine andere Sprache.

Daten des **ATP**-Analysten und Journalisten Craig O′Shannessy von den Australian Open 2015 und 2016 zeigen, dass die Ballwechsellänge bei den Herren bei 3,8 Schlägen und bei den Damen bei 3,9 Schlägen lag (O'Shannessy, 2016). Die Daten von Bleyer (2023) bestätigen die Aussage der kurzen Ballwechsel. Bei der Untersuchung der **Ballwechsellänge** der Masterturniere der Jahre 2017–2022 kommt Bleyer auf einen Median von 4 und einen Mittelwert von $4,5 \pm 1,2$ Schlägen bei Ballwechseln nach einem ersten **Aufschlag** und auf einen Median von 5 und einen Mittelwert von $5,5 \pm 1,4$ Schlägen nach einem zweiten **Aufschlag**. Groth (2020) untersuchte 1785 Ballwechsel in Matches der 1. Tennis-Bundesliga und ermittelte eine durchschnittliche Ballwechsellänge von 3,8 Schlägen sowie einen Median von 3 Schlägen pro Punkt. Zudem ist in allen diesen Daten eine ähnliche Verteilung der **Ballwechsellängen** erkennbar. O'Shannessy teilt hierfür die einzelnen **Ballwechsellängen** in drei Kategorien: 0–4 Schläge, 5–8 Schläge

Tab. 2.2 Ballwechsellänge aller Herrenmatches der Grand Slams 2016 geordnet in die Kategorien 0–4, 5–8 und 9 + Schläge (nach O'Shannessy, 2016)

Ballwechsellänge (Grand Slams Herren 2016)	Australian Open	French Open	Wimbledon	US Open
0–4 Schläge	**69 %**	**67 %**	**71 %**	**68 %**
5–8 Schläge	20 %	21 %	20 %	21 %
9 + Schläge	11 %	12 %	9 %	11 %

sowie 9 und mehr Schläge. Die zu beobachtende Verteilung auf diese drei Kategorien ist 70 % zu 20 % zu 10 % (vgl. Tab. 2.2).

Bei der Betrachtung dieser Daten, und vor allem beim Vergleich mit anderen Daten, gilt zu beachten, dass bei dieser Methodik der Datenerhebung nur die gültigen Schläge gezählt werden, d. h. die Fehler nicht mit in die **Ballwechsellänge** eingehen. Ein Ballwechsel, der durch einen gültigen **Aufschlag** begonnen wird und auf den ein gültiger **Return** folgt, woraufhin der dritte Schlag ein Fehler ist, hat nach dieser Erhebungs-Methode die **Ballwechsellänge** zwei, da zwei Schläge regelkonform im Feld waren. Dies führt dazu, dass die **Ballwechsellänge** immer eine ungerade Zahl sein muss, wenn die aufschlagende Person den Punkt gewonnen hat, während die **Ballwechsellänge** bei einem Punkt für die returnierende Person gerade sein muss. Der Grund für diese doch recht niedrigen Zahlen lässt sich in der Bedeutung und Qualität der **erweiterten Spieleröffnung**, bestehend aus **Aufschlag**, **Return** plus jeweils einem Folgeschlag, finden (vgl. Abschn. 2.3.1).

Die zweite weit verbreitete und in der Sportwissenschaft bereits seit den 1980er Jahren verwendete Methode der Datenerhebung zählt jeden geschlagenen Ball, also auch die Fehler am Ende des Ballwechsels, sodass in dieser Methodik die **Ballwechsellängen** tendenziell um ca. einen Schlag länger sind als in der Methodik von O'Shannessy, da nahezu 70 % aller Punkte im Tennis mit einem Fehler enden. Zum besseren Verständnis werden im weiteren Verlauf dieses Buches die Begriffe „O'Shannessy-Methodik" sowie „Weber-Methodik", nach Prof. Dr. Karl Weber, der als Pionier dieser Datenerhebung gilt, verwendet.

So verwendete u. a. Born (2017) die Weber-Methodik und ermittelte aus einer Stichprobe von 4820 Punkten von Herren **Grand Slam**-Matches eine **Ballwechsellänge** von 5,6 ± 4,4 Schlägen im arithmetischen Mittel sowie einen Median von vier Schlägen pro Ballwechsel. Diese Zahlen bestätigen auch die Untersuchungen von Weber und Born (2012), die eine mittlere **Ballwechsellänge** von 5,5 bei den Damen und 5,2 bei den Herren im Profibereich sowie einen Median von 4 für beide Geschlechter ermittelten. Neuere Daten aus dem Jahr 2019 zeigen 4,9 Schläge pro Ballwechsel im Profibereich der Damen (Behrens, 2020). Zudem sind, der „Weber-Methodik" folgend, nach zwei Schlägen, also **Aufschlag** und **Return**, ca. 30 % aller Ballwechsel beendet. Über 50 % aller Ballwechsel sind wiederum bereits nach vier Schlägen, 80 % spätestens nach acht sowie 90 % aller Punkte nach 11–12 Schlägen beendet (Born, 2017; Fernandez-Fernandez et al., 2007; Weber & Born,

2012). Beginnt der Ballwechsel dabei mit einem ersten **Aufschlag,** so ist der Ballwechsel im Mittel um einen Schlag kürzer als bei Ballwechseln, die mit einem zweiten **Aufschlag** starten (Weber & Born, 2012; Bleyer, 2023).

Während die überwiegende Anzahl der Studiendaten aus dem Profibereich stammen, werden auch bei der Betrachtung der **Ballwechsellänge** im Amateur- und Freizeitsport ähnliche Ergebnisse beobachtet. In seiner umfassenden Studie aus dem Jahr 2020 sammelte Groth mithilfe der „O'Shannessy-Methodik" auch Daten aus 6515 Ballwechseln aus dem weiblichen und männlichen Amateurbereich. Die Ergebnisse zeigen eine **Ballwechsellänge** von 3,6 Schlägen sowie eine Verteilung der **Ballwechsellängen** von 70 %, 20 % und 10 % auf die drei Kategorien und somit eine Bestätigung der Daten aus dem Profibereich. Tab. 2.3 fasst die Daten zur Ballwechsellänge nochmal kompakt und übersichtlich zusammen.

Tab. 2.3 Übersicht Ballwechsellängen

Autor(en)	Daten	Turniere/Jahr	Methodik
O'Shannessy, 2016	Herren: Mittelwert **3,8 Schläge** Damen: Mittelwert **3,9 Schläge**	Australian Open 2015 & 2016	O'Shannessy
Bleyer, 2023	Herren nach 1. Aufschlag: Median **4 Schläge** Mittelwert **4,5 ± 1,2** **Schläge** Herren nach 2. Aufschlag: Median **5 Schläge** Mittelwert **5,5 ± 1,4** **Schläge**	ATP-Mastersturniere 2017–2022	O'Shannessy
Groth, 2020	Herren Bundesliga: Median **3 Schläge** Mittelwert **3,8 Schläge** Herren & Damen Amateur- bereich: Mittelwert **3,6 Schläge**	Bundesliga & Amateur- bereich 2020	O'Shannessy
Born, 2017	Herren: Median **4 Schläge** Mittelwert **5,6 ± 4,4** **Schläge**	US Open 2010 French Open 2012	Weber
Weber & Born, 2012	Damen: Median **4 Schläge** Mittelwert **5,5 Schläge** Herren: Median **4 Schläge** Mittelwert **5,2 Schläge**	French Open 2008 & 2009	Weber
Behrens, 2020	Damen: Mittelwert **4,9 Schläge**	WTA Turniere Rom & Madrid 2019	Weber

2.3.1 Bedeutung der (erweiterten) Spieleröffnung

▶ Die **Spieleröffnung** im engeren Sinne umfasst **Aufschlag** und **Return**. Die **erweiterte Spieleröffnung** zählt zudem die Schläge drei und vier des Ballwechsels, welche international als „**+1 strokes**" bezeichnet werden, hinzu (Weber & Born, 2012; Born, 2017; Born et al., 2021; Born & Vogt, 2022).

Die Daten der **Ballwechsellänge** (vgl. Abschn. 2.3 Ballwechsellänge) zeigen bereits die herausragende Bedeutung der **erweiterten Spieleröffnung**. Die mit 19,5 % häufigste **Ballwechsellänge** nach der Weber-Methodik ist 2, also ausschließlich **Aufschlag** und **Return**. Nach der O'Shannessy-Methodik ist die häufigste **Ballwechsellänge** 1, d. h. nur der **Aufschlag** war regelkonform im Feld. Der Weber-Methodik folgend sind 27,6 % aller Punkte spätestens nach zwei Schlägen und 52,1 % aller Punkte nach spätestens vier gespielten Schlägen beendet (Born, 2017) während in der O'Shannessy-Methodik sogar 70 % aller Punkte nach spätestens vier (erfolgreichen) Schlägen beendet sind.

Zudem stellen laut den meisten Tennisexperten die **Spieleröffnung**, also der **Aufschlag** und der **Return**, die wichtigste Spielsituation überhaupt dar (Born, 2017). Nach O'Shannessy (2016) korreliert der Gewinn von mehr Punkten in der Kategorie 0–4 Schläge deutlich mehr mit dem Gewinn eines Matches, als dies bei länger andauernden Ballwechseln der Fall ist (vgl. Tab. 2.4). Dies gilt sowohl im Damen- als auch im Herrenbereich. Bei den Damen sind es 81 % und bei den Herren 91 % der Sieger*innen eines **Grand Slam**-Matches, die auch in der Ballwechsel-Kategorie 0–4 Schläge erfolgreicher waren als ihre Gegner*innen.

Der **Aufschlag**, als erster Schlag jeden Ballwechsels und zudem einzige Standardsituation im Tennis, spielt hier eine ganz besondere Rolle. Er ist der einzige Schlag im Tennis, der ohne direkten Einfluss des Gegners sowie ohne Zeitdruck ausgeführt werden kann. Zudem hat das besondere Regelwerk des Tennissports großen Einfluss auf den **Aufschlag**.

Da ein Fehler beim ersten **Aufschlag** keinen Punktverlust nach sich zieht, kann dieser sehr offensiv und mit mehr Risiko gespielt werden und sollte somit eine „zwingende **Spieleröffnung** darstellen, die den Aufschläger den Punkt kontrollieren lässt und ihm deutliche taktische Vorteile verschafft" (Born, 2017, S. 11). Orientiert man sich an Daten aus dem Profibereich der Damen und Herren, so sollte der erste **Aufschlag** zu 60 % bis 70 % im Feld landen (Born, 2017; Cui et al., 2018; Gillet et al., 2009; Weber & Born, 2012). Daten aus dem Amateurbereich

Tab. 2.4 Prozentzahl der Matchsieger*innen, die auch in der jeweiligen Ballwechsel-Kategorie mehr Punkte gewinnen als ihre Gegner*innen

Ballwechsellänge	0–4 Schläge	5–8 Schläge	9+ Schläge
Gewinnquote Herren (5 Slams 2015 & 2016)	**91 %**	66 %	55 %
Gewinnquote Damen (US Open 2015)	81 %	61 %	43 %

zeigen, dass diese Quoten nicht immer erreicht werden, jedoch nah an die Zahlen der Profis herankommen (Groth, 2020).

Deutlich entscheidender für den Matcherfolg als die reine **Aufschlag**-Quote ist die Quote der gewonnenen Punkte nach einem ersten **Aufschlag**, die im Profibereich der Herren zwischen 68 % und 75 % (Bleyer, 2023; Born, 2017; Born & Vogt, 2021; Gillet et al., 2009; Grambow et al., 2020) und bei den Damen bei rund 65 % (Cui et al., 2018; Grambow et al., 2021) liegt. Männliche Amateure kommen auf ca. 60 %, weibliche Amateure auf ca. 55 % (Groth, 2020).

„Letztlich bauen Qualität und Erfolg des ersten **Aufschlags** auf den zweiten **Aufschlag** auf. Je besser, sicherer und aggressiver der zweite **Aufschlag** ist, umso mehr Möglichkeiten öffnen sich für den ersten **Aufschlag**“ (Born, 2017, S. 12). Somit muss der zweite **Aufschlag** mit hoher Quote und einer gewissen Qualität ins Feld gespielt werden, um einen Doppelfehler zu vermeiden und zeitgleich die Returnspieler*in in einer neutralen Position zu halten. Hier schaffen es Profis beider Geschlechter, eine Quote von ca. 90 % zu erreichen (Behrens, 2020; Bleyer, 2023; Born, 2017; Born & Weber, 2012; Weber et al., 2010; Grambow et al., 2022). Die Amateurspieler*innen hingegen erreichen zweite **Aufschlag**quoten von lediglich 70–75 % und fallen in dieser Kategorie im Vergleich zu den Profis stark ab (Groth, 2020).

Die Gewinnquoten nach dem zweiten **Aufschlag** sind im Vergleich zum ersten **Aufschlag** deutlich niedriger. Während die Herren auf Profiebene noch 50–55 % aller Punkte nach dem zweiten **Aufschlag** gewinnen (Bleyer, 2023; Born, 2017; Grambow et al., 2020; Weber et al., 2010), sinkt dieser Wert bei den Damen sogar unter die 50 %-Marke (Cui et al., 2018; Behrens, 2020; Grambow et al., 2021) sowie auf Amateurebene sogar auf unter 40 % (Groth, 2020).

Trotz der geringeren Quoten ist der **Aufschlag** auch im Amateurbereich entscheidend, wenn auch seltener als offensive Waffe als im Profibereich. Dennoch entscheidet die Qualität des **Aufschlags** auch hier oftmals über den Verlauf des Ballwechsels und dessen Ausgang. Der **Aufschlag** hat demnach eine herausragende Bedeutung im Wettkampftennis, unabhängig von Alter, Geschlecht und Spielniveau, und kann den Ballwechsel bereits zu Beginn in eine positive oder negative Richtung lenken.

Der **Return** wird heutzutage oftmals als der zweitwichtigste Schlag im Wettkampftennis nach dem **Aufschlag** bezeichnet und hat wie dieser auch einen großen Einfluss auf den Ausgang des Matches (Born et al., 2021). Aufbauend auf den bereits genannten Daten des **Aufschlags** wird deutlich, dass gegen den ersten **Aufschlag** vor allem das Neutralisieren der gegnerischen Offensive im Fokus steht. Dementsprechend werden nicht nur 83 % aller **Returns** ins Feld gespielt (Born et al., 2021), sondern auch ein Großteil dieser mittig platziert gespielt. Bei den Damen sind dies 66,7 % (Born et al., 2021), bei den männlichen Profis sogar 75,5 % (Gillet et al., 2009). Gegen den zweiten **Aufschlag** steigen die Gewinnchancen auf ca. 50 % an, da hier oftmals die Art und Weise des **Returns** sowie dessen Platzierung deutlich offensiver angegangen werden können.

Die Schläge drei und vier des Ballwechsels, im englischen als + **1 strokes** bezeichnet, hängen stark vom vorausgegangenen **Aufschlag** und **Return** ab. Ziel der Aufschläger*in sollte es sein, den Punkt spätestens mit dem + **1 stroke**, also dem

Tab. 2.5 Übersicht der wichtigsten Daten zur Spieleröffnung

Kategorie	Daten	Autor(en)
Quote 1. Aufschlag	Profis Herren & Damen: **60–70 %**	Born, 2017; Cui et al., 2018; Gillet et al., 2009; Weber & Born, 2012; Groth, 2020; Grambow et al, 2022
Quote 2. Aufschlag	Profis Herren & Damen: **90 %** Amateure: **70–75 %**	Behrens, 2020; Bleyer, 2023; Born, 2017; Born & Weber, 2012; Weber et al., 2010; Groth, 2020; Grambow et al, 2022
Gewinn-Quote nach 1. Aufschlag	Profis Herren: **68–75 %** Profis Damen: **65 %** Amateure: **55–60 %**	Bleyer, 2023; Born, 2017; Born & Vogt, 2021; Gillet et al., 2009; Grambow et al., 2020; Cui et al., 2018; Groth, 2020; Grambow et al, 2022
Gewinn-Quote nach 2. Aufschlag	Profis Herren: **50–55 %** Profis Damen: **< 50 %** Amateure: **< 40 %**	Bleyer, 2023; Born, 2017; Grambow et al., 2020; Weber et al., 2010; Cui et al., 2018; Behrens, 2020; Groth, 2020; Grambow et al, 2022
Quote Return	Profis Damen und Herren: **> 80 %**	Born et al., 2021
Quote 3. Schlag	Profis Damen und Herren: **> 85 %**	Born, 2017

dritten Schlag des Ballwechsels, zu beenden. Daher sollte dieser möglichst offensiv, idealerweise mit der meist stärkeren Vorhand, gut platziert sowie kontrolliert geschlagen werden (Crespo & Miley, 1998; Schönborn, 2012; Giffenig, 2013). Männliche und weibliche Profis spielen diesen Schlag zu mehr als 85 % ins Feld und zu 37 % bzw. 15 % mit der **umlaufenen Vorhand**, also der Vorhand aus der Rückhandecke (Born, 2017). Die mit der höchsten Frequenz angespielten Zonen für den dritten Schlag sind die sogenannten **C-Zonen**, die sich an der Seitenauslinie direkt hinter der T-Linie befinden, sowie die gegnerische Rückhandseite (Born, 2017; vgl. Abschn. 2.3.3).

Der **+1 stroke** nach dem Return, also der vierte Schlag des Ballwechsels, sollte vor allem gut platziert sein, um die Spieler*innen im Ballwechsel zu halten, da mit steigender **Ballwechsellänge** der Aufschlagvorteil immer kleiner wird. Die Platzierung unterscheidet sich statistisch nicht von der des dritten Schlags (Born et al., 2021; Born & Vogt, 2022). Tab. 2.5 fasst die wichtigsten Daten zur Spieleröffnung nochmal kompakt zusammen.

2.3.2 Tennis – ein Fehlersport

Die Sportart Tennis wird oftmals als „**Fehlersport**" bezeichnet. Diese Aussage rührt daher, dass die Punkte eines Tennismatches statistisch zu rund zwei Dritteln mit einem Fehler beendet werden (Born, 2017; Brody, 2006; Deutscher Tennis Bund, 2001; Molina, 2004). Diese Fehler können Doppelfehler, Returnfehler oder Fehler aus dem Spiel heraus sein. Diese können dann noch in Fehler ohne Not, **unforced errors**, und vom Gegner bzw. der Gegnerin erzwungene Fehler, **forced errors**, unterteilt werden. Lediglich das übrige Drittel aller Punkte wird durch einen Gewinnschlag beendet. Konkrete Zahlen aus dem Amateurbereich liefert Groth (2020), der für männliche und weibliche Amateure ermittelte, dass 72–80 % aller Punkte mit einem Fehler beendet werden. Profis kommen auf rund 70 % Fehler (vgl. Tab. 2.6; Born, 2017; Groth, 2020; O'Shannessy, 2016).

Die Vermeidung eigener **unforced errors** stellt den größten Hebel dar, das eigene Spiel zu verbessern. **Forced Errors** hingegen sind grundsätzlich den jeweiligen Gegner*innen positiv zuzuordnen, da diese so viel Druck ausüben, dass daraus ein Fehler resultiert. Die Zuordnung von Fehlern in diese beiden Kategorien ist jedoch niemals komplett objektiv und klar abgegrenzt möglich, da zu viele Faktoren in die Zuordnungs-Entscheidung hineinspielen. Dennoch sollte es für alle Spieler*innen ein übergeordnetes Ziel sein, die Anzahl der eigenen **unforced errors** zu verringern, da dies grundsätzlich in der eigenen Verantwortung, ganz unabhängig von den Gegner*innen oder anderen Faktoren, liegt.

Noch grundsätzlicher lassen sich Fehler in Netzfehler und Fehler ins Aus unterteilen. Sowohl Profis als auch Amateure beider Geschlechter machen im Verhältnis von ca. 55–60 % zu 40–45 % mehr Fehler ins Aus als ins Netz (Born, 2017; Behrens, 2020, Groth, 2020). Beim **Aufschlag** schlagen männliche Profis sogar doppelt so viele Fehler ins Aus als ins Netz (Born, 2017).

Dieses Wissen über die Bedeutung von Fehlern im Tennissport hat vor allem Konsequenzen im taktischen, aber auch im mentalen Bereich. So ist das grundlegendste taktische Prinzip, welches für Anfänger*innen als auch für Profis gilt die Vermeidung eigener Fehler (vgl. Abschn. 4.3), und hier vorwiegend natürlich der Fehler ohne Not (Born, 2017; Ferrauti et al., 2014). Weiterhin stehen alle weiteren Prinzipien, die im komplexen Bereich der **Taktik** hieraus resultieren bzw. sich entwickeln, und die sich oftmals auch untereinander bedingen, zu jederzeit unter der Überschrift eigene Fehler vermeiden (vgl. Abschn. 4.3).

Auch im mentalen Bereich des Tennissports ist das Wissen über die Anzahl und Bedeutung der Fehler bedeutsam, da Spieler*innen jeden Alters und jeder

Tab. 2.6 Anteile von Gewinnschlägen, unerzwungenen und erzwungenen Fehlern an allen Punkten der Grand Slam-Turniere

Turnier (Herren)	Gesamtpunkte	Gewinnschläge	Unerzwungene Fehler	Erzwungene Fehler
Australian Open (2015)	28.848	30 %	28 %	42 %
French Open (2014)	26.375	33 %	34 %	33 %
Wimbledon (2014)	29.363	37 %	23 %	40 %
US Open (2014)	27.183	27 %	25 %	48 %
Insgesamt	111.769	32 %	27 %	41 %

Leistungsstärke lernen müssen, mit den eigenen Fehlern umzugehen, diese zu akzeptieren und konstruktive Schlüsse aus diesen zu ziehen. Ein weiterer wichtiger Aspekt in diesem Zusammenhang ist, dass auch die erfolgreichsten Spieler*innen der Welt im Durchschnitt nur ca. 55 % aller gespielten Punkte gewinnen.

Beispiel

Um nur einige Beispiele zu nennen:

- Rafael Nadal gewann in seinen ersten 1000 Siegen auf der ATP-Tour nur 55 % aller Punkte und verlor dementsprechend 45 % (Association of Tennis Professionals, 2024).
- Die jeweiligen Gewinner*innen der Matches der Australian Open 2016 gewannen 55 % aller gespielten Punkte (O'Shannessy, 2016).
- Der jeweilige ATP-Weltranglistenerste am Ende des Jahres zwischen 2010 und 2018 gewann durchschnittlich 55 % aller Punkte über das Jahr hinweg (O'Shannessy, 2018). ◀

▶ Punkte zu verlieren, egal ob durch Fehler oder durch Gewinnschläge der Gegner*innen, ist demnach nachweislich ein wesentlicher Bestandteil des Tennissports.

2.3.3 Zonen des Tennisplatzes

Sowohl zur systematischen Beobachtung und Analyse der Schlagplatzierungen als auch für die praktische Anwendung im Training haben zahlreiche Expert*innen unterschiedliche **Tennisplatz**aufteilungen entwickelt, die den **Tennisplatz** in bestimmte Zonen unterteilen. Dies dient u. a. dazu, die Zielpräzision der Spieler*innen und den Fokus auf diese zu verbessern. Im Training ist es daher zielführend, vermehrt mit Zielzonen zu arbeiten, sodass die Spieler*innen zum einen lernen, ihre Schläge gezielt und zum anderen die taktisch richtigen Schläge und Spielzüge zu spielen.

Inspiriert durch verschiedene Vordenker wie u. a. Molina (1995), Antoun (2007) und Schönborn (2008, 2010, 2012) entwickelte und überarbeitete Born ab dem Jahr 2017 eine Spielfeldaufteilung, die den gesamten **Tennisplatz** in regelmäßige Zonen einteilt. So wird der Bereich zwischen T-Linie und Netz in vier identische Längs-Zonen, sowie der Bereich zwischen T-Linie und Grundlinie in acht identische Zonen geteilt (vgl. Abb. 2.12; Born, 2017; Born et al., 2021; Born & Vogt, 2021; Born & Vogt, 2022).

Die einzelnen Zonen sowie zu Zonengruppen zusammengefasste Zonen haben unterschiedliche Bedeutung für unterschiedliche Schläge und Spielsituationen. Überaus bedeutende Zonen auf dem **Tennisplatz** sind nach Meinung vieler Expert*innen die Zonen in der Nähe der Grundlinie (vgl. Abb. 2.12; Zonen 1a, 1b, 2a, 2b). Dies ergibt sich aus den taktischen Zielen, den Gegner durch lange

Abb. 2.12   Zonenaufteilung
des Platzes nach Born et al.
(2021)

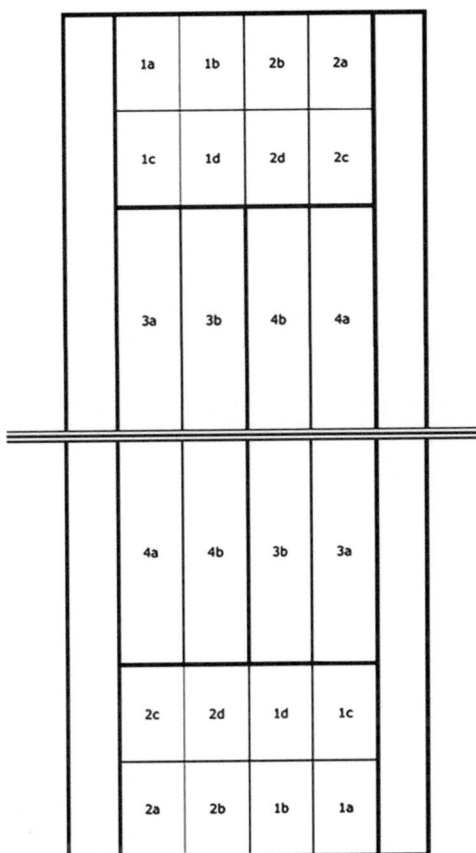

Schläge unter Druck zu setzen sowie von offensiven Schlägen abzuhalten. Zudem
ist die Schlaglänge ein wichtiger Unterschiedsfaktor zwischen Gewinner*innen
und Verlierer*innen (Born, 2017; Lisson, 1996; Schönborn, 2012). Tennisprofis
spielen ihre Schläge nach **Aufschlag** und **Return** zu mehr 80 % länger als die T-
Linie und zu ca. 30 % in die Nähe der Grundlinie (Born, 2017).

Um die Gegner*in nicht nur unter Druck zu setzen, sondern zudem auch aus
dem Platz zu treiben, somit den Platz zu öffnen und im Idealfall einen **forced
error** zu erzwingen oder einen direkten Punkt zu erzielen, sind auch die kürzeren
Zonen in der Nähe der Seitenauslinien sinnvolle Ziele. Dies sind die sogenannten
C-Zonen 1c und 2c (vgl. Abb. 2.12; Born et al., 2021; Born, 2017; Antoun, 2007;
Schönborn, 2012; Antoun, 2013; Giffenig, 2013). In diese **C-Zonen** spielen die
Profis ca. 30 % aller Schläge nach **Aufschlag** und **Return**. In den meisten Fällen
handelt es sich hier um offensive Schläge sowie Angriffsbälle (Born, 2017; Born
& Vogt 2021; Born et al., 2021, Born & Vogt, 2022).

Aus den genannten taktischen Zielen, die Gegner*in mit langen sowie platzier-
ten Schlägen unter Druck zu setzen, zu bewegen, in die Defensive zu bringen, und

zeitgleich Schläge in die Mitte des Feldes zu vermeiden, die für die Gegner*in eine Einladung zur eigenen Offensive darstellen könnten, ergibt sich die in der Literatur als verbotene oder auch rote Zone bezeichnete Zone, die sich zentral auf dem **Tennisplatz** um das T-Kreuz herum befindet. Abhängig vom Leistungsstand der Spieler*innen kann diese Zone verschiedene Formen und Größen annehmen (Born & Vogt, 2021; Schönborn, 2008; Antoun, 2007). In der Platzaufteilung nach Born et al. (2021) könnte die **verbotene Zone** bspw. die Zonen 1d und 2d sowie die der T-Linie zugewandte Hälfte der Zonen 3b und 4b umfassen (vgl. Abb. 2.13). Diese Zone gilt es demnach grundsätzlich, mit einigen wenigen Ausnahmen, wie bspw. einem flachen und aggressiven Slice, zu vermeiden, um die Gegner*in nicht in eine günstige Lage zu bringen (Born & Vogt, 2021). Profi-Spieler*innen schaffen es, min. 68 % aller Schläge nach **Aufschlag** und **Return** außerhalb dieser Zone zu platzieren, Junior*innen häufig eine deutlich geringere Anzahl (Born & Vogt, 2021; Born, 2017; Schönborn, 2008),

Der **Return** im Profibereich wird wiederum geschlechterübergreifend zu 70–80 % durch die Mitte und länger als die T-Linie platziert (vgl. Abb. 2.12; Zonen 1b, 1d, 2b, 2d). Punkte, die mit einem **Return** in diese Zonen begonnen werden, haben statistisch gesehen die höchste Erfolgsquote. Die meisten Fehler

Abb. 2.13 Die verbotene Zone, die um das T-Kreuz herum liegt

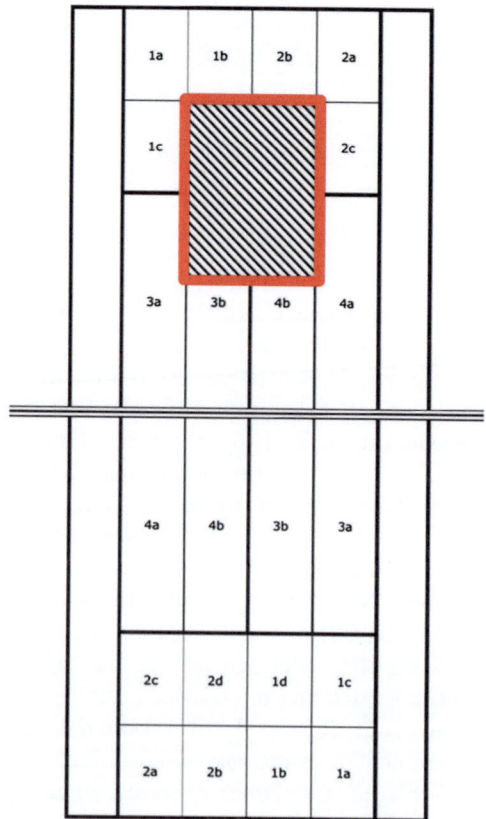

Abb. 2.14 Aufschlagzonen nach Born (2017); Abkürzungen: w = wide/außen, b = body/Körper, t = t-cross/T-Kreuz

beim **Return** werden wiederum hinter und neben die Zonen 1a und 2a gemacht (Behrens, 2020; Born et al., 2021; Born & Vogt, 2022). Die **Return**position der Spieler*innen variiert in Abhängigkeit des anzunehmenden **Aufschlags** stark. So werden 58 % aller ersten **Aufschläge** auf ATP-Niveau von null bis zwei Metern hinter der Grundlinie returniert sowie 68 % aller zweiten **Aufschläge** auf der Grundlinie oder im Platz stehend. Diese **Return**position hat zugleich die höchste Gewinnquote gegen zweite **Aufschläge**. Eine **Return**position zwei Meter und mehr hinter der Grundlinie bringt die höchste **Return**-in-Quote gegen erste und zweite **Aufschläge** sowie die höchste Gewinn-Quote gegen erste **Aufschläge** mit sich (Faber, 2022). Dabei wird der **Return** gegen erste **Aufschläge** im Durchschnitt 111 cm und gegen zweite **Aufschläge** 90 cm über das Netz gespielt. Diese sogenannte durchschnittliche Net Clearance beträgt im Ballwechsel lediglich 75 cm (Franke, 2020).

Für die Analyse der **Aufschlag**platzierung kann das Aufschlagfeld in die drei Zonen wide (w), body (b) sowie t[1] gedrittelt werden (vgl. Abb. 2.14; Born, 2017).

Erste **Aufschläge** werden überwiegend in die Zonen w und t platziert, mit Tendenz zur gegnerischen Rückhandseite. Bei den Herren verteilen sich die ersten

---

[1] Eine alternative Bezeichnung der Zone *t* ist „center" mit der dazugehörigen Abkürzung „c". Um eine Verwechslung mit den C-Zonen zu vermeiden, wird hier ausschließlich die Bezeichnung *t* verwendet.

Aufschläge im Mittel zu jeweils 45 % in die Zonen w und t sowie zu 10 % in Zone b, während bei den Damen bis zu 17 % auf den Körper in Zone b gespielt werden (Born, 2017; Born et al., 2021; Bleyer, 2023).

Zweite **Aufschläge** werden hingegen überwiegend auf die gegnerische Rückhand sowie mit bis zu 35 % vermehrt auf den Körper (b) geschlagen (Born, 2017; Bleyer, 2023).

Literatur

Antoun, R. (2007). Using Variety from the Baseline in Women's Tennis. *ITF Coaching and Sport Science Review, 43,* 2–3.

Antoun, R. (2013). Winning Tennis. *Das Strategie- und Taktik-Buch.* Copress Verlag.

Association of Tennis Professionals. (2024). https://www.atptour.com/en/.

Behrens, M. (2020). *Systematische Analyse des Returns und der beiden Folgeschläge im Damentennis der Weltspitze.* Deutsche Sporthochschule Köln.

Benarndt, J., & Schweer, M. K. W. (2015). *Mentale Fitness im Tennis: Sportpsychologische Grundlagen und Übungen für den Freizeit- und Leistungssport.* Peter Lang Publishing Group.

Bleyer, N. (2023). *Systematische Datenanalyse des Aufschlags im Herrentennis der Weltklasse.* Masterarbeit, Deutsche Sporthochschule Köln.

Born, P. (2017). *Systematische Analyse der erweiterten Spieleröffnung des Aufschlägers im Herrentennis der Weltspitze inklusive Ableitung anwendungsorientierter Trainingsformen.* Deutsche Sporthochschule Köln/Institut für Vermittlungskompetenz in den Sportarten.

Born, P., Malejka, L., Behrens, M., Grambow, R., Meffert, D., Breuer, J., & Vogt, T. (2021). Stroke placement in women's professional tennis: What's after the serve? *International journal of racket sports science, 3*(1), 37–44.

Born, P., & Vogt, T. (2020a). Feinabstimmung ist alles. Teil 1. *Tennissport, 1,* 20–25.

Born, P., & Vogt, T. (2020b). Unter Druck bestehen. Teil 2. *Tennissport, 2,* 20–24.

Born, P., & Vogt, T. (2021). Match analysis in tennis. *Match analysis: How to use data in professional sport,* 136–145.

Born, P., & Vogt, T. (2022). How to practice the return and +1s in women's professional tennis. *ITF coaching & sport science review, 30*(86), 14–17.

Brody, H. (2006). Unforced errors and error reduction in tennis. *British Journal of Sports Medicine, 2006*(40), 397–400.

Busse, M. & Thomas, M. (2001). Leistungsmedizinische Aspekte beim Tennis. *Clinical Sports Medicine-Germany, 2*(4).

Crespo, M. & Miley, D. (1998). *Advanced Coaches Manual.* ITF Ltd.

Crespo, M., Reid. & Quinn, A. (2006). *ITF tennis psychology.* ITF Ltd.

Crevenciuc, V. (2004). *Tennis. Die Kunst gelassener zu spielen* (2., verb. Aufl.). Books on Demand GmbH.

Cui, Y., M-n, G., Goncalves, B., & Sampaio, J. (2018). Performance profiles of professional female tennis players in grand slams. *PLoS ONE, 13*(7), e0200591. https://doi.org/10.1371/journal.pone.0200591.

Deutscher Tennis Bund. (Hrsg.). (2001). *Tennis-Lehrplan. Bd. 1 Technik & Taktik* (8. durchges. Aufl.). BLV.

Deutscher Tennis Bund. (2024). *DTB Trainerportal.* www.trainer.tennis.de.

Eck, R. F.-J. K. (2012). *Tennis ist Kopfsache. [Koordination und mentale Stärke]* (2. Aufl.). Books on Demand GmbH.

Faber, H. (2022). *Das Returnverhalten im Weltklasse-Tennis der Herren – Eine Analyse der Returnposition und deren Auswirkung auf die Folgeschläge.* Deutsche Sporthochschule Köln.

Fernandez-Fernandez, J., Mendez-Villanueva, A., Fernandez-Garcia, B., & Terrados, N. (2007). Match activity and physiological responses during a junior female singles. *British Journal of Sports Medicine, 41,* 711–716.

Ferrauti, A., Bergeron, M. F., Pluim, B. M., & Weber, K. (2001). Physiological responses in tennis and running with similar oxygen uptake. *European journal of applied physiology, 85*(1–2), 27–33.

Ferrauti, A., Maier, P., & Weber, K. (2014). *Handbuch für Tennistraining* (3. überarb. Aufl.). Meyer & Meyer.

Ferrauti, A., Maier, P., & Weber, K. (2016). *Handbuch für Tennistraining* (4. überarb. Aufl.). Meyer & Meyer.

Franke, A. (2020). *Net Clearance' im Weltklasse-Tennis – Eine systematische Hawk-Eye Datenanalyse der ATP Tour Masters 1000 Turniere aus den Jahren 2017–2019 inklusive Ableitungen für die Trainingspraxis.* Deutsche Sporthochschule Köln.

Franz, S. (Hrsg.). (2017). *Mentales Training im Tennis – ein Streifzug durch die aktuelle Sportpsychologie.* Printmedien Sonja Franz.

Gabler, H. & Maier, P. (1998). *Das Training der mentalen Fähigkeiten im Tennis. Übungen zur Praxis des psychologisch orientierten Trainings* (DTB-Trainerbibliothek, Bd. 4, 1. Aufl.). Sportverlag Schmidt und Dreisilker.

Gibala, M. J., & McGee, S. L. (2008). Metabolic adaptations to short-term high-intensity interval training: A little pain for a lot of gain? *Exercise and Sport Sciences Reviews, 36*(2), 58–63.

Giffenig, E. (2013). *Developing High Performance Tennis Players.* Neuer Sportverlag.

Gillet, E., Leroy, D., Thouvarecq, R., & Stein, J.-F. (2009). A national analysis of elite tennis serve and serve-return strategies on slow surface. *Journal of Strength and Conditioning Research, 23*(2), 532–539.

Grambow, R., O'Shannessy, C., Born, P., Meffert, D., & Vogt, T. (2020). Serve Efficiency Development at Wimbledon between 2002 and 2015: A longitudinal approach to impact tomorrow's tennis practice. *Human Movement, 2020*(21(1)), 65–72.

Grambow, R., O'Shannessy, C., Born, P., Meffert, D., & Vogt, T. (2021). Serve Efficiency Development indicates an extended women's tennis world class cohort: Analysing 14 years of Ladies Wimbledon Championships - Implications for coaching. Human Movement, 2021(22(2)), 43–52.

Grambow, R., Born, P., O'Shannessy, C., Breuer, J., Meffert, D., & Vogt, T. (2022). Serve Efficiency Development in women's vs. men's professional tennis. Human Movement, 2022(23(2)), 128–137.

Grosser, M. (1991). *Schnelligkeitstraining: Grundlagen, Methoden, Leistungssteuerung, Programme.* BLV-Buchverl.

Groth, T. (2020). *Analyse der Match-entscheidenden Faktoren im Amateurtennis mittels systematischer Spielbeobachtung.* Deutsche Sporthochschule Köln.

Harre, D. (1982). *Trainingslehre: Einführung in die Theorie und Methodik des sportlichen Trainings* (9. Aufl.). SVB Sportverl.

Heger, P. (2020). *Mentale Stärke im Tennis. Mit Köpfchen zum besseren Spiel* (1. Ausgabe). Neuer Sportverlag.

Heinzel, A., Koch, P., & Strakerjahn, U. (1997). *Koordinationstraining im Tennis.* Sportverlag Schmidt & Dreisilker.

Hirtz, P. (1985). *Koordinative Fähigkeiten im Schulsport. Vielseitig, variationsreich, ungewohnt.* Volk u. Wissen Verl.

Hitzler, M. (2019). *Mentaltennis 2.0. Wie Technik & Fitness zweitrangig wird.* Books on Demand.

Hlavka, Y. (2008). *Systematische Spielbeobachtung des TENNIS MASTERS CUP SHANGHAI 2005 unter Berücksichtigung des Vorhand- und Rückhandschlages.* Deutsche Sporthochschule Köln: Diplomarbeit.

Hohmann, A., Lames, M., Letzelter, M., & Pfeiffer, M. (2010). *Einführung in die Trainingswissenschaft* (5. Aufl.). Limpert.

Iaia, F. M., Rampinini, E., & Bangsbo, J. (2009). High-intensity training in football. *International Journal of Sports Physiology and Performance, 4*(3), 291–306.

Jekauc, D. (2012). Konzentration – mit geistiger Kraft zum Erfolg. *Tennissport, 23*(5), 4–11.

Lisson, H. (1996). Analyse der Spielstruktur unterschiedlicher Leistungsklassen im Tennis-Einzel auf Sand durch systematische Spielerbeobachtung. Dissertation, Deutsche Sporthochschule Köln.

Loehr, J. E. (1997). *Tennis im Kopf, Der mentale Weg zum Erfolg.*

Meffert, D. (2022). *Big Points im Tennis? Zur spielsituativen Handlungsvermittlung für die Tennisausbildung: Erkenntnisse aus der Weltklasse.* (Dissertation, Sportwissenschaft) Deutsche Sporthochschule Köln.

Meinel, K., Schnabel, G., & Krug, J. (2007). *Bewegungslehre – Sportmotorik: Abriss einer Theorie der sportlichen Motorik unter pädagogischem Aspekt* (11. überarb. und erw. Aufl.). Meyer & Meyer.

Memmert, D., & Leiner, S. (2020). *Tennisspiele werden im Kopf entschieden. Kognitives Training, Kreativität und Spielintelligenz im Amateur- und Leistungsbereich* (1. Aufl.). Meyer & Meyer.

McGill, S. M., Karpowicz, A., Fenwick, C. M., & Brown, S. H. (2009). Exercises for the torso performed in a standing posture: Spine and hip motion and motor patterns and spine load. *Journal of Strength and Conditioning Research, 23*(2), 455–464.

Molina, I. (1995). The comprehensive coaching system: Some Examples of Drills. *ITF Coaching and Sport Science Review, 7,* 1–2.

Molina, I. (2004). Match analysis and evaluation. *ITF Coaching and Sport Science Review, 34,* 3–4.

Neumaier, A. (2009). *Koordinatives Anforderungsprofil und Koordinationstraining: Grundlagen, Analyse, Methodik* (3. überarb. Aufl. (Nachdruck 2009)). Sportverl. Strauß.

Nittinger, N. (2013). *Psychologisch orientiertes Tennistraining. [über 180 praktische Übungen, theoretisches Hintergrundwissen, Tipps zur Umsetzung; alle Arbeitsblätter auf CD-ROM zum Ausdrucken]* (2. Aufl.). Neuer Sportverl.

O'Shannessy C. (2016). *The practice court is broken.* Vortrag an der Deutschen Sporthochschule.

O'Shannessy, C. (2018). *The First 4 Shots.* Vortrag an der Deutschen Sporthochschule.

Paton, C. D., & Hopkins, W. G. (2004). Effects of High-intensity Training on Performance and Physiology of Endurance Athletes. *Sportscience, 8,* 25–40.

Schönborn, R. (1998). *Tennis: Techniktraining.* Meyer & Meyer.

Schönborn, R. (2006). *Optimales Tennistraining.* Spitta.

Schönborn, R. (2008). *Tennis-Techniktraining* (3. Aufl.). Meyer & Meyer.

Schönborn, R. (2010). *Optimales Tennistraining* (2. Aufl.). Splitta.

Schönborn, R. (2012). *Strategie + Taktik im Tennis.* Wagner.

Schweer, M. (2008). *Mentale Fitness im Tennis.* Lang.

Siegemund, L. (2017, November). *Matchspezifische psychische Anforderungssituationen meistern.* Vortrag auf der A- Trainerfortbildungsveranstaltung des Deutschen Tennis-Bundes in Göttingen.

Steinhöfer, D. (2008). *Athletiktraining im Sportspiel: Theorie und Praxis zu Kondition, Koordination und Trainingssteuerung* (Neuaufl. 1. Aufl. u.d.T.: Grundlagen des Athletiktrainings.). Philippka-Sportverlag.

Ulbricht, A., Wiewelhove, T., Fernandez-Fernandez, J., Born, P., & Ferrauti, A. (2012). High-Intensity Training. *TennisSport, 23,* 18–25.

Wahl, P., Hägele, M., Zinner, C., Bloch, W., & Mester, J. (2010). High Intensity Training (HIT) für die Verbesserung der Ausdauerleistungsfähigkeit von Normalpersonen und im Präventions- & Rehabilitationsbereich. *Wiener medizinische Wochenschrift (1946), 160*(23–24), 627–636.

Wardlaw, P. (2000). *Pressure tennis.* Human Kinetics.

Weber, K., Exler, T., Marx, A., Pley, C., Röbbel, S., & Schäffkes, C. (2010). Schnellere Aufschläge, kürzere Ballwechsel und höherer Zeitdruck für Grundschläge in der Tennis-Welt-
spitze. *Leistungssport, 2010*(5), 36–42.

Weber, K., & Born, P. (2012). Die besondere Bedeutung der erweiterten Spieleröffnung im
Leistungstennis: Begründung, Leitlinien und Umsetzung in die Trainingspraxis. *Leistungssport, 42*(6), 26–32.

Weineck, J. (2010). *Optimales Training* (16. durchges. Aufl.). Splitta

Wüstholz, D. (2011). *Stronger in Tennis- dein Ratgeber* (mit DVD). sportwerk80.

Technik und Techniktraining

3

▶ Die Technik wird im Tennis als leistungslimitierender Faktor angesehen, da bspw. ohne die technischen Fertigkeiten (z. B. ein Rückhand Slice oder ein Kick Aufschlag) bestimmte spielerisch und taktisch naheliegende Lösungen nicht durchgeführt werden können. Im Rahmen der Vermittlung von Tennistechniken nimmt die **funktionale Bewegungsanalyse** (FBA) eine zentrale Rolle ein, bei der jeder Schlag in Hauptaktion und Hilfsaktionen unterteilt wird. Betrachten Trainer*innen nun die Schlagbewegung ihrer Trainierenden, so basieren die Fehleranalyse und die anschließende Fehlerkorrektur (Abschn. 3.2) auf dieser Unterteilung. Im Anschluss an diese Aspekte, inklusive einiger praktischer Korrekturtipps, werden in den folgenden Abschnitten alle im Tennissport vorkommenden Schlagtechniken (Abschn. 3.3) auf Grundlage der FBA vorgestellt, wobei einer Kurzzusammenfassung der wichtigsten Technikelemente jeweils eine methodische Reihe zum Erlernen der jeweiligen Schlagtechnik folgt. Dabei werden auch die verschiedenen Schlagvariationen (z. B. Drallarten, taktische Ausrichtung oder ein- bzw. beidhändige Schlagausführung) berücksichtigt. Abschließend werden generelle Aspekte wie z. B. die drei Stufen des Techniktrainings (Stabilität, Variabilität und Situativität) (Abschn. 3.4.1) und Prinzipien des Techniktrainings (Abschn. 3.4.2), welche es zu berücksichtigen gilt, sowie die Trainer*innen-Rolle im Techniktraining (Abschn. 3.4.3) beleuchtet.

Ergänzende Information Die elektronische Version dieses Kapitels enthält Zusatzmaterial, auf das über folgenden Link zugegriffen werden kann https://doi.org/10.1007/978-3-662-70466-0_3. Die Videos lassen sich durch Anklicken des DOI Links in der Legende einer entsprechenden Abbildung abspielen, oder indem Sie diesen Link mit der SN More Media App scannen.

3.1   Funktionale Bewegungsanalyse (FBA)

Die **FBA** ist ein grundlegendes Konzept zum besseren Verständnis und vor allem
zur sinnvollen Vermittlung von jeglichen **Tennistechniken**. Die Grundideen der
FBA sind zum einen **Tennistechniken** immer als Lösungsmöglichkeiten für Aufgaben zu verstehen und zum anderen die Einteilung einer Schlagbewegung in
einzelne Phasen, denen wiederum eine bestimmte Funktion für den Schlag zugeschrieben wird. Eine erste grundlegende Unterteilung erfolgt zunächst in die
Hauptaktion sowie die um diese herum stattfindenden **Hilfsaktionen**.

▶ Die **Hauptaktion** kann definiert werden als der Teil des Schlages, der für den
Erfolg unbedingt erforderlich und daher in seinen Grundzügen nicht veränderbar
ist. Dementsprechend ist die **Hauptaktion** eines bestimmten Schlages bei allen
Spieler*innen der Welt gleich, unabhängig von Alter, Geschlecht, Leistungsstärke
etc. (Deutscher Tennis Bund, 2004).

Am Beispiel der Vorhand-Topspin kann dies nachvollziehbar erläutert werden: Um
eine Vorhand-Topspin aus dem Bereich der Grundlinie über das Netz in die gegenüberliegende Feldhälfte zu platzieren, muss die **Hauptaktion** der Schlagbewegung von
hinten-unten nach vorne-oben mit genügend Schwung bzw. angepasster Geschwindigkeit ausgeführt werden. Hierbei muss der Treffpunkt seitlich vor dem Körper liegen
und der Schlägerkopf bei stabilem Handgelenk im Treffpunkt nahezu senkrecht stehen. Um dies zu erreichen, muss der Griff, eine der wichtigsten **Hilfsaktionen**, ebenfalls korrekt sein. In unserem Beispiel sollte der Schläger also in einem Vorhand-Griff
gehalten werden (mehr zu den Griffhaltungen der einzelnen Schläge, s. Abschn. 3.3).

▶ Die **Hilfsaktionen** sind demnach als die Teile und Phasen der Schlagbewegung
zu definieren, die die **Hauptaktion** sinnvoll einleiten, unterstützen oder abfangen.
Neben der richtigen Griffhaltung gehören die Ausholbewegung, die Stellung zum
Ball, der Einsatz der Beine und des Oberkörpers innerhalb der kinematischen
Kette, die Ausschwungbewegung sowie u. U. die freie Hand zu den **Hilfsaktionen**
(Deutscher Tennis Bund, 2004).

Eine unterschiedliche Bedeutung haben **Hauptaktion** und **Hilfsaktionen** dem-
nach auch in der Vermittlung und dem Training der Schlagtechniken. So stehen die
Vermittlung und das Erlernen der **Hauptaktion** immer am Beginn des Übe- und
Trainingsprozesses und zudem auch immer im Zentrum der **Fehlerkorrektur**, sowohl im Anfänger- und Fortgeschrittenen- als auch im Leistungsbereich.
     Der erste Schritt beim Erlernen einer neuen **Technik** ist die korrekte und stabile
Ausführung der **Hauptaktion**, unterstützt von ausgewählten und unverzichtbaren
Hilfsaktionen, u. a. und zuallererst der Griffhaltung. Erst wenn die **Hauptaktion**
eine gewisse Ausführungsstabilität erreicht hat, sollten weitere **Hilfsaktionen**
hinzugenommen werden. Mit jeder **Hilfsaktion** steigt auch der Komplexitätsgrad
und meist auch die Dynamik der jeweiligen Schlagtechnik. Genauso sollte auch
im **Techniktraining** vorgegangen werden. Die Optimierung der **Technik** sollte

immer von der **Hauptaktion** ausgehend angegangen werden. Erst wenn hier das Optimum erreicht wurde und/oder eine Optimierung einer oder mehrerer **Hilfsaktionen** die **Hauptaktion** weiter verbessern kann, sollte der Fokus auf die weitere **Hilfsaktionen** gerichtet werden.

Beispiel

Verbesserung der kinematischen Kette und somit der Schlagdynamik durch Optimierung der Fußstellung (bspw. Training der offenen Stellung) beim Vorhand-Topspin. Die Hilfsaktion „Fußstellung" wird optimiert, um die Hauptaktion zu verbessern. ◄

Daraus folgernd wird zwischen Fehlern und Mängeln unterschieden. Fehler sind Abweichungen von der definierten **Hauptaktion**, d. h. die taktische Aufgabe kann nicht erfüllt werden. Solche sollten immer korrigiert werden. Auch **Hilfsaktionen**, die die **Hauptaktion** negativ beeinflussen, werden als Fehler eingestuft. Mängel wiederum sind **Hilfsaktionen**, die die **Hauptaktion** nicht optimal unterstützen. Solche sind nur dann zu korrigieren, wenn sie durch ihre Ausprägung einen negativen Einfluss auf die **Hauptaktion**, im Sinne der optimalen und gesunden Ausführung, haben. Alle Mängel sind eben daraufhin zu überprüfen. Handelt es sich um einen Mangel in einer **Hilfsaktion**, die keinen direkten negativen Einfluss auf die **Hauptaktion** hat, kann dieser entweder dem persönlichen Stil der Spieler*in zugeschrieben werden oder, im Sinne der Leistungsoptimierung, ebenfalls im **Techniktraining** angegangen werden, in der Priorität allerdings nach allen vorher genannten Faktoren (s. Abb. 3.1). Hieraus entwickeln sich dementsprechend auch das Vorgehen im Bewegungssehen, der Fehleranalyse und der **Fehlerkorrektur**, welches in Abschn. 3.2 im Fokus steht.

3.2 Prinzipien des Bewegungssehens, der Fehleranalyse und der Fehlerkorrektur

Ausgehend von den bereits beschriebenen Prinzipien der **FBA** können die Prinzipien und das Vorgehen im Bewegungssehen, der Fehleranalyse und der **Fehlerkorrektur** entwickelt werden. Alle drei Teile des Prozesses gehen zentral von der **Hauptaktion** der jeweiligen **Technik** aus.

▶ Bewegungssehen ist das Beobachten der eigenen Bewegung und/oder Bewegungen anderer Athlet*innen durch Athlet*innen und/oder Trainer*innen. Innerhalb dieses Prozesses steht die **Hauptaktion** als erstes Beobachtungskriterium zu Beginn im Fokus und sollte auch bei Ausweitung der Beobachtung immer Bezugspunkt sein. Das Bewegungssehen bildet die Grundlage für die anschließende Fehleranalyse und die abschließende Korrektur.

Abb. 3.1 Prozess des
Bewegungssehens, der
Fehleranalyse und der
Fehlerkorrektur

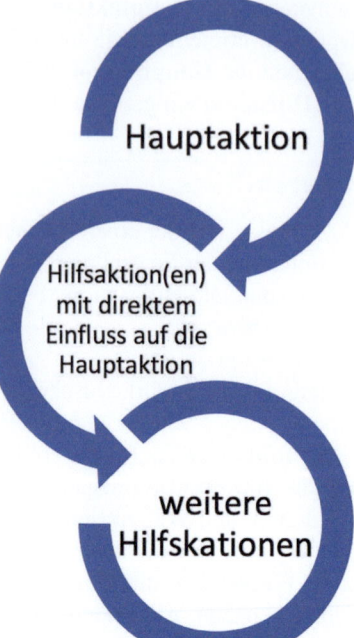

Das erste Prinzip für ein gelingendes Bewegungssehen ist die Zeit bzw. die Wiederholungszahl. Einzelne Bewegungen müssen eine bestimmte Zeit lang bzw. für eine bestimmte Wiederholungszahl beobachtet werden, um diese überhaupt ausreichend und vollkommen wahrnehmen und anschließend analysieren zu können. Eine Aufschlagtechnik, die im Tennis komplexeste **Technik**, sollte bspw. mindestens fünf, eher zehn Mal hintereinander beobachtet werden. Nur so können kleinere und nur einzeln vorkommende Fehler, Ungenauigkeiten oder Unaufmerksamkeiten als solche erkannt werden und dementsprechend aus der Fehleranalyse ausgeschlossen werden. Zugleich bildet sich nach genügend Wiederholungen das individuell typische Bewegungsbild heraus, mit welchem die Beobachtenden anschließend weiterarbeiten können.

Das zweite Prinzip ist die Beobachtungsperspektive, also die Position der beobachtenden Person zur beobachteten Person. Hier ist zunächst entscheidend, dass die zu beobachtende Bewegung bzw. der Teil der Bewegung, der beobachtet werden soll bzw. in dem die mögliche Fehlerquelle vermutet wird, überhaupt zu sehen ist. Dies klingt trivial, ist es jedoch nicht. Betrachtet man bspw. den **Aufschlag**, um beim vorherigen Beispiel zu bleiben, aus der Rückansicht, so kann die Genauigkeit des Anwurfs hinsichtlich der Ebene vorne-hinten nicht gut wahrgenommen werden. Genauso wenig kann die hintere Schleife der Ausholbewegung, die Rucksack-Position (vgl. Abschn. 3.3.1), aus der seitlichen Perspektive beobachtet werden. Im Idealfall sollte eine Bewegung aus allen zur Verfügung stehenden, mindestens jedoch aus zwei verschiedenen Perspektiven beobachtet werden. Gleiches gilt auch für Videoaufnahmen im Zuge von Videoanalysen und -feedback (vgl. Kap. 8).

Das Setzen bestimmter Beobachtungs-Schwerpunkte stellt das dritte Prinzip dar. Dieses Vorgehen hilft, die meist komplexen und schnellen Bewegungen im Tennis bestmöglich zu beobachten, und legt zugleich ein hilfreiches Fundament für die folgende Analyse.

▶ **Fehleranalyse** ist die aus dem Bewegungssehen entstehende Suche nach Fehlern und vor allem deren Ursachen. Hier wird ebenfalls bei der **Hauptaktion** begonnen, sodass etwaige Fehler zunächst innerhalb dieser und im nächsten Schritt in **Hauptaktion**-nahen **Hilfsaktionen** gesucht und analysiert werden.

Die besondere Kunst und gleichzeitig größte Schwierigkeit bei der Fehleranalyse besteht darin, die Ursache(n) des jeweiligen Fehlers zu finden. So kann der Fehler „Spieler*in spielt vermehrt Vorhände ins Netz" viele unterschiedliche Ursachen haben. Oftmals sind die Ursachen eines Fehlers an einer zeitlich vorgelagerten Stelle der Bewegung zu finden und zudem teilweise nicht in einem offensichtlichen Zusammenhang mit dem Fehler. Häufig sind Ursachen in Defiziten im Bereich der **Beinarbeit**, **Koordination**, **Kondition** oder auch der Wahrnehmung zu finden.

Wichtig ist zudem die Analyse, ob die erkannte, vermeintlich fehlerhafte Bewegung, permanent zu Fehlern im Spiel bzw. zu taktisch ungünstigen Situationen führt. Dies wäre ein klares Argument dafür, diesen Bewegungsfehler zu korrigieren. Das Gleiche gilt, wenn die Analyse ergibt, dass die langfristige Weiterentwicklung der Spieler*innen durch den Fehler behindert wird oder werden könnte. Dies ist erfahrungsgemäß häufig bei Griffhaltungen der Fall, die im momentanen Spiel der Spieler*innen noch funktionieren, bspw. ein extremer Westerngriff bei der Vorhand oder ein Vorhandgriff beim Aufschlag im Kindesalter, jedoch in den kommenden Jahren eine adäquate Leistungsverbesserung behindern oder sogar verhindern.

▶ Die **Fehlerkorrektur** umfasst alle Maßnahmen zur **Korrektur** der analysierten Fehler. Sie folgt im Idealfall bestimmten Prinzipien und Regeln, um hilfreich, umsetzbar und nachhaltig zu sein.

Zunächst sollte innerhalb der **Fehlerkorrektur** auf eine gute Mischung aus negativem und positivem Feedback geachtet werden. Während negatives Feedback, also der explizite Hinweis auf die Dinge, die schlecht laufen bzw. falsch gemacht werden, vorteilhaft für eine kurzfristige **Fehlerkorrektur** ist, aber Nachteile für Automatisierungsprozesse mit sich bringt, weist positives Feedback, also Hinweise auf die Dinge, die bereits gut laufen sowie bereits gut umgesetzt werden, u. a. durch vermehrte Dopamin-Ausschüttung bei den Athlet*innen, Vorteile hinsichtlich eines nachhaltigen motorischen Lernprozesses auf (Glimcher, 2011).

Ähnliches gilt für die Häufigkeit von Feedback und **Korrekturen**: Häufige **Korrekturen** bzw. Feedback können förderlich sein zur kurzfristigen Fehlerreduktion, reduziertes Feedback kann jedoch die Nachhaltigkeit des motorischen Lernprozesses erhöhen (Marschall et al., 2007). Letzteres hängt mit der **Selbstkorrektur** der Athlet*innen zusammen, die diese erlernen, wenn sie weniger Feedback bekommen bzw. weniger häufig von außen korrigiert werden. Die Fähigkeit zur **Selbstkorrektur** kann dementsprechend nachhaltig dazu führen, dass sich Athlet*innen auch außerhalb eines angeleiteten Trainings weiter verbessern. Um im Beispiel des **Aufschlags** zu bleiben: Werden Spieler*innen nach jedem **Aufschlag** korrigiert, werden Fehler normalerweise schneller reduziert, jedoch meist nicht nachhaltig. Bekommen Spieler*innen jedoch bspw. nur nach jedem dritten Versuch Feedback bzw. eine **Korrektur**, dann haben sie die Möglichkeit, sich mindestens zweimal zwischen den externen **Korrekturen** selbst zu korrigieren. Gerade im Tennis ist die Fähigkeit zur effektiven **Selbstkorrektur** von herausragender Bedeutung, da die Spieler*innen im Tennismatch grundsätzlich komplett auf sich allein gestellt sind, da Coaching nur sehr bedingt erlaubt ist.

Auch der Zeitpunkt der **Korrektur** spielt eine entscheidende Rolle (vgl. Abb. 3.2). Externe **Korrekturen** sollten, um den Korrekturprozess ideal ablaufen zu lassen, ca. 5–30 Sek. nach der Bewegungsausführung erfolgen. Durch die Berücksichtigung dieses sogenannten Prä-Informations-Intervalls bekommen die Spieler*innen ausreichend Zeit zur Verarbeitung der Eigeninfo, also der Dinge, die sie selbst aus der Bewegungsausführung mitnehmen. Diese Eigeninfo ist jedoch nicht unendlich verfügbar, sondern gerät mit der Zeit mehr und mehr in Vergessenheit. Daher die Limitierung des Prä-Informations-Intervalls auf maximal 30 Sek. Das sogenannte Post-Fremdinformations-Intervall muss im Anschluss an die **Korrektur** Beachtung finden, indem die Spieler*innen frühestens fünf und spätestens 120 Sek. nach der **Korrektur** die korrigierte Bewegung nochmals, idealerweise mehrfach, unter Einbeziehung der integrierten Fremd- und Eigeninfo ausführen. Diese erneute Ausführung nach der **Korrektur** wird in noch zu vielen Trainingssituationen nicht oder deutlich zu spät ermöglicht. Hier gilt: nach einer erfolgreichen **Korrektur** die verbesserte Bewegung mindestens fünf, besser zehnmal innerhalb der 5–120 Sek. durchführen (lassen).

Korrekturen im Allgemeinen zielen darauf ab, Spieler*innen bestimmte Dinge bewusst zu machen, damit diese optimiert werden können. Durch dieses Bewusstmachen rücken u. U. auch bereits automatisierte, implizite (Teil-)Bewegungen wieder ins Bewusstsein, werden also wieder explizit verfügbar. Obwohl dies genau die gewünschte Wirkung einer **Korrektur** ist, sollte man sich dessen bewusst sein,

Abb. 3.2 Zeitliche Intervalle innerhalb eines Korrekturprozesses

da es nach einer **Korrektur** auch wieder eine bestimmte Zeit dauert, bis die neu
oder umgelernten Dinge automatisiert bzw. impliziert werden. Dies ist von besonderer Bedeutung, wenn ein Wettkampf ansteht, in welchem möglichst viele
Dinge automatisiert ablaufen sollten. Dies gilt vor allem dann, wenn Spieler*innen
sich selbst auf Videoaufnahmen sehen und dort über die gewünschte **Korrektur**
hinaus weitere (Teil-)Bewegungen ins Bewusstsein gerückt werden.

Weitere Prinzipien einer guten **Korrektur** sind:

1. *Informations-Diskrepanz beachten*
   Informationen können durch verschiedene Faktoren, von der empfange-
   nen Person anders verstanden werden als von der sendenden Person be-
   absichtigt, da Wahrnehmung immer subjektiv, situativ, selektiv und kultu-
   rell geprägt ist. Zunächst ist sicherzustellen, dass alle Informationen akus-
   tisch und richtig verstanden wurden. Eine gute Möglichkeit besteht darin,
   die Empfänger*innen die **Korrektur** nochmals selbst wiedergeben zu lassen. Zuletzt sollte noch geklärt werden, ob die Empfänger*innen mit der
   Korrektur auch einverstanden sind. Es gilt: gehört ≠ verstanden ≠ einverstanden.
2. *Vermittlungskanäle und Lerntypen*
   Bei der **Korrektur** sollten möglichst mehrere Vermittlungskanäle verwendet werden, um den Spieler*innen das Verständnis sowie die Umsetzung zu erleichtern. So bietet bspw. die **Visualisierung** einer Bewegung effizienteres Feedback als rein verbale **Korrekturen** und Instruktionen (Juaire & Pargman, 1991). Zusätzliche verbale Instruktionen
   erhöhen jedoch wiederum die Effizienz einer visuellen Instruktion (Maleki et al., 2010). Neben dem visuellen und verbalen Kanal steht noch
   der taktil-kinästhetische Kanal zur Verfügung, also bspw. das Führen des
   Schlägers durch die Trainer*innen. Es gilt daher herauszufinden, welcher
   Kanal bzw. welche Kanäle bei den jeweiligen Spieler*innen am besten
   funktionieren, und diese in bestmöglicher Kombination anzuwenden (vgl.
   auch Abschn. 7.4). Dies hängt eng damit zusammen, welcher Lerntyp die
   Spieler*innen sind. Spieler*innen lernen entweder durch selbstständiges
   Finden von Lösungswegen, durch Imitation einer demonstrierten Bewegung oder durch detaillierte Erklärungen.
3. *Lebensnahe Bilder und Metaphern verwenden*
   Zusätzlich zu der Beachtung der unterschiedlichen Vermittlungskanäle ist
   die Vermittlung und **Korrektur** in lebensnahen Bildern bzw. Metaphern,
   vor allem in der Arbeit mit Kindern, aber auch in allen anderen Altersbereichen, sehr empfehlenswert. Ein bekanntes Beispiel ist „den Schläger
   in den Rucksack zu stecken" als **Korrektur** der Ausholbewegung beim
   Aufschlag. Weiterhin kann und sollte man die Spieler*innen in ihrer
   Lebenswelt abholen, also Vergleiche mit bekannten Bewegungen, Sportarten usw. verwenden.

4. **Korrekturen** *auf das Wesentliche reduzieren*

Alle **Korrekturen** sollten auf das Wesentliche reduziert werden. Hierfür ist eine vorherige Hierarchisierung der einzelnen **Korrekturen** notwendig, sodass dann die wichtigste(n) **Korrektur**(en) zuerst genannt werden können. Als Faustregel gilt: Ein bis drei **Korrekturen** auf einmal sind ausreichend.

5. **Selbstkorrektur** *vor* **funktionaler Korrektur** *vor Bewegungsablauf-* **Korrektur**

Den Spieler*innen sollte immer erst die Möglichkeit zur **Selbstkorrektur** gegeben werden. Ist diese nicht erfolgreich oder stößt an Grenzen, sollte als Nächstes eine **funktionale Korrektur** folgen, d. h. es wird versucht, den Fehler durch eine adäquate Aufgabenstellung zu beheben, bspw. die Aufgabe, den Ball einen Meter über die Netzkante zu spielen, bei vorher vermehrten Netzfehlern. Hier können auch sogenannte zwingende Lernhilfen, z. B. ein erhöhtes Netz, zum Einsatz kommen. Erst wenn die ersten beiden Optionen nicht den gewünschten Erfolg haben, sollte auf die Bewegungsablauf-**Korrektur** zurückgegriffen werden, d. h. in unserem Beispiel, dass auf das Absenken des Schlägerkopfes vor dem Treffpunkt und/ oder eine vermehrte Aufwärts-Bewegung hingewiesen wird.

6. *Spieler*innen mit einbeziehen*

Im Idealfall sollten die Spieler*innen in den **Korrektur**prozess mit einbezogen werden. Über gutes und wiederholtes Fragen kommt man gemeinsam der Fehlerursache schneller näher und bekommt Feedback, welche **Korrektur** bzw. welcher Hinweis am meisten geholfen hat.

7. *Positive Formulierungen – Handlungsanweisung*

Korrekturen sind für die Spieler*innen hilfreicher und einfacher umsetzbar, wenn sie klare und definierte Handlungsanweisungen bekommen, anstatt Anweisungen, was sie unterlassen sollen, bspw. „triff den Ball 10 cm weiter vor dem Körper" anstatt „triff den Ball nicht so weit hinten". Gleiches gilt für **Demonstrationen**. Hier sollte möglichst die gewünschte (Teil-)Bewegung anstatt des Fehlers gezeigt werden.

▶ **Praktische Korrekturtipps**

1. **Dominantes Auge**

Nahezu jeder Mensch hat, genau wie bei der Schlaghand, ein dominantes und ein nicht-dominantes Auge.[1]

Das Wissen um das dominante Auge kann eine große Hilfe im Lern- und Vermittlungsprozess sein, da die Spieler*innen, je nachdem wie

---

[1] Praktischer Selbsttest welches Ihr dominantes Auge ist: Strecken Sie beide Arme gestreckt vor sich aus und bilden sie mit Ihren übereinander gelegten Handflächen ein Dreieck, durch welches Sie einen Gegenstand in der Ferne fixieren. Schließen Sie nun nacheinander abwechselnd jeweils ein Auge. Im Anschluss wissen Sie welches Ihr dominantes Auge ist, da Sie im Normalfall den fixierten Gegenstand nur noch mit Ihrem dominanten Auge sehen werden.

sie zum ankommenden Ball stehen, diesen eben vermehrt oder teils komplett mit nur einem der Augen sehen. Ist bspw. bei einer Rechtshänderin das rechte Auge dominant, so macht bei der Vorhand eine vermehrt offene Schlagstellung Sinn, da hier das dominante Auge frühzeitig und lange auf den ankommenden Ball gerichtet sein kann.

2. **Seitlicher Abstand**
   Bei allen Schlägen außer den Schlägen über Kopf ist der seitliche Abstand zum Ball während des Treffpunktes eine sehr häufige Fehlerursache. Hier lohnt es sich also, drauf zu achten!

3. **Qualität vor Quantität**
   Zusätzlich zur Reduktion aufs Wesentliche ist hiermit gemeint, dass man sich unbedingt genug Zeit für eine **Korrektur** nehmen sollte anstatt diese einfach zwischendurch „rauszuhauen". Also lieber die Übung unterbrechen, zu den Spieler*innen gehen und dort in Ruhe und gut verständlich korrigieren inkl. Rückkopplung, ob alles richtig verstanden wurde. Diese genommene Zeit zahlt sich immer aus!

4. **Frühzeitige Schlagvorbereitung**
   In vielen Fällen ist ein zu weit hinten liegender Treffpunkt des Balles eine häufige Fehlerquelle. Um dies bei einer Videoanalyse optimal zeigen zu können, sollte der Aufsprung des Balles auf dem Video zu sehen sein, damit an dieser Stelle das Video gestoppt werden kann. Sehr häufig ist dann eine zu spät eingeleitete Schlagbewegung zu erkennen, die mit einer einfachen Übung wie z. B. *„Hop-Hit"* (beim Aufkommen des Balles „Hop" sagen oder denken, beim Schlagen des Balles „Hit" sagen oder denken) dann in der Folge trainiert bzw. verbessert werden kann.

5. **Einbeziehung der schwachen Hand**
   Haben Trainierende Probleme mit der beidhändigen Rückhand, so hilft oftmals die Einbeziehung bzw. Betonung der schwachen Hand. Trainierende können angehalten werden einige Vorhände mit der schwachen Hand durchzuführen und dabei das Körpergefühl auf die aktive Beugung des Armes zu fokussieren. Bei der späteren Hinzunahme der Schlaghand soll dieser Fokus beibehalten werden, denn der Hauptimpuls einer beidhändigen Rückhand kommt aus der schwachen Hand.

6. **Einordnung der Fehlerquelle**
   Oftmals sind Trainierende unzufrieden mit einer verschlagenen Vorhand oder Rückhand und führen dies auf eine mangelhafte technische Durchführung ihrerseits zurück. In vielen Fällen haben die Fehler jedoch eine andere Ursache, z. B. eine ungenügende **Beinarbeit**. In solchen Fällen ist es hilfreich, die Trainierenden darauf hinzuweisen, dass es kein „Vorhand- oder Rückhand-Fehler" war, sondern ein „**Beinarbeits**-Fehler". Gleiches gilt in diesem Zusammenhang auch für „**Taktik**-Fehler". Durch diese Einordnung kann es gelingen, Trainierende vor einer zu negativen Sichtweise der eigenen Schlagtechnik (z. B. „Ich kann keine Rückhand") zu bewahren.

3.3   Schlagtechniken

Das grundlegende Konzept zur Vermittlung von Schlagtechniken, welches in diesem Buch verfolgt wird, orientiert sich an der **funktionalen Bewegungsanalyse** (vgl. Abschn. 3.1) sowie dem **Play+Stay**-Konzept (vgl. Abschn. 7.3). Die Vermittlung aller Schlagtechniken dient also einer schnellstmöglichen Spielfähigkeit und teilt die einzelnen Teile der Bewegung nach ihrer Bedeutung für den Schlagerfolg in **Hauptaktion** und **Hilfsaktionen** ein. Daher beginnt jede Technikbeschreibung jeweils mit einer kurzen Nennung der wichtigsten, aber zeitgleich nicht vollständigen, Teilbewegungen des jeweiligen Schlages in chronologischer Reihenfolge. Sämtliche Beschreibungen beziehen sich auf Rechtshänder*innen. Die **Lehr-Lern-Videos** geben einen jeweils detaillierten und methodisch-didaktisch aufbereiteten Einblick in die Schlagtechniken sowie die einzelnen methodischen Schritte des Technikerwerbs und -trainings.

3.3.1   Aufschlag

Jeder Ballwechsel im Tennis wird mit einem **Aufschlag** begonnen, wobei die Spieler*innen maximal zwei Versuche haben. Deshalb ist beim ersten **Aufschlag** generell mehr Risikobereitschaft bezüglich Platzierung und Geschwindigkeit zu beobachten, während beim zweiten **Aufschlag** bevorzugt anhand moderaterer Geschwindigkeit bzw. Platzierung in Verbindung mit der Verwendung von Drallvarianten serviert wird.

3.3.1.1 Gerader Aufschlag

Kurzzusammenfassung:

- Hammergriff
- Ballanwurf gerade nach oben, ca. 30 cm über den anvisierten Treffpunkt, Wurfbewegung nur aus dem Schultergelenk
- Schlagbewegung beginnend aus dem Rucksack (vgl. Abb. 3.4) von hinten unten nach vorne oben bis zum Treffpunkt auf individuell höchstem Punkt über und leicht vor dem Kopf, Pronation des Unterarms kurz vor dem Treffpunkt

3.3.1.2 Slice-Aufschlag

Kurzzusammenfassung:

- Hammergriff
- Ballanwurf im Vergleich zum geraden **Aufschlag** minimal weiter nach rechts

- Im Treffpunkt wird der Schlägerkopf nach der erfolgten Pronation wieder supiniert, sodass der Ball im Vergleich zum geraden **Aufschlag** seitlich (rechte Ballhälfte) angeschnitten wird, Ball wird auf individuell höchstem Punkt getroffen
- Hohe Schlägerkopfbeschleunigung

3.3.1.3 Kick-Aufschlag

Kurzzusammenfassung:

- Hammergriff
- Ballanwurf im Vergleich zum geraden **Aufschlag** minimal weiter nach links und zudem nicht vor den Körper, sondern leicht hinter den Körper Richtung Rücken
- Im Treffpunkt wird der Ball im Vergleich zum geraden **Aufschlag** von unten nach oben-rechts angeschnitten. Der Ball wird *nicht* auf individuell höchstem Punkt, sondern circa 30 cm tiefer getroffen (während der Ball bereits im Fallen ist)
- Hohe Schlägerkopfbeschleunigung

3.3.1.4 Methodische Reihe zum Erlernen des Aufschlags

Die methodische Reihe zum Erlernen des **Aufschlags** ist in vier Schritte unterteilt, die in insgesamt fünf kurzen Videos dargestellt werden. Davor demonstriert ein weiteres Video, wie der richtige Griff gefunden werden kann.

Griff

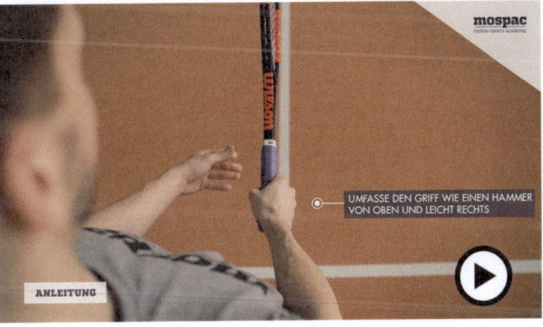

Abb. 3.3 Griffhaltung Aufschlag (▶ https://doi.org/10.1007/000-dkw)

Schritt 1.1 Fokus auf die **Hauptaktion** *und den Anwurf*

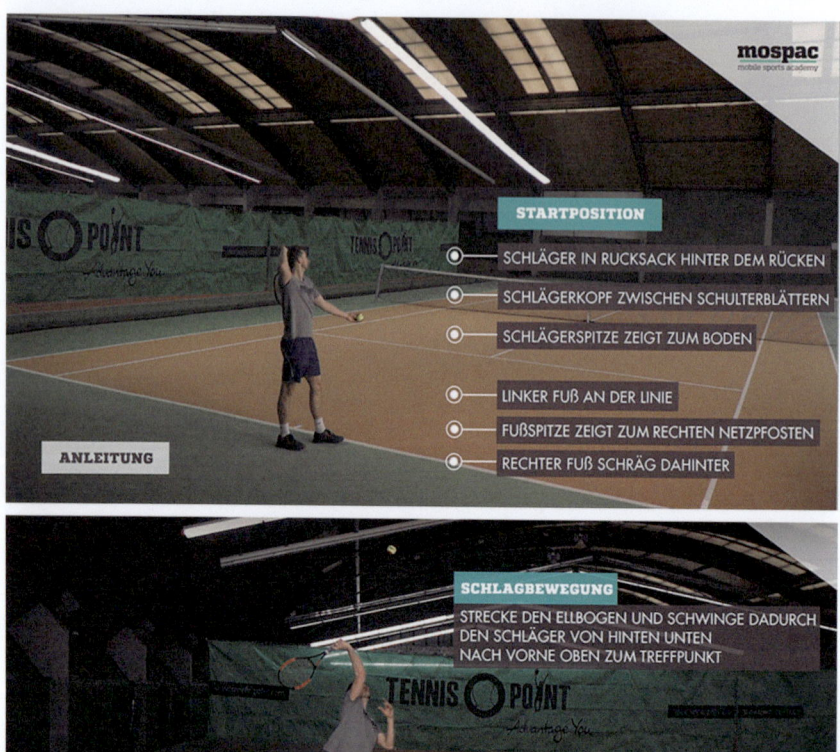

Abb. 3.4 Schritt 1.1 der methodischen Reihe zum Erlernen des Aufschlags. Fokus auf die Hauptaktion (hinten-unten nach vorne-oben) und Anwurf (▶ https://doi.org/10.1007/000-dja)

Schritt 1.2 Fokus auf die erweiterte Hauptaktion aus der Heiligenschein-Position

Abb. 3.5 Schritt 1.2 der methodischen Reihe zum Erlernen des Aufschlags. Fokus auf die erweiterte Hauptaktion aus der Heiligenschein-Position (▶ https://doi.org/10.1007/000-djb)

Schritt 2 Fokus auf die Auftaktbewegung

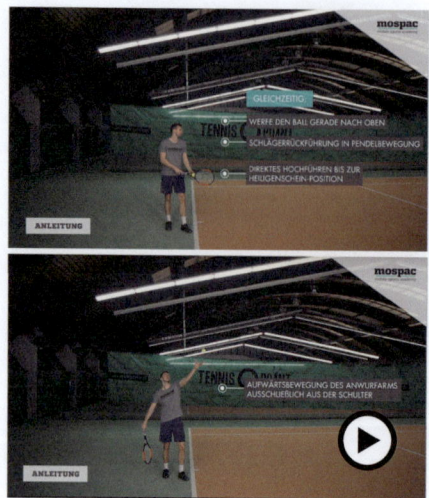

Abb. 3.6 Schritt 2 der methodischen Reihe zum Erlernen des Aufschlags. Fokus auf die Auftaktbewegung (▶ https://doi.org/10.1007/000-djc)

Schritt 3 Fokus auf die Zusammenführung der Teilbewegungen

Abb. 3.7 Schritt 3 der methodischen Reihe zum Erlernen des Aufschlags. Fokus auf die Zusammenführung der Teilbewegungen (▶ https://doi.org/10.1007/000-djd)

*Schritt 4 Fokus auf die komplette **Aufschlag**bewegung inkl. Oberkörper- und Bein-einsatz*

Abb. 3.8 Schritt 4 der methodischen Reihe zum Erlernen des Aufschlags. Fokus auf die komplette Aufschlagbewegung inkl. Oberkörper- und Beineinsatz (▶ https://doi.org/10.1007/000-dje)

3.3.2 Return

Analog zum **Aufschlag** beginnt auch jeder Ballwechsel mit einem **Return**, sofern der **Aufschlag** erreicht wird. Hierbei ist das primäre Ziel, den gegnerischen **Aufschlag** zu entschärfen und ohne (zu) großen Nachteil in den Ballwechsel zu starten. Aufgrund der in Abschn. 3.3.1 beschriebenen Unterscheidung zwischen ersten und zweiten **Aufschlägen** ist auch ein unterschiedliches **Return**verhalten zu beobachten, weshalb die **Return**position sowie die Platzierung und die gewählte Geschwindigkeit variieren. Zudem besteht eine Abhängigkeit zur ankommenden **Aufschlag**qualität. Beim defensiven **Return** (Slice) wird versucht, das Tempo des ankommenden **Aufschlags** zu reduzieren, während offensive **Returns** (Topspin bzw. ohne viel Drall) das Tempo aufnehmen und beibehalten bzw. umleiten.

Kurzzusammenfassung:

- **Split-Step** im Moment des gegnerischen Treffpunktes
- Beinarbeit nach schräg vorne hin zum Schlag
- Unter Zeitdruck verkürzte Ausholbewegung

3.3.2.1 defensiver Return/Slice Return

Kurzzusammenfassung:

- Hammergriff
- **Split-Step** im Moment des gegnerischen Treffpunktes

- Schlagbewegung von hinten oben nach vorne unten bis zum Treffpunkt seitlich vor dem Körper
- Ankommender **Aufschlag** wird mit Unterschnitt zurückgespielt

3.3.2.2 offensiver Return

Kurzzusammenfassung:

- Angepasste Vorhand- bzw. Rückhand-**Technik**, durch kürzere Ausholbewegung
- **Split-Step** im Moment des gegnerischen Treffpunktes
- Schlagbewegung von hinten unten nach vorne oben bis zum Treffpunkt seitlich vor dem Körper
- Gewichtsverlagerung und **Beinarbeit** mit **Split-Step** nach schräg vorne hin zum Schlag

3.3.3   Vorhand

Die Vorhand gilt im modernen Tennis als der dominante Grundschlag, weil es den Spieler*innen bei entsprechender Beinarbeit möglich ist, diese von nahezu überall auf dem Platz zu spielen, also auch tief aus der eigenen Rückhandecke. Professionelle Spieler*innen versuchen demnach, die eigene Vorhand im Verlaufe des Ballwechsels gewinnbringend einzusetzen. Dies geschieht vermehrt mit der Drall-Variation Topspin.

Kurzzusammenfassung:

- Vorhandgriff
- Schlagbewegung von hinten unten nach vorne oben bis zum Treffpunkt seitlich vor dem Körper
- Absenken des Schlägers mittels des Handgelenks im Umkehrpunkt der Ausholbewegung bzw. zu Beginn der Schlagbewegung

3.3.3.1 Vorhand-Topspin

Kurzzusammenfassung:

- Vorhandgriff / extremer Vorhandgriff
- Schlagbewegung von hinten unten nach vorne oben bis zum Treffpunkt seitlich vor dem Körper, wobei diese noch steiler aufwärts durchgeführt wird

- Absenken des Schlägers mittels des Handgelenks im Umkehrpunkt der Ausholbewegung bzw. zu Beginn der Schlagbewegung
- Im Treffpunkt wird der Ball von unten nach oben angeschnitten, wodurch der erhöhte Vorwärtsdrall entsteht

3.3.3.2 Vorhand-Slice

Kurzzusammenfassung:

- Hammergriff
- Schlagbewegung von hinten oben nach vorne unten bis zum Treffpunkt seitlich vor dem Körper
- Im Treffpunkt wird der Ball im Vergleich zur Topspin Variante von oben nach unten angeschnitten, wodurch der Rückwärtsdrall entsteht

3.3.3.3 Methodische Reihe zum Erlernen der Vorhand-Topspin

Die methodische Reihe zum Erlernen der Vorhand-Topspin ist in fünf Schritte unterteilt, die in insgesamt sieben kurzen Videos dargestellt werden. Davor demonstrieren zwei weitere Videos, wie der richtige Griff gefunden werden kann (Abb. 3.9, 3.10, 3.11, 3.12, 3.13, 3.14, 3.15, 3.16, 3.17, und 3.18).

Griff Option 1: Schläger vom Boden aufheben

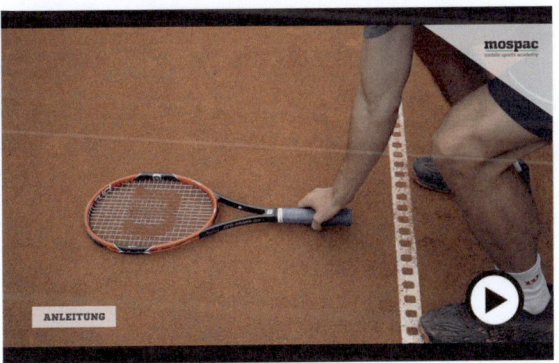

Abb. 3.9 Griffhaltung Vorhand Option 1: Schläger vom Boden aufheben
(▶ https://doi.org/10.1007/000-djf)

Griff Option 2: Handshake

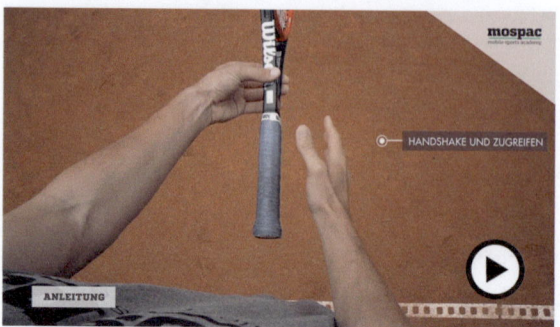

Abb. 3.10   Griffhaltung Vorhand Option 2: Handshake (▶ https://doi.org/10.1007/000-djg)

*Schritt 1.1: Fokus auf die **Hauptaktion***

Abb. 3.11   Schritt 1 der methodischen Reihe zum Erlernen der Vorhand Topspin. Fokus auf die Hauptaktion von hinten-unten nach vorne-oben (▶ https://doi.org/10.1007/000-djh)

Schritt 1.2: Fokus auf die erweiterte Hauptaktion

Abb. 3.12 Schritt 1.2 der methodischen Reihe zum Erlernen der Vorhand Topspin. Fokus auf die erweiterte Hauptaktion (▶ https://doi.org/10.1007/000-djj)

Schritt 2: Fokus auf die Ausholbewegung und den Spin

Abb. 3.13 Schritt 2 der methodischen Reihe zum Erlernen der Vorhand Topspin. Fokus auf die Ausholbewegung und den Spin (▶ https://doi.org/10.1007/000-djk)

Schritt 3: Kompletter Schlag aus halb-offener Stellung

Abb. 3.14   Schritt 3 der methodischen Reihe zum Erlernen der Vorhand Topspin. Kompletter Schlag aus halb-offener Stellung (▶ https://doi.org/10.1007/000-djm)

*Schritt 4.1: Kompletter Schlag inkl. **Split-Step** aus offener Stellung*

Abb. 3.15   Schritt 4.1 der methodischen Reihe zum Erlernen der Vorhand Topspin. Kompletter Schlag inkl. Split-Step aus offener Stellung (▶ https://doi.org/10.1007/000-djn)

Schritt 4.2: Kompletter Schlag inkl. **Split-Step** *aus geschlossener Stellung*

Abb. 3.16 Schritt 4.2 der methodischen Reihe zum Erlernen der Vorhand Topspin. Kompletter Schlag inkl. Split-Step aus geschlossener Stellung (▶ https://doi.org/10.1007/000-djp)

Schritt 5.1: Kompletter Schlag aus der Bewegung (offene Stellung)

Abb. 3.17 Schritt 5.1 der methodischen Reihe zum Erlernen der Vorhand Topspin. Kompletter Schlag aus der Bewegung (offene Stellung) (▶ https://doi.org/10.1007/000-djq)

Schritt 5.2: Kompletter Schlag aus der Bewegung (geschlossene Stellung)

Abb. 3.18 Schritt 5.2 der methodischen Reihe zum Erlernen der Vorhand Topspin. Kompletter Schlag aus der Bewegung (geschlossene Stellung) (▶ https://doi.org/10.1007/000-djr)

3.3.4 Rückhand

Die Rückhand gilt gemeinhin als der „schwerer" erlernbare Grundschlag, wobei dies, zumindest bei der beidhändigen Ausführung bezüglich der Balance (Core bleibt kompakt), nicht bestätigt werden kann. Weiterhin sind zwei Ausführungen weit verbreitet, die einhändige und die beidhändige Rückhand, wobei jede Variante ihre Vor- und Nachteile hat. Eine einhändige Rückhand hat Vorteile bezüglich der Reichweite und erleichtert in der Regel die Drall-Variation Slice, da die Spieler*innen an das einhändige Spielen gewöhnt sind. Die beidhändige Rückhand wird besonders bei Anfänger*innen im Kindesalter häufiger gespielt, da Kraftvorteile durch die Hinzunahme der zweiten Hand folgerichtig sind. Außerdem erleichtert die Variante aus ähnlichem Grund das Spielen von höher ankommenden Bällen, und durch die Griffhaltung mit zwei Händen sind ebenfalls Vorteile beim **Return** zu beobachten.

Kurzzusammenfassung:

- Rückhandgriff (ein- bzw. beidhändig), wobei dieser bei der einhändigen Ausführung ausgeprägter ist
- Schlagbewegung von hinten unten nach vorne oben bis zum Treffpunkt seitlich vor dem Körper
- Absenken des Schlägers mittels des Handgelenks (Schlaghand bzw. beider Hände) im Umkehrpunkt der Ausholbewegung bzw. zu Beginn der Schlagbewegung

3.3.4.1 Rückhand-Topspin

Kurzzusammenfassung:

- Rückhandgriff/extremer Rückhandgriff (ein- bzw. beidhändig)
- Schlagbewegung von hinten unten nach vorne oben bis zum Treffpunkt seitlich vor dem Körper, wobei diese noch steiler aufwärts durchgeführt wird
- Absenken des Schlägers mittels des Handgelenks (Schlaghand bzw. beider Hände) im Umkehrpunkt der Ausholbewegung bzw. zu Beginn der Schlagbewegung
- Im Treffpunkt wird der Ball von unten nach oben angeschnitten, wodurch der erhöhte Vorwärtsdrall entsteht

3.3.4.1.1 Einhändige Rückhand

Kurzzusammenfassung:

- Rückhandgriff, wobei dieser bei der einhändigen Ausführung ausgeprägter ist als bei der beidhändigen Ausführung
- Schlagbewegung von hinten unten nach vorne oben bis zum Treffpunkt seitlich vor dem Körper
- Treffpunkt ist etwas weiter vor dem Körper im Vergleich zur beidhändigen Ausführung
- Absenken des Schlägers mittels des Handgelenks (Schlaghand) im Umkehrpunkt der Ausholbewegung bzw. zu Beginn der Schlagbewegung
- Gegenbewegung der Nicht-Schlaghand aus Balancegründen entgegen der Schlagrichtung weg vom Körper (nach hinten)

3.3.4.1.2 Beidhändige Rückhand

Kurzzusammenfassung:

- Dominante Hand Rückhandgriff am unteren Ende des Griffes, begleitende Hand Vorhandgriff am oberen Teil des Griffes
- Schlagbewegung von hinten oben nach vorne unten bis zum Treffpunkt seitlich vor dem Körper
- Absenken des Schlägers mittels des Handgelenks (beider Hände) im Umkehrpunkt der Ausholbewegung bzw. zu Beginn der Schlagbewegung

3.3.4.2 Rückhand-Slice

Kurzzusammenfassung:

- Hammergriff
- Schlagbewegung von hinten oben nach vorne unten bis zum Treffpunkt seitlich vor dem Körper
- Im Treffpunkt wird der Ball im Vergleich zur Topspin Variante von unten nach oben angeschnitten, wodurch der Rückwärtsdrall entsteht

3.3.4.3   Methodische Reihe zum Erlernen der beidhändigen Rückhand-Topspin

Die methodische Reihe zum Erlernen der beidhändigen Rückhand-Topspin ist in fünf Schritte unterteilt, die in insgesamt acht kurzen Videos dargestellt werden. Davor demonstriert ein weiteres Video, wie der richtige Griff gefunden werden kann (Abb. 3.19, 3.20, 3.21, 3.22, 3.23, 3.24, 3.25, 3.26, und 3.27).

Griff: Schläger mit der linken Hand vom Boden aufheben, rechte Hand kommt von oben dazu

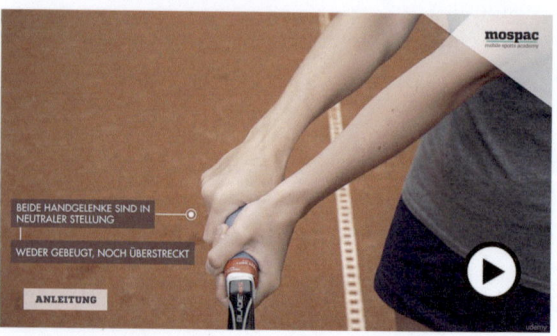

Abb. 3.19   Griffhaltung beidhändige Rückhand. Schläger mit der linken Hand vom Boden aufheben, rechte Hand kommt von oben dazu (▶ https://doi.org/10.1007/000-djs)

Schritt 1.1: Vorübung: Vorhand mit der linken Hand

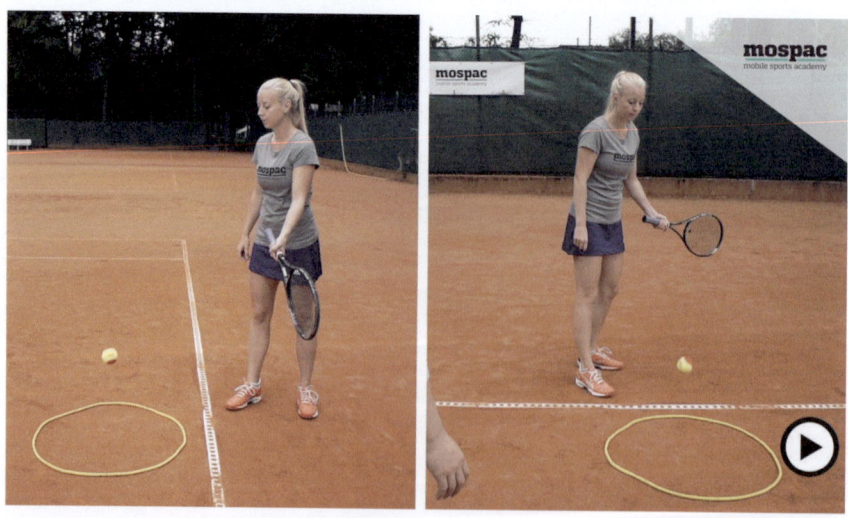

Abb. 3.20   Schritt 1 der methodischen Reihe zum Erlernen der beidhändigen Rückhand-Topspin. Vorübung: Vorhand mit der linken Hand (▶ https://doi.org/10.1007/000-djt)

Schritt 1.2: Fokus auf die **Hauptaktion**

Abb. 3.21 Schritt 1.2 der methodischen Reihe zum Erlernen der beidhändigen Rückhand-Topspin. Fokus auf die Hauptaktion (▶ https://doi.org/10.1007/000-djv)

Schritt 1.3: Fokus auf die erweiterte **Hauptaktion**

Abb. 3.22 Schritt 1.3 der methodischen Reihe zum Erlernen der beidhändigen Rückhand-Topspin. Fokus auf die erweiterte Hauptaktion (▶ https://doi.org/10.1007/000-djw)

Schritt 2: Fokus auf die Ausholbewegung und den Spin

Abb. 3.23 Schritt 2 der methodischen Reihe zum Erlernen der beidhändigen Rückhand-Top-spin. Fokus auf die Ausholbewegung und den Spin (▶ https://doi.org/10.1007/000-djx)

Schritt 3: Beidhändige Rückhand aus der Bereitschaftsstellung

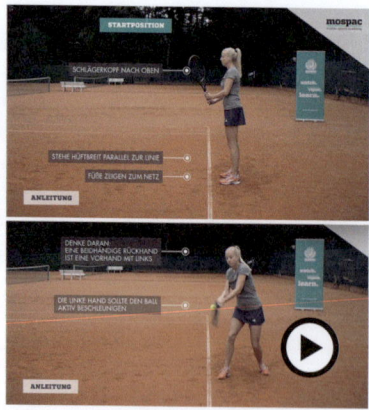

Abb. 3.24 Schritt 3 der methodischen Reihe zum Erlernen der beidhändigen Rückhand-Top-spin. Beidhändige Rückhand aus der Bereitschaftsstellung (▶ https://doi.org/10.1007/000-djy)

*Schritt 4: Beidhändige Rückhand inkl.**Split-Step** aus geschlossener Stellung*

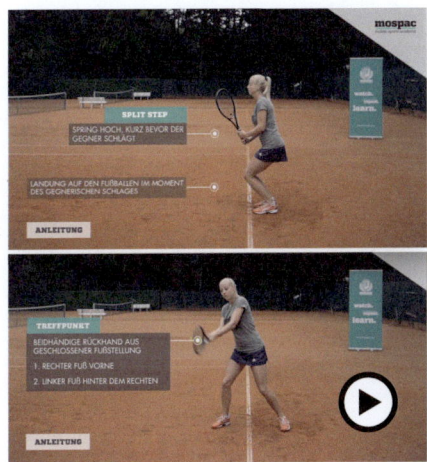

Abb. 3.25 Schritt 4 der methodischen Reihe zum Erlernen der beidhändigen Rückhand-Topspin. Beidhändige Rückhand inkl. Split-Step aus geschlossener Stellung (▶ https://doi.org/10.1007/000-djz)

Schritt 5.1: Kompletter Schlag aus der Bewegung (geschlossene Stellung)

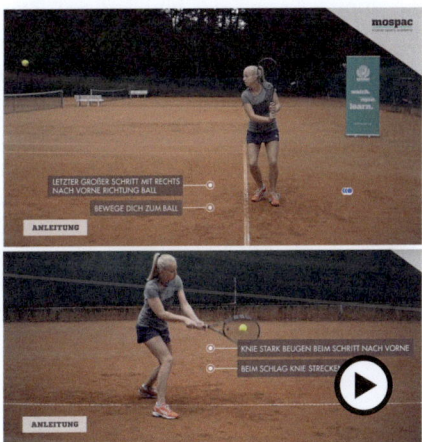

Abb. 3.26 Schritt 5.1 der methodischen Reihe zum Erlernen der beidhändigen Rückhand-Topspin. Kompletter Schlag aus der Bewegung (geschlossene Stellung) (▶ https://doi.org/10.1007/000-dk0)

Schritt 5.2: Kompletter Schlag aus der Bewegung (offene Stellung)

Abb. 3.27 Schritt 5.2 der methodischen Reihe zum Erlernen der beidhändigen Rückhand-Topspin. Kompletter Schlag aus der Bewegung (offene Stellung) (▶ https://doi.org/10.1007/000-dk1)

3.3.4.4 Methodische Reihe zum Erlernen der einhändigen Rückhand-Topspin

Die methodische Reihe zum Erlernen der einhändigen Rückhand-Topspin ist in fünf Schritte unterteilt, die in insgesamt sechs kurzen Videos dargestellt werden. Davor demonstrieren zwei weitere Videos, wie der richtige Griff gefunden werden kann (Abb. 3.28, 3.29, 3.30, 3.31, 3.32, 3.33, 3.34, und 3.35).

Griff Option 1: Schläger aus der linken Achselhöhle herausziehen

Abb. 3.28 Griffhaltung einhändige Rückhand Option 1: Schläger aus der linken Achselhöhle ziehen (▶ https://doi.org/10.1007/000-dk2)

Griff Option 2: Schläger vor den Körper halten

Abb. 3.29 Griffhaltung einhändige Rückhand Option 2. Schläger vor den Körper halten (▶ https://doi.org/10.1007/000-dk3)

Schritt 1.1: Fokus auf die **Hauptaktion**

Abb. 3.30 Schritt 1.1 der methodischen Reihe zum Erlernen der einhändigen Rückhand-Topspin. Fokus auf die Hauptaktion (▶ https://doi.org/10.1007/000-dk4)

Schritt 1.2: Fokus auf die erweiterte **Hauptaktion**

Abb. 3.31   Schritt 1.2 der methodischen Reihe zum Erlernen der einhändigen Rückhand-Topspin. Fokus auf die erweiterte Hauptaktion (▶ https://doi.org/10.1007/000-dk5)

Schritt 2: Fokus auf die Ausholbewegung und den Spin

Abb. 3.32   Schritt 2 der methodischen Reihe zum Erlernen der einhändigen Rückhand-Topspin. Fokus auf die Ausholbewegung und den Spin (▶ https://doi.org/10.1007/000-dk6)

Schritt 3: Einhändige Rückhand aus der Bereitschaftsstellung

Abb. 3.33 Schritt 3 der methodischen Reihe zum Erlernen der einhändigen Rückhand-Topspin. Einhändige Rückhand aus der Bereitschaftsstellung (▶ https://doi.org/10.1007/000-dk7)

*Schritt 4: Einhändige Rückhand inkl. **Split-Step** aus geschlossener Stellung*

Abb. 3.34 Schritt 4 der methodischen Reihe zum Erlernen der einhändigen Rückhand-Topspin. Einhändige Rückhand inkl. Split-Step aus geschlossener Stellung (▶ https://doi.org/10.1007/000-dk8)

Schritt 5: Einhändige Rückhand aus der Bewegung (geschlossene Stellung)

Abb. 3.35   Schritt 5 der methodischen Reihe zum Erlernen der einhändigen Rückhand-Topspin. Einhändige Rückhand aus der Bewegung (geschlossene Stellung) (▶ https://doi.org/10.1007/000-dk9)

3.3.4.5 Methodische Reihe zum Erlernen des Rückhand-Slice

Die methodische Reihe zum Erlernen des Rückhand-Slice ist in drei Schritte unterteilt, die in insgesamt drei kurzen Videos dargestellt werden. Das Video für den richtigen Rückhand-Slice Griff ist in der methodischen Reihe zum Erlernen des Vorhand-Volley unter Abschn. 3.3.5.5 zu finden, da der Griff identisch ist (Abb. 3.36, 3.37, und 3.38).

Schritt 1: Fokus auf die **Hauptaktion**

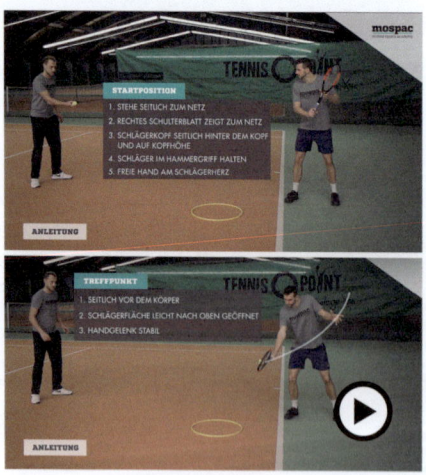

Abb. 3.36   Schritt 1 der methodischen Reihe zum Erlernen des Rückhand-Slice. Fokus auf die Hauptaktion (▶ https://doi.org/10.1007/000-dka)

Schritt 2: Kompletter Schlag aus der Bereitschaftsstellung

Abb. 3.37 Schritt 2 der methodischen Reihe zum Erlernen des Rückhand-Slice. Kompletter Schlag aus der Bereitschaftsstellung (▶ https://doi.org/10.1007/000-dkb)

*Schritt 3: Rückhand-Slice inkl. **Split-Step** und **Beinarbeit** zum Ball*

Abb. 3.38 Schritt 3 der methodischen Reihe zum Erlernen des Rückhand-Slice. Rückhand-Slice inkl. Split-Step und Beinarbeit zum Ball (▶ https://doi.org/10.1007/000-dkc)

3.3.5   Volley

Das Spiel am Netz bietet den Spieler*innen die Möglichkeit, den Zeitdruck zu erhöhen und direkte Punktgewinne zu erzielen. Angriffslustigen Spieler*innen bietet
das Netzspiel die Chance, die Ballwechsel vorzeitig zu beenden, und speziell im
Doppel gewinnt der Volley nochmals an Bedeutung.

Kurzzusammenfassung:

- Hammergriff
- Keine Ausholbewegung
- Kurze Schlagbewegung von hinten oben nach vorne unten bis zum Treff-
  punkt seitlich vor dem Körper
- Ball wird aus der Luft geschlagen

3.3.5.1 Vorhand-Volley

Kurzzusammenfassung:

- Hammergriff
- Ausholbewegung lediglich durch Oberkörperrotation zur rechten Seite,
  bei der am Ende das Handgelenk leicht geöffnet wird, damit sich die
  Schlägerfläche nahezu parallel zum Netz befindet
- Kurze Schlagbewegung von hinten oben nach vorne unten bis zum Treff-
  punkt seitlich vor dem Körper, dabei unterstützende Gewichtsverlagerung
  nach vorne auf das linke Bein
- Ball wird aus der Luft geschlagen

3.3.5.2 Rückhand-Volley

Kurzzusammenfassung:

- Hammergriff
- Ausholbewegung lediglich durch Oberkörperrotation zur linken Seite, bei
  der am Ende die Schlägerfläche durch Einsatz der begleitenden Hand am
  Schlägerherz nahezu parallel zum Netz positioniert wird

- Kurze Schlagbewegung von hinten oben nach vorne unten bis zum Treffpunkt seitlich vor dem Körper, dabei unterstützende Gewichtsverlagerung nach vorne auf das rechte Bein
- Ball wird aus der Luft geschlagen

3.3.5.3 Halbvolley

Kurzzusammenfassung:

- Hammergriff
- Stark verkürzte Vorhand- bzw. Rückhand- (Grundschlag) Ausholbewegung
- Kurze Schlagbewegung von hinten unten nach vorne oben bis zum Treffpunkt seitlich vor dem Körper, dabei unterstützende Gewichtsverlagerung nach vorne auf das linke Bein
- Der Ball wird unmittelbar nach dem Aufkommen geschlagen (Timing entscheidend)

3.3.5.4 Topspin-Volley

Kurzzusammenfassung:

- Vorhand bzw. Rückhand Grundschlag (Topspin) aus der Luft
- Vorhand bzw. Rückhand Griff
- Im Vergleich zum Grundschlag wird die Ausholbewegung etwas verkürzt, je nachdem wieviel Zeit zum Schlagen bleibt

3.3.5.5 Methodische Reihe zum Erlernen des Vorhand-Volleys

Die methodische Reihe zum Erlernen des Vorhand-Volleys ist in fünf Schritte unterteilt, die in insgesamt fünf kurzen Videos dargestellt werden. Davor demonstriert ein weiteres Video, wie der richtige Griff gefunden werden kann (Abb. 3.39, 3.40, 3.41, 3.42, 3.43, und 3.44).

Griff: Schläger wie einen Hammer greifen

Abb. 3.39 Griffhaltung Volley. Schläger wie einen Hammer greifen
(▶ https://doi.org/10.1007/000-dkd)

Schritt 1: Fokus auf die **Hauptaktion**

Abb. 3.40 Schritt 1 der methodischen Reihe zum Erlernen des Vorhand-Volley. Fokus auf die
Hauptaktion (▶ https://doi.org/10.1007/000-dke)

Schritt 2: Fokus auf die erweiterte **Hauptaktion**

Abb. 3.41 Schritt 2 der methodischen Reihe zum Erlernen des Vorhand-Volley. Fokus auf die erweiterte Hauptaktion (▶ https://doi.org/10.1007/000-dkf)

Schritt 3: Vorhand Volley aus der Bereitschaftsstellung

Abb. 3.42 Schritt 3 der methodischen Reihe zum Erlernen des Vorhand-Volley. Vorhand Volley aus der Bereitschaftsstellung (▶ https://doi.org/10.1007/000-dkg)

Schritt 4: Vorhand Volley inkl. **Split-Step**

Abb. 3.43 Schritt 4 der methodischen Reihe zum Erlernen des Vorhand-Volley. Vorhand Volley inkl. Split-Step (▶ https://doi.org/10.1007/000-dkh)

Schritt 5: Vorhand Volley tiefer Treffpunkt

Abb. 3.44 Schritt 5 der methodischen Reihe zum Erlernen des Vorhand-Volley. Vorhand Volley tiefer Treffpunkt (▶ https://doi.org/10.1007/000-dkj)

3.3.5.6 Methodische Reihe zum Erlernen des Rückhand-Volleys

Die methodische Reihe zum Erlernen des Rückhand-Volleys ist in fünf Schritte unterteilt, die in insgesamt fünf kurzen Videos dargestellt werden. Der richtige Griff wird im ersten Video der methodischen Reihe zum Erlernen des Vorhand-Volleys unter Abschn. 3.3.5.5 demonstriert, da dieser identisch ist (Abb. 3.45, 3.46, 3.47, 3.48, und 3.49).

Schritt 1: Fokus auf die **Hauptaktion**

Abb. 3.45 Schritt 1 der methodischen Reihe zum Erlernen des Rückhand-Volley. Fokus auf die Hauptaktion (▶ https://doi.org/10.1007/000-dkk)

Schritt 2: Fokus auf die erweiterte **Hauptaktion**

Abb. 3.46 Schritt 2 der methodischen Reihe zum Erlernen des Rückhand-Volley. Fokus auf die erweiterte Hauptaktion (▶ https://doi.org/10.1007/000-dkm)

Schritt 3: Rückhand Volley aus der Bereitschaftsstellung

Abb. 3.47   Schritt 3 der methodischen Reihe zum Erlernen des Rückhand-Volley. Rückhand Volley aus der Bereitschaftsstellung (▶ https://doi.org/10.1007/000-dkn)

Schritt 4: Rückhand Volley inkl. **Split-Step**

Abb. 3.48   Schritt 4 der methodischen Reihe zum Erlernen des Rückhand-Volley. Rückhand Volley inkl. Split-Step (▶ https://doi.org/10.1007/000-dkp)

Schritt 5: Rückhand Volley tiefer Treffpunkt

Abb. 3.49 Schritt 5 der methodischen Reihe zum Erlernen des Rückhand-Volley. Rückhand Volley tiefer Treffpunkt (▶ https://doi.org/10.1007/000-dkq)

3.3.6 Schmetterball

Kurzzusammenfassung:

- Hammergriff
- Schlagbewegung beginnend aus dem Rucksack (vgl. Abb. 3.51) von hinten unten nach vorne oben bis zum Treffpunkt auf individuell höchsten Punkt über und leicht vor dem Kopf, Pronation des Unterarms kurz vor dem Treffpunkt
- **Beinarbeit** nach vorne bzw. hinten in Form von Side-Steps oder Kreuzschritten

3.3.6.1 Rückhand-Schmetterball

Der Rückhandschmetterball gilt als der vermeintlich schwerste und koordinativ anspruchsvollste Schlag im Tennis.

Kurzzusammenfassung:

- Hammergriff
- Ausholbewegung beginnend mit einer Oberkörperrotation nach links und Anhebung des rechten Ellenbogens
- Schlagbewegung von hinten unten nach vorne oben bis zum Treffpunkt auf individuell höchsten Punkt über und leicht vor dem Kopf, Außenrotation und Supination des rechten Unterarms kurz vor dem Treffpunkt

3.3.6.2 Methodische Reihe zum Erlernen des Schmetterballs

Die methodische Reihe zum Erlernen des Schmetterballs ist in fünf Schritte unterteilt, die in insgesamt fünf kurzen Videos dargestellt werden (Abb. 3.50, 3.51,
3.52, 3.53, und 3.54). Der richtige Griff wird im ersten Video der methodischen
Reihe zum Erlernen des Aufschlags unter Abb. 3.3 demonstriert, da dieser identisch ist.

Schritt 1: Fokus auf die **Hauptaktion**

Abb. 3.50 Schritt 1 der methodischen Reihe zum Erlernen des Schmetterballs. Fokus auf die
Hauptaktion (hinten-unten nach vorne-oben) (▶ https://doi.org/10.1007/000-dkr)

Schritt 2: Fokus auf die erweiterte **Hauptaktion** *aus der Heiligenschein-Position*

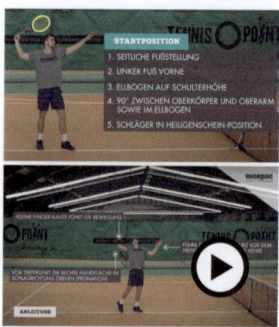

Abb. 3.51 Schritt 2 der methodischen Reihe zum Erlernen des Schmetterballs. Fokus auf die
erweiterte Hauptaktion aus der Heiligenschein-Position (▶ https://doi.org/10.1007/000-dks)

Schritt 3: Vorübung zur Stellung zum Ball

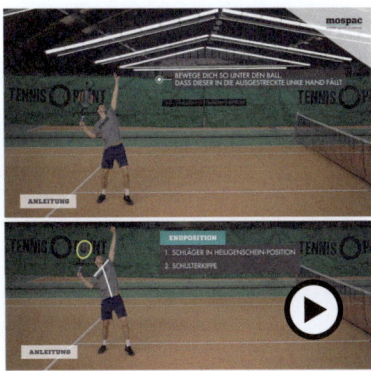

Abb. 3.52   Schritt 3 der methodischen Reihe zum Erlernen des Schmetterballs. Vorübung zur Stellung zum Ball (▶ https://doi.org/10.1007/000-dkt)

Schritt 4: Fokus auf die Zusammenführung der Teilbewegungen

Abb. 3.53   Schritt 4 der methodischen Reihe zum Erlernen des Schmetterballs. Fokus auf die Zusammenführung der Teilbewegungen (▶ https://doi.org/10.1007/000-dkv)

Schritt 5: Schmetterball aus der Rückwärtsbewegung inkl. Sprung

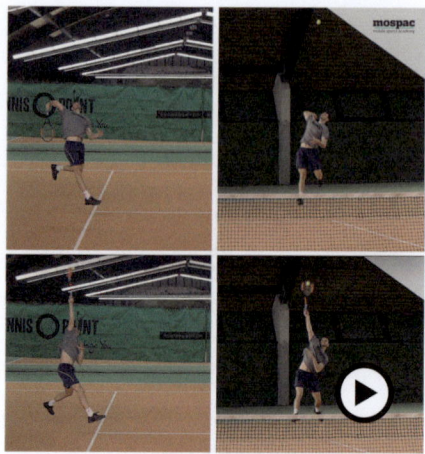

Abb. 3.54 Schritt 5 der methodischen Reihe zum Erlernen des Schmetterballs. Schmetterball aus der Rückwärtsbewegung inkl. Sprung (▶ https://doi.org/10.1007/000-dj9)

3.3.7   Lob

Beim Lob versuchen die verteidigenden Spieler*innen, den Ball über die am Netz stehende Person zu spielen. Hierfür gibt es zwei Durchführungsvarianten, die von der gewählten Drall-Variante abhängen (Topspin oder Slice), wobei der Topspin Lob als offensivere und der Slice Lob als defensivere Ausführung gilt.

Kurzzusammenfassung:

- Vorhand bzw. Rückhandgriff
- Schlagbewegung von hinten unten nach vorne oben bis zum Treffpunkt seitlich vor dem Körper
  - Nach oben offene Schlagfläche für Slice-Variante
  - Steil-aufwärts mit senkrechter Schlagfläche für Topspin-Variante
- Jeweils hohe Flugkurve über die am Netz stehende Person

3.3.8 Stoppball

Der Stoppball wird besonders beim Spiel auf Asche sowie am Netz (als sogenannter Volley-Stopp) eingesetzt. Der gespielte Ball soll möglichst dicht hinter dem Netz aufkommen. Hierbei ist es das Ziel, Gegner*innen im Idealfall auf dem falschen Fuß zu erwischen und entsprechend zu überraschen, wodurch ein direkter Punktgewinn ermöglicht wird.

Kurzzusammenfassung:

- Hammergriff
- Schlagbewegung von hinten oben nach vorne unten bis zum Treffpunkt seitlich vor dem Körper
- Im Treffpunkt wird der Ball von oben nach unten angeschnitten, wodurch ein Rückwärtsdrall entsteht
- Hierbei wird die Schlagfläche leicht geöffnet (besonders beim Volley-Stopp von Bedeutung)

3.3.8.1 Video zum Erlernen des Rückhand-Stoppballs
Die methodische Reihe zum Erlernen des Rückhand-Slice (Abschn. 3.3.4.5) dient als Grundlage für das Video zum Erlernen des Rückhand-Stoppballs.

Erlernen des Rückhand-Stoppballs

Abb. 3.55 Erlernen des Rückhand-Stoppballs (▶ https://doi.org/10.1007/000-dkx)

3.4   Techniktraining

▶ Das **Techniktraining** bezieht sich auf die gezielte Verbesserung der technischen Fähigkeiten und Fertigkeiten, die für das Spiel auf dem Tennisplatz erforderlich sind.

Der Fokus liegt dabei auf der Entwicklung und Verfeinerung der grundlegenden Schlagtechniken, da es für einen Spieler von enormer Bedeutung ist, in den unterschiedlichsten Situationen auf ein möglichst großes Repertoire von Schlägen zurückzugreifen. Auch wenn sich die u. g. Prinzipien und Stufen des **Techniktrainings** in der Praxis bewährt haben, so bleibt jedoch festzuhalten, dass die **Technik** im Tennis immer nur ein Mittel zum Zweck ist. Es gibt dementsprechend per se keine optimale **Technik**, sondern nur eine optimale technische Lösung in einer u. a. durch konditionelle oder psychologische Aspekte beeinflussten Situation. Hier wird auf der einen Seite die Überlappung vom **Techniktraining** hin zum **Taktiktraining** deutlich, und auf der anderen Seite aber auch die Tatsache klar, dass selbst eine optimal ausgebildete **Technik** unbrauchbar ist, wenn der Spieler sie aufgrund von z. B. Nervosität oder Ermüdungserscheinungen nicht umsetzen kann.

Desweiteren kann **Techniktraining** als kontinuierlicher Prozess, der sowohl für Anfänger als auch für fortgeschrittene Spieler von großer Bedeutung ist, angesehen werden. Durch ein regelmäßiges und gezieltes Training können Spieler ihre Schlagtechniken verbessern und dadurch ihr Leistungsniveau auf dem Tennisplatz steigern.

3.4.1   Stufen des Techniktrainings

Das Erlernen einer **Technik** wird in der Literatur klassisch in drei Phasen eingeteilt. Dabei unterscheidet man zwischen der Grobkoordination, der Feinkoordination (Festigung und Vervollkommnung) sowie der variablen Verfügbarkeit (Weineck, 2010). Es hat sich jedoch herausgestellt, dass die Anforderungen im Tennis weitaus spezifischer sind und diese Einteilung den Anforderungen nicht gerecht wird. Zu Beginn steht demnach der Technikerwerb, also das Erlernen grundlegender funktionaler Bewegungsstrukturen. Um diese grundlegende **Technik** zu automatisieren, empfiehlt es sich, diese unter konstanten und stabilen Bedingungen zu spielen. Der nächste logische Schritt ist es nun, diese **Technik** unter variablen Bedingungen und zum Abschluss in matchähnlichen Situationen situativ anzuwenden. Ferrauti et al. (2014) sprechen in diesem Zusammenhang von den drei Stufen bzw. Lernzielen des **Techniktrainings**: **Stabilität**, **Variabilität** und **Situativität**. Dieses Modell setzt eine Verfügbarkeit des Schlages in der Grobform voraus und konzentriert sich auf die Verbesserung der Feinform dieses Schlages. Die Stufe **Stabilität** zeichnet sich durch ein systematisches, standardisiertes Wiederholen, mit vorher festgelegtem Ziel, in einer konstanten Situation, gesteuert durch Zuwurf oder Zuspiel, aus. So wird z. B. der Vorhand-Cross-Schlag mit einer Drallart bei konstantem Zuwurf oder Zuspiel auf ein ausgelegtes Ziel ausgeführt. Dadurch kommt es zu einer Stabilisierung der Schlagausführung, was das Ziel dieser Stufe ist. Das Ziel der anschließenden Stufe **Variabilität** ist die Verbesserung der Anpassungsfähigkeit des Spielers auf wechselnde Bedingungen und der variable Einsatz der **Technik** in verschiedenen Situationen. So wird der Vorhand-Cross-Schlag bspw. nun auf verschiedene Zuspielvariationen (unterschiedliche Drallart sowie unterschiedliche Länge, Höhe, Geschwindigkeit und Frequenz des Zuspiels) sowohl auf ein kurz ausgelegtes Ziel als auch auf ein lang ausgelegtes Ziel gespielt. Im weiteren Verlauf können auch andere Zielbereiche (Longline), andere Schlagtreffpunkte (im Steigen, am höchsten Punkt), verschiedene Drallarten (gerader Schlag, Topspin und Slice), verschiedene Schlaghöhen und Schlaggeschwindigkeiten hinzugenommen werden. Desweiteren bereitet diese Stufe die Spieler auf das unterschiedliche Absprungverhalten der verschiedenen Beläge sowie auf unplanmäßige Vorkommnisse durch Platzverhältnisse oder Wind vor. In dieser Stufe wird der Ball entweder variabel vom Trainer zugespielt oder es kommt zu einer Trainingsform mit zwei miteinander spielenden Trainierenden, wodurch es automatisch zu variablen Anpassungen kommt. In der letzten Stufe des **Techniktrainings** kommt es nun zu der situativen Anwendung der einzelnen Schlagtechniken und diese wird als Übergang zum **Taktiktraining** angesehen. Hier kommt es darauf an, aus der Vielfalt der angeeigneten **Techniken** die passende für eine Spielsituation auszusuchen und anzuwenden. Diese Stufe findet stets in einer Spielsituation statt und setzt ein möglichst großes Repertoire an Schlägen voraus. Bezugnehmend auf unser Beispiel des Vorhand-Cross-Schlages bedeutet dies, dass dieser in einer Punktesituation (Vorhand-Cross-Duell) gegen einen Gegner ausgespielt wird. Hierbei muss die Spielerin die Schlagauswahl treffen (Ball entgegengehen, Höhe des Schlages, Härte des Schlages usw.) und versuchen, damit den bestmöglichen Erfolg zu erzielen.

3.4.2 Prinzipien des Techniktrainings

Um eine (Teil-) Bewegung neu zu erlernen oder zu verbessern, ist eine gute **Koordination** erforderlich. Unter **Koordination** im Tennis versteht man das neuromuskuläre Zusammenspiel zwischen dem Treffen des Balles und dem Treffen des Zielfeldes. Dabei spielt vor allem der kinästhetische Analysator (vgl. Abschn. 2.1.1) die Hauptrolle, da es darum geht, wie der Spieler den Ball treffen muss, damit dieser im gewünschten Zielfeld landet. In diesem Zusammenhang sei auch die Wichtigkeit der Wahrnehmungsprozesse erwähnt, da die beste technische Ausführung eines Schlages unbrauchbar ist, wenn man z. B. die Flugkurve falsch einschätzt und so nicht optimal am Ball steht.

Um einen bestmöglichen Trainingseffekt im **Techniktraining** zu erzielen, sollten mehrere Prinzipien eingehalten werden (Schönborn, 2006; Ferrauti et al., 2014):

- Das Training sollte in einem ausgeruhten Zustand am Anfang einer Trainingseinheit nach einer ausreichenden Aufwärmarbeit erfolgen.
- Das Training sollte in einer progressiven und kontinuierlichen Weise durchgeführt werden. Spieler*innen sollen schrittweise neue **Techniken** erlernen und es soll zu einer schrittweisen Steigerung von Intensität, Komplexität und Umfang der Übung kommen.
- Das **Techniktraining** soll individuell an die individuellen Fähigkeiten, körperlichen Voraussetzungen und Bedürfnisse der Spieler*innen angepasst werden.
- Ein regelmäßiges Wiederholen von neu erlernten **Techniken** ist Voraussetzung für das automatische Abrufen der Bewegung in verschiedenen Spielsituationen.
- Die Stufen **Stabilität**, **Variabilität** und **Situativität** sollen in dieser Reihenfolge durchlaufen werden, wobei die Beherrschung der aktuellen Stufe die Voraussetzung darstellt, in die nächstfolgende zu wechseln.
- Das **Techniktraining** kann sowohl in der Ganzheits- als auch in der Teilmethode stattfinden.
- Während des **Techniktrainings** muss es zu einer optimalen Anpassung zwischen Belastungs- und Pausenzeiten kommen, da nur im ausgeruhten Zustand der bestmögliche Lernerfolg erzielt werden kann.
- Optimalerweise sollte das **Techniktraining** oft in spielähnlichen Situationen durchgeführt werden, um die erlernte **Technik** in Wettkampfsituationen zu testen.
- Dementsprechend liegt die optimale Wiederholungszahl pro Serie bei circa zwei bis 12 Schlägen, je nach Trainingsziel und Trainingsstufe. So wird der Passierschlag aus dem Lauf mit vorigem Schlag aus der anderen Ecke mit zwei durchgeführten Schlägen in der Stufe **Situativität** trainiert, während die Stabilisierung des Rückhand-Slice aus dem Stand bis zu 12 Schläge am Stück dauern sollte.
- Das **Techniktraining** sollte insgesamt ungefähr 20 min pro Schlagtechnik dauern und circa 100–150 Schläge beinhalten, da bei einem kürzeren Trainingsreiz zu keinem nennenswerten Trainingseffekt kommt.

3.4.3 Trainer*innen-Rolle und Unterrichtsmaßnahmen im Techniktraining

Trainer*innen spielen eine bedeutende Rolle in der Entwicklung der Spieler*innen. So sind sie im **Techniktraining** dafür verantwortlich, den Spieler*innen die korrekte Ausführung einer **Technik** zu vermitteln bzw. sie in der technischen Entwicklung bestmöglich zu unterstützen. Hierfür können und sollten Trainer*innen auf eine Vielzahl an Unterrichtsmaßnahmen zurückgreifen.

Demonstration/*visuelle Informationen*

Bei der **Demonstration** einer Bewegung sollten Trainer*innen darauf achten, stets die bestmögliche Perspektive zum Trainierenden einzunehmen, d. h. sich so zu positionieren, dass der zu beobachtende Teil gut gesehen werden kann. Spieler*innen bekommen durch die **Demonstration** auf eine schnelle und genaue Art und Weise Informationen. Trainer*innen zeigen durch **Demonstrationen**, dass sie das, was sie vermitteln, auch selbst beherrschen. Zudem steigt häufig die Motivation der Spieler*innen, da sie ihrem Vorbild nacheifern wollen. Wenn die Zieltechnik im taktischen Zusammenhang erläutert und adressatengerecht inklusive Beobachtungsschwerpunkten demonstriert wird, können Spieler*innen ganzheitlich und direkt durch Imitation lernen. Eine häufige Wiederholung der **Demonstration** hilft zusätzlich bei der Schaffung einer Bewegungsvorstellung.

Verbale Informationen: Aufgaben stellen, erklären, anweisen

Trainer*innen leiten das Training, indem sie Aufgaben stellen, Übungen erklären und Spieler*innen anweisen, bestimmte Dinge zu tun. Dabei sind sachliche Richtigkeit und Verständlichkeit entscheidend. Wiederholungen, gezielte und reduzierte Informationen sowie der Rückgriff auf Vorerfahrungen der Spieler*innen sind hier hilfreich. Trainer*innen sollten sich zudem immer wieder dahingehend hinterfragen, ob ihre verbalen Informationen von ihren Spieler*innen verstanden werden.

Korrigieren (vgl. auch Abschn. 3.2)

Die Fehler in einer Bewegung müssen zunächst durch aufmerksames Beobachten erkannt und korrekt korrigiert werden (vgl. Abschn. 3.2). Diese **Korrektur** sollte nicht unmittelbar nach dem erstmaligen Erkennen eines Fehlers durchgeführt werden, sondern erst, nachdem die Trainierenden ausreichend Zeit zu einer **Selbstkorrektur** hatten. Außerdem ist eine **funktionale Korrektur** eine sehr gute Möglichkeit, den Trainierenden zu helfen, ohne direkt konkrete Korrekturmaßnahmen zu ergreifen. So kann der Hinweis, den Ball höher auf ein ausgelegtes Ziel (oder über eine gespannte Zauberschnur) zu spielen, den erwünschten technischen Effekt erzielen, ohne auf die konkrete **Korrektur** im Schlag einzugehen. Kommt es jedoch zu einer reinen Technikkorrektur, so ist eine Verbesserung der **Hauptaktion** zu bevorzugen, bevor man auf **Hilfsaktionen** eingeht. Es liegt dabei in der Entscheidung der Trainer*innen, welche Art von **Korrektur** für die Spieler*innen am geeignetsten und hilfreichsten ist. Die **Synchronkorrektur** – also Tipps und Hinweise durch Mitsprechen während des Schlages – ist ein beliebtes Mittel, aber nicht von jedem Trainierenden gewünscht. Generell spricht man jedoch davon, die Korrekturmaßnahme innerhalb von 5–30 Sek. nach der Ausführung durchzuführen, um einen direkten Trainingseffekt in der nächsten Ausführung, die ebenfalls unmittelbar erfolgen sollte, zu ermöglichen. Zusätzlich steht der Trainer vor der

Herausforderung, alle Sinneskanäle anzusprechen bzw. den bestmöglichen Sinnes-
kanal zu wählen, um den Trainierenden zu erreichen. Manchen Spieler*innen
reicht eine Korrektur in Form eines akustischen Hinweises, andere lernen am besten über visuelle **Korrekturen** (Betrachtung des eigenen Schlages oder Lernen am
Modell), während wieder andere die Bewegung kinästhetisch fühlen wollen. Ein
weiterer wichtiger Hinweis in der **Fehlerkorrektur** sind die positive Formulierung
(Negationen vermeiden) und die Beschränkung auf 1 − 2 Fehler pro Fehlerbild.

Organisieren
Die Auswahl der Übungs- und Spielformen, Positionen und Laufwege der Spie-
ler*innen sowie die Belastungs-Pausen-Relation sind Teil einer funktionieren-
den Organisation des Tennistrainings. Auch das Auslegen von Zielen oder Ziel-
bereichen ist ein bewährtes Mittel im **Techniktraining** und sollte stets verwendet
werden. Zudem sollten (zwingende) Lernhilfen verwendet werden, wenn diese die
Spieler*innen im Lernprozess unterstützen. Sollten Spieler*innen durch Übungen unter- oder überfordert sein, sollten die Trainer*innen stets in der Lage sein,
Übungen einfacher oder schwieriger zu gestalten, um den optimalen Lernerfolg zu
gewährleisten.

Zuspiel (vgl. auch Kap. 6)
Neben allen erwähnten Aspekten sind ein bestimmtes Spielniveau und damit ein
verbundenes An- und Zuspielniveau im **Techniktraining** wünschenswert. Je nach
Trainingsstufe sollten Trainer*innen den Ball konstant oder variabel zuspielen
können oder durch ein präzises Anspiel eine gewünschte Punktsituation entstehen
lassen.

Literatur

Deutscher Tennis Bund. (Hrsg.). (2004). *Tennis-Lehrplan. Bd. 2, Unterricht & Training* (8.
  durchges. Aufl.). BLV.
Ferrauti, A., Maier, P. & Weber, K. (2014). *Handbuch für Tennistraining* (3. überarb. Aufl.).
  Meyer & Meyer.
Glimcher, P. W. (2011). Understanding dopamine and reinforcement learning: The dopamine re-
  ward prediction error hypothesis. *Proceedings of the National Academy of Sciences, 108*(Sup-
  plement 3), 15647–15654.
Juaire, S., & Pargman, D. (1991). Pictures versus verbal instructions to assist the learning of a
  gross motor task. *Journal of Human Movement Studies, 20*(4), 189–200.
Marschall, F., Bund, A., & Wiemeyer, J. (2007). Does frequent augmented feedback really de-
  grade learning? A meta-analysis. *Bewegung und Training, 1,* 75–86.
Maleki, F., Nia, P., Zarghami, M., & Neisi, A. (2010). The comparison of different types of ob-
  servational training on motor learning of gymnastic handstand. *Journal of Human Kinetics,
  26,* 13–19.
Schönborn, R. (2006). *Optimales Tennistraining.* Spitta.
Weineck, J. (2010). *Optimales Training* (16. durchges. Aufl.). Splitta.

Taktik und Taktiktraining

4

▶ Eine Besonderheit im Tennis sind sicherlich die vielen verschiedenen Möglichkeiten, ein Match taktisch zu bestreiten. Einige Spieler*innen wählen einen offensiven Ansatz, sei es mit dem Aufschlag, von der Grundlinie oder mit wiederholten Netzangriffen, wohingegen andere Spieler*innen einen defensiven Ansatz der Fehlervermeidung, absichtlicher Tempowechsel oder des Konterspiels bevorzugen. In den nächsten Abschnitten wird auf die theoretischen Grundlagen, die taktische Handlung (Abschn. 4.2) mit der dazugehörigen Einteilung in die verschiedenen Phasen und generelle Merkmale bzw. Kennzeichen der Einzeltaktik (Abschn. 4.3) bzw. Doppeltaktik (Abschn. 4.4) eingegangen. In der Folge werden Grundsätze und Inhalte des Taktiktrainings (Abschn. 4.5) beleuchtet, bspw. implizites und explizites Taktiktraining gegenübergestellt und sowohl das Sanduhr- als auch das Ampel-Prinzip sowie das Prinzip des umgekehrten Trichters vorgestellt. Abschließend wird, wie bereits im vorangegangenen Abschn. 3.4.3, auf die Trainer*innen-Rolle (Abschn. 4.5.1) im Taktiktraining inklusive Praxisbeispiele für Trainingsgespräche eingegangen. Hierbei werden deutliche Unterschiede zu den Aufgaben und geforderten Trainer*innen Fähigkeiten im (reinen) Techniktraining ersichtlich.

4.1 Strategie und Taktik

Nähert man sich dem Thema **Taktik** an, so lässt sich zunächst festhalten, dass die **Taktik** der **Strategie** untergeordnet ist.

▶ **Strategie** ist definiert als „ein Handlungs- bzw. Verhaltensplan, mit dem man unter Berücksichtigung der eigenen Stärken und Schwächen und der Stärken und

Schwächen des Gegners, der äußeren Umstände, der sportlichen Form und der momentanen Bedingungen und Gefühle Handlungsentscheidungen über die zukünftigen Handlungen festlegt" (Schönborn, 2012, S. 25).

Im Tennis spricht man in diesem Zusammenhang auch von der Grundstrategie eines Spielers, die sich aus den jeweiligen Stärken, Schwächen und Vorlieben des Individuums ergibt. Ferrauti et al. (2016) unterscheiden die offensive Grundlinientaktik, die u. a. durch schnelle erste **Aufschläge**, Risikobereitschaft sowie harte und lange Grundlinienschläge gekennzeichnet ist, die defensive Grundlinientaktik, die sich durch eine gute Fitness, solide Grundschläge und präzise Passierschläge einem Kämpfertyp zuordnen lässt, sowie die Netzangriffstaktik, die eine hohe Sicherheit beim **Aufschlag**, Serve-and-Volley und das Erkennen von Angriffschancen beinhaltet. So kann die **Strategie** auch als übergeordneter allgemeiner Match-Plan verstanden werden.

▶ **Taktik** im Tennis wiederum ist definiert als „die gezielte Anwendung vorbereiteter Handlungen zur Realisierung der **Strategie**, womit sie fortlaufend einer Überprüfung auf Erfolg und Misserfolg der eigenen Entscheidungen unterzogen wird" (Schönborn, 2012, S. 27–28) und ist dementsprechend die Umsetzung des Match-Plans in jedem einzelnen Ballwechsel bzw. jedem einzelnen Schlag.

Zudem kann man drei verschiedene Denkprozesse unterscheiden. Zum einen das strategische Denken, welches dem Match-Plan vor Beginn des Wettkampfes gleichkommt, zum anderen das operative und intuitive Denken. Operativ beschreibt Denk- und Entscheidungsprozesse innerhalb des Matches oder sogar des Ballwechsels, für die genügend Zeit bleibt, um abzuwägen.

Beispiel

Beispiele sind der Denkprozess vor dem eigenen **Aufschlag**, bei dem man den **Aufschlag-Spielzug** plant, oder auch ein Schlag aus dem Halbfeld, bei dem man genug Zeit hat, sich für eine Schlagrichtung zu entscheiden. ◀

Intuitiv beinhaltet schnelle Denkprozesse, die aus dem Moment und unter Zeitdruck heraus entstehen, bspw. nach einem gegnerischen Netzroller. Was genau vor, während und nach einem Schlag aus taktischer Sicht geschieht, beschreibt die im folgenden Abschn. 4.2 näher beschriebene taktische Handlung.

4.2   Taktische Handlung

Vor, während und nach jedem einzelnen Schlag im Tennis läuft ein komplexer Mix aus kognitiven und motorischen Prozessen innerhalb kürzester Zeit ab. Außer vor dem eigenen **Aufschlag** haben Spieler*innen dabei für die Phasen vor dem Schlag oftmals nur deutlich weniger als eine Sekunde Zeit. Zusammengefasst werden diese Prozesse als taktische Handlung bezeichnet. (Ferrauti et al., 2014, 2016)

Übersicht

Folgende Phasen laufen dabei mit fließenden Übergängen hintereinander und teils überlappend ab:

Phase 1: Antizipation und Wahrnehmung der Situation und des ankommenden Balles.

Phase 2: Beurteilung der Situation und der eigenen Handlungsoptionen.

Phase 3: Entscheidung für die erfolgversprechendste Lösung (Schlagauswahl, Richtung des Schlages etc.), unter primärer Berücksichtigung der eigenen und erst sekundär der gegnerischen Stärken und Schwächen.

Phase 4: Schlagausführung

Phase 5: Bewertung der vorangegangenen Phasen aufgrund des Ergebnisses der Schlagausführung und anschließender **Verhaltenssteuerung.** Je nach Bewertung (positiv/negativ) führt diese zu einer Bestärkung oder einer Änderung des Verhaltens in der nächsten taktischen Handlung.

4.3 Einzeltaktik

Die **Taktik** im **Einzel** wird von verschiedenen Faktoren bestimmt und ist in hohem Maß von der **Technik** abhängig. Die technischen Fähigkeiten bestimmen also direkt die taktischen Optionen der Spieler*innen. Im Zentrum sollten demnach immer die Spieler*innen selbst stehen. Hinzu kommen die Gegner*innen, der Platz und weitere Umgebungsfaktoren wie bspw. das Wetter. Um möglichst erfolgreich zu spielen, sollten sich die Spieler*innen an bestimmten Prinzipien orientieren. Die folgenden taktischen Prinzipien für die **Einzeltaktik** orientieren sich teilweise an den sieben grundlegenden Prinzipien nach Ferrauti et al. (2016), ergänzt durch weitere aus Sicht der Autoren grundlegenden Aspekte der **Einzeltaktik**.

Das erste und oberste Prinzip, welches zu jeder Zeit als Überschrift über alle weiteren taktischen Prinzipien stehen sollte, ist das Prinzip der **Vermeidung eigener Fehler (1)**. Da ca. 70 % und somit ein Großteil aller Punkte im Tennis durch Fehler beendet werden (vgl. Abschn. 2.3.2), liegt hier zum einen der größte Hebel zum Erfolg und zum anderen ist dieses Prinzip für alle Leistungs- und Altersklassen gleich bedeutsam (Born, 2017; Groth, 2020; O'Shannessy, 2016). Spieler*innen haben zunächst den größten Einfluss auf die international sogenannten **unforced errors,** also Fehler ohne Not bzw. vermeidbare Fehler. Diese resultieren meist aus Konzentrationsmängeln, spielen mit zu viel Risiko, wie bspw. zu flach über das Netz oder zu nah an die Linien, aber auch aus taktisch falschen Entscheidungen wie bspw. das Schlagen eines Balles der Linie entlang anstatt des oftmals einfacheren und sichereren Cross-Schlags. Natürlich kann auch mangelnde

Technik ein Grund für Fehler sein. Hier stellt sich dann aber die Frage, ob es ein vermeidbarer Fehler ist, wenn die jeweiligen Spieler*innen die Situation technisch einfach nicht anders bzw. besser lösen können. Hier wäre es demnach also doch wieder eine taktische Fehlentscheidung, einen technisch nicht ausreichend guten und sicheren Schlag versucht zu haben.

Die nächsten taktischen Grundprinzipien stehen wie bereits dargestellt immer unter der Überschrift **Vermeidung eigener Fehler (1)**. Um dieses oberste taktische Grundprinzip bestmöglich zu erreichen, kann ein weiteres, dem Spieler selbst zugehöriges Prinzip helfen: Der **Einsatz der eigenen Stärken (2a)** und somit gleichsam die **Umgehung eigener Schwächen (2b)**. Eine Stärke der meisten Spieler*innen ist die eigene Vorhand, vor allem im direkten Vergleich zur eigenen Rückhand.

Beispiel

Der vermehrte Einsatz der eigenen Vorhand, der Stärke, und somit zeitgleich die Umgehung bzw. Vermeidung der eigenen Rückhand, der Schwäche, ist ein gutes Beispiel für dieses zweite taktische Grundprinzip. ◄

Dies kann zum einen durch eine angepasste Position an der Grundlinie erreicht werden, indem die Spieler*innen 1–1,5 m aus der Mitte versetzt in der eigenen Rückhandecke stehen. Zum anderen hat die Platzierung der eigenen Schläge einen großen Einfluss auf die Wahrscheinlichkeit, wohin die gegnerischen Schläge gespielt werden. Wenn man bspw. selbst viel Vorhand cross spielt, wird aufgrund der Platzgeometrie sowie der technisch einfacheren Lösung der Situation auch wieder viel cross zurückgespielt. Indem Spieler*innen so vermehrt ihre starke Vorhand einsetzen können, wird zum einen die eigene Fehlerquote sinken und zum anderen mehr Druck auf die Gegner*innen ausgeübt.

Beispiel

Weitere Beispiele zum **Einsatz der eigenen Stärke (2a)** und **Umgehung der eigenen Schwäche (2b)** sind:

- Den Weg ans Netz suchen, um die eigene Stärke am Netz auszuspielen und die eigene Schwäche oder Unterlegenheit an der Grundlinie zu umgehen.
- Den Gegner ans Netz locken, um die eigene Passierballstärke auszuspielen.
- Durch eine offensive Spielweise, beginnend mit einem guten **Aufschlag** bzw. offensivem **Return**, den Ballwechsel kurzhalten. ◄

In direktem Zusammenhang mit den Prinzipien **(2a)** und **(2b)** stehen die auf die jeweilige Gegner*innen bezogenen Prinzipien **Vermeidung der gegnerischen Stärke(n) (3a)** sowie **Ausnutzung der gegnerischen Schwäche(n) (3b)**. Auch hier kann die oftmals schwächere Rückhand als Beispiel dienen, sodass versucht werden sollte, diese vermehrt anzuspielen, und somit gleichzeitig die stärkere gegnerische

Vorhand vermieden werden kann. An dieser Stelle muss erneut auf den direkten und starken Zusammenhang zwischen **Technik** und **Taktik** hingewiesen werden. Um, wie im aktuellen Beispiel, überhaupt dazu in der Lage zu sein die gegnerische Rückhand gezielt und fehlerfrei anzuspielen, müssen die Spieler*innen zuerst über das jeweilige technische Repertoire verfügen. Hilfreich ist hier die Metapher des Werkzeugkoffers: Alle bis zum Zeitpunkt X, z. B. aktuelles Match, erworbenen technischen Fertigkeiten haben die Spieler*innen zu diesem Zeitpunkt in ihrem Werkzeugkoffer und können diese dementsprechend im Match zu ihrem taktischen Vorteil einsetzen. Um in zukünftigen Matches mehr Werkzeuge, also mehr technische Fähigkeiten, die wieder mehr taktische Optionen mit sich bringen, zu besitzen, müssen diese im Training erworben werden.

Teilweise schon in **(3b)** enthalten sind die Prinzipien **Gegner*in zu Fehlern zwingen (4a)** sowie **Gegner*in in der Defensive halten (4b)**. Davon ausgehend, dass die Gegner*innen ebenfalls das Prinzip **(1)** umsetzen, sollte versucht werden, sie mindestens in der Defensive zu halten und zudem idealerweise zu **forced errors,** also **erzwungenen Fehlern,** zu zwingen.

Dies kann durch unterschiedlichste taktische Maßnahmen erreicht werden:

- Vermehrtes Anspielen der gegnerischen Schwäche(n)
  - Auch in Kombination mit (einmaligem) Anspielen der gegnerischen Stärke, um dann in die offene, schwache Seite zu spielen
- Gegner*in unter Zeitdruck setzen
  - Durch schnelle, druckvolle Schläge
  - Durch platzierte Schläge, bspw. lang, in die Ecken oder einen Stoppball
  - Durch das frühe, also im Aufsteigen, Schlagen der eigenen Schläge
  - Netzangriffe
- Gegner*in in Bewegung bringen
  - Spielen in die jeweils freie bzw. offene Ecke
- Gegner*in aus dem Gleichgewicht bringen
  - Spielen gegen die Bewegungsrichtung („gegen den Fuß")
- Variabel spielen
  - Kombination(en) der oben genannten Maßnahmen

Abschließend ist das Prinzip der **Berücksichtigung von Geometrie und Zonen des Tennisplatzes (5)** (vgl. Abschn. 2.3.3) zu nennen. Hier fließen u. a. die Tatsachen mit ein, dass das Netz in der Mitte am tiefsten und außen am höchsten ist, ein cross geschlagener Ball eine längere potenzielle Flugbahn hat als ein Longline-Schlag, Schläge aus der Mitte heraus weniger gute Winkel-Optionen bieten als Schläge auf Höhe des Doppelkorridors sowie die Bedeutung der einzelnen Zonen und Zonengruppen des **Tennisplatzes** (vgl. Abb. 2.12).

So sollte aus einer defensiven Position überwiegend lang, mittig bis leicht cross, d. h. in die Zonen 1b und 2b (vgl. Abb. 2.12), mit genügend Höhe über die flachste Stelle des Netzes gespielt werden. Aus einer offensiven Position an oder vor der Grundlinie hingegen sollten die **C-Zonen** 1c und 2c (vgl. Abb. 2.12) anvisiert werden.

Ferrauti et al. (2016) weisen zudem auf die Erfahrungswerte sowie statistische Wahrscheinlichkeiten hin, die ebenfalls für eine erfolgreiche **Taktik** genutzt werden können.

Taktische Grundprinzipien (in Anlehnung an Ferrauti et al., 2016)

1. Vermeidung eigener Fehler
2. (a) Einsatz eigener Stärke(n) & (b) Umgehung eigener Schwäche(n)
3. (a) Vermeidung der gegnerischen Stärke(n) & (b) Ausnutzung der gegnerischen Schwäche(n)
4. a) Gegner*in zu Fehlern zwingen & b) Gegner*in in der Defensive halten
5. Berücksichtigung von Geometrie und **Zonen** des **Tennisplatzes**

4.4   Doppeltaktik

Die **Taktik** im **Doppel** unterscheidet sich schon allein aufgrund der Tatsache, dass man einen Mitspieler bzw. eine Mitspielerin auf der eigenen und zwei Gegenspieler*innen auf der gegnerischen Seite hat. Desweiteren verbreitert sich das Feld nach dem **Aufschlag** um den Doppelkorridor auf beiden Seiten. Durch die Tatsache, dass mindestens eine*r der vier Spieler*innen in der Grundaufstellung normalerweise am Netz steht, gewinnt das Netzspiel generell, und im Vergleich zum **Einzel,** an Bedeutung. Zudem ist die **Return**seite pro Satz festgelegt, d. h., dass eine Person alle **Aufschläge** von der Einstandseite returniert und dementsprechend die andere Person alle **Aufschläge** auf der Vorteilseite. Zum Satzbeginn darf die **Return**seite getauscht werden und auch der beginnende **Aufschläger** darf innerhalb des Teams neu bestimmt werden. Grundsätzlich gelten die in Abschn. 4.3 behandelten taktischen Grundprinzipien auch für das **Doppel** und werden durch doppelspezifische Prinzipien ergänzt. Einer der großen Unterschiede zum **Einzel** ist die Tatsache, dass man als Spieler*in, vor allem als Partner*in des Aufschlägers, u. U. mehrere Ballwechsel lang den Ball nicht berührt. Man hat jedoch trotzdem taktische Aufgaben, die vor allem in Abschnitt 4.4.1 näher erläutert werden.

4.4.1   Taktische Prinzipien

Neben den erwähnten generellen taktischen Prinzipien gilt es im **Doppel** noch weitere taktische Grundprinzipien zu erwähnen. So erhöhen sich die Chancen,

Punkte zu gewinnen, wenn die vermeintlich schwächere Person des gegnerischen Teams angespielt wird. Kommt es zu der Situation, dass sich ein Team mit beiden Spieler*innen am Netz befindet, so gilt es besonders, die Mitte abzudecken. Beide Spieler*innen am Netz lassen somit eher ihren Doppelkorridor offen, da ein Passierball in diese Richtung, auch wegen des höheren Netzes außen, wesentlich schwieriger ist. Befinden sich ein Team oder ein Spieler des Teams an der Grundlinie und das gegnerische Team am Netz, so versucht man entweder den Ball durch die Mitte zu spielen oder flach auf einen der Spieler zu spielen. Die Problematik für die Netzspieler*innen besteht darin, dass sie nicht wissen, wer den nächsten Ball spielen wird. Sie müssen immer bereit sein, auch wenn mehrere Bälle in Folge nicht zu Ihnen kommen. Außerdem ist es schwierig, einen Punkt mit einem Volley – einem technisch anspruchsvollen Schlag – zu beenden, wenn der Platz von zwei Personen abgedeckt wird. Man erzwingt also einen Volleyfehler oder einen qualitativ schlechten Volley und spricht in dem Zusammenhang von einem indirekten Passierschlag. Als Netzspieler*in ist es wichtig, den Blick permanent nach vorne zu richten. Oft neigt man dazu, dem Ball mit den Augen zu folgen und den Schlag des Partners zu beobachten. Damit verliert man jedoch Zeit, auf Aktionen des gegnerischen Teams zu reagieren, da diese Aktion zu spät erkannt wird. So sollte es z. B. in einer Cross-Rally meines Partners von der Grundlinie das Ziel sein, den gegnerischen Netzspieler zu beobachten. Der Ball durch die Mitte ist auch oft sinnvoll, da eine sehr gute Kommunikation erforderlich ist, damit es nicht zu Missverständnissen bei den Netzspieler*innen kommt. Wichtig ist eine Anpassung der **Taktik**, sobald diese nicht konstant erfolgreich gespielt wird. Spielt man z. B. immer wieder durch die Mitte oder auf die Netzspieler*innen und verliert deutlich mehr Punkte als man gewinnt, so sollte man durch extrem cross geschlagene Bälle oder Lobs versuchen, zu Punktgewinnen zu kommen.

Grundsätzlich darf jeder Spieler eines Teams den Ball an jeder Stelle des Spielfeldes schlagen – ausgenommen davon sind die **Spieleröffnungen**, d. h. **Aufschlag** und Return. Da das **Doppel** aber ein Teamspiel ist und es bei allen Teamspielen Absprachen bedarf, ist es üblich, dass jeder Spieler eines **Doppel**teams eine Seite zu Beginn des Ballwechsels in der Grundaufstellung abdeckt. Daher startet ein Spieler auf der rechten und der zweite Spieler auf der linken Seite des Spielfeldes. Desweiteren startet in der **Grundaufstellung** bzw. **Standardformation** ein Spieler hinter oder an der Grundlinie (Aufschläger oder Returnspieler), während der zweite Spieler am Netz steht, wobei sich der Partner des Aufschlägers circa 1,5 m vom Netz und eher mittig auf seiner halben Feldseite platziert, während der Partner des returnierenden Spielers, bezogen auf die komplette Breite des Platzes, auf der T-Linie recht mittig steht (siehe Abb. 4.1 links). Vor allem die Position des Netzspielers als Partner des Aufschlägers wird im Anfängerbereich oft zu weit außen gewählt, jedoch ist es wichtig, die Position so zu wählen, dass man durch die Mitte geschlagene **Returns** abfangen kann. Die Erfahrung hat generell gezeigt, dass sich mit der abgebildeten Aufstellung das ganze Spielfeld gut abdecken lässt und ein ausgewogenes Angriffs- und Verteidigungsspiel möglich ist. Wichtig ist, dass diese Aufstellung keine Pflicht ist. Sowohl das

Abb. 4.1 Doppelformationen. Klassische Doppelformation (links), i-Formation (Mitte), australische Formation (rechts)

aufschlagende als auch das returnierende Team kann beispielsweise beide Spieler an der Grundlinie platzieren (vgl. Abb. 4.1 beim Returnteam). Vor allem das aufschlagende Team kann durch verschiedene Formationen das returnierende Team vor diverse Aufgaben stellen. Eine häufig gespielte Variante sieht einen Wechsel der Seiten nach dem Aufschlag vor. Hierbei wartet der Partner des Aufschlägers in der **Standardformation** (siehe Abb. 4.1 links) und bewegt sich dann schräg nach vorne Richtung der anderen Seite, um einen cross geschlagenen Ball mit seinem Volley abzufangen. Zeitgleich wechselt der Aufschläger dabei ebenfalls die Seite; dies kann er an der Grundlinie tun oder schräg nach vorne laufen. Dieser Wechsel der Seiten sollte grundsätzlich vor dem Ballwechsel innerhalb des Teams abgesprochen werden. Eine weitere sehr beliebte Formation für das aufschlagende Team ist die **i-Formation** (Cayer, 2004; siehe Abb. 4.1 Mitte). Dabei steht der Partner des Aufschlägers fast in der Mitte des Platzes (leicht versetzt Richtung seiner ursprünglichen Seite) in stark gebückter Haltung oder hockend bzw. im Ausfallschritt und entscheidet sich erst sehr spät für eine Richtung. Entweder geht er zurück Richtung seiner ursprünglichen Seite oder er wechselt, wobei dabei ein kleiner Schritt in die Richtung oder sogar das reine Aufstehen reicht, da man durch die vorher eingenommene Position den Raum für den **Return** stark verkürzt. Beide genannten Varianten werden im Leistungsbereich oft angewendet und sollen vor allem dafür sorgen, dass der Partner des Aufschlägers viele **Returns** vorne am Netz abfängt oder durch seine Position den returnierenden Spieler so verunsichert, dass es vermehrt zu Returnfehlern kommt. Eine weitere, seltenere Variante ist die **australische Formation** (siehe Abb. 4.1 rechts). Hier steht der Partner des Aufschlägers auf derselben Seite wie der Aufschläger und dieser wechselt dann auf die andere Seite. Diese Formation kann hauptsächlich aus zwei Gründen geschehen. Erstens zwingt man den Returnspieler zu einem longline geschlagenen **Return** – dieser Schlag ist in der Regel schwieriger als der einfachere cross geschlagene

Return – und zweitens kann man somit als Aufschlagspieler auf die Lieblingsseite wechseln. Ein typischer Spielzug für einen Rechtshänder mit einer guten Vorhand wäre ein Kick-Aufschlag von der Vorteilseite nach außen, um den Returnspieler zu einem (für Rechtshänder) Rückhand-**Return**-Longline auf seine eigene Vorhand zu zwingen. Eine weitere Variante ist ein Serve & Volley Spielzug, bei dem der Aufschläger schräg nach vorne wechselt, um den evtl. Longline-Return als Volley aus der Luft zu nehmen (siehe Abb. 4.1 rechts).

4.4.2 Kommunikation/Absprachen/Zeichensprache

Das **Doppel** ist ein „Zwei gegen Zwei"-Wettbewerb. Dementsprechend ist eine ständige Kommunikation zwischen den Partner*innen zielfördernd. Diese Kommunikation sollte vor, während und nach dem Match erfolgen. Vor dem Match sollten grundlegende strategische Absichten geklärt werden. Während des Matches sollten sowohl taktische als auch motivationale Aspekte im Vordergrund stehen, und nach dem Match kann es zu einer Beurteilung der Partie kommen, um eventuelle Anpassungen für zukünftige Matches vorzunehmen.

In diesem Abschnitt beschäftigen wir uns ausschließlich mit der Kommunikation während eines Matches. Diese kann sowohl verbal als auch per Zeichensprache erfolgen. Taktische Absprachen können also sowohl in den längeren Pausen (Seiten- und Satzwechsel) als auch während den 25 Sek. zwischen einzelnen Punkten erfolgen. Meist kommunizieren die Spieler des aufschlagenden Teams ausführlicher, da diese mit der Ausführung des **Aufschlags** und den folgenden Bewegungen des Netzspielers mehr Kontrolle über den Beginn des Punktes haben als das returnierende Team, das mehr reagieren muss.

Die Kommunikation des aufschlagenden Teams bezieht sich auf zwei Aspekte: Die **Aufschlag**richtung und die Bewegung des Netzspielers. Bei der **Aufschlag**richtung wird zwischen **Aufschlägen** nach außen, auf den Körper und durch die Mitte unterschieden (meist durch die englischen Begriffe wide, body und t (center) kommuniziert). Zur Klarstellung soll an dieser Stelle erwähnt werden, dass der „Körperaufschlag" ein **Aufschlag** ist, der in die Mitte des **Aufschlag**feldes platziert wird und somit nach dem Absprung in Richtung des returnierenden Spielers fliegt, um diesen zu einer Ausweichbewegung zu zwingen. Absprachen können generell verbal vor dem Punkt oder per Zeichensprache erfolgen. Kommt es zu einem verbalen Austausch, so stehen die beiden Spieler zusammen und halten sich während der Kommunikation meist einen Ball oder die eigene Hand vor den Mund, damit die kurzen, prägnanten Worte nicht auf die andere Seite schallen und auch nicht von den Lippen abgelesen werden können. Erfolgt die Absprache per Zeichen, wird dieses von dem Netzspieler gesteuert. Er hält dabei, unersichtlich für das returnierende Team, seine Hand hinter den Rücken und schlägt mit verschiedensten Haltungen der Finger dem Aufschläger zuerst die **Aufschlag**richtung vor. Dabei bedeutet ein ausgestreckter Mittelfinger nach unten einen „Körper-**Aufschlag**", während die Richtungen „außen" und „Mitte" jeweils mit einem ausgespreizten kleinen Finger oder Daumen (je nachdem, ob von rechts oder links aufgeschlagen wird) signalisiert werden. Die Bewegung des Netzspielers wird meist durch zwei unterschiedliche Zeichen kommuniziert: In der **Standardformation** signalisiert eine Faust, dass man auf seiner ursprünglichen Seite verharrt, währenddessen eine flach ausgestreckte Hand einen Wechsel der Seiten kommunizieren soll. Manche Teams besitzen auch noch ein Zeichen für das Wechseln der Seite nach dem ersten Grundschlag, soweit der Aufschläger nach dem **Aufschlag** an der Grundlinie bleibt. Wählt das aufschlagende Team die **i-Formation** (siehe Abb. 4.1 Mitte), so zeigt der Netzspieler dem aufschlagenden Spieler mit einem ausgespreizten Finger, ob er sich nach rechts oder links bewegt. An dieser Stelle soll erwähnt sein, dass diese Zeichen natürlich individuell veränderbar sind.

Die Zeichensprache des returnierenden Teams bezieht sich, wenn diese überhaupt durchgeführt wird, auf die Richtung des **Returns** und die anschließende Aktion des Partners des returnierenden Spielers. Die Zeichen „Faust für stehen" und „flache Hand" für Wechsel haben sich auch hier etabliert. Ein Zeichen, das die Richtung des **Returns** ansagen soll, ist nur bedingt sinnvoll, da der **Return** oft unter Zeitdruck ausgeführt wird und somit eine Platzierung sehr anspruchsvoll wird.

4.5   Taktiktraining

▶ Im **Taktiktraining** steht die Optimierung der fünf Phasen der taktischen Handlung (vgl. Abschn. 4.2) im Fokus, also das Training von (1) Antizipation und Wahrnehmung der Situation und des ankommenden Balles, (2) der Beurteilung der Situation und der eigenen Handlungsoptionen, (3) der Entscheidung für die erfolgversprechendste Lösung sowie die (5) Bewertung der vorangegangenen Phasen aufgrund des Ergebnisses der Schlagausführung und anschließender Verhaltenssteuerung.

Lediglich Phase 4, die Schlagausführung, lässt sich ins **Techniktraining** verorten und ist daher nicht primärer Bestandteil des **Taktiktrainings**. Es wird also vor allem die Entscheidung für einen bestimmten Schlag, eine Schlagrichtung oder auch einen **Spielzug** in den Blick genommen. Hierfür ist es essenziell, dass im **Taktiktraining** (um Punkte) gespielt wird, sodass ständig Entscheidungen getroffen werden müssen. Hierbei sollten alle Verhaltensweisen (Konzentration, Routinen usw.) so matchnah wie möglich gestaltet werden.

Taktiktraining kann entweder als eigenständige Trainingseinheit oder auch im Anschluss an ein **Techniktraining** geplant werden. Alle Trainings- und Spielformen sollten, wie auch im **Techniktraining**, oft genug wiederholt werden, um Automatismen zu schaffen.

Man unterscheidet dabei den **Taktikerwerb** bzw. die Taktik erlernen und die **Taktikanwendung** bzw. Taktik trainieren

▶ Beim **Taktikerwerb** liegt der Fokus auf dem Erlernen und Durchspielen taktischer Grundmuster, indem situativ geschlossene bis halboffene **Spielzüge** gespielt und trainiert werden, die zunächst entweder komplett vorgegeben sind oder mit zwei Entscheidungsalternativen versehen sind. Bei der **Taktikanwendung** werden zuvor erworbene bzw. bereits erlernte taktische Grundmuster unter erschwerten Bedingungen angewendet, wobei diese grundsätzlich so matchähnlich wie möglich sein sollten, sodass Spieler*innen aus verschiedenen Möglichkeiten unter Berücksichtigung der eigenen Stärken und Schwächen sowie denen der Gegner*innen Entscheidungen treffen müssen (Deutscher Tennis Bund, 2004).

Als wichtiger Baustein für ein erfolgreiches **Taktiktraining** ist Match-Training unerlässlich, damit Spieler*innen die Möglichkeit haben, bestimmte **Strategien** auszuprobieren, zu üben und ggf. zu verbessern, aber auch Vertrauen in diese zu sammeln. Ein entscheidendes methodisches Mittel im **Taktiktraining** sind Zählsysteme, die die taktischen Entscheidungen beeinflussen. So erhalten Spieler*innen bspw. Bonuspunkte für das (erfolgreiche) Umsetzen der zu trainierenden taktischen Grundmuster und/oder können den Punkt nicht mehr verlieren, sobald sie diese anwenden.

Taktik kann grundsätzlich implizit oder explizit trainiert werden. Implizit meint hierbei, dass die Spieler*innen durch bestimmte Spielformen und/oder Aufgabenstellungen bewusst mehrfach in die Situation gebracht werden, dass sie erstens selbständig wahrnehmen und zweitens eigenständig entscheiden müssen, drittens unter Anleitung die von ihnen getroffenen Entscheidungen reflektieren und viertens deren Auswirkungen (selbst-)kritisch analysieren. Dieses Vorgehen ist also vergleichbar mit dem induktiven Vorgehen im **Techniktraining**. Die Spieler*innen lernen somit frühzeitig und nachhaltig ihre Entscheidungen eigenständig zu überprüfen, zu hinterfragen und weiterzuentwickeln, wodurch die Spieler*innen nicht nur auf das Erlernen taktischen Verhaltens beschränkt werden, sondern darüber hinaus eine Spielintelligenz für diese Sportart entwickeln. Explizites **Taktiktraining** wiederum ist vergleichbar mit der deduktiven Vorgehensweise im **Techniktraining**, sodass hier die Lernziele und Inhalte durch die Trainer*innen strukturiert und systematisch vorbereitet und vorgegeben werden, um das gewünschte Spieler*innen-Verhalten schnellstmöglich zu erreichen.

Eine Möglichkeit, eine **Taktiktraining**s-Einheit zu strukturieren, ist das **Sanduhr-Prinzip** (vgl. Abb. 4.2; Pankhurst, 1999). Hierbei wird offen, d. h. mit freien Punkten, mit der **Taktikanwendung** gestartet. Es kann lediglich eine bestimmte Spielsituation vorgegeben werden, bspw. Punkte von der Grundlinie ohne **Aufschlag** oder Punkte mit **Aufschlag** und **Return**. In diesem offenen Beginn befinden sich die Trainer*innen in der Beobachterrolle und versuchen, Spielsituationen zu erkennen, die für das anschließende Training, dem **Taktikerwerb**, genutzt werden können. Am Ende des offenen Einstiegs (bspw. ein **Tiebreak**) wird eine spezifische Situation, die anschließend trainiert werden soll, besprochen.

Beispiel

„Welche Entscheidungen habt ihr getroffen, als der gegnerische Ball kürzer als die T-Linie war?" ◄

Abb. 4.2 Sanduhr-Methode im Taktiktraining. Beginn in offener Situation mit Taktikanwendung, anschließend im Taktikerwerb die Entscheidungsalternativen einschränken, um dann wieder zur Taktikanwendung zu öffnen

Im zweiten Teil der **Sanduhr**, dem **Taktikerwerb**, wird der Fokus deutlich enger, d. h. die spezifische Situation, bspw. der Umgang mit kurzen Bällen, wird mit eingeschränkten Entscheidungsalternativem trainiert, indem die Situation über bestimmte Aufgaben spielerisch hergestellt wird und die Spieler*innen diese somit in hoher Wiederholungszahl trainieren können.

Beispiel

Anspiel in eine Ecke, Spieler*in A muss sich verteidigen, Spieler*in B soll diese Situation zum Angriff nutzen. ◀

Im anschließenden dritten Teil, der erneuten **Taktikanwendung**, wird die Situation erneut geöffnet und die erfolgreiche Umsetzung der trainierten taktischen Lösung wird bspw. mit Bonus-Punkten belohnt und somit für die Spieler*innen erstrebenswert gemacht.

Eine weitere Methode ist das **Prinzip des umgekehrten Trichters** (vgl. Abb. 4.3; Pankhurst, 1999), der grundsätzlich aus zwei aufeinander aufbauenden **Taktikerwerb**sübungen und einer anschließenden **Taktikanwendung**sform besteht. Anstatt der ersten **Taktikerwerb**sübung kann auch eine **Technikanwendung**sübung stehen, wobei die Grenzen hier in der Praxis meist fließend sind. Im ersten Schritt sollte der Fokus jeweils darauf liegen, die zu trainierende (geschlossene) Situation möglichst oft herzustellen, im Zweifel sogar durch ein

Abb. 4.3 Umgekehrter Trichter. Beginn mit Technikanwendung mit gradueller Öffnung der Situation und Hinzunahme von Entscheidungsalternativen

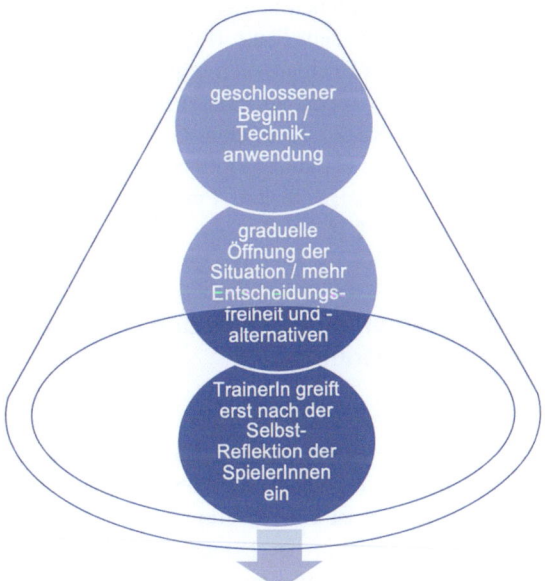

Zuspiel zu den Spieler*innen. Hier kann und sollte die Situation zunächst so weit erleichtert werden, dass die Spieler*innen die Möglichkeit bekommen, die zu trainierende Situation wiederholt ohne Zeitdruck sowie mit eingeschränkten Entscheidungsalternativen zu üben. Der Definition nach findet hier also ein **Technikanwendung**straining mit dem Schwerpunkt auf den Phasen Wahrnehmung und Entscheidung als erste Stufe eines **Taktiktrainings** statt. Anschließend werden mehrere Lösungsvarianten besprochen und trainiert. Nun wird die Situation in einem **Taktikerwerbstraining** Schritt um Schritt mehr geöffnet, indem mehr Entscheidungsfreiheit und -alternativen hinzugenommen werden sowie die Spieler*innen mehr in die Eigenverantwortung genommen werden, Entscheidungen eigenständig zu treffen sowie diese zu analysieren und zu bewerten. Die Trainer*innen treten in der anschließenden **Taktikanwendung**sform mit Rückmeldungen immer mehr in den Hintergrund bzw. greifen erst nach der Selbst-Reflektion und -Analyse der Spieler*innen mit Zustimmung, Ergänzungen oder **Korrekturen** ein. Wie in Abb. 4.3 ebenfalls zu erkennen ist, ist die letzte Stufe dieses **Taktiktrainings** immer die Anwendung im freien Spiel.

Das **Ampel-Prinzip** ist ein hilfreiches Werkzeug, welches für das Training nahezu jeder taktischen Entscheidung eingesetzt werden kann. Das **Ampel-Prinzip** teilt Spielsituationen aus der Sicht der Spieler*innen in grüne, gelbe und rote Situationen ein. Grüne Situationen sind solche, in denen die Spieler*innen mehrere, vor allem offensive, Handlungsoptionen ohne erhöhtes Risiko haben, bspw. wenn aus einem Vorhand-Cross-Duell der offensive Longline-Schlag mit hoher Erfolgswahrscheinlichkeit möglich ist. Die Bewertung der jeweiligen Situation beruht immer auf einer Kombination aus den individuellen Fähigkeiten, dem subjektiv wahrgenommenen Schwierigkeitsgrad der Situation sowie der gegnerischen Positionierung auf dem Platz. Rote Situationen stellen das Gegenteil dar, da sich die Spieler*innen in einer solch schwierigen Situation befinden, dass nur sehr eingeschränkte oder sogar nur eine einzige Handlungsoption bestehen, den Ball mit kontrolliertem Risiko zu spielen. Gelb wiederum sind eher neutrale Situationen, die zwar mehrere Handlungsoptionen, allerdings keine offensive Spielfortsetzung ohne erhöhtes Risiko bieten. Praktische Anwendungsbeispiele für das Ampelprinzip finden sich in Abschn. 9.4.

4.5.1 Trainer*innen-Rolle und Unterrichtsmaßnahmen im Taktiktraining

Die Trainer*innen-Rolle im **Taktiktraining** unterscheidet sich in vielerlei Hinsicht von der in einem (reinen) **Techniktraining** (vgl. hierzu Abschn. 3.4.3). So nehmen die Trainer*innen hier überwiegend eine beobachtende und beratende Rolle ein. Hierzu ist eine Position an der Kopfseite des Platzes hinter den Spieler*innen bzw. einem der Doppelteams ideal, um die Spielsituationen aus der Spieler*innen-Perspektive zu sehen. Die Position kann und sollte allerdings auch gewechselt werden, um zum einen allen Spieler*innen gerecht zu werden und zum anderen, um situationsabhängig eine andere Perspektive auf das Spielgeschehen zu bekommen. Die Beobachter*innen-Rolle dient hier vor allem dazu, die weiteren Unterrichtsmaßnahmen im **Taktiktraining**, die im Folgenden genannt und erläutert werden, vorzubereiten und überhaupt erst möglich zu machen.

Unterrichtsmaßnahmen im Taktiktraining
- Beobachten
- Gespräch mit den Spieler*innen inklusive gezieltes Fragen
- Nachstellen der vorangegangenen Spielsituation
- Positionierung hinter den Spieler*innen (gleiche Perspektive)
- Einbeziehen der Trainingspartner*innen in den Lernprozess
- Videoaufnahmen der Situation(en) nutzen
- Vorschlagen verschiedener Lösungsoptionen
- Anpassung der Aufgabenstellung und/oder der Spielsituationen

---

Das **Gespräch mit den Spieler*innen inklusive gezieltes Fragen** ist eine zentrale Maßnahme in einem **Taktiktraining** und findet entweder in kürzerer und kompakterer Form zwischen zwei Ballwechseln bzw. Punkten statt oder in längerer und ausgiebigerer Form nach einer Übung bzw. Spielform oder beim Seitenwechsel innerhalb eines Trainingsmatches statt. Die Gesprächsführung seitens der Trainerin bzw. des Trainers ist hierbei entscheidend, da immer die Optimierung der taktischen Handlung der Spieler*innen im Mittelpunkt steht (vgl. Abschn. 4.2). So sollten die Fragen innerhalb des Gesprächs genau auf die fünf Phasen der taktischen Handlung und auf die Wahrnehmung dieser seitens der Spieler*innen abzielen. Je nachdem, was in den vorangegangenen Spielsituationen vonseiten der Trainerin bzw. des Trainers beobachtet wurde, sollte es das Ziel innerhalb des Gesprächs sein, die Spieler*innen auf die zu optimierende(n) Phase(n) hinzuweisen und sie ihre optimale Lösung finden zu lassen. Je unerfahrener Spieler*innen sind, desto häufiger müssen Trainer*innen auf eine der weiteren Maßnahmen zurückgreifen und versuchen, die Spieler*innen entweder über **Anpassungen der Aufgabenstelllungen und/oder der Spielsituationen** oder auch über das **Vorschlagen verschiedener Lösungsoptionen** zum Erkenntnisgewinn zu bewegen.

Praxisbeispiel Gespräch

- Die Trainerin beobachtet Probleme der Spielerin mit der zweiten Phase der taktischen Handlung, der Beurteilung der Situation und der eigenen Handlungsoptionen.
- Durch gezielte Fragen versucht die Trainerin nun herauszufinden, welche Wahrnehmung und Beurteilung bei der Spielerin wirklich vorliegt, und ob und wenn ja, welche weiteren Optionen ihr einfallen.
- Die erste Frage sollte hierbei immer sein: „Wohin wolltest Du den Ball spielen?" bzw. „Was war deine Intention?"

- Je nach Antwort der Spielerin folgen im Optimalfall (Spielerin hat Lösungen gefunden) eine Fortführung der Match- bzw. Spielsituation oder eben das Vorschlagen von Lösungsoptionen und/oder die Anpassung der Aufgabenstellung bzw. der Spielsituation ◄

Ein weiteres wichtiges und mächtiges Werkzeug ("Tool") im Taktiktraining ist das **Nachstellen der vorangegangenen Spielsituation**, um anhand dieser mit den Spieler*innen an optimierten Lösungsoptionen zu arbeiten. Hier kann das **Einbeziehen der Trainingspartner*innen in den Lernprozess** für alle Trainierenden hilfreich sein, da hierdurch die eigene Entscheidung zusätzlich hinterfragt und beleuchtet wird.

Praxisbeispiel Nachstellen der vorangegangenen Spielsituation

- Spieler A spielt aus vollem Lauf und defensiver Situationen einen riskanten Schlag longline und seitlich ins Aus, während der Trainingspartner B mittig hinter der Grundlinie steht.
- Der Trainer stellt anschließend beide Spieler nochmals in ihre Platzpositionen, die sie zum Zeitpunkt des Schlags von A hatten, und lässt Spieler A die Situation beschreiben und mögliche Lösungsoptionen benennen.
- Durch gezieltes Fragen und unter Einbeziehung der Perspektive von Trainingspartner B versucht der Trainer den Erkenntnisgewinn für Spieler A herbeiführen, dass ein cross oder mittig platzierter Schlag die bessere Option gewesen wäre. ◄

Übersicht

Zuletzt sollten sich Trainer*innen folgender Aspekte bewusst sein, die für ein gelingendes **Taktiktraining** entscheidend sind.

- Während reine Korbdrills als Einstieg im **Taktikerwerb** durchaus sinnvoll sein können, sollten diese auf keinen Fall den Hauptteil des Trainings einnehmen.
- Trainer*innen nehmen im **Taktiktraining** eine entscheidende und aktive Rolle ein. Zeitgleich sollten eine Informationsflut für die Spieler*innen sowie ständige Unterbrechungen des Spielflusses vermieden werden. Vereinzeltes Einfrieren und Nachstellen der Spielsituation ist wie bereits beschrieben gewünscht und sinnvoll.
- Vereinzelte, zielführende Technikhinweise haben ihre Berechtigung, der Fokus sollte jedoch auf dem Training der taktischen Fähigkeiten liegen.
- Hierfür sind eine Schwerpunktsetzung sowie ein roter Faden inkl. Teillernzielen in der Vorbereitung und Durchführung des **Taktiktrainings** essenziell.

- Um alle Spieler*innen bestmöglich in ihrer taktischen Kompetenz voranzubringen, sollten die individuellen technischen Voraussetzungen beachtet werden.
- Spieler*innen niemals als reine Mitspieler*innen einsetzen, sondern alle Trainierenden gleich behandeln.
- Zuletzt ist es entscheidend, zu jeder Zeit den Bezug zum Wettkampf beizubehalten und davon ausgehend die Trainings- und Spielformen zu gestalten.

Literatur

Born, P. (2017). *Systematische Analyse der erweiterten Spieleröffnung des Aufschlägers im Herrentennis der Weltspitze inklusive Ableitung anwendungsorientierter Trainingsformen.* Deutsche Sporthochschule Köln/Institut für Vermittlungskompetenz in den Sportarten.

Cayer, L. (2004). *Doubles tennis tactics.* Human Kinetics.

Ferrauti, A., Maier, P., & Weber, K. (2014). *Handbuch für Tennistraining* (3. überarb. Aufl.). Meyer & Meyer.

Ferrauti, A., Maier, P., & Weber, K. (2016). Handbuch für Tennistraining. (4. überarb. Aufl.). Meyer & Meyer.

Groth, T. (2020). *Analyse der Match-entscheidenden Faktoren im Amateurtennis mittels systematischer Spielbeobachtung.* Deutsche Sporthochschule Köln.

Marschall, F., Bund, A., & Wiemeyer, J. (2007). Does frequent augmented feedback really degrade learning? A meta-analysis. *Bewegung und Training, 1,* 75–86.

O'Shannessy C. (2016). *The practice court is broken.* Vortrag an der Deutschen Sporthochschule, Köln.

Pankhurst, A. (1999). Game Based Coaching. *ITF Coaches Review, 19*(7), 11–13.

Schönborn, R. (2012). *Strategie + Taktik im Tennis.* Wagner.

Beinarbeit

5

▶ Das Thema Beinarbeit im Tennis umfasst neben der unbestrittenen Bedeutung eben dieser sowohl bei der Schlagdurchführung als auch bei der Schlagvorbereitung bzw. Schlagnachbereitung, auch die verschiedenen (tennisspezifischen) Beinarbeits-Techniken (Abschn. 5.4). Grundsätzlich sollten Tennisspieler*innen sich im Verlaufe eines Ballwechsels immer in einer möglichst optimalen Position (Abschn. 5.2) befinden, welche lediglich zu Beginn des Ballwechsels beim Aufschlag im Stand und vorbestimmt ist. Ab dem Return und insbesondere bei allen weiteren Folgeschlägen müssen sich die Spieler*innen zum Ball hin oder vom Ball wegbewegen. Hierbei kommt der **Winkelhalbierenden** eine besondere Bedeutung zu, da es den Spieler*innen auf diese Weise gelingt, die zu bewältigenden Laufstrecken zu beiden (seitlichen) Richtungen möglichst gleich nah zu halten. Die entstehenden Laufwege im Tennis werden von ständigen Richtungswechseln dominiert. Hierbei kommt es zu Laufbewegungen zur Seite, nach vorne und hinten, sowie sämtlichen Mischformen hiervon. Im folgenden Kapitel wird im Detail auf die verschiedenen Aspekte der Beinarbeit inkl. Hinweisen zum Training der Beinarbeit (Abschn. 5.5) eingegangen.

5.1 Bedeutung der Beinarbeit

▶ Die **Beinarbeit** spielt im Tennis eine dominierende Rolle und gilt als leistungslimitierender Faktor, da es im Tennis keinen Schlag gibt, der nicht durch die **Beinarbeit** beeinflusst ist (Deutscher Tennis Bund, 2001).

© Der/die Autor(en), exklusiv lizenziert an Springer-Verlag GmbH, DE, ein Teil von Springer Nature 2025
P. Born et al., *Tennis – Das Praxisbuch für Studium, Training und Freizeitsport*, Sportpraxis, https://doi.org/10.1007/978-3-662-70466-0_5

Die Aufgaben und Ziele der **Beinarbeit** lassen sich grundsätzlich in vier Teile unterteilen:

1. Rechtzeitig, situationsangemessen, ökonomisch und präzise zur Schlagposition gelangen;
2. „eine günstige Schlagstellung im optimalen Abstand zum idealen Treffpunkt des Balles bei stabilem Gleichgewicht ein[…]nehmen" (Deutscher Tennis Bund, 2001, S. 14);
3. Die Schlagbewegung einleiten und unterstützen;
4. Schnellstmöglich und ökonomisch erneut in eine günstige Platzposition zurücklaufen, um den Platz abzudecken (Deutscher Tennis Bund, 2001)

Die Qualität der **Beinarbeit** hängt zudem stark von kognitiven Prozessen wie der Antizipation und Wahrnehmung der Situation, d. h. der gegnerischen Schlagart, -richtung und -geschwindigkeit, ab. Je genauer und frühzeitiger diese Prozesse ablaufen, desto besser sind die Voraussetzungen für eine gute und präzise **Beinarbeit**.

Ausgeprägte **Schnellkraft**, **Schnelligkeit** und **Koordination** sind weitere wichtige Voraussetzungen. Die beiden ersteren sind hierbei vor allem für schnelle Starts und **Richtungswechsel**, den Lauf zum Ball und zurück zur Mitte sowie für die tief-hoch Bewegung innerhalb des Schlags entscheidend.

Übersicht

Aus dem Bereich der **Koordination** (siehe auch Abschn. 2.1.1) sind alle Fähigkeiten an einer guten **Beinarbeit** beteiligt:

Differenzierungsfähigkeit, um möglichst präzise am Ball zu stehen.

Orientierungsfähigkeit, um immer zu wissen, wo man selbst, der Ball und die Gegner*in sich befinden.

Reaktionsfähigkeit, um schnell und angepasst auf den Schlag des Gegners bzw. der Gegnerin zu reagieren.

Kopplungsfähigkeit, um die einzelnen Teilbewegungen und -elemente der **Beinarbeit** sowie der Schlagbewegung hintereinander und gleichzeitig durchzuführen.

Rhythmisierungsfähigkeit, um den eigenen Bewegungsrhythmus an den des ankommenden Balles anzupassen.

Umstellungsfähigkeit, um die eigene **Beinarbeit** an unvorhergesehene Änderungen (Netzroller, Ball verspringt) anpassen zu können.

Gleichgewichtsfähigkeit, um in einem ständigen, dynamischen Gleichgewicht zu bleiben und falls nötig schnell das Gleichgewicht wieder zu finden. Spieler*innen befinden sich dann im Gleichgewicht, wenn sich der Körperschwerpunkt über der Unterstützungsfläche beider Beine befindet. Der Stand sollte hierfür mindestens schulterbreit, der Oberkörper aufrecht und der Kopf gerade sein (Deutscher Tennis Bund, 2001).

Zudem muss die **Beinarbeit** auch unter den Druckbedingungen nach Neumaier (2009) standhalten, da nahezu immer **Zeitdruck** herrscht (man hat meist <1 Sekunde Zeit zur Vorbereitung), man dem **Präzisionsdruck** unterliegt, möglichst zentimetergenau richtig am Ball zu stehen, der **Belastungsdruck** sowohl psychisch, aber vor allem physisch Einfluss auf die **Beinarbeit** ausübt (Ermüdung verlangsamt die Bewegungen) und die zu lösenden Spielsituationen immer von einem bestimmten **Situationsdruck** (z. B. Bewegung nach hinten, um dem Ball auszuweichen) als auch **Komplexitätsdruck** (z. B. zum Ball laufen und gleichzeitige Schlagvorbereitung) geprägt sind.

Vor allem der „**Koordination** der **Beinarbeit** mit der Vorbereitung und Durchführung der Schlagtechniken kommt im Tennis eine besondere Bedeutung zu" (Deutscher Tennis Bund, 2001, S. 14). So muss bereits in der Bewegung zum Ball die Vorbereitung auf den Schlag begonnen werden, sodass während des schnellstmöglichen Laufens auch die Oberkörperdrehung und Ausholbewegung für den folgenden Schlag stattfinden (Deutscher Tennis Bund, 2001). Es muss daher koordinativ grundsätzlich eine Teilung des Körpers ungefähr auf Hüfthöhe erfolgen. Während die untere Hälfte für das schnelle, ökonomische und präzise Laufen zum Ball zuständig ist, ist die obere Hälfte zeitgleich mit der ebenfalls rechtzeitigen, ökonomischen und kontrollierten Schlagvorbereitung betraut.

5.2 Positionierung auf dem Platz

Im Tennis Regelwerk ist die Positionierung beim **Aufschlag** so weit festgelegt, dass dieser hinter der Grundlinie zwischen der Mittellinie und der Einzellinie im **Einzel** bzw. Doppellinie im **Doppel** auf der dem Spielstand entsprechenden Seite ausgeführt werden muss. Alle weiteren Positionen auf dem Platz ergeben sich aus der Spielsituation und den zugehörigen taktischen Überlegungen, den Platz optimal abzudecken.

Beim **Return** sollte man sich in der **Winkelhalbierenden** des **Aufschlags** befinden, d. h. in der Mitte des vom Aufschläger maximal zu spielenden Winkels. Wie weit vorne bzw. hinten man stehen sollte, hängt zum einen von der Geschwindigkeit des zu returnierenden **Aufschlags** und zum anderen von der taktischen Absicht ab (mehr hierzu siehe Abschn. 3.3.2)

▶ Als einfache Orientierung für eine Standard **Return**-Position kann folgender Hinweis dienen: Positioniere Dich mit deinem äußeren Fuß auf Höhe der Einzellinie, ca. einen Meter hinter der Grundlinie.

Die Positionierung innerhalb des Ballwechsels, mit Ausnahme der Situation des Netzangriffs, sollte ebenfalls grundsätzlich ca. 0,5 bis 1 Meter hinter der Grundlinie sein. Auch hier entscheiden die taktische Grundausrichtung und die Qualität der gegnerischen Schläge darüber, ob die eigene Position näher an der Grundlinie oder weiter nach hinten gerückt ist. Die seitliche Positionierung sollte sich, wie bereits beim **Return**, an der **Winkelhalbierenden** orientieren und ist demnach von der gegnerischen Schlagposition abhängig. Steht der Gegner beim Schlag mittig, so ist ebenfalls eine mittige Position hinter der Grundlinie optimal. Steht der Gegner seitlich versetzt, so verschiebt sich die eigene optimale Platzposition ebenfalls seitlich, jedoch seitenverkehrt. Am Beispiel zweier Rechtshänder: Steht Spieler B beim Schlag in seiner Vorhandecke auf Höhe der Einzellinie, verschiebt sich die Grundposition von Spieler A aus der Mitte ca. einen Meter in dessen Vorhandecke (vgl. Abb. 5.1). Aus taktischer Sicht ergibt sich hierdurch die Erkenntnis, dass ein aus der Ecke cross gespielter Ball weniger Strecke zur optimalen Platzabdeckung nach sich zieht als ein Longline geschlagener Ball. Im letzteren Fall

Abb. 5.1 Winkelhalbierende an der Grundlinie leicht versetzt in die Vorhandecke des Rechtshänders

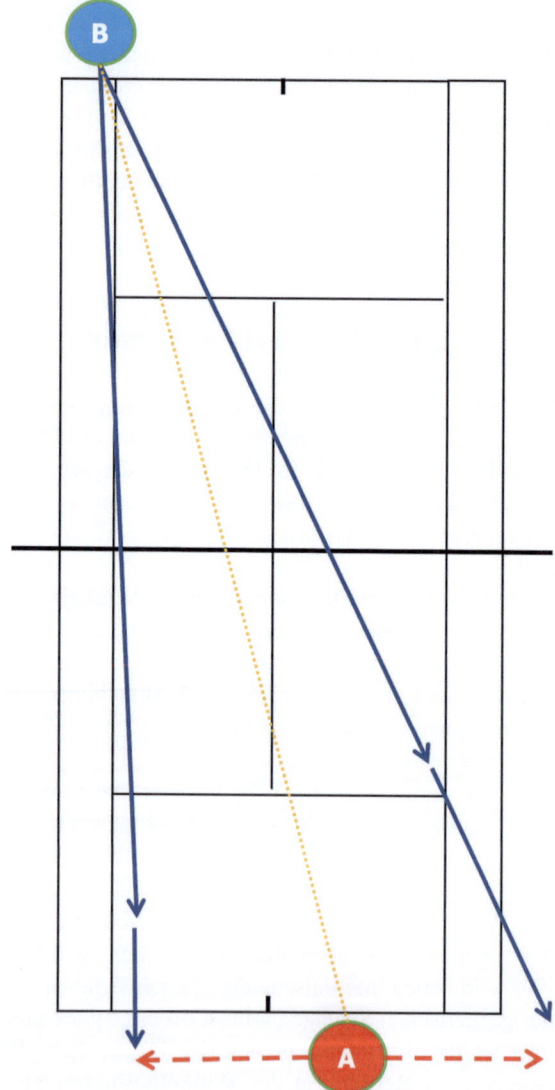

muss der Spieler aus der Ecke bis einen Meter hinter die Mitte laufen, um den Platz im Moment des nächsten gegnerischen Schlags optimal abgedeckt zu haben.

In der Netzsituation sollte versucht werden, sich zwischen T-Linie und Netz zu positionieren, um eine optimale Position für die Volleys zu haben aber auch einen evtl. Lob gut erreichen zu können. In dieser Situation dreht sich die seitliche Abdeckung des Platzes im Gegensatz zum Grundlinienspiel rum, da man nun versucht, die Möglichkeit des Passierballs möglichst zu minimieren und den Winkel zu verkürzen. Daher folgt man am Netz seinem eigenen Schlag, d. h. spielt Spielerin A ihren Angriffsball oder Volley in die Vorhandecke von Spielerin B, so positioniert sie sich von der Mitte aus ca. 1 Meter in die eigene Rückhandseite. So hat sie den Longline-Passierball von Spielerin B bestmöglich abgedeckt und gleichzeitig die Chance, einen cross geschlagenen Passierball gut zu erreichen (vgl. Abb. 5.2). Zudem ist ein Aufrücken Richtung Netz zwischen dem ersten und

Abb. 5.2 Verkürzter Winkel am Netz leicht versetzt auf der Rückhandseite des Rechtshänders

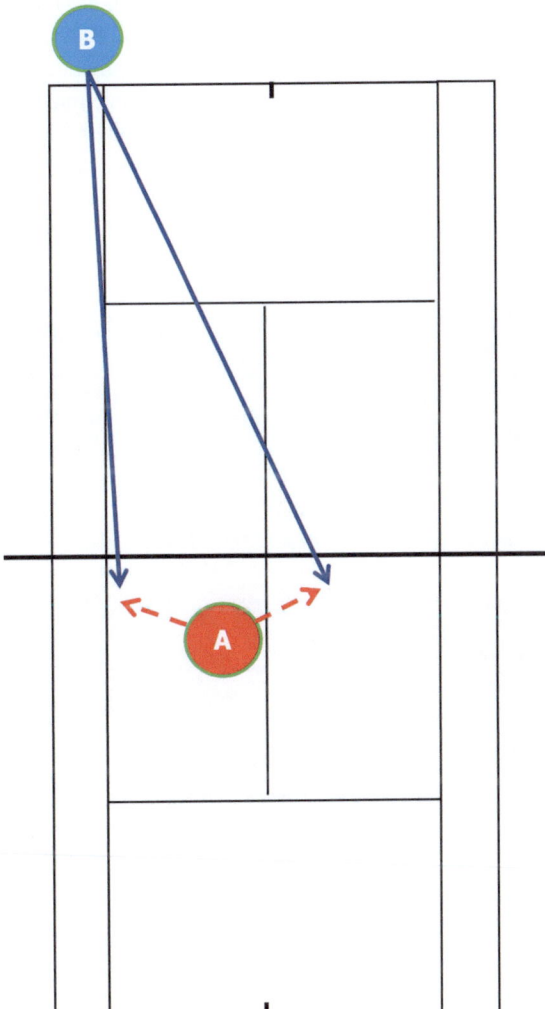

zweiten Volley oder auch im Verlauf eines Ballwechsels am Netz im Einzel und vor allem auch im Doppel zur weiteren Verkürzung des Passierball-Winkels sinn-voll.

5.3   Laufwege

Da die gegnerischen Schläge an unendlich vielen Stellen des Platzes zwischen Grundlinie und Netz auftreffen können, sind im Tennis zunächst alle Lauf-richtungen und -wege, also seitwärts parallel zum Netz, gerade bzw. schräg nach vorne in Richtung Netz oder nach hinten weg vom Netz, sowie jegliche Mischung bzw. Kombination der Laufrichtungen denkbar (Deutscher Tennis Bund, 2001).

Daten systematischer Matchanalysen zeigen, dass die seitlichen links-rechts Bewegungen entlang der Grundlinie allgemein mit ca. 80 % und im speziellen die Laufstrecke seitlich in die Vorhandecke an der Grundlinie mit deutlichem Abstand am häufigsten vorkommen (Weber et al., 2007). Dies resultiert aus der aus takti-schen Gründen häufig in die eigene Rückhandecke versetzten Grundposition der Spieler*innen (vgl. Abb. 5.3). Im Training müssen daher **Schnellkraft** und **Re-aktivkraft** für schnelle **Richtungswechsel** und Starts sowie **Laufschnelligkeit** be-vorzugt für den Lauf zur Seite trainiert werden.

Gleichzeitig legen Spieler*innen pro Ballwechsel im Durchschnitt lediglich vier Meter zurück (Deutscher Tennis Bund, 2001) in denen zudem ein ständiger

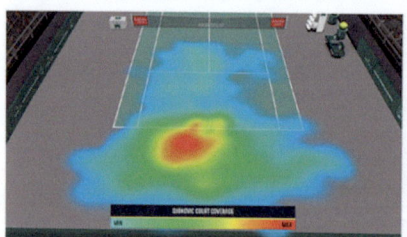
(a) Novak Djokovic (SRB) 24-facher Grand Slam Sieger

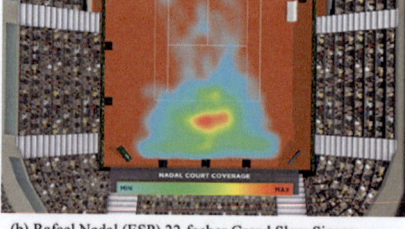
(b) Rafael Nadal (ESP) 22-facher Grand Slam Sieger

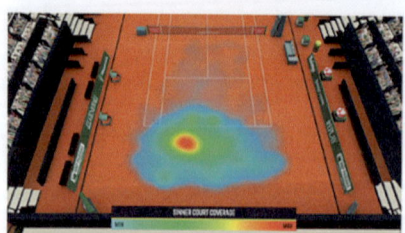
(c) Jannik Sinner (ITA) Sieger Australian & US Open 2024

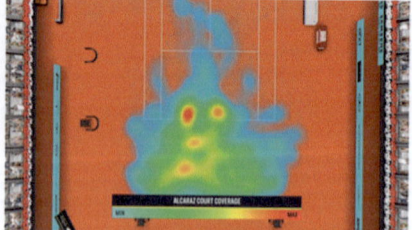
(d) Carlos Alcaraz (ESP) 4-facher Grand Slam Sieger

Abb. 5.3 Beispielhafte Heatmaps einiger ausgewählter Profis. Die Farb-Skala geht von Rot (sehr oft dort positioniert) über Gelb und Grün bis zu Blau (wenig dort positioniert)

Wechsel aus Bewegungen zum Ball und Bewegungen zurück zur optimalen Platzposition vorherrscht. Daher ist die **Beinarbeit** im Tennis vor allem durch effektive und möglichst schnellkräftige **Richtungswechsel** geprägt, bei denen eine Mischung aus exzentrischer und konzentrischer Muskelarbeit stattfindet. Besondere Anforderungen werden somit an die **Reaktionsschnelligkeit** sowie Start- und **Explosivkraft** gestellt.

Die Mehrheit der Schläge wird ohne Zeitdruck mit weniger als 3 Meter Laufweg gespielt. Etwas mehr als 10 % werden unter Zeitdruck (zum Teil im Rutschen) und weniger als 10 % unter hohem Zeitdruck aus dem Lauf gespielt (Ferrauti et al., 2016; Weber et al., 2007).

Die längste Laufstrecke auf einem **Tennisplatz** ohne **Richtungswechsel** beträgt ca. 14 Meter – von einer hinteren Ecke des Platzes bis zum diagonal entfernten Netzpfosten. Über ein gesamtes Match mit zwei Gewinnsätzen legen Spieler*innen ca. 1300–3600 m Laufstrecke pro Spielstunde zurück (Fernandez-Fernandez et al., 2009).

Hawkeye-Daten/Heatmaps

Das Kamerasystem Hawk-Eye wird im Profitennis für verschiedenste Zwecke eingesetzt, u. a. auch, um die Positionierung der Spieler*innen auf dem Platz analysieren zu können. Aus den Positionsdaten der Spieler*innen während des gesamten Matches entstehen sogenannte Heatmaps, die aufgrund der farbigen Unterschiede zeigen, in welchen Bereichen des Platzes sich die Spieler*innen besonders häufig aufgehalten haben und in welchen Bereichen weniger oder gar nicht. Abb. 5.3 zeigt einige solcher Heatmaps beispielhaft. Novak Djokovic (a) kann grundsätzlich als All-Court-Player, also als Spieler, der den gesamten Platz nutzt, bezeichnet werden. Vermehrt hält er sich hinter der Grundlinie leicht auf seine Rückhandseite versetzt auf. Rafael Nadal (b) hingegen ist nahezu ausschließlich (weit) hinter der Grundlinie unterwegs. Als Linkshänder ist sein roter Bereich leicht nach rechts, in seine Rückhandseite, versetzt. Jannik Sinner (c) bewegt sich ebenfalls viel um und hinter der Grundlinie sowie auffällig stark in seine Rückhandecke versetzt. Die Heatmap von Carlos Alcaraz (d) hat als einzige mehrere rote Zonen, die zum einen die Aufschlagpositionen markieren, zum anderen sich weit und noch weiter hinter der Grundlinie in der Rückhandecke versetzt befinden.

Zusammengefasst zeigen die beispielhaften Bewegungsmuster der Profis, dass das heutige Weltklassetennis vom Spiel an der Grundlinie sowie dem Einsatz der eigenen Vorhand dominiert ist. Zudem, dass die Spieler sich auf der Fläche zwischen ca. 1 Meter vor der Grundlinie bis mehrere Meter hinter der Grundlinie am häufigsten positionieren bzw. bewegen.

5.4   Beinarbeits-Techniken

Die **tennisspezifische Beinarbeit** setzt sich aus einer Vielzahl an einzelnen Elementen und **Techniken** zusammen, welche ausgehend von den vier Teilaufgaben der **Beinarbeit** (vgl. Abschn. 5.1) erläutert werden.

1. *Rechtzeitig, situationsangemessen, ökonomisch und präzise zur Schlagposition gelangen*
   Split-Step: kleiner, beidbeiniger, etwas über Schulter breiter Vertikalsprung mit Landung auf den Fußballen. Ziel dieses Sprunges ist eine Voraktivierung der Beinmuskulatur unter Ausnutzung des **DVZ**, bei der sich die Bewegung der Spieler*innen kurzzeitig auf einer Stelle des Platzes zentriert, damit diese sich im Anschluss schnellstmöglich in die erforderliche Richtung zum Ball bewegen können. In diesem Prozess fungiert die **Reaktivkraft** der Beinmuskulatur als leistungsbestimmender Faktor. Der Vertikalsprung beginnt unmittelbar vor dem gegnerischen Treffpunkt und ist kurz danach beendet. Die Landung erfolgt somit optimalerweise im Moment des gegnerischen Treffpunkts. Besonders wichtig, um effektive **Richtungswechsel** einzuleiten, wenn man bspw. aus einer Ecke zurück zur **Winkelhalbierenden** gelaufen ist und der nächste Schlag des Gegners erneut in die gleiche Ecke gespielt wird.
   Der **Split-Step** erfolgt optimalerweise in der **Winkelhalbierenden** bzw. dem Ort der besten Platzabdeckung, ist jedoch primär zeitlich abhängig vom gegnerischen Treffpunkt. Wenn man also noch keine optimale Platzabdeckung erreicht haben sollte, ist der **Split-Step** trotzdem zum Zeitpunkt des gegnerischen Treffpunkts durchzuführen.
   Start-Schritt: möglichst explosiver, raumgreifender erster Schritt in Richtung des Balles. Wenn unter Zeitdruck, dann auf jeden Fall als Laufschritt durchzuführen, bei seitlichen Laufwegen unter 1,5 m auch als Side-Step möglich.
   Lauf zum Ball: bei kurzen Entfernungen ist ein Drehschritt in die richtige Schlagstellung, u. U. in Kombination mit einem Side-Step, ausreichend. Bei Laufwegen von mehr als zwei Metern sollte der Lauf zu Beginn möglichst schnell und raumgreifend sein. Laufart und -richtung sind von der Situation abhängig (vorwärts, seitwärts, rückwärts; Laufschritte, Side-Steps, Überkreuz-Schritte). Der Blick sollte hierbei stets auf den Ball gerichtet und Gegner*in sowie Platz zudem weiterhin im peripheren Sichtfeld sein. Lediglich beim Erlaufen eines Lobs darf und muss der Gegnerin sowie dem Netz der Rücken zugedreht werden.
   Anpassungsschritte: kurz vor Erreichen der Schlagposition kleine, schnelle und gleichzeitig abstoppende Schritte, um den optimalen Stand und Abstand zum Ball zu erreichen.
2. *eine günstige Schlagstellung im optimalen Abstand zum idealen Treffpunkt des Balles bei stabilem Gleichgewicht einnehmen*

Schlagschritt: letzter, großer Schritt in die Schlagstellung. Auf Sandplätzen, und vor allem im Profitennis mittlerweile auch auf Hartplätzen, wird der Schlagschritt unter Zeitdruck und aus dem Lauf oftmals im Rutschen ausgeführt.

Schlagstellung: situativ wählen zwischen offen, halboffen und geschlossen. Man sollte ein dynamisches Gleichgewicht während des Schlags erreichen und im idealen Abstand zum Ball stehen. Typische Situationen sowie Vor- und Nachteile für die einzelnen Schlagstellungen sind in Tab. 5.1 dargestellt:

3. *Die Schlagbewegung einleiten und unterstützen*

   Tief-hoch-Bewegung: die Schlagbewegung wird aus den Beinen eingeleitet und unterstützt. Die großen Muskelgruppen der Beine und Hüfte sowie die Nutzung der Bodenreaktionskraft starten die kinematische Kette mit bestmöglicher **Koordination** der Teilimpulse von unten nach oben (Deutscher Tennis Bund, 2001).

   Gewichtsverlagerung: von hinten nach vorne, um auch hier den Schlag bestmöglich zu unterstützen.

4. *Schnellstmöglich und ökonomisch erneut in eine günstige Platzposition zurücklaufen, um den Platz abzudecken*

   Stop-Schritt/Recovery-Step: die Dynamik von Lauf und Schlag anfangen, indem nach dem Schlag ein weiterer Schritt in Lauf-Richtung gemacht wird. Gesamtes Körpergewicht wird hier stabil abgefangen und der effektive und schnelle **Richtungswechsel** eingeleitet.

   Überkreuz-Schritt /Cross-Over-Step: möglichst explosiver, raumgreifender erster Schritt, der mit einer Hüftdrehung in Laufrichtung eingeleitet wird. Grundsätzlich immer zu empfehlen, um schnellstmöglich und ökonomisch aus

Tab. 5.1 Schlagstellungen inkl. Vor- und Nachteilen sowie typischen Situationen

Schlagstellung	Vorteile	Nachteile	Typische Situationen
Offen	– mehr Oberkörperrotation möglich – mehr Vorspannung und Dynamik	– erhöhte Freiheitsgrad führt zu mehr potenziellen Fehlerquellen – schwierigere Gewichtsverlagerung von hinten nach vorne	– Lauf zur Seite – Schlag unter Zeitdruck – Return – Vorhand Topspin
Halboffen	– Mischform aus offen und geschlossen		– Lauf nach hinten – Vorhand aus dem Halbfeld ohne Zeitdruck
geschlossen/seitlich	– kontrollierter, stabiler Stand – gute Gewichtsverlagerung von hinten nach vorne möglich	– weniger Rotation und Dynamik	– Lauf nach vorne – einhändige Rückhand – Vorhand und beidhändige Rückhand ohne Zeitdruck – Slice – Volleys

der Ecke wieder in Richtung optimaler Platzposition zu gelangen. Unter Zeit-druck essenziell.

Lauf zurück zur optimalen Platzposition: zu Beginn schnellstmöglich, dann situations-abhängig. Wenn genug Zeit, dann Übergang in Side-Steps, wenn weiterhin Zeitdruck dann Laufschritte. Im Moment des gegnerischen Treff-punkts erfolgt erneut ein **Split-Step**.

5.5   Training der Beinarbeit

Das Training der **Beinarbeit** ist im ersten Schritt immer auch ein **Technik-training**. Genau wie die **Schlagtechniken** im Tennis erlernt, trainiert und gefestigt werden müssen, müssen auch die **Beinarbeitstechniken** diesen Prozess durch-laufen.

Dieser Trainings-Prozess sollte immer mit einem grundlegenden Lauf-ABC be-ginnen, um die Grundlagen für die tennisspezifischen Bewegungsmuster zu legen. Spieler sollten also zunächst alle Laufarten und Bewegungsrichtungen kennen-lernen, die auf dem **Tennisplatz** von Bedeutung sind. Dies sind Vorwärtslauf, Rückwärtslauf, Side-Steps, **Überkreuzschritte**, ein- und beidbeinige Sprünge sowie Landungen, **Richtungswechsel**, Ausfallschritte sowie eine Kombination all dieser Bewegungsarten. Jedes Bewegungsmuster sollte zudem jeweils in alle er-denklichen Richtungen gekonnt werden.

Ein weiterer Aspekt ist das Training der in Abschn. 5.1 beschriebenen **kondi-tionellen und koordinativen Fähigkeiten**. Je besser diese ausgebildet sind, desto schneller, schnell- und reaktivkräftiger und koordinierter wird die **Beinarbeit** sein.

Grundsätzlich kann und sollte das Training der **tennisspezifischen Beinarbeit** u. a., aber nicht ausschließlich, über Ergänzungsübungen in Form von **Komplex-training** in das Tennistraining integriert werden. Genau wie andere Trainings-inhalte sollte es aber auch immer wieder ins Zentrum des Tennistrainings gerückt werden. Bei bestehenden Defiziten oder besonderen Bedürfnissen der Spieler*in-nen kann und sollte die **Beinarbeit** zudem zusätzlich zum Tennistraining in Extra-Trainingseinheiten, bspw. im **Konditionstraining**, trainiert werden.

Trainingsbeispiele zum Training der **Beinarbeit** sind in Abschn. 9.9 zu finden.

Literatur

Deutscher Tennis Bund. (Hrsg.). (2001). *Tennis-Lehrplan. Bd. 1 Technik & Taktik* (8. durchges. Aufl.). BLV.

Fernandez-Fernandez, J., Sanz-Rivas, D., & Mendez-Villanueva, A. (2009). A review of the activity profile and physiological demands of tennis match play. *Strength & Conditioning Journal, 31*(4), 15–26.

Ferrauti, A., Maier, P. & Weber, K. (2016). *Handbuch für Tennistraining* (4. überarb. Aufl.). Meyer & Meyer.

Neumaier, A. (2009). *Koordinatives Anforderungsprofil und Koordinationstraining: Grundlagen, Analyse, Methodik* (3. überarb. Aufl. (Nachdruck 2009)). Sportverl. Strauß.

Weber, K., Pieper, S., & Exler, T. (2007). Charakteristik und Stellenwert der Laufschnelligkeit bei den Australian Open 2006 für Training und Verletzungsprävention. *Die Vielfalt der Sportwissenschaft* (S. 237–244).

Zuspielvariationen

6

▶ Unter dem historisch gewachsenen Oberbegriff Zuspiel werden der An- und Zuwurf, das An- und Zuspiel sowie das Mitspiel zusammengefasst. Hierbei handelt es sich um eines der wichtigsten Werkzeuge von Tennistrainer*innen, denn ein Zielgruppen-angepasstes Zuspiel ist elementar für den Lernerfolg der Trainierenden. So können gute Trainer*innen ihr Zuspiel in Bezug auf die Drallart, Frequenz, Geschwindigkeit, Höhe, Richtung und Länge jederzeit auf die Bedürfnisse der Trainierenden anpassen, um somit eine Unter- bzw. Überforderung zu verhindern. Ein solches Zuspiel kann je nach Situation ein Zu- oder Anwurf (Abschn. 6.1) aus nächster Nähe, ein Zu- oder Anspiel (Abschn. 6.2) über kurze oder lange Distanz und letztlich auch ein Mitspiel (Abschn. 6.3) im Ballwechsel sein. Hierbei beachten die Trainer*innen stets Ihre eigene Positionierung, da diese möglich realitätsnah, bezogen auf die zu trainierende Spielsituation, erfolgen sollte.

Das **Zuspiel** ist ein wichtiges methodisches Werkzeug für Trainer*innen. Neben dem klassischen **Zuspiel**, spielen auch der **Zu-** und **Anwurf**, das **Anspiel** sowie das **Mitspiel** eine entscheidende Rolle in einem gelingenden Tennistraining. Dieses methodische Instrument nutzen in erster Linie Trainer*innen, es umfasst aber auch **Zuspiel** und Zuwurf durch die Lernenden untereinander. Als Überbegriff für alle Unterarten wird der Begriff **Zuspiel** verwendet. Vom Beginn des systematischen Tennistrainings Anfang des 20. Jahrhunderts bis heute hat sich die Rolle

Ergänzende Information Die elektronische Version dieses Kapitels enthält Zusatzmaterial, auf das über folgenden Link zugegriffen werden kann https://doi.org/10.1007/978-3-662-70466-0_6. Die Videos lassen sich durch Anklicken des DOI Links in der Legende einer entsprechenden Abbildung abspielen, oder indem Sie diesen Link mit der SN More Media App scannen.

von Tennistrainer*innen und damit auch die Bedeutung und Art des **Zuspiels** gewandelt. Ausgehend von reinem Einzelunterricht haben sich vielfältige Trainingskonstellationen und -ziele entwickelt, sodass alle Arten des **Zuspiels** nun Teil des Trainer*innen-Berufs sind und beherrscht werden sollten. Daher ist ein gewisses eigenes praktisches Können seitens der Trainer*innen wichtig, um vor allem Zu- und Anspiele mit hoher Qualität durchführen zu können (Born & Meffert, 2020).

6.1   Zu- und Anwurf

Zunächst gilt es, die Begrifflichkeiten zu klären und voneinander abzugrenzen.

▶ Von Zuwurf sprechen wir immer dann, wenn Spieler*innen Bälle in Form einer Korbübung schlagen, ohne, dass daraus ein Ballwechsel mit anderen Spieler*innen entsteht. Bspw. bekommen die Spieler*innen 8–10 Bälle zugeworfen, die sie jeweils in ein festgelegtes Zielfeld platzieren sollen. Der Anwurf hingegen dient der Schaffung einer Spielsituation, aus der nach dem Anwurf dann im **Einzel** oder **Doppel** mit- oder gegeneinander weitergespielt wird. Bspw. kann durch einen Anwurf eine schwierige Situation für eine der Spielerinnen geschaffen werden, die sich aus dieser befreien muss und der Punkt danach weitergespielt wird.

Der An- und Zuwurf wird dem An- und **Zuspiel** vorgezogen, wenn die Bälle besonders genau und/oder langsam und/oder aus naher Distanz bei den Spieler*innen ankommen sollen sowie die Nähe zwischen Trainer*in und Spieler*in entscheidend ist.

Der Zuwurf wird gerne im Anfängerbereich angewendet. Die Bedingungen für den Zuwurf, welcher durch die Lehrenden grundsätzlich von unten und mit bogenförmiger Flugbahn durchgeführt wird, sollten in dieser Phase stabil sein, d. h. der Ball sollte immer gleich zugeworfen werden, damit die Trainierenden sich auf die technische Ausführung des Schlages konzentrieren können (vgl. Abschn. 3.4.1). Die genannten Bedingungen betreffen die Höhe, Länge und Geschwindigkeit des Zuwurfs. Damit diese Aspekte ideal ausgeführt werden, sollte die Distanz anfangs gering sein und erst vergrößert werden, wenn die technische Ausführung aus der ersten Distanz zufriedenstellend ist. Ein weiterer Vorteil des Zuwurfs aus geringer Distanz zu den Spieler*innen stellt die Erleichterung hinsichtlich Beobachtung, **Korrektur** und Kommunikation dar. Zudem kann zu Beginn der Ball auch wieder zum Zuwerfenden zurückgespielt werden, sodass hier direkt Zielgenauigkeit und Tempokontrolle geschult werden. Noch einen methodischen Schritt zuvor kann der Ball im Training mit Anfänger*innen auch direkt in den Treffpunkt fallen gelassen werden. Dafür stellt sich die Trainerin seitlich zum Spieler und lässt den Ball von oben fallen, sodass dieser einmal aufspringt und der Spieler den „stehenden Ball" schlägt.

Allerdings sind Formen des Zuwerfens, die man international als „Handfeeding" bezeichnet, auch dem Hochleistungstennis einzuordnen. Diese Übungen werden entweder eingesetzt, um die **Beinarbeit** des Trainierenden zu schulen, oder als **Schnellkrafttraining** für Unterarm und Handgelenk (**DVZ**), da der angeworfene Ball kaum eigene Geschwindigkeit besitzt und die Schlaggeschwindigkeit daher allein durch die Schlägerkopfbeschleunigung erreicht wird (vgl. Abschn. 9.6).

6.2   Zu- und Anspiel

▶ Auch hier unterscheiden sich die beiden Begriffe exakt wie beim Zu- und Anwurf, außer, dass der Ball nun nicht geworfen, sondern an- bzw. zugespielt wird.

Das Zu- und Anspiel der Trainer*innen wird als eine der wichtigsten Trainingsmaßnahmen angesehen. Ein gutes **Zuspiel** kann zu einem optimalen Lernerfolg des Trainierenden führen, da Trainer*innen – anders als z. B. eine Ballmaschine – das **Zuspiel** permanent anpassen können. So können bei Über- oder Unterforderung gegebenenfalls Drallart, Abspielhöhe, Richtung und Länge, Höhe, Geschwindigkeit und Frequenz, des **Zuspiels** an die Ansprüche der Trainierenden adaptiert werden (Deutscher Tennis Bund, 2004). Es ist auch möglich und oftmals zielführend, mehrere der genannten Aspekte, die im Folgenden näher beschrieben werden, miteinander zu verknüpfen.

Anpassungsmöglichkeiten des Zuspiels

Drall
Das **Zuspiel** sollte immer der Spielrealität der Spieler*innen entsprechen. Während ein **Zuspiel** ohne Drall für fortgeschrittene Spieler*innen nur selten hilfreich ist, da ihre Gegner*innen normalerweise immer mit einem gewissen Drall spielen, sind Anfänger*innen jedoch mit einem Drall-**Zuspiel** schnell überfordert. Je nach Trainingsziel kann und muss die Drallart daher bewusst stärker oder weniger stark eingesetzt sowie variiert werden.

Treffpunkthöhe
Die Höhe, aus der der Ball zugespielt wird, bestimmt u. a. die Flugbahn des Balles nach dem Absprung. Das **Zuspiel** soll in der Regel von unten erfolgen, damit der Ball im Fallen oder im Kulminationspunkt geschlagen wird und die Spieler*innen sich besser auf den Schlag vorbereiten können (Deutscher Tennis Bund, 2004). Soll der **Return** trainiert werden, macht ein **Zuspiel** von oben Sinn.

Richtung und Länge
Je nach Lernziel und Leistungsniveau werden konstante **Zuspiel**richtungen
und -längen gewählt, die zur Automatisierung der Bewegungen dienen, oder
variierende Richtungen und Längen, um insbesondere die **Beinarbeit** sowie
Antizipation und Wahrnehmung zu schulen. Bei diesen Variationen kann man
gezielt zwischen Richtungsveränderungen nach vorne und hinten sowie nach
rechts und links unterscheiden oder diese Aspekte miteinander verbinden.

Höhe
Die Höhe des **Zuspiels** hängt zum einen von der Körpergröße der Spie-
ler*innen und zum anderen vom zu trainierenden Schlag bzw. der Situation
sowie vom Trainingsziel ab. Beispiele für Schläge aus der Luft sind: Kniehöhe für tiefen Volley, Kopfhöhe für hohen Volley und über Kopfhöhe für
Schmetterball. Beispiele für Schläge nach dem Aufsprung sind: Kniehöhe
für tiefen Slice, Hüfthöhe für eine Vorhand-Topspin (Deutscher Tennis
Bund, 2004).

Geschwindigkeit
Die Geschwindigkeit des **Zuspiels** muss an das Leistungsniveau und das
Trainingsziel angepasst werden. So muss ein **Zuspiel** im **Techniktraining**
mit dem Ziel der **Stabilität** den noch unerfahrenen Spieler*innen genug Zeit
für Schlagvorbereitung und -durchführung lassen (Deutscher Tennis Bund,
2004; vgl. Abschn. 9.3). Ein **Zuspiel** im **Koordinationstraining** mit dem
Ziel, die erfahrenen Spieler*innen unter Zeitdruck zu setzen, muss hingegen
eine deutlich höhere Geschwindigkeit aufweisen (vgl. Abschn. 9.5). Zudem
sollte grundsätzlich die **Zuspiel**-Geschwindigkeit zur Spielrealität der Spie-
ler*innen passen, sich also an den Geschwindigkeiten der potenziellen
Gegenspieler*innen orientieren.

Frequenz
Die Frequenz des **Zuspiels** sollte sich grundsätzlich am normalen Spiel-
rhythmus orientieren, d. h. Trainer*innen sollten den nächsten Ball anspielen, sobald der vorherige Schlag auf ihrer Seite aufspringt. Je nach
Trainingsziel kann oder muss die Frequenz allerdings auch angepasst werden. Gerade im **Techniktraining** kann eine deutlich verlangsamte Frequenz
sinnvoll sein. Zur Reaktionsschulung oder Erhöhung der Druckbedingungen
kann diese ebenso gesteigert werden (vgl. Abschn. 9.5).

Position der Zuspielenden
Zuletzt sollte auch die Position, aus der zu- oder angespielt wird, bedacht
werden. Diese sollte vor allem möglichst realistisch sein, d. h. aus einer
Platzposition erfolgen, die möglichst nah an der zu trainierenden Spielsituation ist. Bspw. sollten Volleys aus einer Position an oder hinter der

Grundlinie angespielt werden, da in den meisten Fällen auch aus diesem Bereich des **Tennisplatzes** ein Passierball gespielt wird. Soll ein Cross-Duell trainiert werden, so sollte das Zu-oder Anspiel dementsprechend auch aus der Cross-Richtung erfolgen. Dies führt im Idealfall dazu, dass Trainer*innen während des **Zuspiels** ihre Position anpassen.

Ein Beispiel für angepasste Zuspiele hinsichtlich nahezu aller oben genannten Aspekte finden Sie im Video in Abb. 6.1:

6.3 Mitspiel

Das Mitspiel geschieht immer aus dem Ballwechsel heraus. Die Bälle werden nun nicht mehr nur einzeln zugespielt oder für einen Ballwechsel mit anderen Spieler*innen angespielt, sondern von den Trainer*innen in einem Ballwechsel, dem Trainingsziel und Leistungsniveau angepasst, zurückgespielt. So entsteht bereits durch das Spielen miteinander ein „aufgabenorientiertes Üben" (Schönborn, 2006, S. 87). Vor allem im Einzeltraining ist dies eine entscheidende Kompetenz von Trainer*innen, die daher u. a. auch Teil der Prüfungen der Trainerausbildungen sind. Aber auch in Gruppenkonstellationen kann es Sinn ergeben, dass sich Trainer*innen als Mitspieler*innen einbringen, bspw. wenn bestimmte Situationen geschaffen werden sollen oder die Spieler*innen noch nicht gut genug miteinander spielen können. Nicht zuletzt werden Trainer*innen durch ihr Mitspiel dem Grundgedanken des **Play+Stay** (vgl. Abschn. 7.3) gerecht, von Anfang an Tennis zu *spielen*.

Abb. 6.1 Video „Zuspiel-Variationen" (▶ https://doi.org/10.1007/000-dky)

Literatur

Born, P., & Meffert, D. (2020). Moderne spiel- und wettkampforientierte Vermittlungskompetenz im Tennis. *Vermittlungskompetenz in Sport, Spiel und Bewegung: Sportartspezifische Perspektiven,* 218–227.

Deutscher Tennis Bund. (Hrsg.) (2004). *Tennis-Lehrplan. Bd. 2, Unterricht & Training* (8. durchges. Aufl.). BLV.

Schönborn, R. (2006). *Optimales Tennistraining: Der Weg zum erfolgreichen Tennis vom Anfänger bis zur Weltspitze*. Spitta.

Methodik, Didaktik, Organisation

7

▶ Bei der Vermittlung im Tennis wird aktuell je nach Zielgruppe zwischen den zwei vorherrschenden methodischen Konzeptionen (Abschn. 7.2), dem spielorientierten und dem technikorientierten Ansatz unterschieden, wobei eine Mischform beider Methoden empfehlenswert ist. Generell wird die Auswahl durch die Zielgruppe beeinflusst. So sollten bspw. Anfänger*innen im Kindesalter zu Beginn überwiegend spielorientiert unterrichtet werden, während leistungsbezogene Jugendliche bzw. Erwachsene auf technikorientierte Vermittlung nicht verzichten können. Die ganzheitliche Vermittlung bspw. ist für die Grundschläge und Volleys zielführend, jedoch bietet sich z. B. bei der Vermittlung des Aufschlags auch die Teillern- bzw. Zergliederungsmethode an. Für Kinder (Tennis 10s) und Jugendliche sowie erwachsene Anfänger*innen (Tennis Xpress) wurde von der ITF das Play+Stay Konzept (Abschn. 7.3) eingeführt, welches angepasste Platzgrößen und Tennisschläger, druckreduzierte Tennisbälle sowie modifizierte Zählweisen und Wettkampf-Modi umfasst, wodurch sichergestellt werden soll, dass von Beginn an das „Punkte spielen" und der Spaßfaktor im Vordergrund stehen. Im Rahmen einer jeden Vermittlung sollten Möglichkeiten zur (Binnen-) Differenzierung (Abschn. 7.4) bestehen. Hierbei bietet sich das CHANGE IT Modell an, welches die diversen Stellschrauben veranschaulicht. Tennistraining wird im Einzeltraining, aber auch im Gruppen- bzw. Großgruppentraining geplant und angeboten (Abschn. 7.5), sowohl wöchentlich, aber auch gerne in Form von Tenniscamps (Abschn. 7.6) über einen kurzen Zeitraum.

© Der/die Autor(en), exklusiv lizenziert an Springer-Verlag GmbH, DE, ein Teil von Springer Nature 2025
P. Born et al., *Tennis – Das Praxisbuch für Studium, Training und Freizeitsport*, Sportpraxis, https://doi.org/10.1007/978-3-662-70466-0_7

7.1 Zielgruppen

Ein entscheidender Faktor für die Organisation von Tennisunterricht sowie die Auswahl der passenden methodisch-didaktischen Maßnahmen ist die Zielgruppe.

> Zunächst können verschiedene Interessentengruppen unterschieden werden, die dementsprechend unterschiedliche Motive haben, Tennis zu spielen: u. a. die Gruppe der Geselligen, der Sportlichen, der Lerninteressierten sowie der Leistungssport-, Service- oder Gesundheits-orientierten. All diese Interessen gilt es zu berücksichtigen sowie Trainings-Angebot und -Inhalt anzupassen.

Desweiteren spielt natürlich das Alter der Spieler*innen eine große Rolle, sodass auch hier Anpassungen vorgenommen werden müssen (vgl. Abschn. 7.3). Wenn wir von Alter sprechen, so muss im Kinder- und Jugendtennis neben dem kalendarischen Alter auch immer das biologische sowie das Trainingsalter in alle Überlegungen hinsichtlich Talentbestimmung, Trainingseinteilung, -inhalt und -umfang mit einbezogen werden.

> Besondere Aufmerksamkeit gilt den kritischen Altersbereichen:
>
> - 1–6 Jahre (Vorschulalter): erster Kontakt mit der Sportart Tennis; Oftmals wird hier bereits eine „Lieblingssportart" gefunden; Starker Bewegungsdrang bei geringer Konzentrationsfähigkeit
> - 20–40 Jahre (junge Erwachsene): Höchstleistungsalter wird erreicht; Den hohen „Drop-out"-Quoten aufgrund beruflicher und familiärer Verpflichtungen entgegenwirken; Wiedereinsteiger*innen als interessantes Klientel.
> - Senioren: Durch die vorherrschende Demografie und Tennis als Lifetime Sport eine zunehmend große und wichtige Zielgruppe; oftmals hoch motiviert und kompetitiv; Gesundheitliche Einschränkungen und Vorerkrankungen beachten.

Ein weiterer Aspekt ist die Inklusion. Tennis ist ein Sport für alle Menschen (siehe dazu auch Abschn. 1.7) und sollte auch genauso gelebt und angeboten werden. Es gilt also, evtl. Hürden zu beseitigen und allen Menschen den Zugang zum Tennis zu ermöglichen.

7.2   Methodische Konzeptionen

Ist die Zielgruppe klar, rücken die Überlegungen hinsichtlich des didaktischen sowie methodischen Vorgehens in den Fokus. Es wird also festgelegt, was (Didaktik) gemacht wird und wie (Methodik) dies umgesetzt wird.

Die **spielorientierte** sowie die **technikorientierte Konzeption** sind die aktuell vorherrschenden methodischen Konzeptionen der Tennisvermittlung. Angelehnt an den DTB-Lehrplan sind die beiden Konzeptionen in Abb. 7.1 aus Sicht der Autoren sehr übersichtlich dargestellt (Deutscher Tennis Bund, 2004). Während die **spielorientierte Konzeption** sowohl induktiv, also ausprobierend und Spieler*innen-zentriert, als auch deduktiv, also vorgebend und Trainer*innen-zentriert, durchgeführt werden kann, so lässt sich die **technikorientierte Konzeption** zunächst in ein ganzheitliches und ein zergliedertes Vorgehen unterteilen. Beide Vorgehensweisen können wiederum induktiv und/oder deduktiv durchgeführt werden. Ganzheitlich meint hierbei, eine **Technik** von Beginn an im Gesamten zu erlernen, bspw. den Volley, der eine geringe technische Komplexität aufweist. Dieses Vorgehen ist grundsätzlich zu bevorzugen (Deutscher Tennis Bund, 2004). Zergliedert bedeutet eine komplexere **Technik,** in einzelne Teilbewegungen zu unterteilen, um diese zunächst getrennt voneinander zu erlernen und zu üben, und erst danach die einzelnen Teile nach und nach zusammenzuführen. Ein gutes Beispiel ist hierfür die hochkomplexe **Aufschlagtechnik**, die zunächst als Basis-Version ohne Ausholbewegung direkt „aus dem Rucksack" heraus gelernt werden kann. Als nächster Schritt kann dann die Auftaktbewegung, bestehend aus der Schlägerrückführung bis in die Heiligenschein-Position mit gleichzeitigem stabilem Anwurf, geübt werden, bevor als letzter Schritt beide Teilbewegungen zur Gesamtbewegung zusammengeführt werden (vgl. Abschn. 3.3.1.4).

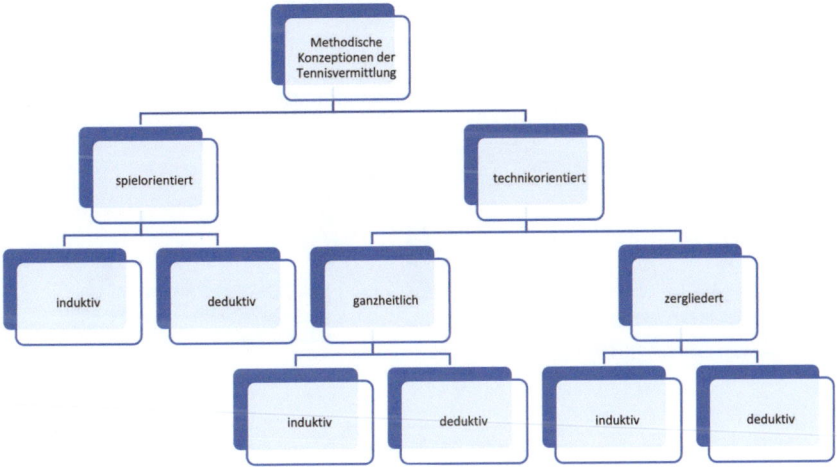

Abb. 7.1 Methodische Konzeptionen in der Tennisvermittlung (eigene Abbildung nach Deutscher Tennis Bund, 2004, S. 27)

▶ Bei der **spielorientierten Konzeption** „steht die Verwirklichung des Spiel-
gedankens" (Deutscher Tennis Bund, 2004, S. 27) im Mittelpunkt, d. h. die
Spieler*innen spielen von Anfang an mit- oder gegeneinander Tennis bzw. ab-
gewandelte und/oder vereinfachte Formen von Tennis.

Die Vereinfachungen bzw. Abwandlungen des Zielspiels Tennis können anhand des Spielfelds, der Regeln oder auch anhand der Materialien erfolgen (vgl.
Abschn. 7.3). Mit zunehmender Erfahrung und Spielfähigkeit der Spieler*innen
kann innerhalb dieser Spielreihe schrittweise auf die Vereinfachungen verzichtet
werden, sodass man dem regelgerechten Zielspiel Tennis immer näherkommt.
„**Technik** und **Taktik** entwickeln sich im Spiel" (Deutscher Tennis Bund, 2004,
S. 28).

▶ Im Fokus der **technikorientieren Konzeption** wiederum steht die Vermittlung
der für das Zielspiel Tennis nötigen technischen Fertigkeiten.

Die unter taktischen Gesichtspunkten „schrittweise Einführung, Verbesserung und
Erweiterung der einzelnen **Techniken**" verbessert demnach „auch die Qualität des
Spiels" (Deutscher Tennis Bund, 2004, S. 28).
   Die genannten methodischen Konzeptionen und Verfahren sollten je nach Lernziel und -situation ausgewählt und zu einer **integrativen Konzeption** kombiniert
werden, um den gewünschten Lernerfolg erzielen zu können. Diese Methoden-
vielfalt zeichnet kompetente Tennistrainer*innen aus. Sie können aus einem großen Repertoire an Verfahren und Methoden schöpfen, die sie situations-, ziel-
und adressatengerecht mit großer Empathie anwenden (Born & Meffert, 2020).
Diese **integrative Konzeption**, die mit Übungs- und Spielreihen beide Ansätze
zu vereinen sucht, kann mit dem Bild der Haupt- und Nebenstraßen der Tennisvermittlung beschrieben werden (vgl. Abb. 7.2.). Die Hauptstraße ist hierbei

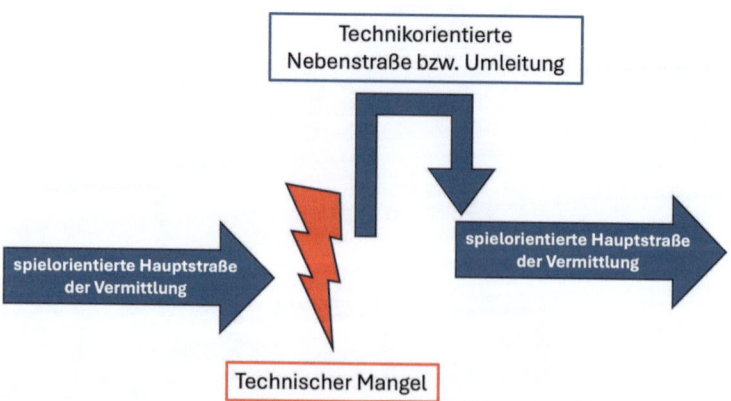

Abb. 7.2 Die spielorientierte Konzeption als Hauptstraße der Tennisvermittlung, die technikorientierte Konzeption als Nebenstraße bzw. Umleitung

die Entwicklung der Spielfähigkeit mithilfe der **spielorientierten Konzeption**. Die **technikorientierte Konzeption** bildet die Nebenstraße – oder auch Umleitung -, die immer dann befahren wird, „wenn technische Mängel oder Fehler dem spielorientierten Vorgehen im Wege stehen. Immer mit der Zielsetzung, […] schnellstmöglich wieder auf die Hauptstraße zurückzukehren […]. Weltweit und umfassend umgesetzt wird diese **integrative Konzeption** durch die Initiative **Play+Stay**" (Born & Meffert, 2020, S. 224).

Beispiel

Ein Beispiel für die notwendige Nutzung der Nebenstraße bzw. Umleitung wäre eine technikorientiere methodische Übungsreihe zum **Aufschlag**, damit dieser anschließend im spielorientierten Vorgehen entweder erstmalig integriert oder verbessert eingesetzt werden kann. ◀

Eine Fokussierung auf lediglich eine der beiden Konzeptionen sollte nur in Ausnahmefällen erfolgen, bspw. wenn die Spieler*innen dies ausdrücklich wünschen bzw. einfordern oder ein bestimmter Lerninhalt dies fordert.

Innerhalb der **integrativen Konzeption** gilt es zudem, das passende methodische Verfahren zu wählen. So kann beschreibend und vorgebend, also deduktiv, oder ausprobierend, also induktiv, vorgegangen werden, wobei auch hier eine Mischung aus beiden Vorgehensweisen als sinnvoll erachtet werden kann.

Die induktive Vorgehensweise lässt die Spieler*innen selbst ausprobieren und nimmt sie hinsichtlich der Auswahl von Trainingszielen, -inhalten und -methoden mehr in die Eigenverantwortung, mit dem Ziel, dass die Spieler*innen eigene Lösungswege finden. Hierbei werden eventuelle Verzögerungen und Umwege im Lernprozess zugunsten der Förderung des selbstständigen Suchens in Kauf genommen. Es stehen die Bewegungsaufgabe und der Lernprozess im Mittelpunkt. Hier kann das Bild von sehr weit auseinander aufgestellten Leitplanken dienen, zwischen denen sich die Spieler*innen im Lernprozess hin und her bewegen, was neben den oben genannten positiven Auswirkungen aber auch mehr Zeit in Anspruch nimmt und nicht immer im erwünschten **Technik**- oder Spiel-Ziel mündet.

Einen gegenteiligen Ansatz verfolgt das deduktive Verfahren, bei dem die Spieler*innen die Fortschritte im Lernprozess, bezogen auf die motorischen Lernziele, möglichst schnell und effektiv erreichen sollen, indem u. a. Spiele, Spielformen und Bewegungsausführungen vorgeschrieben werden. Hier sind die Leitplanken also sehr eng gesetzt und das Lernprodukt steht im Mittelpunkt (vgl. Abb. 7.3).

Trainer*innen sind im induktiven Vorgehen also mehr Aufgabensteller*innen und Lernbegleiter*innen und im deduktiven Vorgehen deutlich mehr mit Bewegungsvorgaben, (**Technik**-) **Demonstration** sowie **Korrektur** und Feedback beschäftigt.

Die Auswahl der richtigen Konzeption, Methode, Vorgehensweise sowie der richtigen Mischung aus diesen ist von vielen Variablen abhängig, u. a. der Zielgruppe, dem Trainingsziel, dem Inhalt, der vorhandenen Zeit und dem Trainer*innen-Typ

Abb. 7.3 Eng gesetzte
Leitplanken im deduktiven
Vorgehen (links) und breit
gesetzte Leitplanken im
induktiven Verfahren (rechts)

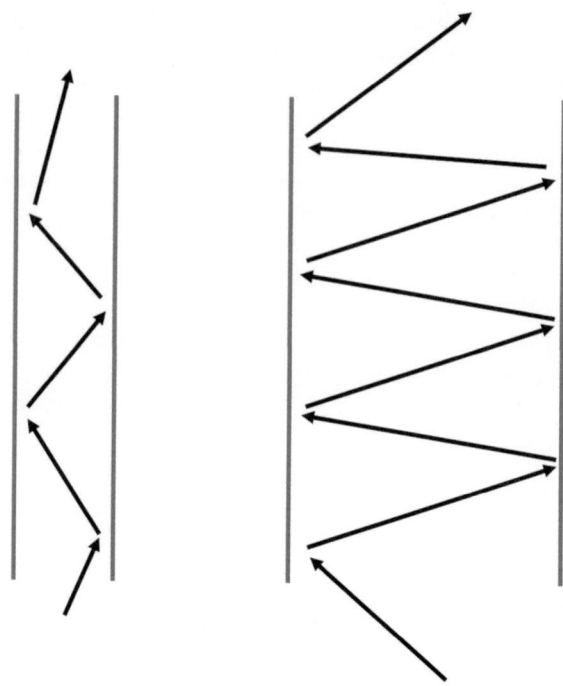

„Um Tennis [also] […] modern vermitteln zu können, sollte der Trainer eine grundlegende Methodenkompetenz und innerhalb dieser die Kenntnis und sichere Anwendung verschiedener Vermittlungsmodelle im Tennis vorweisen können" (Born &
Meffert, 2020, S. 224).

7.3   Play+Stay

▶ Übersetzt ins Deutsche kann man „**Play+Stay**" am sinnvollsten mit
„spielen+dabeibleiben" wiedergeben und benennt damit sehr treffend die beiden Hauptfaktoren der im Jahre 2007 von der **ITF** ins Leben gerufenen internationalen Kampagne. Spieler*innen jeden Alters sollen mithilfe von **Play+Stay**
schnellstmöglich Tennis spielen lernen sowie durch die sowohl schnellen als auch
anhaltenden Erfolgserlebnisse und Lernfortschritte langfristig beim Tennissport
bleiben und im Idealfall den Lifetime Sport Tennis (Ferrauti et al., 2014) für sich
entdecken.

In Deutschland, wie auch in vielen anderen Nationen weltweit, wurden bereits in
den 1970er Jahren erste, zu Beginn noch sehr technikorientierte, methodische Ansätze im Kindertennis eingeführt, die zum einfacheren Einstieg ins Tennis ver-
helfen sollten. 1977 wurde dann die erste spielorientierte Theorie veröffentlicht,

die beginnend in den 1980er Jahren mit den ersten angepassten Spielmaterialien umgesetzt wurde. So wurden druckreduzierte Bälle, kleinere und leichtere Schläger sowie kleinere Felder mit angepassten Netzen entwickelt und im sogenannten Kleinfeldtennis für die jüngsten Tenniseinsteiger*innen genutzt (Born et al., 2017). Hintergrund der Anpassungen ist, dass ein Mit- oder Gegeneinander-Spiel für die meisten Anfänger*innen nur durch an ihren Leistungsstand angepasste Lernbedingungen überhaupt möglich ist. Die druckreduzierten Bälle weisen eine deutlich verlangsamte Flugkurve und einen niedrigeren und dadurch einfacher zu spielenden Ballabsprung auf. Angepasste, d. h. kürzere und leichtere Schläger sind wiederum in der Handhabung erheblich einfacher (vgl. Abb. 7.4). Zuletzt erleichtert auch der Start im Kleinfeld sowie die anschließende progressive Spielfeldvergrößerung über das Mid- zum Großfeld nochmals das kontrollierte Mit- und Gegeneinander Spielen, sodass sowohl das übergeordnete Ziel der Spielfähigkeit als auch eine gesunde und zielführende **Technik**entwicklung erreicht werden können.

Ausgelöst durch die weltweit rückgängige Anzahl an Tennisspieler*innen in allen Altersklassen und vor allem einer hohen Anzahl an Menschen, die nach

Abb. 7.4 Play+Stay-Material: Schläger der Größe 25 und 26 sowie rote, orangene und grüne Bälle (links), roter Ball (rechts) (Foto Jens Wenzel)

einer kurzen Zeit das Tennisspielen wieder aufgaben, entwickelte die **ITF** die **Play+Stay**-Kampagne, die im Jahre 2007 weltweit vorgestellt und in den folgenden Jahren in den Nationen und Verbänden eingeführt und weiterentwickelt wurde. **Play+Stay** gab den bereits existierenden Ideen der Vereinfachung und Zugänglichmachung einen offiziellen und übergeordneten Rahmen, indem die **ITF** als Weltverband zunächst über das Programm „**Tennis 10s**" (siehe auch Abschn. 7.3.2) bestimmte Dinge im offiziellen Regelwerk festhielt.

Beispiel

Im offiziellen **ITF** Regelwerk ist u. a. festgehalten:

- Offizielle Einführung alternativer **Zählweisen** und Wettkampfformen (u. a. Kurzsätze, **Tiebreak**-Turniere, Spiel auf Zeit).
- Festlegung der reduzierten Spielfeldgrößen und druckreduzierten Bälle für die Altersbereiche 10 Jahre und jünger.
- Mögliche Einbindung von Athletik-Aufgaben, welche in die Gesamtwertung mit einfließen, bei der Durchführung von Tennis Wettkämpfen. ◄

Durch diese klaren Vorgaben wurde und ist **Play+Stay** das grundlegende Konzept für Kindertennis. Kinder bekommen die Möglichkeit, angepasst an ihre körperlichen Voraussetzungen und unter dem Leitsatz „Serve, rally and score from the first lesson" („Aufschlagen, mit-/gegeneinander spielen und Punkte zählen von der ersten Stunde an") Tennis von Beginn an zu spielen (International Tennis Federation, 2012). Die bereits weiter oben beschriebene **spielorientierte Konzeption** (vgl. Abschn. 7.2) kann durch die angepassten Voraussetzungen ideal umgesetzt werden (vgl. Abb. 7.5) und wird, wenn nötig, durch sinnvolle technikorientierte Anteile innerhalb des Trainings ergänzt.

Die drei Stufen des Play+Stay-Konzepts werden im Folgenden kompakt zusammengefasst.

Stufe Rot
- Für Kinder zwischen 5 und 8 Jahren sowie Erwachsene Anfänger.
- 75 % druckreduzierte und größere Bälle, die langsamer fliegen und niedriger abspringen und dadurch mehr Zeit zur Wahrnehmung, Berechnung und Positionierung bieten. Meistens zweifarbig, gelb-rot.
- Kleinfelder mit den Abmessungen $11 \times 5{,}5$ m bis 11×6 m, entspricht einem Feld von Doppellinie zu Doppellinie eines normalen Tennisfeldes. Die eigentliche Grundlinie und Aufschlaglinie dienen als Seitenlinien, die Einzellinie als Aufschlaglinie (vgl. Abb. 7.6).
- Die Schlägergröße für die normalerweise 5–8-jährigen Kinder in der roten Stufe ist immer abhängig von deren Körpergröße. Gängig in diesem Altersbereich sind die Kinderschlägergrößen 19, 21 und 23.

Abb. 7.5 Umsetzung eines Grundsatzes von Play+Stay, miteinander spielen unter vereinfachten Bedingungen (Foto Jens Wenzel)

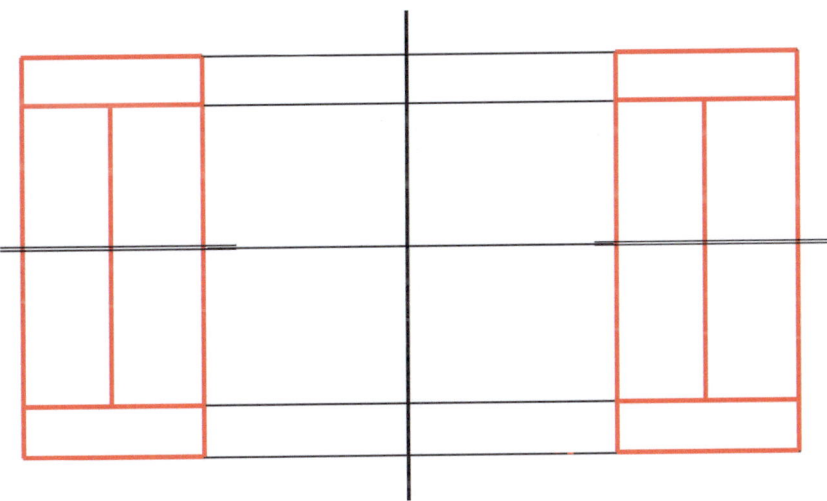

Abb. 7.6 Red Courts

Stufe Orange

- Für Kinder zwischen 7 und 11 Jahren und Erwachsene Anfänger.
- Ca. 50 % druckreduzierte gelbe Bälle mit normalem Tennisballumfang, die zur Unterscheidung zu anderen Bällen einen orangenen Punkt tragen.
- Das Spielfeld, der Midcourt, ist 18 m lang und 6,5 bis 8 m breit. 8 m Breite entspricht hierbei der Breite des normalen Tennisfeldes. Bei der Breite von 6,5 m werden die Einzellinien eingerückt, sodass die Seitenverhältnisse im Vergleich zum Großfeld vergleichbar bleiben (vgl. Abb. 7.7).
- Die empfohlenen Schlägergrößen für die 7–11-Kinder sind die Kindergrößen 21, 23 und 25.

Stufe Grün

- Für Kinder zwischen 8 und 15 Jahren und Erwachsene Anfänger.
- Ca. 25 % druckreduzierte Bälle, die den Übergang vom Midcourt zum Großfeld erheblich erleichtern.
- Reguläres Tennisfeld.
- Die empfohlene Schlägergröße für die 8–15-Jährigen sind die Kindergrößen 25 und 26 sowie teilweise auch normale Erwachsenenschläger mit geringerem Gewicht (bis max. 300 g) (International Tennis Federation, 2012).

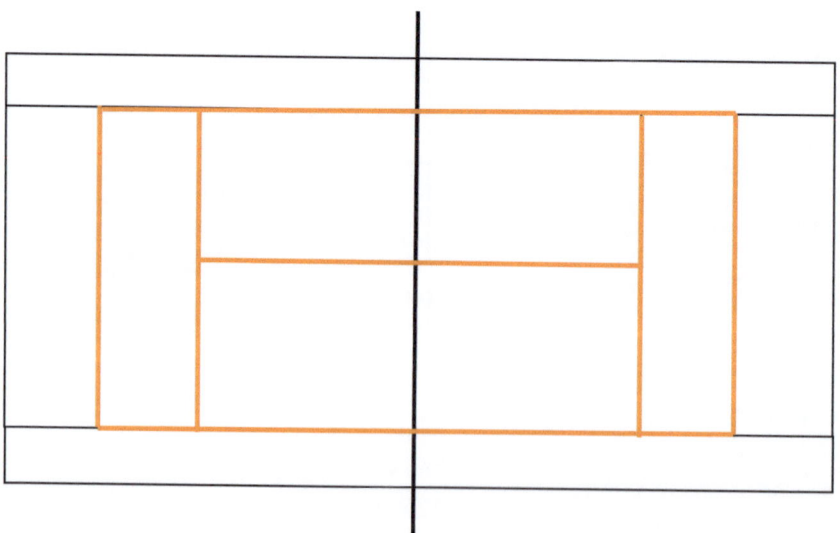

Abb. 7.7 Orange Court

Wie bereits erwähnt, wurde auch die Wettkampflandschaft durch die Einführung von **Play+Stay**, gemäß dem Leitsatz „competition runs the sport" („Wettkampf treibt den Sport an"), positiv verändert und vor allem erweitert. So spielen seitdem auch die unter 10-jährigen **Mannschaftsspiele** – bestehend aus **Einzel, Doppel** und teilweise auch Mixed –, alles natürlich in „ihren" Spielfeldern vom roten Platz über den orangenen Platz bis hin zum grünen Platz. Ergänzt werden die Tennis-matches häufig zudem durch unterschiedliche Motorik-Übungen und Sportspiele, die mit in die Wertung eingehen, um der breiten motorischen Grundlagenaus-bildung in diesem Altersbereich gerecht zu werden (Weineck, 2010). Neben den **Mannschaftsspielen** ist vor allem die Anzahl der Turniere in allen Alters- und Leistungsbereichen durch die Regelanpassungen im Zuge der **Play+Stay**-Kam-pagne enorm gestiegen. So finden mittlerweile nicht nur deutlich mehr Turniere, sondern vor allem auch Turniere für alle Anspruchsgruppen statt, u. a. Tages-turniere mit zwei Matches an einem Tag, Halbtages-Turniere mit Gruppenspielen im **Tiebreak**-Modus, LK-Turniere und **Doppel**turniere.

Ein weiteres Element, welches auf Basis der **Play+Stay**-Kampagne über-arbeitet und für ein breiteres Publikum zugänglich gemacht wurde, ist das **DTB Tennis Sportabzeichen**. In diesem tennisspezifischen Test haben Spieler*innen die Möglichkeit, ihre Fähigkeiten in ihrer Stufe (rot, orange, grün, gelb) unter Be-weis zu stellen, Punkte zu sammeln und sich am Ende eine Bronze-, Silber- oder Gold-Urkunde bzw.- Medaille zu erspielen.

Die einzelnen Aufgaben des DTB Tennis Sportabzeichen umfassen:

1. Vorhand und Rückhand mit Richtungskontrolle: cross und longline
2. Volleys mit Richtungs- und Längenkontrolle: kurz-cross und lang-long-line
3. Aufschläge mit Zielgenauigkeit und Geschwindigkeit
4. Fächerlauf für Schnelligkeit und schnelle Richtungswechsel

7.3.1 Low-T-Ball

Noch bevor Kinder beim Tennis das Spielen über ein Netz erlernen, ist es me-thodisch sinnvoll, mit dem rollenden Ball zu beginnen, bevor zum springenden Ball übergegangen werden kann. In diesem Zusammenhang ist vor allem das so-genannte **Low-T-Ball** zu nennen, ein Spiel, bei dem die Kinder einen großen und leichten Ball unter einem (Holz-)Netz mithilfe von Tennisschlägern hockeyartig hin und her rollen. Dabei begrenzen seitliche (Holz-)Banden das Spielfeld (siehe Abb. 7.8). Diese Spielform eignet sich neben dem (Anfänger-)Kindertraining

Abb. 7.8 Low-T-Ball Anlage

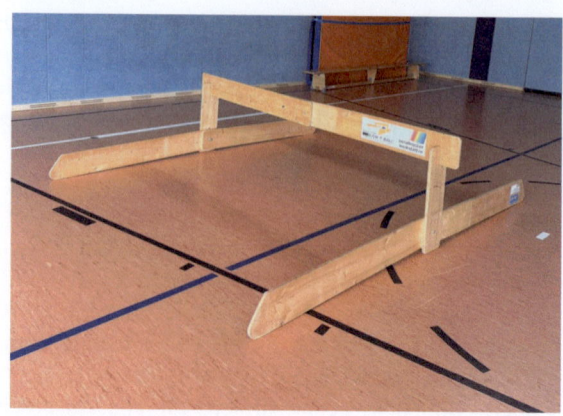

im Verein auch besonders für den (Grund-)Schulunterricht, bei dem das Spielfeld auch sehr leicht mit Holzkästen und Holzbänken nachgebaut werden kann. Die Spielidee ist, zu Beginn miteinander und im späteren Verlauf gegeneinander einen Ball mithilfe des Tennisschlägers hin und her zu rollen. Hierbei benutzen die Kinder intuitiv bereits die (richtige) seitliche Beinstellung sowie die Zuschlagbewegung für das Rollen des Balles, die in großen Teilen der späteren Hauptaktion eines Vorhand -bzw. Rückhand-Grundschlages gleicht. Zusätzlich werden spielerisch die **Beinarbeit** und erste taktische Grundgedanken erlernt bzw. intuitiv angewendet.

7.3.2   Tennis 10s

Unter dem Namen **Tennis 10s** hat die **ITF** den Leitfaden für Kindertennis im Alter von 5 bis 10 Jahren zusammengefasst (International Tennis Federation, 2012). Die oben bereits vorgestellten drei Stufen Rot, Orange und Grün inklusive der dazugehörigen Richtlinien bilden dabei das Fundament. Der **DTB** und in der Folge auch alle Landesverbände veranstalten alle Turniere bzw. Wettkämpfe anhand der Vorgaben dieses Leitfadens. So ist es beispielsweise verpflichtende Vorgabe, dass auf den jeweils zur Stufe gehörenden Platzmaßen mit den passenden Bällen gespielt werden muss. Auch bezüglich des **Wettkampfformates**, der **Match- bzw. Turnierdauer** und der anzuwendenden **Zählweise** gibt es Empfehlungen und teils auch klare Vorgaben (s. Tab. 7.1; International Tennis Federation, 2012).

Tab. 7.1 Zählweisen, Match- und Turnierdauer für die drei Stufen des Play+Stay (eigene Tabelle nach International Tennis Federation, 2012)

Stufe und Alter	Zählweise	Æ Matchdauer	Turnier-dauer
Rot, 5-6 Jahre	Tiebreak bis 7, entscheidender Punkt bei 6-6	7 Minuten	1-2 Std.
Rot, 7-8 Jahre	Matchtiebreak bis 10, entscheidender Punkt bei 9-9 oder 2 Punkt Vorsprung	10 Minuten	2-3 Std.
Orange, 8-10 Jahre	Tiebreak bis 7 (2 Punkte Vorsprung)	10 Minuten	2-4 Std.
Orange, 8-10 Jahre	Matchtiebreak bis 10 (1 oder 2 Punkte Vorsprung)	13 Minuten	
Orange, 8-10 Jahre	2 Tiebreaks (kann Unentschieden enden)	18 Minuten	
Orange, 8-10 Jahre	2 Gewinn Tiebreaks	25 Minuten	
Grün, 9-10 Jahre	Tiebreak bis 7	10 Minuten	3-5 Std.
Grün, 9-10 Jahre	Matchtiebreak bis 10	13 Minuten	
Grün, 9-10 Jahre	2 Tiebreaks (kann Unentschieden enden)	18 Minuten	
Grün, 9-10 Jahre	2 Gewinn Tiebreaks	25 Minuten	3 Std. - 2 Tage
Grün, 9-10 Jahre	Ein kurzer Satz bis 4, mit Tiebreak bei 4-4	20 Minuten	
Grün, 9-10 Jahre	Zwei Kurzsätze bis 4, Tiebreak bei 4-4	50 Minuten	

7.3.3 Tennis Xpress

Nach der Einführung des **Tennis 10s** für den Kinderbereich entstand, aus der Anwendung des **Play+Stay**-Konzepts mit Erwachsenen heraus, **Tennis Xpress,** ein 6-Wochen- bzw. 9-h-Programm für den Einstieg in den Tennissport für Erwachsene Anfänger*innen (ITF, 2013). Hierbei handelt es sich um ein Kursprogramm, welches durch seinen Umfang und die Inhalte ein möglichst schnelles Erlernen der Sportart bezüglich Basis**technik**, **Taktik** und Regelwerk bei gleichzeitigem Erwerb der Spielfähigkeit sicherstellen soll. Es handelt sich um 9 h, aufgeteilt auf 6 Einheiten in 6 Wochen zu je 90 Min., wobei auf dem ganzen Feld mit den dafür konzipierten 25 % druckreduzierten grünen Bällen gespielt wird. Hierbei gilt es wie bei jedem Tennistraining, die individuellen Voraussetzungen der Trainierenden zu beachten und gegebenenfalls auf orange- oder rote Bälle zurückzugreifen. Generell sollte die individuelle Entwicklung beachtet werden (International Tennis Federation, 2013). Innerhalb dieser Trainingseinheiten bekommen die Teilnehmer*innen Tennis mit viel Spaß sowie auf einem leichten und aktiven Weg vermittelt, während ebenfalls darauf wertgelegt wird, dass genügend Zeit für das praktische Üben des Tennisspiels bleibt (International Tennis Federation, 2013).

7.4 Differenzierung

Nicht jeder Mensch hat die gleichen Voraussetzungen, daher ist es unerlässlich, die Trainingsinhalte auf die jeweiligen Anforderungen anpassen zu können. **Differenzierung** kann also als ein methodisch-didaktisches „Must-Do" bezeichnet werden.

An erster Stelle sollten deshalb alle bekannten **Vermittlungskanäle** beherrscht und angewendet werden. Je nach Zielgruppe (Alter, Leistungsstand, Lerntyp) und Inhalt sind verbale, visuelle oder taktile Hinweise bzw. **Korrekturen** anzuwenden. Dies kann sowohl isoliert als auch in Kombination der Fall sein. Zudem erweisen sich Lernhilfen oftmals als zusätzlicher Mehrwert. Auch innerhalb einzelner Trainingsgruppen kann es von Nöten sein, für die Trainierenden unterschiedliche **Vermittlungskanäle** zu bedienen. So können unterschiedliche Lerntypen bei der Vermittlung des Stundenthemas auf verschiedenen Wegen Lernerfolge erzielen. Zudem bestehen nicht selten Leistungsunterschiede innerhalb einer oftmals heterogenen Trainingsgruppe, sowohl was die Gesamtspielfähigkeit angeht, als auch bezüglich spezifischer Inhalte. In solchen Fällen stellt eine sinnvolle methodisch-didaktische **Differenzierung** den Lernerfolg und Spaß für alle Trainierenden sicher, da so eine Unter- bzw. Überforderung einzelner Teilnehmer*innen vermieden werden kann. Als ein bekanntes Modell in diesem Kontext ist u. a. das **CHANGE-IT-Modell** zur inneren Differenzierung zu nennen (Born et al., 2018), welches die Möglichkeiten für Trainer*innen anhand verschiedener Stellschrauben zusammenfasst. Hierbei steht wie beim **Play+Stay**-Konzept immer der Spielgedanke im Vordergrund. Mögliche Änderungen an der **Zählweise**, den Spielregeln oder dem Material sollen die schnelle und Freude bereitende Spielfähigkeit für alle Trainierenden sicherstellen. Dieses **Differenzierungs**-Modell ist nach dem Akronym **CHANGE-IT** benannt, welches in Tab. 7.2 näher erläutert wird.

Im Allgemeinen bestehen vielfältige Anforderungen an das Tennistraining bzw. die Trainer*innen, die es nach Möglichkeit gilt, alle zu bedenken und zu lösen. Hierzu zählen der Umgang mit einer oft vorhandenen Heterogenität innerhalb einer Trainingsgruppe und den unterschiedlichen Zielgruppen bzw. Wünschen der Trainingsgruppen, eine Sicherstellung angemessener Bewegungs-, Lern- und Spielzeit für alle Trainierenden und eine genaue bzw. gut angepasste Belastungssteuerung. Die Kombination dieser Aspekte hat für Trainer*innen zur Folge, dass sowohl eine hohe kommunikative Kompetenz als auch Organisationskompetenz, adressaten- und aufgabengemäße Zu- und An- bzw. Mitspielpräzision sowie Fachwissen zu den Differenzierungsstellschrauben vorhanden sein sollten. Tennis gilt als schwer erlernbare Sportart, die technisch anspruchsvoll ist (Deutscher Tennis Bund, 2001), wodurch Anfänger*innen in der Vergangenheit

Tab. 7.2 CHANGE-IT-Modell (nach Born et al., 2018)

C	=	Coaching Style
H	=	How to score
A	=	Area (Playing Area)
N	=	Number of Players
G	=	Game Rules
E	=	Equipment
I	=	Inclusion
T	=	Time

oftmals frustriert wieder aufgehört haben. Gerade in diesem Zusammenhang sind **Differenzierungsmöglichkeiten** im Sinne einer Erleichterung bzw. zum schnelleren Erlangen einer Spielfähigkeit sinnvoll, um den Spielspaß zu gewährleisten bzw. gelungene Ballwechsel zu ermöglichen.

Differenzierungsmöglichkeiten für schnellere Spielfähigkeit:
- Anwendung der **Play+Stay**-Prinzipien und des passenden Materials
- Stop & Go
- Mehrfacher Aufsprung
- Leichtere **Zählweise**
- Anforderungs- und/oder Regelanpassung beim zweiten **Aufschlag**:
  - darf im Aus landen, muss nur „returnierbar" sein;
  - Variation: Doppelfehler zählt bereits als Punkt für die **Return**seite und der dann ausgespielte Punkt zählt zusätzlich
  - von unten, jedoch ins richtige Feld
  - Überkopf-Wurf ins richtige Feld

7.5 Planung und Aufbau einer Trainingseinheit

Die Planung einer Trainingseinheit beginnt idealerweise frühzeitig mit der Festlegung kurz-, mittel- und langfristiger Ziele für die jeweilige Trainingsgruppe. Darauf aufbauend müssen für die konkrete Trainingseinheit zunächst die Vorbedingungen hinsichtlich der Spieler*innen (Leistungsstand, Alter usw.) und äußerer Voraussetzungen (Zeit, Platz usw.) geklärt werden. Neben der Auswahl der oben bereits ausführlich beschriebenen methodischen Vorgehensweise, müssen nun auch die Lernziele und Organisationsformen für die Einheit festgelegt werden.

▶ Für die Vorbereitung eines jeden Trainings gilt: **Jede Minute Vorbereitung zahlt direkt auf die Qualität des Trainings ein.**

Aufbau einer Trainingseinheit
Der Aufbau einer Trainingseinheit hängt ebenfalls grundsätzlich von einer Vielzahl an Faktoren wie u. a. Trainingsziel, Zielgruppe, Gruppengröße und Trainingsdauer ab. Folgende grundsätzliche Struktur kann jedoch immer zugrunde gelegt werden:

- **Begrüßung** der Trainingsgruppe inkl. Vorstellung der Lernziele sowie Abfrage individueller Wünsche
- **Warm-up**: idealerweise bereits angelehnt an die Inhalte der Einheit
- **Einspielen**: idealerweise bereits angelehnt an die Inhalte der Einheit

- **Hauptteil:** Realisierung der geplanten Trainingsinhalte mit jeweils notwendiger Flexibilität
- **Spielerischer Ausklang** mit Bezug zum Hauptteil
- **Verabschiedung** der Trainingsgruppe inkl. positivem Abschluss

Besonderheiten ergeben sich bspw. bei einem Einzeltraining. Hier sind Trainer*innen zusätzlich noch als Mitspieler*innen gefordert und müssen die Belastungsdosierung anpassen bzw. individualisieren. Auch der Aspekt, die einzige Bezugsperson für den Spieler oder die Spielerin während der Trainingseinheit zu sein, ist zu beachten. Dies ermöglicht es zum einen, sehr individuell auf den Spieler bzw. die Spielerin einzugehen, zum anderen kann dies jedoch auch zu einer gehemmteren Trainingsatmosphäre führen, da weitere Spieler*innen und somit soziale Kontakte aus der eigenen Peer-Group fehlen. Positiv hervorzuheben im Setting Einzeltraining ist, dass alle Trainingsinhalte, Wiederholungszahlen, Vermittlungsmethoden usw. exakt auf das Individuum abgestimmt werden können. Für Spieler*innen jedes Alters und Leistungsvermögens, sobald sie mehr als einmal pro Woche trainieren, ist grundsätzlich eine Mischung aus Einzel- und Gruppentraining zu empfehlen.

Jenes Gruppentraining erfordert aus Trainer*innen-Sicht mehr Organisationsaufwand, der sich jedoch immer lohnt. Alle Trainings- und Spielformen müssen flexibel mit 2–4 Spieler*innen funktionieren und zielführend durchführbar sein. Zudem gilt es, die nahezu immer vorherrschende Heterogenität der Gruppe hinsichtlich körperlicher Voraussetzungen, Lerngeschwindigkeit, Leistung, Vorerfahrung, Motivation und evtl. auch Alter und Geschlecht im Idealfall für alle Trainingsinhalte mitzudenken. Heterogenität sollte in diesem Zusammenhang immer als Chance verstanden werden (vgl. auch Abschn. 7.4). Die Organisationsformen sollten so gewählt sein, dass die Sicherheit gewährleistet ist, mit bspw. durchgehend genügend Abstand zueinander, ausreichend Bewegungszeit und Ballkontakten für alle Spieler*innen realisiert werden können und gleichzeitig der Lern-Input nicht zu kurz kommt.

▶ Großgruppentraining, definiert als ein Training mit mehr als acht und bis zu 30 Spieler*innen (Deutscher Tennis Bund, 2004), wird selten mit der Sportart Tennis in Verbindung gebracht, hat aber durchaus seine Berechtigung.

Im Schulsportunterricht, in welchem eine Anzahl von 25–30 Schüler*innen der Normalfall ist, kann bspw. hervorragend Tennis gespielt und erlernt werden (Born & Grambow, 2020; Born et al., 2018; Grambow et al., 2021). Darüber hinaus sind Großgruppen im Kindertennis üblich und zudem sehr zielführend. Vor allem die finanzielle Hürde wird durch eine Teilung der Trainer*innen- und Platzkosten deutlich gesenkt. Zudem spielen Kinder gerne in größeren Gruppen, und viele Inhalte aus dem Bereich der Ballschule und des **Play+Stay** lassen sich hervorragend in Großgruppen umsetzen. Auch **Konditions- und Koordinationstrainings** lassen sich optimal in einer Großgruppe organisieren. Zu beachten sind alle Aspekte des Gruppentrainings, wobei durch die erhöhte Personenzahl die Komplexität der Organisation nochmals gesteigert ist. Da Trainer*innen in Großgruppen nie alle Trainierenden im Auge behalten können, sind u. a. eindeutige und vorrangig spielorientierte Aufgabenstellungen sowie selbstständig durchführbare Trainingsformen, bspw. in Form von Team-Teaching oder Buddy-Systemen, entscheidend für ein gelingendes Training. Hierbei arbeiten immer zwei oder mehr Spieler*innen zusammen, agieren u. a. gegenseitig als Zuwerfer*in oder Mitspieler*in. Auch die zeitliche Dimension ist zu beachten, da mehr Spieler*innen auch immer mehr Zeit in Anspruch nehmen, wenn es bspw. um Erklärungen, Stationswechsel, Trinkpausen usw. geht.

7.6 Tenniscamps

Tennis erfreut sich auch zur Ferienzeit immer wieder großer Beliebtheit. So finden jährlich diverse Formen von **Tenniscamps** nicht nur in den Sommerferien und sehr gerne zur Osterzeit, sondern im Grunde auch je nach Zielgruppe nahezu ganzjährig statt. Dabei variieren die Inhalte je nach Zielgruppe, sowohl der Teilnehmenden als auch der Veranstalter. Nachfolgend aufgelistet eine Übersicht der beliebtesten bzw. am häufigsten durchgeführten **Tenniscamps**:

Übersicht Tenniscamps
Camps für Kinder und Jugendliche (Breitensport):

- Zielgruppe: Für Kinder und Jugendliche, die Tennis ausprobieren möchten, Spaß am Sport haben bzw. bekommen sollen oder ihr Tennisspiel intensivieren bzw. verbessern möchten

Camps für Kinder und Jugendliche (Leistungssport):

- Zielgruppe: Kinder und Jugendliche sollen unter „professionellen Bedingungen" ihr Tennisspiel verbessern. Die Leistung steht im Vordergrund, ganzheitliches Training oder Sichtungen durch den jeweiligen Tennisverband

Camps für Erwachsene (After Work):

- Zielgruppe: Erwachsene aller Altersstufen, die Sport machen, ihr Tennisspiel verbessern und dabei neue Kontakte/Spielpartner*innen kennenlernen bzw. tiefer ins Clubleben eintauchen wollen. Hierbei sind die sozialen Aspekte den sportlichen mindestens gleichgestellt

Trainingslager für Tennismannschaften (Vorbereitungsreise):

- Zielgruppe: Ambitionierte Tennisspieler*innen, die ihr Mannschaftsgefühl stärken, die Motivation steigern, Trainings- und Spielpraxis auf Sandplatz bei gutem Wetter sammeln, gemeinsam Fitness trainieren, aber auch Zeit außerhalb des Platzes zusammen verbringen wollen

Tennisurlaube für alle Spielstärken:

- Zielgruppe: Tennisspieler*innen, die ihren Urlaub an zahlreichen traumhaften Urlaubs-Destinationen mit Tennis Training und Wettkampf verbinden wollen (meist auf Tennis Sandplätzen bei gutem Wetter)

Literatur

Born, P., Born, H., Bornemann, R., Jakubec, A., & Vogt, T. (2017). 10 years tennis play and stay: A review on communicating and teaching tennis from (pre)school to advanced ages in Germany. *ITF coaching & sport science review, 25*(72), 3–4.

Born, P., & Grambow, R. (2020). Eine kompetenzorientierte Einordnung zur Tennisvermittlung im Sportunterricht. *Vermittlungskompetenz in Sport, Spiel und Bewegung: Sportartspezifische Perspektiven,* 207–217.

Born, P., Höfken, N., & Vogt, T. (2018). Tennisvermittlung in der Schule: Vielfalt inklusive. *Im Sport zusammenkommen: Inklusiver Schulsport aus vielfältigen Perspektiven,* 153–177.

Born, P., & Meffert, D. (2020). Moderne spiel- und wettkampforientierte Vermittlungskompetenz im Tennis. *Vermittlungskompetenz in Sport, Spiel und Bewegung: Sportartspezifische Perspektiven,* 218–227.

Deutscher Tennis Bund. (Hrsg.). (2001). *Tennis-Lehrplan. Bd. 1 Technik & Taktik* (8. durchges. Aufl.). BLV.

Deutscher Tennis Bund. (Hrsg.). (2004). *Tennis-Lehrplan. Bd. 2, Unterricht & Training* (8. durchges. Aufl.). BLV.

Ferrauti, A., Maier, P. & Weber, K. (2014). *Handbuch für Tennistraining* (3. überarb. Aufl.). Meyer & Meyer.

Grambow, R., Born, P., Meffert, D., & Vogt, T. (2021). Tennis im Sportunterricht: Ein Einstieg. *Lehrhilfen für den Sportunterricht, 70*(6), 269–275.

International Tennis Federation. (2012). *Tennis 10s Manual.* ITF Ltd.

International Tennis Federation. (2013). *Tennis Xpress.* ITF Ltd.

Weineck, J. (2010). *Optimales Training* (16. durchges. Aufl.). Splitta.

Einsatz digitaler Medien

8

> ▶ Der Einsatz digitaler Medien bietet sowohl im Training als auch im Wettkampf viele Möglichkeiten und Vorteile. Gleichzeitig gilt es, sowohl wichtige Prinzipien und Grundsätze als auch die vorhandenen Ressourcen zu beachten. Dieses Kapitel gibt Einblicke in diese Chancen und Herausforderungen beim Einsatz digitaler Medien im Tennis.

Wie viele andere Sportarten befindet sich Tennis technologiebedingt in einem ständigen Wandel und Anpassungsprozess (Born & Vogt, 2021a; Crespo et al., 2021). Der Einsatz digitaler Medien im Tennis ist damit einhergehend in den letzten Jahren und Jahrzehnten bereits zur Normalität geworden. Neben dem, vor allem aus dem Profi-Tennis bekannten, Hawk-Eye-System, welches u. a. videobasierte Linienrichter-Entscheidungen („Line-Calls") sowie eine große Menge Matchstatistiken liefert, gibt es eine Vielzahl von Möglichkeiten, digitale Medien ins Tennis zu integrieren bzw. diese zu nutzen.

8.1 Einsatz digitaler Medien im Training

Im Training kann der Einsatz digitaler Medien in vielen Bereichen Vorteile und Nutzen mit sich bringen, die im Folgenden in Kürze zusammengefasst werden.

Für nahezu alle Tennisspieler*innen und -trainer*innen sind Videoaufnahmen mithilfe des eigenen Smartphones unkompliziert und überall umsetzbar. Falls ein Tablet vorhanden ist, können hier das größere Display und der u. U. größere Speicher zu noch besserer Anwendungsqualität führen. Videoaufnahmen des eigenen Spiels inkl. möglicher Zeitlupe können hierbei sowohl die eigene Bewegungsvorstellung der Spieler*innen verbessern, die Fehleranalyse und die Ursachensuche unterstützen als auch die Trainer*innen bei der **Korrektur** unterstützen und somit den Lernprozess optimieren und beschleunigen (Born & Vogt, 2018,

P. Born et al., *Tennis – Das Praxisbuch für Studium, Training und Freizeitsport*, Sportpraxis, https://doi.org/10.1007/978-3-662-70466-0_8

2021a). Zur Unterstützung bieten Smartphone-Apps wie bspw. OnForm, Coaches Eye oder auch die Tennis Australia Technique App „vielfältige Optionen, Videos miteinander zu vergleichen, übereinander zu legen sowie grafisch aufzubereiten" (Born & Vogt, 2021a, S. 33). Die Tennis Australia Technique App verfügt zudem noch über eine Video-Delay-Funktion, die die aufgezeichneten Videos mit einer vorher eingestellten Verzögerung von bis zu drei Minuten wiedergibt (Born & Vogt, 2018, 2021a). So können die Nutzer*innen unmittelbares Feedback zur eigenen Bewegungsausführung, Schlagplatzierung oder auch zu **Taktik**entscheidung erhalten, indem sie bspw. nach einem Ballwechsel zum Tablet oder Smartphone laufen und sich eben diesen Ballwechsel sozusagen „Re-Live" anschauen. Trainer*innen können solche Apps nutzen, um das Bewegungssehen und die Fehleranalyse zu unterstützen sowie bspw. das **Techniktraining** effizienter zu gestalten. So kann die Kommunikation mit den Spieler*innen im Training optimiert werden, indem mit Hilfe der App gemeinsam Fehler oder Optimierungsbedarf entdeckt werden und somit im weiteren Verlauf des Trainings **Korrekturen** und Hinweise besser verstanden werden (vgl. Abb. 8.1). Zu beachten ist hierbei, dass das Beschäftigen mit der eigenen **Technik** und evtl. Fehlerbildern Denkprozesse auslösen kann, die kurzfristig zunächst zu Schwierigkeiten in der Schlagausführung führen können, langfristig jedoch zu einem besseren Verständnis der Bewegung führen. Außerdem darf das Videofeedback nicht als Ersatz, sondern als Ergänzung für andere Feedback- und Vermittlungswege genutzt werden (Born et al., 2018; Born & Vogt, 2018). Neben der Verbesserung der Kommunikation mit ihren Spieler*innen können Trainer*innen Videoaufnahmen zudem nutzen, um das eigene Auge zu unterstützen, da im Tennis gerade die wichtigen Bewegungen um den Treffpunkt herum für unser menschliches Auge zu schnell ablaufen. Hier können Slow-Motion, Standbilder sowie die Möglichkeit eines wiederholten Ansehens immens helfen. Auch das oftmals so schwierige Ermitteln der den Fehlern zugrunde liegenden Ursachen wird durch **Videoanalysen** unterstützt (Born & Vogt, 2018; 2021a).

Zudem können Videoaufnahmen auch für das Training der **Taktik** verwendet werden. Hierbei sollte darauf geachtet werden, dass das gesamte Spielgeschehen, idealerweise aus der auch für TV-Übertragungen üblichen Perspektive von hinter

Abb. 8.1 Videoaufnahmen mithilfe eines Tablets mit anschließender Analyse und Besprechung (Foto Jens Wenzel)

der Grundlinie aus, zu sehen ist. Letztlich kann auch das eigene Verhalten zwischen den Punkten hinsichtlich Körpersprache, Pausenverhalten etc. per Video aufgenommen und analysiert werden.

Vor jeglicher Anwendung von Videoaufnahmen, mit oder ohne direktes Feedback, sollte immer die Zielsetzung klar sein, damit der Einsatz von digitalen Hilfsmitteln nicht zum Selbstzweck wird. Neben der Zielsetzung sollte man auch den zeitlichen Aspekt beachten, denn eine intensive **Videoanalyse** kann einige Minuten dauern und sollte daher auf dem Platz nur im Einzel- oder maximal in einem Zweiertraining eingesetzt werden. Ansonsten bietet es sich an, die Videoaufnahmen während des Trainings zu machen und die eigentliche Analyse nach dem Training oder vor die nächste Einheit zu verschieben.

▶ Vor der Anfertigung von Videoaufnahmen, insbesondere von Kindern und Jugendlichen, innerhalb des Tennistrainings, bitte den Daten- und Persönlichkeitsschutz beachten und abklären.

Neben der Möglichkeit der Videoaufnahmen der Spieler selbst können durch digitale Medien auch **Lehr-Lern-Videos** unkompliziert in das Training integriert werden. Dies können Videos von Ideal- bzw. Vorbild-**Techniken** und/oder -**Taktiken** sein, bspw. aus dem Profibereich, die meist auch die (Lern-) Motivation der Spieler*innen erhöhen, da man den eigenen Idolen gerne nacheifern möchte. Oftmals ist hier jedoch der Transfer aus dem Profibereich auf das eigene Spiel durch die zu große Leistungs-Differenz schwierig. Im Bereich der **Technik** können **Lehr-Lern-Videos** wie die des Lehr- und Forschungsgebietes Tennis der Deutschen Sporthochschule Köln helfen, die in Abschn. 3.3. zu finden sind. Videos dieser Art können sowohl zur besseren **Visualisierung** der Zieltechnik als auch als Ersatz, Unterstützung oder Ergänzung der Trainer*innen-**Demonstration** dienen (Born et al., 2018; Born & Grambow, 2020). Sportwissenschaftliche Forschungen zeigen, dass der Einsatz von **Lehr-Lern-Videos** die **Technik**entwicklung positiv unterstützen kann. So wurden bestimmte **Technik**elemente durch die Integration von **Lehr-Lern-Videos** signifikant besser erlernt, als dies ohne den Einsatz von Videos der Fall war. Diese **Technik**elemente waren beim Erlernen der Rückhand der seitliche Abstand und das stabile Handgelenk im Treffpunkt sowie beim Erlernen des **Aufschlags** die Schwungrichtung des Schlägers. Zudem wurde der Einsatz von **Lehr-Lern-Videos** von der Mehrheit der Teilnehmenden positiv bewertet (Born et al., 2018; Born & Vogt, 2018, 2021a).

Neben solchen qualitativ hochwertigen Videos aus seriösen Quellen findet man im Internet und vor allem in den sozialen Medien mittlerweile eine Vielzahl an Tutorials und Videos zu allen möglichen Themen rund ums Tennis. Hier ist ein vorheriger Qualitätscheck angebracht, sodass idealerweise Übungen oder Tipps aus dem Internet nicht ungefiltert kopiert werden. Auch hier können Trainer*innen ihren Spieler*innen mit ihrer Expertise zur Seite stehen und entweder bei der Qualitätsprüfung solcher Videos behilflich sein oder sogar inhaltlich hochwertige Videos für das eigene Training nutzen. So ist es aus Sicht der Autoren für Spieler*innen jeden Alters und jeder Leistung sinnvoll und zielführend, zusätzlichen

„Tennis-Theorie-Unterricht" zu erhalten, um das eigene Spiel und die eigene Entwicklung zu optimieren. Dies bedeutet, sich zusätzlich zum Training auch neben dem **Tennisplatz** mit Tennis zu beschäftigen, bspw. eben das Studieren von Technikvideos, **Taktik**- oder auch Regelkunde und, ganz simpel, aber mittlerweile viel zu selten, das Schauen und Analysieren von Profitennis-Matches (Born & Vogt, 2021a).

8.2   Einsatz digitaler Medien in der Matchanalyse

Neben dem Training können neue, digitale Medien auch im Bereich der **Matchbeobachtung und -analyse** eingesetzt werden. Was zunächst nach einem Anwendungsbereich des Profisports klingen mag, ist auch im Breiten- und Freizeitsport nicht nur sinnvoll und empfehlenswert, sondern mit Hilfe der heute zur Verfügung stehenden technischen Möglichkeiten auch einfach umsetzbar. So können verschiedenste Daten während eines Matches gesammelt werden, sowohl vom eigenen Match zur individuellen Analyse oder von Matches anderer Spieler*innen zur Gegner*innenanalyse als auch für „Best-practice" Beispiele (Born & Vogt, 2021b). Datenbasierte **Matchanalysen** können zum einen mithilfe videogestützter Systeme wie Playsight, Wingfield oder Hawkeye durchgeführt werden, zum anderen aber auch mit Hilfe einfach zu bedienender Smartphone-Apps durch Beobachter*innen am Spielfeldrand bzw. vor dem Bildschirm (Born & Meffert, 2020). Dies beginnt mit kostenfreien Smartphone-Apps, die u. U. nur Statistiken wie Aufschlag-Quoten, Anzahl vermeidbarer Fehler („**unforced errors**") bzw. von Gewinnschlägen („winner") erfassen können, geht über komplexere Apps, die zusätzlich neben der Differenzierung der einzelnen Schlagarten auch die Schlagplatzierungen erfassen, bis hin zu Apps bzw. Software-Anwendungen wie bspw. Dartfish, die teilautomatisiert Videos auswerten. Entscheidend ist, dass die erhobenen Daten im Nachgang ausgewertet und bspw. mit Statistiken der Profis verglichen werden, um über Quer- und Längsschnittvergleiche einen Mehrwert für das eigene Spiel bzw. Training zu generieren. Wichtig ist hierbei zudem, möglichst viele Daten im realen Wettkampf zu sammeln, da das Spielverhalten im Training meist stark vom Wettkampfverhalten abweicht (Born & Vogt, 2021b).

Literatur

Born, P. & Grambow, R. (2020). Eine kompetenzorientierte Einordnung zur Tennisvermittlung im Sportunterricht. *Vermittlungskompetenz in Sport, Spiel und Bewegung: Sportartspezifische Perspektiven*, 207–217.

Born, P. & Meffert, D. (2020). Moderne spiel- und wettkampforientierte Vermittlungskompetenz im Tennis. *Vermittlungskompetenz in Sport, Spiel und Bewegung: Sportartspezifische Perspektiven*, 218–227.

Born, P., Nguyen, N. P., Grambow, R., Meffert, D., & Vogt, T. (2018). Embedding tennis-specific teaching videos into long-term educational concepts to improve movement learning and technique performances. *Journal of Physical Education and Sport, 18*(1), 255–261.

Born, P., & Vogt, T. (2018). Video analysis and video feedback in tennis: Using mobile devices to benefit digital teaching and learning. *ITF Coaching and Sport Science Review, 75*(26), 29–30.

Born, P., & Vogt, T. (2021a). Neue Technik fürs Training. *Tennissport, 2,* 32–35.

Born, P. & Vogt, T. (2021b). Match analyses in Tennis. In D. Memmert (Hrsg.), *Match analysis*. Routledge, in press.

Crespo, M., Botella-Carrubí, D., & Jabaloyes, J. (2021). Innovation in tennis: An overview of research. *ITF Coaching and Sport Science Review, 8*(26), 28–30.

Trainings- und Spielformen

9

▶ Ein Kernelement dieses Buches soll der Praxisbezug für Trainierende und Lehrende sein, weshalb in diesem Kapitel unterteilt nach Schwerpunkten bzw. Trainingsinhalten zahlreiche Trainings- und Spielformen vorgestellt werden. Zu jeder Trainingseinheit gehört ein (idealerweise passendes) Warm-up (Abschn. 9.1), durch das Körper und Geist vorbereitet und aktiviert werden. Hierbei sind athletische, koordinative und tennisspezifische Übungen aller Art empfehlenswert, gerne auch in Spielform miteinander oder gegeneinander. Nach dem Warm-up folgt im Trainingsalltag meist das Einspielen (Abschn. 9.2), für welches ebenfalls zahlreiche Beispiele vorgestellt werden. Anschließend werden alle Leistungsfaktoren im Tennis – Technik (Abschn. 9.3), Taktik (Abschn. 9.4), Kondition (Abschn. 9.6) sowie Psyche bzw. mentale Stärke (Abschn. 9.7)) thematisiert, zudem erweitert mit den Schwerpunkten Koordination (Abschn. 9.5), Beinarbeit (Abschn. 9.9), Doppel (Abschn. 9.8) sowie Padel (Abschn. 9.10). Das wichtige Thema **Matchtraining** findet sich im Schwerpunkt Mentale Stärke.

Grundsätzlich können die meisten der im Folgenden beschriebenen Trainings- und Spielformen zum einen auch ohne Trainer*in auf dem Platz durchgeführt werden und zum anderen mit leichter Differenzierung sowohl in allen Leistungs- und Erfahrungsstufen als auch im **Rollstuhltennis** angewendet werden. Aufmerksame Leser*innen werden außerdem bemerken, dass einige Basisübungen für verschiedenste Trainingsziele Verwendung finden. So wird bspw. der **erweiterte Hosenträger** sowohl im **Technik-**, als auch im **Koordinations-** und **Taktiktraining** angewendet. Schließlich sei darauf hingewiesen, dass die folgende Auswahl bei weitem nicht abschließend ist, sondern eine Art „Best-of" der Trainings- und Spielformen aus Sicht der Autoren darstellt.

© Der/die Autor(en), exklusiv lizenziert an Springer-Verlag GmbH, DE, ein Teil von Springer Nature 2025
P. Born et al., *Tennis – Das Praxisbuch für Studium, Training und Freizeitsport*, Sportpraxis, https://doi.org/10.1007/978-3-662-70466-0_9

9.1   Schwerpunkt Warm-up

Das **Warm-Up** ist ein wichtiger Teil einer jeden Trainingseinheit. Hier beginnt das Training und hier können bereits direkt zu Beginn die Weichen für eine gute Trainingseinheit gelegt werden. Es ist daher entscheidend, sich immer genug Zeit für das **Warm-Up** zu nehmen, um alle folgenden Trainingsinhalte bereits hier positiv zu beeinflussen. Im Idealfall hat das **Warm-up** zudem bereits einen inhalt-lichen Bezug zum Trainingsschwerpunkt der Einheit.

Ball-und Schläger-Gewöhnung (Schönborn, 2016; Lehr- und Forschungsgebiet (LFG) Tennis)

Trainingsziel

- Ball- und Schläger-Gewöhnung
- Kennenlernen der Spielmaterialien und deren Eigenschaften
- Entwicklung von Ballgefühl
- **Tennisspezifisches Warm-up**

Ablauf

- Mit **Tennisschläger** und **Tennisball** bewegen
- Verschiedenste Formen und Schwierigkeitsstufen
  - Ball wird wie beim Hockey über den Boden geführt
  - Ball wird auf der waagerechten Schlägerfläche transportiert
  - Ball wird hochgespielt und darf zwischendurch (ein- oder mehrmals) auf-springen
  - Ball wird auf dem Schläger hochgespielt, ohne Bodenkontakt (vgl. Abb. 9.1)
  - Ball wird an eine*n Partner*in in der Luft übergeben
  - Ball wird heruntergeprellt

Variationen

- **Tennisball** je nach Leistungsstufe rot, orange, grün, gelb
- Mit der dominanten und/oder der nicht-dominanten Hand
- Schlägerfläche wird zwischen Ballkontakten gedreht
- Zusatzaufgaben während der Durchführung (Bei „Hopp" Boden berühren oder sich einmal im Kreis drehen)
- Kombinationen aus den verschiedenen Aufgaben
- Als Staffel-Wettkampf durchführbar

▶   - Für alle Zielgruppen geeignet
    - Besonders im Anfänger-Bereich zu Beginn jeder Einheit durchführen

Abb. 9.1 Ball- und Schlägergewöhnung in der Variation „Ball wird auf dem Schläger hochgespielt, ohne Bodenkontakt" (Foto Jens Wenzel)

Dynamic Warm-Up/Movement-Preparation-Übungen (Verstegen, 2008)

Trainingsziel

- Physisches **Warm-up** aller Körperregionen durch Übungen mit jeweils Kraft- und Beweglichkeitsbeanspruchungen
- Den Körper auf tennisspezifische Bewegungen und Anforderungen vorbereiten

Ablauf

- Spieler*innen stehen nebeneinander an der Doppellinie
- Jede Übung immer 6–8 × bzw. 3–4 × pro Seite
- Übungsauswahl (s. auch Abb. 2.11):
  1. Oberschenkel an Brust im Ein-Bein-Stand: Knie mithilfe der Hände Richtung Brust ziehen, mit dem Standbein versuchen, auf den Zehenspitzen zu stehen
  2. Unterschenkel waagerecht im Ein-Bein-Stand: Hände greifen an den Fuß und versuchen, das Schienenbein waagerecht zum Boden zu bringen, Standbein wieder auf den Zehenspitzen
  3. Wade an Oberschenkel in Ein-Bein-Stand mit gleichzeitiger Arm-Streckung nach oben: Hände greifen am Sprunggelenk und ziehen das Bein zum Gesäß, mit der freien Hand nach der Streckung nach oben versuchen, den Boden zu berühren

4. Standwaage: Zuerst mit rundem Rücken das Knie zur Brust ziehen („klein machen"), dann in die Standwaage
5. Ausfallschritt mit Oberkörperdrehung: Arme zusammen nach vorne führen, dann den Oberkörper zu beiden Seiten und nach oben rotieren; auf eine stabile Fußstellung achten und ohne einen Fuß abzusetzen in den nächsten Ausfallschritt gehen
6. Seitlicher Ausfallschritt: die ganze Zeit tief bleiben und den Oberkörper aufrecht halten
7. Ausfallschritt rückwärts mit Oberkörper-Verwringung (vgl. Abb. 9.2): Rechtes Bein zurück, dann rechte Hand an die rechte Ferse, sowie in diagonaler Ausführung, also linke Hand an rechte Ferse und jeweils andersherum; Füße können zur Stabilität auch etwas breiter auseinandergesetzt werden
8. Handwalk: mit möglichst gestreckten Beinen die Hände zum Boden bringen und bis in die Liegestützposition oder leicht darüber hinaus nach vorne wandern, dann mit den Füßen an die Hände wandern und wieder von vorn

Variationen

- Jede Übung kann vereinfacht oder erschwert werden
- Übungen können kombiniert werden, bspw. aus dem „Oberschenkel an Brust im Ein-Bein-Stand" direkt in den „Ausfallschritt mit Oberkörperdrehung" übergehen

▶   Qualität der Übung steht im Vordergrund, d. h. Tempo und Anzahl der Übungen so wählen, dass die Qualität der Übung gewährleistet ist

Abb. 9.2 Dynamic Warm-Up/Movement Preparation-Übungen

Warm-up mit Fokus auf Werfen und Fangen (Born, 2011a, b; LFG Tennis)

Trainingsziel

- Physisches und **koordinatives Warm-up**
- Training der grundlegenden Fähigkeiten Werfen & Fangen
- Antizipation und Differenzierungsfähigkeit
- Auge-Hand-**Koordination**
- Stellung zum Ball, **Beinarbeit**

Ablauf
Verschiedene Formen von Überkopf-Würfen:

- Einarmige Würfe mit dem **Tennisball**
  - Nach vorne-oben werfen
  - Bspw. mit Partner*in über das Netz hin- und her werfen
  - Keine Maximal-Würfe!
- Aufschlag-Simulations-Würfe: Mit der Nicht-Schlaghand einen Tennisball auf eine Höhe von ca. 2,5 Meter gerade nach oben werfen (wie beim Ballwurf des **Aufschlags**); ist der Ball am höchsten Punkt, dann mit der Schlaghand einen weiteren **Tennisball** nach vorne-oben werfen
  - **Koordination** von linker und rechter Arm-Bewegung
  - Timing-Schulung für den **Aufschlag**
- Medizinball-Würfe
  - Mit angepasstem Gewicht (bspw. 0,5-2kg für einarmig und bis zu 5kg für beidarmig)
  - Ein- oder beidarmig
  - Nach vorne-oben oder als „Slam" auf den Boden

Spielformen

- „Haltet das Feld frei"/„Affenkäfig"/„Ballschlacht"
  - Es werden 10 Bälle gleichmäßig auf beiden Platzhälften verteilt
  - Gespielt wird in Teams (1 gegen 1 bis hin zu 10 gegen 10), die sich auf ihrer Netzseite des Spielfeldes verteilen
  - Ziel des Spiels ist es, wenn möglich, alle Bälle auf die gegnerische Seite zu bekommen bzw. nach einer festgelegten (gerne auch unbekannten) Spielzeit (bspw. 1 Min.) mehr Bälle auf der anderen Seite zu haben als auf der eigenen.
  - Die Bälle müssen dafür (immer einzeln) übers Netz geworfen werden, entweder mit jeglicher Wurftechnik oder ausschließlich mit einer vorher festgelegten Technik (bspw. nur Überkopf-Würfe oder nur Würfe mit der schwachen Hand erlaubt)
  - Gewonnen hat das Team, welches am wenigsten Bälle auf seiner Platzhälfte hat.
- „WuFa – das Wurf- und Fangspiel"
  - Gespielt wird mit einem **Tennisball** 1 gegen 1.
  - Das Spielfeld besteht aus einem Aufschlagfeld pro Spieler*in

- Die Spielerin wirft den Ball so über das Netz in das gegnerische Feld, dass die Gegnerin den Ball möglichst nicht vor dem zweiten Aufsprung fangen kann.
- Der Ball muss einmal aufspringen und von der Stelle aus weitergeworfen werden an der dieser gefangen wurde, die Spieler*innen dürfen den Ball also nicht aus der Luft fangen und mit Ball in der Hand nicht laufen.
- Landet der Ball im Netz oder im Aus oder fängt die Gegnerin diesen nicht spätestens vor dem zweiten Aufsprung, ist dies ein Punkt.
- Sätze bis 7 Punkte.
- Variationen: Spiel mit anderen Bällen (größere oder kleinere Bälle, Koordinations-Bälle), Ball darf auch aus der Luft gefangen werden, Vorgabe für den Wurf (nur unter Brusthöhe, nur Überkopf, nur schwache Hand…)

- *„Balltreiben"*
  - Es wird mit 2–3 **Tennisbällen** pro Spieler*in und einem größeren Ball (Medizinball, Basketball oder Fußball) auf dem Tennisfeld gespielt
  - Ziel des Spiels ist es, den großen Ball durch Würfe mit den **Tennisbällen** nach vorne zu treiben, bis dieser über die gegnerische Linie gerollt ist und gleichzeitig zu verhindern, dass er über die eigene Linie rollt.
  - Der große Ball liegt zu Beginn in der „neutralen Zone" mittig zwischen T- und Grundlinie, Team 1 hinter der Grundlinie und Team 2 hinter der T-Linie
  - Geworfen werden darf nur von hinter der eigenen Linie, die Spieler*innen dürfen jedoch dort liegende Bälle aus der „neutralen Zone" holen
  - Sobald der große Ball über die gegnerische Linie gerollt ist, ist das Spiel gewonnen
  - Variation: auf Zeit, mehrere große Bälle in der Mitte

- „Zonenball" (vgl. Abb. 9.3)
  - Gespielt wird mit min. vier Spieler*innen (oder drei plus Trainer*in) und einem Ball, der für alle Spieler*innen leicht zu fangen und zu werfen ist (**Tennisball**, Handball, Softball…)
  - Spielfeld kann bspw. eine Tennisfeldhälfte sein (abhängig von der Spieler*innen-Anzahl)
  - An beiden Enden des Spielfelds, werden Zielzonen von ca. 1 m x 2 m markiert, die sich im Feld befinden, sodass die Spieler*innen von allen Seiten in diese hineinlaufen können
  - Die Spielidee gleicht dem American Football: Die Teams können Punkte erzielen, indem der Ball, mindestens mit einem Bein in der gegnerischen Zone stehend, gefangen wird
  - Der Ball wird durch geworfene Pässe nach vorne bewegt, d. h. Spieler*innen dürfen sich mit Ball in der Hand nicht fortbewegen
  - Die Verteidigung darf die Gegner*innen am Wurf hindern sowie den Pass abblocken oder abfangen, jedoch ohne jeglichen Körperkontakt.
  - Fällt der Ball auf den Boden bekommt das Team den Ball, welches nicht zuletzt am Ball war
  - Entweder auf Zeit oder bis zu einem bestimmten Spielstand.

Abb. 9.3 Zonenball

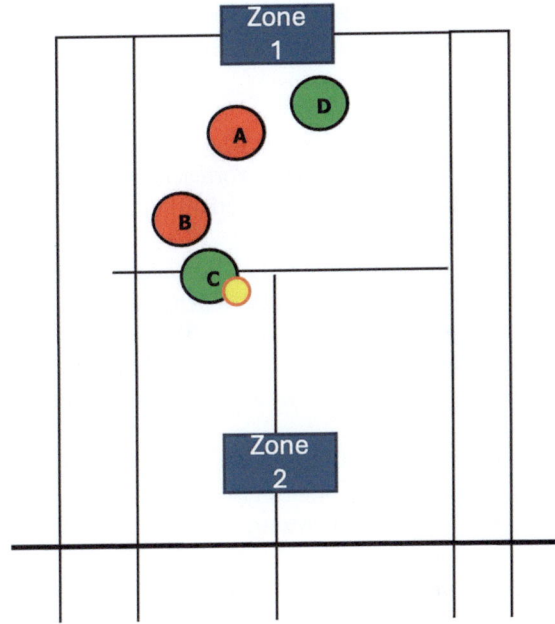

Variationen

- Alle Übungen und Spielformen können und müssen an die Trainingsgruppe angepasst werden

▶
  - Für alle Zielgruppen geeignet
  - Im allgemeinen **Warm-up** oder unmittelbar vor dem **Aufschlag-
    training**

Schattenlauf-Warm-Up mit Fokus auf die Beinarbeit (LFG Tennis)

Trainingsziel

- Körperliches und kognitives **Warm-Up** mit Fokus auf die **Beinarbeit**
- Lernen durch Vormachen und Imitation

Ablauf

- Spieler*innen finden sich in 2er oder 3er Gruppen zusammen und stellen sich
  mit Schläger in der Hand mit etwas Abstand hintereinander an der Grundlinie auf
- Vorderster Spieler imitiert 4–6 Grundschläge inkl. der zugehörigen **Beinarbeit**,
  die anderen Spieler*innen imitieren diese in Form eines „Schattenlaufs"

- Danach kommt die nächste Spielerin nach vorne
- Intensität nach und nach steigern

Variationen

- Spieler*innen sind beim Vormachen frei in ihrer Schlagauswahl (Vorhand, Rückhand, Volleys, Schmetterball) und der Bewegungsrichtungen (seitlich, vor, zurück…)
- Trainer*in übernimmt das „Vormachen" bei unerfahrenen Spieler*innen
- Trainer*in steht den Spieler*innen gegenüber und gibt per Handzeichen die Bewegungsrichtungen vor, bspw. Trainer*innen-Handzeichen nach links = Spieler*innen laufen zwei Schritte zur Vorhandseite, imitieren dort eine Vorhand und bewegen sich wieder zurück zur **Winkelhalbierenden**

▶   • Tempo der Übung sollte so gewählt werden, dass die Qualität der Übung gewährleistet ist
     • Realistische **Richtungswechsel** durchführen

Warm-Up mit Ball-Anwurf ohne Schläger (LFG Tennis)

Trainingsziel

- Physisches und kognitives **Warm-Up** mit Fokus auf die **Beinarbeit** und **Koordination**
- Reaktions- und Orientierungsfähigkeit
- Auge-Hand-**Koordination**

Ablauf

- Spieler*in 1 wirft Spieler*in 2 jeweils 4–8 Bälle zu, sodass diese jeweils einmal aufspringen bevor Spieler*in 2 diese fängt und zurückwirft, danach Wechsel
- Verschiedene Aufgaben
  - regelmäßig rechts-links
  - unregelmäßig rechts-links
  - regelmäßig vor-zurück
  - unregelmäßig vor-zurück
  - durcheinander
- 3–5 Durchgänge pro Person

Variationen

- Bälle müssen direkt aus der Luft gefangen werden (Anwurf anpassen)
- Bälle müssen abwechselnd aus der Luft und nach Aufsprung gefangen werden
- Bälle müssen je nach Farbe entweder aus der Luft oder nach einem Aufsprung gefangen werden

- Bälle müssen je nach Zuruf aus der Luft oder nach einem Aufsprung gefangen werden
- Mit Ansage der Aufsprung-Anzahl während des Anwurfs
- Gleiche Aufgabe mit Schläger in der Hand und gefühlvollem zurückspielen des erlaufenen Balles

▶   Die Qualität der Übung steht im Vordergrund, z. B. sollte der Oberkörper
       stets aufrecht – und der Blick nach vorne gerichtet sein

Warm-Up mit Ball-Anwurf (rechts-links) mit Schläger (LFG Tennis)

Trainingsziel

- Verbesserung der **Beinarbeit** – auf Sandplatz im Speziellen des Rutschens zum Ball – des Laufs zur Schlagposition, der Schlagdurchführung und des Laufs aus der Ecke zur Mitte zurück bzw. zum nächsten Schlag hin
- Fokus liegt auf dem Erlangen der optimalen Schlagposition (Balance, Gewichtsverlagerung und Abstand), das Ergebnis der Schläge ist im Verhältnis zur Bewertung der **Beinarbeit** sekundär

Ablauf

- 1 bis 4 Spieler*innen trainieren nacheinander, Spieler*in 1 startet mittig circa 1 Meter hinter der Grundlinie, die übrigen Spieler*innen warten mit ausreichend Abstand (noch weiter) hinter der Grundlinie
- Spieler*in 1 beginnt mit zwei kurzen Side-Steps in die Rückhand-Ecke, während der erste Anwurf durch den Trainer in die Vorhand-Ecke erfolgt, der zweite Anwurf kommt dann in die Rückhand-Ecke (vgl. Abb. 9.4), danach wiederholt sich diese Reihenfolge immer im Wechsel bis zum Ende des Durchgangs (6–8 Anwürfe), danach ist Spieler*in 2 an der Reihe, usw.
- Alle Spieler*innen machen drei Durchgänge
- Die Bewegung zum Ball erfolgt maximal schnell (gerne raumgreifend), dann kleine Schritte zur Schlagposition hin (auf Sandplatz rutschen), **Kreuzschritt** oder Side-Step nach dem Schlag beim **Richtungswechsel**, bevor wieder maximal schnell vorwärts zum nächsten Ball gelaufen wird

Variationen

- Optional andere Reihenfolge der Anwürfe, bspw. 3 bis 4 × rechts, dann 3 bis 4 × links; alternativ auch 6 bis 8 × rechts oder 6 bis 8 × links; abschließend komplett ohne Vorgaben

▶   - In der Halle (Teppich) oder auf Hardcourt (Indoor oder Outdoor) die
       angepasste **Beinarbeit** vermitteln, d. h. weniger rutschen und mehr
       auslaufen

Abb. 9.4 Warm-Up mit
Ball-Anwurf (rechts-links)
mit Schläger

- **Split-Step** bei **Richtungswechseln** nicht vergessen, nicht nur bei
  dem Durchgang ohne Richtungsvorgaben, sondern auch bei bekannten Richtungen erfolgt nach dem **Kreuzschritt** oder Side-Step
  beim Übergang zum maximal schnellen vorwärts Laufen ein **Split-
  Step**

Warm-Up mit Ball-Anwurf (umlaufen) mit Schläger (LFG Tennis)

Trainingsziel

- Verbesserung der **Beinarbeit**: beim Umlaufen der Rückhand, um die Vorhand
  mehr einzusetzen (Schlag 1); auf Sandplatz im Speziellen des Rutschens zum
  Ball (Schlag 2); allgemein des Laufs zur Schlagposition, der Schlagdurchführung und des Laufs aus der Ecke zur Mitte zurück bzw. zum nächsten
  Schlag hin
- Fokus liegt auf dem Erlangen der optimalen Schlagposition (Balance, Gewichtsverlagerung und Abstand), das Ergebnis der Schläge ist im Verhältnis zur
  Bewertung der Beinarbeit eher sekundär
- Steigerung der Horizontes bezüglich der Möglichkeiten, welche Bälle Spie-
  ler*innen umlaufen können und trotzdem in der Lage sind, das ganze Feld abzudecken

Abb. 9.5 Warm-Up mit
Ball-Anwurf (umlaufen) mit
Schläger

Ablauf

- 1 bis 4 Spieler*innen trainieren nacheinander, Spieler*in 1 startet mittig circa 1 Meter hinter der Grundlinie, die übrigen Spieler*innen warten mit ausreichend Abstand (noch weiter) hinter der Grundlinie
- Der erste Anwurf erfolgt in mittig in die Rückhand-Ecke, Spieler*in 1 umläuft den Ball und spielt wahlweise eine Vorhand-inside in oder Vorhand-inside out, danach erfolgt der zweite Anwurf in die Vorhand-Ecke (vgl. Abb. 9.5), wohin Spieler*in 1 schnellstmöglich läuft, danach wiederholt sich diese Reihenfolge immer im Wechsel bis zum Ende des Durchgangs (6–8 Anwürfe), danach ist Spieler*in 2 an der Reihe, usw.
- Alle Spieler*innen machen drei Durchgänge

Variationen

- Optional andere Reihenfolge der Anwürfe, bspw. mehrfach umlaufen lassen, bevor vereinzelt in die Vorhand-Ecke angeworfen wird; mehrfach in die Vorhand-Ecke anwerfen, bevor in die Rückhand-Ecke für das Umlaufen der Rückhand angeworfen wird; abschließend komplett ohne Vorgaben

▶   - In der Halle (Teppich) oder auf Hardcourt (Indoor oder Outdoor) die angepasste **Beinarbeit** vermitteln, d. h. weniger rutschen und mehr auslaufen
  - Die Achtsamkeit für die Situation fördern, da es auf den schnelleren Belägen schwieriger ist zu umlaufen

- **Split-Step** bei **Richtungswechseln** nicht vergessen, nicht nur bei dem Durchgang ohne Richtungsvorgaben, sondern auch bei bekannten Richtungen erfolgt nach dem **Kreuzschritt** oder Side-Step beim Übergang zum maximal schnellen vorwärts Laufen ein **Split-Step**

Warm-Up mit Ball-Anwurf (vor-zurück) mit Schläger (LFG Tennis)

Trainingsziel

- Verbesserung der **Beinarbeit**, im Speziellen bei der Bewegung aus dem Platz heraus (1) mittels seitlicher **Kreuzschritte** und in den Platz hinein (2)
- Fokus liegt auf dem Erlangen der optimalen Schlagposition (Balance, Gewichtsverlagerung und Abstand), das Ergebnis der Schläge ist im Verhältnis zur Bewertung der **Beinarbeit** sekundär

Ablauf

- 1 bis 4 Spieler*innen trainieren nacheinander, Spieler*in 1 startet mittig circa 1 Meter hinter der Grundlinie, die übrigen Spieler*innen warten mit ausreichend Abstand seitlich versetzt neben der Grundlinie
- Der erste Anwurf erfolgt wahlweise zentral hinter die Grundlinie, oder in die Vorhand- bzw. Rückhand-Ecke ebenfalls hinter die Grundlinie. Spieler*in 1 bewegt sich mittels seitlicher **Kreuzschritte** nach hinten aus dem Platz, um den angeworfenen Ball zu spielen, danach erfolgt der zweite Anwurf vor die Grundlinie ins Feld (ebenfalls zentral, Vorhand- oder Rückhand-Ecke), alle Bälle werden von Spieler*in 1 mit einer Vorhand gespielt (vgl. Abb. 9.6). Danach

Abb. 9.6 Warm-Up mit
Ball-Anwurf (vor-zurück) mit
Schläger

wiederholt sich diese Reihenfolge immer im Wechsel bis zum Ende des Durchgangs (6–8 Anwürfe), danach ist Spieler*in 2 an der Reihe, usw.

- Alle Spieler*innen machen drei Durchgänge

Variationen

- Alternativ dürfen die Spieler*innen die, nach hinten angeworfenen, Bälle auch als Rückhand spielen und nicht ausschließlich Vorhand.
- Optional andere Reihenfolge der angeworfenen Bälle, also nicht mehr hinten und vorne im Wechsel, sondern mehrfach nacheinander in eine der Richtungen oder auch ohne jegliche Vorgabe
- Als „Finisher" kann der letzte Durchgang ohne Vorgaben auch mit deutlich mehr Anwürfen durchgeführt werden (all out, also bis zur individuellen Grenze, bspw. 14 bis 16 Bälle

▶
- Unbedingt auch Anwürfe zentral auf die Position der Spieler*innen, damit diese sich Platz machen müssen beim nach hinten aus dem Platz laufen. Gerade auf schnelleren Belägen elementar wichtig.
- Fokus auf das schnelle Eindrehen des Oberkörpers, die Schlägerrückführung und die seitlichen **Kreuzschritte** bei den Anwürfen hinter die Grundlinie
- Auch bei der Bewegung zu einer Rückhand (hinter dem Feld) seitliche **Kreuzschritte** benutzen
- Bei allen Schlägen hinter der Grundlinie darauf achten, dass die Spieler*innen mit Höhe und Länge (bezüglich Ihres Schlages) antworten
- **Split-Step** bei **Richtungswechseln** nicht vergessen, nicht nur bei dem Durchgang ohne Richtungsvorgaben, sondern auch bei bekannten Richtungen erfolgt nach dem **Kreuzschritt** oder Side-Step beim Übergang zum maximal schnellen vorwärts Laufen ein **Split-Step**

TicTacToe

Trainingsziel

- Physisches und kognitives **Warm-up**
- Training von taktischem Denken und Handeln unter Zeitdruck
- Gruppendynamik
- **Laufschnelligkeit**
- Handlungsschnelligkeit

Ablauf

- Ein Aufschlagfeld wird in neun (3×3) gleichgroße Rechtecke geteilt (vgl. Abb. 9.7)

Abb. 9.7 Warm-Up-Spiel
„TicTacToe" in der Variante 2
gegen 2 auf ein 3 × 3 Feld

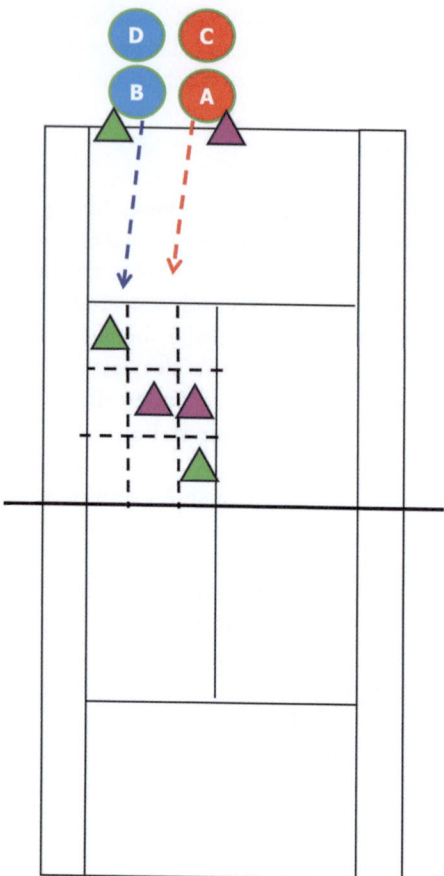

- Die Trainingsgruppe (u. U. inkl. Trainer*in und/oder im Zusammenschluss mit einem Nachbarplatz) teilt sich in zwei Teams zu je 2–3 Spieler*innen auf.
- Die Teams stehen hinter der Grundlinie und haben je drei farbige Hütchen (bspw. Team 1 rot, Team 2 grün), die so in die Rechtecke platziert werden sollen, dass eine 3er-Reihe entsteht (waagerecht, senkrecht oder diagonal)
- Die jeweils startenden Teammitglieder laufen nach dem Startkommando mit Hütchen in der Hand los, sprinten zum 3 × 3-Feld, legen das Hütchen in eines der Rechtecke ab und sprinten zurück
- Das jeweilige zweite Teammitglied startet wie bei einem Staffellauf erst nach Abklatschen mit dem/der Startläufer*in los, legt das zweite Hütchen ab usw.
- Liegen alle drei Hütchen ohne, dass eines der Teams bereits eine 3er-Reihe gelegt hat, so wird ab dann ohne Hütchen gelaufen und eines der bereits liegenden Teamhütchen in ein anderes Feld gelegt (wichtig: es muss jedes Mal ein Hütchen bewegt werden und sobald ein Hütchen in die Hand genommen wurde, muss genau dieses Hütchen bewegt werden)
- Gewonnen hat das Team welches als zuerst eine 3er-Reihe gelegt hat

Variationen

- Es wird insgesamt Best-of-3 oder Best-of-5 gespielt, d. h. welches Team gewinnt zuerst 2 × bzw. 3x
- Auch mit einem 4 × 4 Spielfeld möglich (längere Spieldauer)
- Die Laufstrecke kann verlängert werden, bspw. befindet sich das 3 × 3-Feld zwischen T- und Grundlinie und der Laufstart ist von der gegenüberliegenden Feldseite hinter der Grundlinie, sodass die Spieler*innen um das Netz herumlaufen müssen
- Bewegungsart vorgeben: nur Rückwärtslauf, nur Side-Steps, Slalom-Parkour, Ein-Bein-Sprünge etc.

▶ Idealerweise ein allgemeines **Warm-Up** (Lauf-ABC, **Movement-Preparations** etc.) voranstellen, da die Spieler*innen beim Spiel direkt maximal schnell laufen wollen werden.

Schweinchen in der Mitte (LFG Tennis)

Trainingsziel

- physisches und kognitives **Warm-up**
- induktiver Einstieg in **Doppel**-spezifische Laufwege, **Techniken**, **Taktiken** und Kommunikation
- Gruppendynamik

Ablauf

- Spielbar ab drei Spieler*innen (oder zwei plus Trainer*in)
- Eine Spieler*in befindet sich in der Mitte einer Platzhälfte, die anderen Spieler*innen positionieren sich um die Person in der Mitte herum
- Das „äußere Team" hat nun die Aufgabe einen Ball durch ihre Reihen hin und her zu spielen, ohne, dass die Person in der Mitte diesen Ball mit ihrem Schläger berührt
- Berührt die Person in der Mitte den Ball, so befreit sie sich aus der Mitte und die hierfür verantwortliche Person aus dem „äußeren Team" muss in die Mitte
  – Dies kann die Person sein, von der der Ball kam oder die, die den Ball annehmen sollte
- Der erste Ball ist immer „frei", darf also von der Person in der Mitte nicht attackiert werden
- Der Ball darf zwischen den Spieler*innen max. einmal aufkommen, bei mehrmaligem Aufkommen darf die Person aus der Mitte heraus

Variationen

- Bei sechs (oder mehr) Spieler*innen können auch zwei Spieler*innen in der Mitte stehen. Hier kommt dann immer diejenige Person aus der Mitte raus, die länger in der Mitte ist.

- Der Ball darf nicht aufkommen, es muss also komplett mit Volleys agiert werden. Springt der Ball auf, hat sich die Person in der Mitte befreit
- Das Spielfeld wird begrenzt und alle Spieler*innen des „äußeren Teams" dürfen sich nur innerhalb der Markierung bewegen. Wird die Grenze übertreten, muss man in die Mitte.
- Bei 10 Ballberührungen am Stück bekommt die Person in der Mitte ein weiteres „Leben", d. h. sie muss sich nun zweimal befreien!

▶ • Spiel ohne jeglichen Körpereinsatz!
  • Sicherheitsvorkehrungen treffen, d. h. Spieler*innen über mögliche Gefahren aufklären

Volleyballtennis (Ferrauti et al., 2014)

Trainingsziel

- physisches und kognitives **Warm-Up**
- induktiver Einstieg in **Doppel**-spezifische Laufwege, **Techniken**, **Taktiken** und Kommunikation
- Volley-**Warm-Up**
- Kreativitätsförderung
- Förderung des Ballgefühls

Ablauf

- Es wird 2-gegen-2 in den Aufschlagfeldern gespielt
- Die Angabe erfolgt neutral zum gegnerischen Team und wechselt zwischen den Teams
- Ab jetzt darf der Ball nicht mehr direkt auf die andere Netzseite gespielt werden, sondern muss min. einmal und max. zweimal innerhalb des Teams zugespielt werden, bevor er wieder zum gegnerischen Team gespielt wird
- Die Schläge zum gegnerischen Team dürfen nie direkt nach unten oder hart bzw. schnell gespielt werden, sondern müssen mit Gefühl gespielt werden
- Der Ball darf nicht aufspringen, es wird also komplett mit Volleys agiert
- Sätze bis 7 Punkte

Variationen

- Vereinfachung: Der Ball darf auf der eigenen Seite 1–2 × aufspringen
- Es wird 3-gegen-3 gespielt und jede Person im Team muss den Ball einmal berühren, bevor dieser wieder über das Netz gespielt wird
- Es wird eine Linie ca.1 m vom Netz entfernt, gezogen und somit das Spielfeld verkleinert

▶ Trainer*innen können sich in diesem **Warm-up**-Spiel ideal als Mitspieler*innen einbauen, um das Spiel zu steuern und u. U. für mehr Spielfluss zu sorgen

Touch & Go (Born, 2011c)

Trainingsziel

- Physisches und kognitives **Warm-up**
- Förderung des Ballgefühls
- Reaktions-, Orientierungs-und Umstellungsfähigkeit
- Taktisches Handeln unter Zeitdruck
- **Reaktions-** und **Lauf-Schnelligkeit**

Ablauf

- Spielfeld ist der Bereich zwischen Grund-, T- und Einzellinien (vgl. Abb. 9.8)
- Die 3–5 Spieler*innen legen eine Reihenfolge fest, in der sie nacheinander den Ball schlagen
- Der Ball muss jeweils vom Schläger mit Gefühl nach oben gespielt werden („Touch") und im Spielfeld aufspringen
  - Es spielt keine Rolle wie hoch der Ball gespielt wird, geübte Spieler*innen spielen den Ball bspw. nur minimal hoch, sodass der Ball sehr niedrig über dem Boden bleibt und dementsprechend flach abspringt

Abb. 9.8 Warm-up Spiel „Touch & Go"

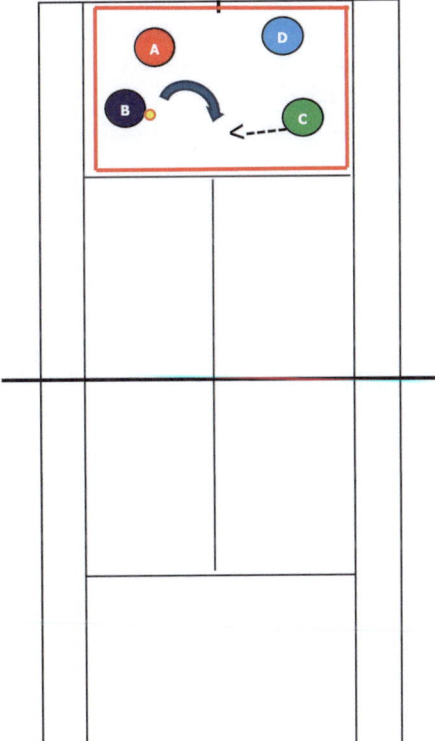

- Der Ball darf und soll jedoch so gespielt werden, dass die Person, die als nächstes an der Reihe ist, Schwierigkeiten hat diesen zu spielen
- Man darf den gespielten Ball nicht vor der nächsten Person abschirmen, sondern muss ihn zugänglich machen („Go")
- Bekommt eine Spielerin den Ball nicht vor dem zweiten Aufsprung oder spielt diesen ins Aus, verliert sie ein Leben und bringt den Ball erneut ins Spiel
- Start mit drei Leben pro Spielerin, die beiden letzten Spieler*innen spielen ihre noch vorhandenen Leben im 1-gegen-1 herunter.

Variationen

- Sobald zwei Spieler*innen ausgeschieden sind, beginnen sie eine neue Runde auf der anderen Platzhälfte
- Das Spielfeld kann angepasst werden. Eine Vergrößerung des Spielfeldes macht das Spiel insgesamt laufintensiver und schwieriger.
- Zu Beginn kann auch miteinander-kooperierend und anschließend miteinander-herausfordernd gespielt werden

Bälle klauen (bekannt aus dem Cardio Tennis)

Trainingsziel

- Physisches und kognitives – **Warm-Up**
- **Laufschnelligkeit** und **Schnelligkeit** der **Richtungswechsel**
- **Schnellkraft**, **Reaktivkraft**
- Gruppendynamik
- Taktisches Handeln unter Zeit- und Belastungsdruck

Ablauf

- 3–6 Spieler*innen stehen in einem Abstand von ca. 3 m um einen auf dem Boden liegenden Schläger, auf dem 2–5 Bälle liegen (jeweils einen Ball weniger als Anzahl der Spieler*innen)
- Alle Spieler*innen haben ebenfalls einen Schläger vor sich liegen, auf dem ein Ball liegt (vgl. Abb. 9.9)
- Ziel des Spiels ist es zuerst drei Bälle auf den eigenen Schläger einzusammeln.
- Hierfür dürfen die Spieler*innen sowohl von dem Schläger in der Mitte als auch von jedem anderen Schläger Bälle klauen und zum eigenen Schläger bringen.
- Es darf immer nur ein Ball auf einmal geklaut werden, erst wenn dieser auf dem eigenen Schläger liegt, darf der nächste Ball geholt werden
- Die eigenen Bälle dürfen nicht „verteidigt" werden
- Das Spiel ist zu Ende, wenn ein Spieler drei Bälle hat oder durch Abpfiff des Trainers

Abb. 9.9 Bälle klauen (Foto Jens Wenzel)

Variationen

- Die Anzahl der Bälle auf dem mittigen Schläger entspricht der Anzahl der Spieler*innen Minus zwei, d. h. bei fünf Spieler*innen liegen nur drei Bälle in der Mitte
  - Hierdurch dauern die einzelnen Durchgänge (teilweise deutlich) länger
  - Vermehrtes Training der **Schnelligkeitsausdauer**
- die Trainingsgruppe vom Nachbarplatz kann mit eingebunden werden, um die Spieler*innenanzahl zu erhöhen.
- Mit vielen Teilnehmer*innen können auch Mannschaften gebildet werden

▶ Ein allgemeines **Warm-up** sollte vorgeschaltet werden, da die Spieler*innen sich beim Spiel normalerweise mit hoher Intensität bewegen.

Mexico/Boxenspiel/Jeder gegen Jeden/4er (Born, 2010)

Trainingsziel

- Physisches und kognitives **Warm-Up**
- Reaktionsfähigkeit
- Orientierungsfähigkeit
- Differenzierungsfähigkeit
- Ballgefühl
- Kreativität
- Gruppendynamik

Ablauf

- Spielfeld sind die vier Aufschlagfelder, ein Aufschlagfeld pro Spieler*in (vgl. Abb. 9.10)

Abb. 9.10 Mexico/
Boxenspiel/Jeder gegen
Jeder/4er

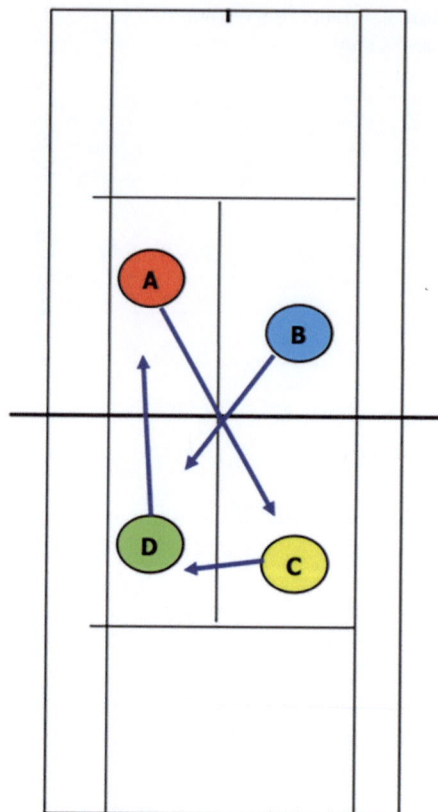

- Die Spieler*innen müssen ihr eigenes Feld verteidigen und dürfen dabei in alle
  drei anderen Felder spielen, also sowohl longline und cross übers Netz als auch
  direkt ins benachbarte Aufschlagfeld
- Man darf auch Bälle aus der Luft spielen, die in ein anderes Feld fliegen (max.
  ein Schritt ins andere Feld erlaubt)
- Der Ball darf nie direkt nach unten oder hart bzw. schnell gespielt werden
- Angabe erfolgt mit allen Spieler*innen an der Netzmitte als „Netzroller", d. h.
  der Ball wird auf die Netzkante gelegt, sodass er in eins der Felder fällt
- Der erste Schlag muss wieder zurück übers Netz gespielt werden
- Je nach gewünschter Spieldauer zwei bis fünf Leben pro Person
- Punktverlust = ein Leben weniger
- Eine Runde endet, sobald ein Spieler kein Leben mehr hat

Variationen

- Angabe von der Netzmitte aus in eins der Felder anstatt des Netzrollers
- erster Schlag darf überall hin gespielt werden

- es wird gespielt bis ein Sieger feststeht. Bei dieser Variante scheiden die anderen Spieler*innen nach und nach aus, die freigewordenen Felder werden dadurch „tabu".
- Wird mit nur drei Spieler*innen gespielt, ist von Anfang an das freie Feld „tabu".
- Beim Spiel zu fünft wechselt die Person, die den Punkt und somit ein Leben verloren hat mit der jeweils wartenden Person.
- Spieler*in, der/die als erstes alle Leben verliert bekommt ein „Gummi- oder Extraleben"
- auch Bälle, die in einem anderen als dem eigenen Feld aufspringen, dürfen gespielt werden
- Nach dem Verlust aller Leben, darf noch mit einem Leben weitergespielt werden, jedoch mit der „Nicht- Schlaghand"

▶ Ein allgemeines **Warm-up** sollte vorgeschaltet werden, da die Spieler*innen sich beim Spiel normalerweise mit hoher Intensität bewegen.

Tennishockey (LFG Tennis)

Trainingsziel

- Physisches **Warm-Up**
- Training grundlegender Tennisfähigkeiten: Stellung zum Ball, Schläge von hinten nach vorne, Spielen ins freie Feld

Ablauf

- Es werden mit vier Hütchen zwei Tore gebildet, ein Tor befindet sich am Netz, das andere an der Grundlinie, die gesamte Breite des Netzes bzw. der Grundlinie bis zu den Einzellinien bildet das Tor (vgl. Abb. 9.11)
- Gespielt wird 1 gegen 1 oder 2 gegen 2 mit **Tennisschlägern** und idealerweise mit einem möglichst leichten, ca. Handball-großen Ball
- Ziel des Spiels ist es mithilfe des **Tennisschlägers** den Ball in das gegnerische Tor zu schlagen, dabei darf der Ball nur rollen,
- Die Spieler*innen dürfen sich dabei jeweils nur bis zur T-Linie, die die Mittellinie bildet, bewegen und auch nur in ihrer eigenen Hälfte den Ball schlagen
- Ball darf nur mit dem Schläger und nicht mit Beinen oder Füßen berührt werden.
- Auf Zeit oder bis bspw. 5 Tore.

Variationen

- Die Hütchen werden auf die Doppellinie gestellt, wenn 2–2 gespielt wird
- Kann auch mit einem Tennisball gespielt werden

Abb. 9.11   Tennishockey

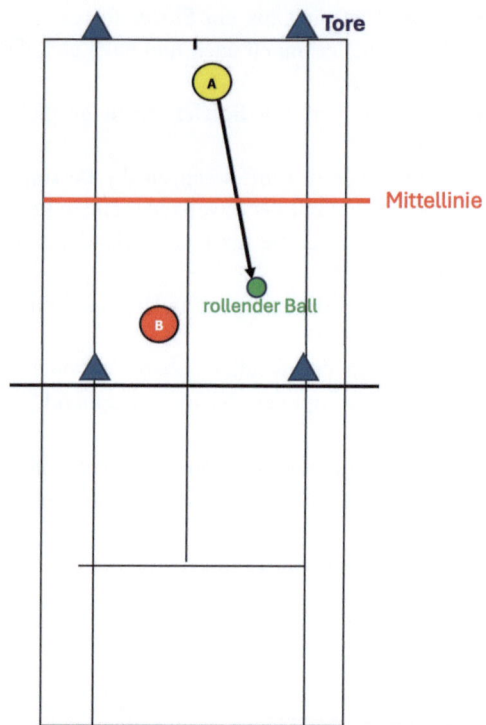

- Idealerweise wird der Ball mit „Vorhand" und „Rückhand" und den zugehörigen Griffhaltungen gespielt. Das Spiel kann also ideal im Anfängerbereich dazu dienen die Griffhaltungen und die **Hauptaktion** von Vorhand und Rückhand spielerisch zu lernen
- Große Nähe zum **Low-T-Ball** (s. Abschn. 7.3.1)

9.2   Schwerpunkt Einspielen

Das Einspielen ist, genau wie das **Warm-Up**, ein wichtiger Teil einer jeden Trainingseinheit. Daher sollte es nicht nur hochkonzentriert und mit guter Intensität durchgeführt werden, sondern idealerweise auch bereits einen Bezug zum Trainingsschwerpunkt der Einheit haben.

3er Rotation (Hans-Peter Born)

Trainingsziel

- Effektives Einspielen mit einer ungeraden Spieler*innen-Anzahl
- Weiterführendes physisches **Warm-up** während des Einspielens

Ablauf

- Spieler*innen B & C spielen sich miteinander ein
- Spieler*in A ist in Warteposition mit genügend Abstand hinter Spieler*in C
- Spieler*in C spielt eine vorher festgelegte Anzahl an Schlägen hintereinander, bspw. vier, und läuft dann auf die andere Seite des Netzes
- Spieler*in A wechselt fliegend ein, d. h. idealerweise läuft der Ballwechsel nun zwischen Spieler*in A und B weiter, während Spieler*in C zu Spieler*in B herüberläuft (s. Abb. 9.12)
- Sobald Spieler*in C wieder spielbereit hinter Spieler*in B angekommen ist und diese bereits die festgelegte Anzahl an Schlägen absolviert hat, erfolgt der nächste fliegende Wechsel
- Zwischen den Wechseln ist eine Anzahl von 8–10 Schlägen pro Person sinnvoll. Vor dem ersten Wechsel spielt Spieler*in C nur die Hälfte der oben genannten Schläge, damit die Rotation in Gang gesetzt wird.

Variationen

- Auch mit fünf Spieler*innen auf einem Platz möglich. Hier spielen jeweils zwei Spieler*innen miteinander auf einer der Doppelhälften und die fünfte

Abb. 9.12 Trainingsform „3er-Rotation" in der Variation Cross-Duell. Spieler*in C ist gerade von A ausgewechselt worden und läuft nun zu B, um dort einzuwechseln

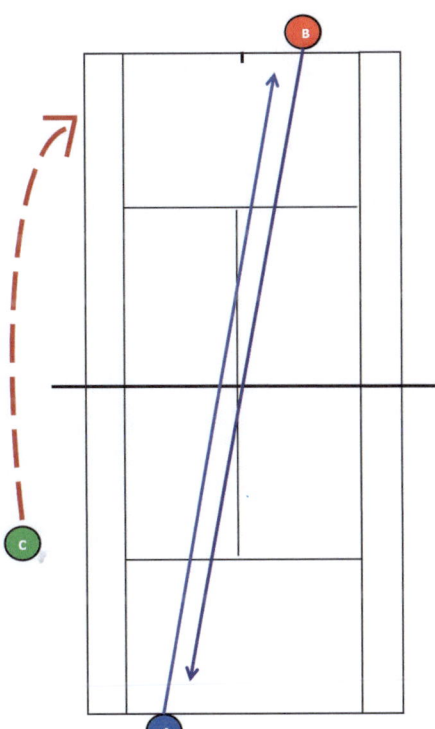

Spieler*in rotiert an eine der vier Positionen rein. Die ausgewechselte Spielerin wechselt sich jeweils auf der anderen Seite des Netzes wieder ein.

- Möglich im T-Feld, an der Grundlinie, longline, cross, Netz zu Grundlinie usw.
- Die Rotation kann für jegliche Schlagfolge genutzt werden, u. a. auch dem **erweiterten Hosenträger**.

Aufschlag-Angabe (LFG Tennis)

Trainingsziel

- Bereits im Einspielen den **Aufschlag** integrieren und zur Routine werden lassen

Ablauf

- Die Spieler*innen bringen jeden Ball während des Einspielens als **Aufschlag** bzw. **Aufschlag**-ähnliche Bewegung über Kopf ins Spiel, anstatt den Ball von unten anzuspielen (vgl. Abb. 9.13)
- Ausnahme ist das Einspielen am Netz

Variationen

- **Aufschlag**-Angabe durch die Mitte
- **Aufschlag**-Angabe cross
- Für den Anfängerbereich auch in Form eines Überkopf-Wurfs möglich

▶   Der Hinweis, dass der Ball über das Netz fliegen sollte, um das gemeinsame Spiel zu eröffnen hilft den Trainierenden die Schlagbewegung nach oben zu verinnerlichen.

Abb. 9.13 Aufschlag-
Angabe (Foto Jens Wenzel)

Abb. 9.14 Aufschlag-Return
Spezial-Warm-Up

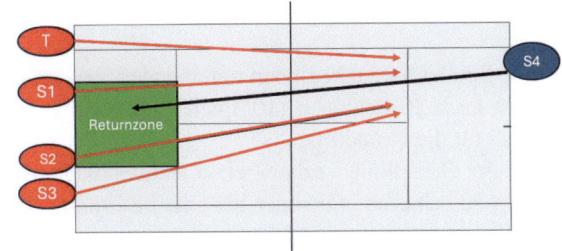

Aufschlag-Return Spezial-Warm-Up (Simon Wheatley)

Trainingsziel

- Intensives **Warm-Up** von **Aufschlag** und **Return**
- Training von Reaktions- und Orientierungsfähigkeit für **Return**spieler*in
- Gruppendynamik

Ablauf

- 2–3 Spieler*innen, sowie zusätzlich wahlweise die Trainerin, stehen neben-einander an der Grundlinie und schlagen kurz hintereinander auf (vgl. Abb. 9.14)
- **Return**spieler*in returniert jeden **Aufschlag**, der übers Netz kommt
- Hohe Frequenz und Wiederholungs-Zahl für den **Return**
- Unterschiedliche **Aufschläge** aus verschiedenen Aufschlagrichtungen müssen returniert werden
- Nach einer bestimmten **Return**-Anzahl wechselt die Returnspielerin

Variationen

- Alle Aufschläger*innen stehen entweder nur auf der Einstand- bzw. nur auf der Vorteilseite, sodass die **Aufschläge** nur aus der „regelkonformen Richtung" ge-spielt werden

▶   Die Aufschläger*innen können mit zweiten **Aufschlägen** beginnen um die Wahrscheinlichkeit zu erhöhen, dass diese im Feld landen.

Einspielen mit dem Fokus auf „Fehler vermeiden" (LFG Tennis)

Trainingsziel

- Bereits im Einspielen das oberste taktische Grundprinzip „Eigene Fehler ver-meiden" einbauen und trainieren
- Hohe Konzentration von Beginn des Trainings an
- Erhöhung der Schlagkontrolle

Ablauf

- die Spieler*innen beginnen miteinander von der T-Linie zu spielen
- erst nach 20 Schlägen (10/Spieler*in) ohne Fehler am Stück qualifizieren sie sich für die Grundlinie
- an der Grundlinie ist das Ziel so viele Schläge miteinander am Stück wie möglich zu schaffen, entweder bis eine bestimmte Anzahl erreicht wurde oder auf Zeit

Variationen

- Ab vier Spieler*innen: „Miteinander-gegeneinander", d. h. Rekordspiel gegen die anderen Teams
- Vorgaben wo die Bälle landen dürfen, bspw. nur Schläge länger als T-Linie zählen
- Nur einen Ball zur Verfügung stellen
- Nur einen Ball zur Verfügung stellen- bei Netzfehler muss dieser mit einem Sprint aus dem Netz geholt werden
- Es ist auch möglich, dass ein Spieler am Netz steht und volliert

▶   Die Bälle sollen bewusst höher gespielt werden, da die Spieler*innen sich bewusst machen sollen, dass man durch höhere Bälle auch mehr Länge und Sicherheit in den Schlägen erreicht.

9.3   Schwerpunkt Technik

Einführung Aufschlag (LFG Tennis)

Trainingsziel

- Einführung und Erlernen des (Basis-)**Aufschlags** in einer Trainingseinheit

Ablauf

- Methodische Reihe in der Zergliederungs-Methode
  - **Warm-Up**-Überkopf-Würfe (siehe Abschn. 9.1)
  - **Aufschlag**-Simulationswürfe (siehe Abschn. 9.1)
  - **Aufschläge** aus dem „Rucksack" von der T-Linie aus
    - Fokus auf die **Hauptaktion** des **Aufschlags** inkl. Pronation und sauberem Treffpunkt am individuell höchsten Punkt
    - **Hilfsaktionen** limitiert auf Hammergriff und Anwurf
    - Richtungsvorgabe cross als Variation
  - **Aufschläge** aus der „Heiligenschein-Position" von der Midcourt-Linie

- - Fokus auf **Hauptaktion** inklusive der Ausholbewegung vom Heiligenschein in den Rucksack
  - **Aufschläge** cross übers Netz
- Auftaktbewegung isoliert üben an der Grundlinie
  - Ballanwurf mit zeitgleicher Schläger-Rückführung in die Heiligenscheinposition
  - Die Schläger-Rückführung ist eine individuelle **Hilfsaktion** und sollte auch als solche geübt werden
  - Fokus auf die **Koordination** der beiden Bewegungen, gerade und hoch-genügender Anwurf
- **Aufschläge** von der Grundlinie
  - Fokus auf die Zusammenführung der der vorher geübten Teilbewegungen zu einer Gesamtbewegung
  - **Aufschläge** übers Netz in das richtige Aufschlagfeld
  - u. U. Wechsel zwischen Gesamtbewegung und **Aufschlägen** aus einer der methodischen Zwischenschritte (bspw. einen **Aufschlag** aus der Heiligenscheinposition, nächsten **Aufschlag** mit der Gesamtbewegung)

Variationen

- Je nach Alter und Leistungsstand im roten oder orangenen Feld bleiben, anstatt bis an die Grundlinie zu gehen und mit den jeweils passenden Bällen spielen
- Individuelle Binnendifferenzierung innerhalb der Trainingsgruppe vornehmen Bspw. nach 10 erfolgreichen **Aufschlägen** aus dem Rucksack zum nächsten „Level" übergehen

▶ - für **Aufschlag**-Anfänger
  - Teile der methodischen Reihe auch im **Techniktraining** des **Aufschlags** sinnvoll einsetzbar

Systematisches Aufschlag- und Returntraining (Born, 2017a, b; Born & Vogt, 2022)

Trainingsziel

- Systematisches Training der verschiedenen **Aufschlag-Techniken** und -platzierungen sowie des jeweiligen **Returns**
- Direktes Feedback über Zielzonen oder Hindernisse
  - **Aufschlag** > 60 % in
  - **Aufschlag** > 90 % in
  - **Return** > 80 % in

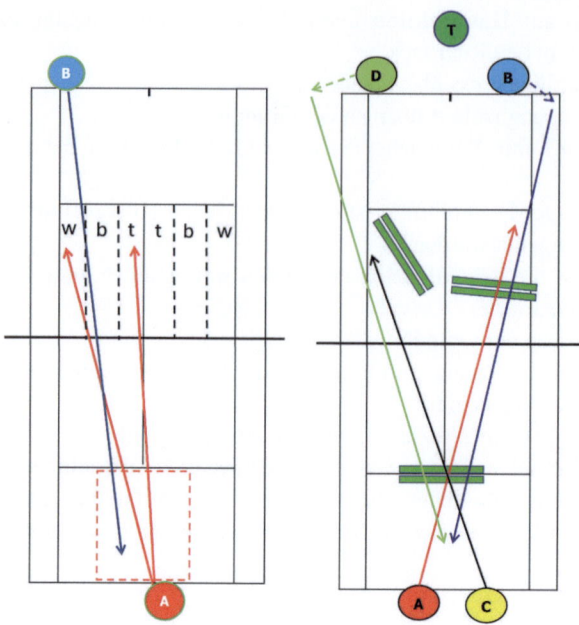

Abb. 9.15 Systematisches Aufschlag- und Returntraining mit Zielzonen (links) und mit Methodiknetzen als Hindernisse (rechts)

Ablauf (vgl. Abb. 9.15 links)

- 3–4 10er Serien **Aufschläge** von Spieler*in A von der Einstandseite (ca. 10 Min.)
- Spieler*in B returniert alle **Aufschläge** lang-mittig
- danach Aufgabenwechsel und anschließend gleicher Ablauf von der Vorteilseite

Variationen

- Alle **Aufschlag**richtungen (w, b, t) trainieren und an der Literatur orientieren (vgl. Abschn. 2.3.3)
- Je nach Leistungsstand verschiedene **Aufschlag**-Varianten trainieren (Flat, Slice, Kick)
- individuelle Stärken ausbauen und Schwächen verbessern
- je nach **Aufschlag** richtung und Art unterschiedliche **Return** positionen und -platzierungen vorgeben:
  - bspw. auf **Aufschlag** in Zone w folgt ein **Return** cross
  - **Return** position gegen ersten **Aufschlag** zwei oder mehr Meter hinter der Grundlinie, gegen zweiten **Aufschlag** auf der Grundlinie oder im Feld
- zu Beginn ist die **Aufschlag** richtung bekannt, später nicht mehr

- Anstatt Markierungsstreifen oder Hütchen, können auch kurze 3-Meter-Methodiknetze als Zonenmarkierung dienen, die den Spieler*innen unmittelbares Feedback über den Erfolg ihrer Schlagplatzierung geben
  - Für den Slice-**Aufschlag** von der Einstandseite nach außen muss der Ball zwischen dem Methodiknetz und Einzellinie landen (s. Abb. 9.15 rechts Spieler*in C)
  - Für den Kick-**Aufschlag** von der Vorteilseite nach außen muss der Ball zusätzlich über ein kurz hinter das Netz quer zur Flugbahn gestelltes Methodiknetz fliegen, um die gewünschte Höhe zu haben (s. Abb. 9.15 rechts Spieler*in A)
  - Der **Return** muss über ein auf der T-Linie platziertes Methodiknetz fliegen, um die gewünschte Länge und Höhe zu generieren (s. Abb. 9.15 rechts Spieler*innen B und D)

▶   Diese Übung kann auch als isoliertes **Aufschlag**- oder **Return**training stattfinden

- Idealerweise zu Beginn der Trainingseinheit direkt nach dem Einspielen durchführen, da hier die höchstmögliche Konzentration gewährleistet ist
- allgemeine Qualitätskontrolle für den **Aufschlag**: wie schwierig war der **Return**?
- Qualitätskontrolle der einzelnen **Aufschlag**-Varianten:
  - Slice (w): zweiter Aufsprung des Balles möglichst weit außerhalb der Doppellinie
  - Flat (t): Aufprall möglichst hoch am hinteren Zaun bzw. an der hinteren Wand
  - Kick: an der Grundlinie min. gegnerische Schulterhöhe überschreiten

Einführung Vorhand und Rückhand (LFG Tennis)

Trainingsziel

- Einführung und Erlernen der (Basis-)**Techniken** Vorhand- und Rückhand-Topspin in einer Trainingseinheit

Ablauf
Methodische Reihe in der Ganzheitsmethode

- Spielerischer, induktiver Einstieg mit Tennishockey
  - Spieler*innen spielen den **Tennisball** über den Boden hin und her, Entfernung ca. Einzellinie zu Einzellinie quer über den Platz
  - Zwei-dimensionales Spiel nach dem Prinzip „vom rollenden zum springenden Ball"
  - Zunächst mit Stop & Go, später dann direkt schlagen
- Spielerische, induktive Fortführung mit ersten Ballwechseln ohne Netz

- – Gleiche Aufgabe wie oben, nun soll der Ball jedoch fliegen und mindestens einmal vor dem/der Partner*in aufspringen
- – Stop & Go wann immer nötig
- – Variation: gezielt Vorhand zu Vorhand, Rückhand zu Rückhand
- – Nach dem induktiven Einstieg werden die wichtigsten Technikelemente erklärt:
  1. **Hauptaktion** von hinten unten nach vorne oben mit Treffpunkt seitlich vor dem Körper
  2. Griffhaltung
- • Vorhand und Rückhand von der T-Linie
  - – Spieler*in A und B stehen sich auf der Vorhandseite an der T-Linie cross gegenüber
  - – A bekommt von B Bälle angeworfen und spielt Vorhände übers Netz zu B zurück (vgl. Abb. 9.16)
  - – Nach 10 erfolgreichen Vorhänden Aufgabenwechsel und danach Wechsel auf die Rückhandseite
  - – Fokus auf die **Hauptaktion** und den Griff
- • Miteinander cross von der T-Linie
  - – Nach den jeweils 10 erfolgreichen Vor- und Rückhänden aus dem Anwurf wird nun miteinander cross von der T-Linie gespielt
  - – Weiterhin Fokus auf die **Hauptaktion** und zusätzlich auf die Tempo-Differenzierung
- • Vorhand und Rückhand von der Grundlinie
  - – Spieler*in A steht an der Grundlinie ca. 1,5 m von der Mitte entfernt, Spieler*in B am T-Kreuz auf der gleichen Seite des Netzes und wirft Bälle an
  - – A spielt 8 Vorhände hintereinander an B vorbei übers Netz, danach Aufgabenwechsel
  - – Auf Vorhand- und Rückhandseite durchführen
  - – Erweiterung des Schlages um Aushol- und Ausschwungphase

Abb. 9.16 Vorhand auf Zuwurf (Foto Jens Wenzel)

- Cross miteinander spielen von der Grundlinie
  - Anwendung der vorher geübten Vorhand- und Rückhand-**Techniken**
  - BEACHTEN: hier werden die meisten Spieler*innen im Vergleich zur Anwurf-Übung noch größere Schwierigkeiten haben. Hier gilt es, das Geübte auszuprobieren und u. U. wieder in die Übung zurückzugehen
- Vorhand und Rückhand abwechselnd aus dem Zuspiel
  - Spieler*innen stehen auf der Grundlinie
  - Zuspiel von der T-Linie der anderen Netzseite
  - 8 Bälle abwechselnd auf Vor- und Rückhand
  - Fokus auf das Spielen aus der Bewegung inkl. Griffwechsel zwischen Vor- und Rückhand
- Miteinander spielen auf dem gesamten Feld
  - Spieler*innen spielen jeweils eins-zu-eins auf dem gesamten Feld miteinander
  - Bei mehr als 2 Spieler*innen nach insgesamt 20 Ballberührungen Wechsel

Variationen

- Alle Partner*innen-Übungen auch mit Trainer*in durchführbar, wenn es sich um Einzeltraining handelt oder die Spieler*innen (noch) nicht genau genug anwerfen können
- Je nach Alter und Leistungsstand im roten oder orangenen Feld bleiben, anstatt bis an die Grundlinie zu gehen und mit den jeweils passenden Bällen spielen

▶
  - für Anfänger*innen
  - Teile der methodischen Reihe auch im **Techniktraining** von Vorhand und Rückhand sinnvoll einsetzbar

Training der Stabilität der Grundschläge (Ferrauti et al., 2014)

Trainingsziel

- Stabilisierung und Automatisierung der Grundschläge Vorhand und Rückhand
- Fokus auf die **Hauptaktion** in einer stabilen Situation

Ablauf

- Spieler*in A steht an der Grundlinie auf der Vorhandseite, Spieler*in B oder Trainer*in steht auf der gleichen Netzseite am T-Kreuz und wirft Bälle zu (vgl. Abb. 9.17)
- Bälle werden so angeworfen, dass Spieler*in A die Vorhand unter stabilen Bedingungen
- durchführen kann, d. h. idealerweise springt der angeworfene Ball direkt in den Treffpunkt

Abb. 9.17 Trainingsform
„Stabilität der Grundschläge"

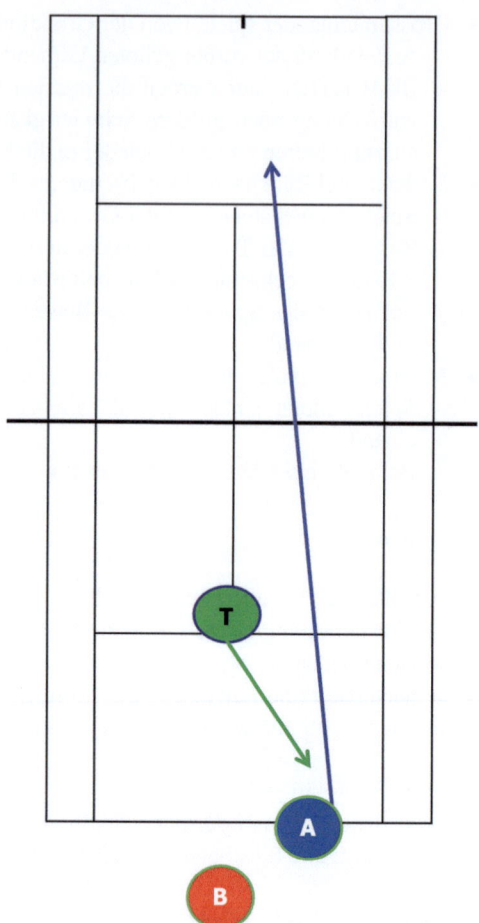

- Spieler*in A spielt die Vorhände über das Netz mittig ins Feld
- 6–10 Schläge Vorhand, dann Spieler*innen- bzw. Aufgabenwechsel
- nach drei Durchgängen pro Spieler*in gleicher Ablauf mit der Rückhand

Variationen

- Je nach Leistungsstand Übung im Kleinfeld (rote Stufe), Midcourt (orangene Stufe) oder von der Grundlinie mit Grünpunkt-Bällen durchführen
- nächste Schwierigkeitsstufen:
  - Bälle werden vom Netz aus angeworfen
  - Bälle werden von der anderen Netzseite aus zugeworfen oder zugespielt

▶ • Je nach Alter, Leistungsstand, Gruppengröße und verfügbarer Trainingszeit können bis zu 20 Durchgänge à 6–10 Schlägen in einer Trainingseinheit trainiert werden
   • Trainingsform für die Stabilisierung aller Schläge nutzbar, u. a. auch Slice und Volley

Grundlinien-Zonen-Challenge (Carl Maes, Born, 2017b)

Trainingsziel

- gute Länge in den Grundschlägen
- gute Flugkurve in den Grundschlägen

Ablauf

- Spieler*innen spielen Ballwechsel miteinander von der Grundlinie mit dem Ziel die Schläge möglichst lang ins Feld zu spielen
- Schläge länger als die T-Linie in Zone 2 geben einen Punkt, Schläge nah an die Grundlinie in Zone 1 geben 3 Punkte (vgl. Abb. 9.18)
  – Zone 1 entspricht Zonen 1a/b, 2a/b nach Born, 2017a; Born & Vogt, 2021b (vgl. Abb. 2.12)
  – Zone 2 entspricht Zonen 1c/d, 2c/d nach Born, 2017a und Born & Vogt, 2021b (vgl. Abb. 2.12)

Variationen

- Trainer*in steht auf Höhe der Grundlinie und überprüft ob die ankommenden Bälle auf Höhe der Grundlinie noch im Steigen sind. Ist dies der Fall gibt es einen Bonuspunkt
- Spieler*innen zählen entweder zusammen oder gegeneinander bis zu einer bestimmten Punktzahl oder auf Zeit
- Für Bälle, die vor der Aufschlaglinie landen gibt es einen Minuspunkt; für Bälle im Netz zwei Minuspunkte
- Anstatt Markierungslinien werden auf beiden Seiten Methodiknetze auf Höhe der T-Linie (später auch weiter hinten) aufgestellt, über die die Spieler*innen spielen müssen. Hierdurch werden eine gute Länge und Höhe von den Spieler*innen verlangt und diese bekommen zudem unmittelbares Feedback, wenn ihnen dies misslingt.
- Auch im Cross-Duell möglich

▶ Diese Übung kann auch ideal im Einspielen eingesetzt werden

Abb. 9.18 Trainingsform
Grundlinien-Zonen-Challenge

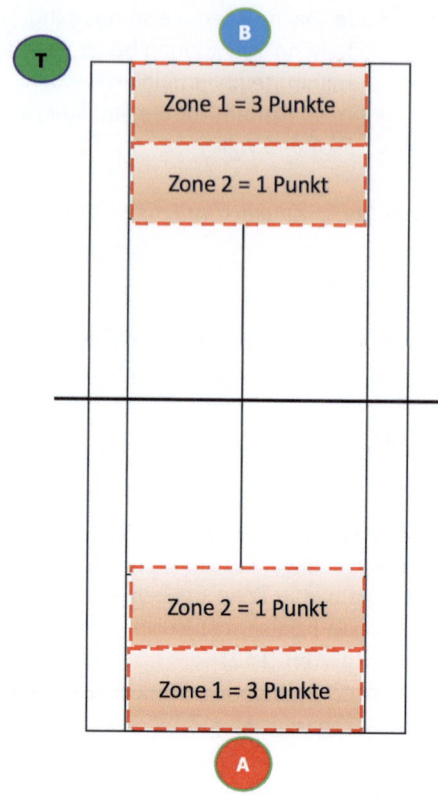

Einführung Volleys und Schmetterball (LFG Tennis)

Trainingsziel

- Einführung und Erlernen der (Basis-)**Techniken** Vorhand- und Rückhand-
  Volley sowie Schmetterball in einer Trainingseinheit

Ablauf
Methodische Reihe mit induktivem Einstieg

1. Induktives **Warm-up**
   - d. h. ausprobieren mit keinen oder nur wenigen Hinweisen seitens Trainer*in
   - Spieler*innen spielen einen Ball zwischen sich hin und her, ohne, dass die-
     ser den Boden berührt und ohne dabei übers Netz zu spielen (ca. 20 Ballbe-
     rührungen pro Spieler*in)
   - anschließend Volley-Volley miteinander über das Netz (weiterhin aus-
     probieren, verschiedene Entfernungen zueinander wählen). Einziger Hin-
     weis seitens Trainer*in: Ball soll auf direktem Wege zu Partner*in, d. h.
     möglichst ohne Flugkurve (vgl. Abb. 9.19)

Abb. 9.19 Volleys miteinander (Foto Jens Wenzel)

- abschließend Volley zu T-Linie miteinander, d. h. Spieler*in A steht nah am Netz und spielt alle Bälle aus der Luft, sodass die Bälle vor Spieler*in B aufspringen, der/die an der T-Linie steht und mit Vorhand bzw. Rückhand antwortet

2. Theorie Volleys
   - Die wichtigsten Elemente der Volley-Technik werden kurz besprochen: **Hauptaktion**, Griff, **Hilfsaktionen**, **Beinarbeit**, sowie Unterschied hoher und tiefer Volley (vgl. Abschn. 3.3.5.5 und 3.3.5.6)
   - Die wichtigsten taktischen Anwendungen der Volleys werden kurz besprochen

3. Deduktive Übungsreihe
   - Spieler*in A steht in Volleyposition am Netz
   - Spieler*in B (oder Trainer*in) steht kurz vor der T-Linie der anderen Netzseite und wirft von dort A möglichst einfach zu spielende Bälle zu

     10 × Vorhand-Volley (Treffpunkt über Netzhöhe)

     10 × Rückhand-Volley (Treffpunkt über Netzhöhe)

     10 × abwechselnd Vorhand- und Rückhand-Volley (Treffpunkt über Netzhöhe)

     10 × tiefer Volley abwechselnd Vorhand- und Rückhandvolley (Treffpunkt unterhalb der Netzkante)
   - anschließend Aufgaben- bzw. Spieler*innen-Wechsel

4. Theorie Schmetterball und Lob
   - Die wichtigsten Elemente der Schmetterball-Technik werden kurz besprochen: **Hauptaktion**, Griff, **Hilfsaktionen**, **Beinarbeit**, Schmetterball aus dem Sprung (vgl. Abschn. 3.3.6.2)
   - Die wichtigsten taktischen Anwendungen des Schmetterballs werden kurz besprochen

5. Übung Schmetterball und Lob
   - Spieler*in A steht in der Volleyposition und spielt den Ball vom Netz aus an
   - Spieler*in B steht an der Grundlinie und spielt einen Lob von der Grundlinie über A

- A spielt einen Schmetterball und die Spieler*innen versuchen auf diesem Wege den Ballwechsel weiterzuführen
- Aufgabenwechsel nach insgesamt 10 erfolgreichen Schmetterbälle
6. **Doppel**- Spielform
  - Zwei Spieler*innen stehen als **Doppel** in der Netzposition, zwei weitere Spieler*innen stehen als **Doppel** gegenüber auf der Grundlinie
  - Das Netzteam spielt einen Ball neutral zu und der Punkt ist eröffnet

Variationen

- Zu 3.: Wenn Trainer*in Zuwurf für mehrere Spieler*innen übernimmt, dann jeweils Spieler*innen-Wechsel nach einem 10er-Durchgang
- Vor 6.: Korbübung möglich als Ergänzung: Spieler*innen spielen tiefen Volley an der T-Linie, rücken nach vorne für hohen Volley und anschließenden Schmetterball
- Zu 6.: es darf zunächst kein Lob gespielt werden oder der erste Schlag vom Grundlinienteam muss ein Lob sein; Auch im **Einzel** möglich, dann zunächst aber auf schmalerem Spielfeld (bspw. eine Doppelhälfte)

Einführung Return (LFG Tennis)

Trainingsziel

- Einführung und Erlernen der (Basis-)**Technik** des **Returns** in einer Trainingseinheit

Ablauf

- Die wichtigsten Elemente der **Return-Technik** werden kurz besprochen: Positionierung in der **Winkelhalbierenden, Hauptaktion,** Griff, **Hilfsaktionen, Split-Step** und **Beinarbeit** (vgl. Abschn. 3.3.2)
- Die wichtigsten taktischen Anwendungen des **Returns** werden kurz besprochen
- Methodische Übungsreihe **Return**
  - Spieler*in A in **Return**position, Spieler*in B wirft über Kopf von hinter dem Netz so zu, dass A **Returns** spielen kann
    - 8–10 **Returns** pro Spieler*in, dann Wechsel
  - **Returns** auf **Aufschläge** von der Midcourt-Linie
    - 8–10 **Returns** pro Spieler*in, dann Wechsel
  - **Aufschlag** und **Return** von der Grundlinie
    - jeweils nach vier **Aufschlägen** bzw. **Returns** Wechsel.

Variationen

- Wenn die aufschlagenden Spieler*innen sicher genug aufschlagen, sodass eine hohe Frequenz an **Returns** garantiert ist, so kann der erste Schritt der methodischen Reihe auch weggelassen werden.
- Je nach Leistungsstand und Lernfortschritt die einzelnen Schritte individuell verlängern

▶   Der **Return** sollte, sobald Spieler*innen um Punkte spielen, trainiert werden

9.4   Schwerpunkt Taktik

Spielform „Eigene Fehler vermeiden" (LFG Tennis)

Trainingsziel

- Anwenden des obersten taktischen Grundprinzips „Eigene Fehler vermeiden" (vgl. Abschn. 4.3) in einer einfachen Spielform
- Reflexion nach eigenem Fehler: leichter Fehler ohne Not oder von Gegner*in erzwungen?
- Spieler*innen lernen den Ball sicher im Spiel zu halten und erhöhen ihren Fokus
- Spieler*innen erkennen wie viele Fehler ohne Not gemacht werden und verringern deren Anzahl idealerweise

Ablauf

- Die Spieler*innen spielen einen Grundliniensatz bis 11 Punkte gegeneinander
- Das Anspiel erfolgt dabei von unten aus der Hand, entweder mittig oder cross, danach ist der Punkt direkt frei
- Gegner*in gewinnt Doppelpunkt bei eigenem leichtem Fehler ohne Not (**unforced Error**). Hier müssen die Spieler*innen jeweils selbst entscheiden, wie der Fehler einzuschätzen ist, d. h. nach jedem Fehler entscheidet man, ob dieser ein (von Gegner*in erzwungener Fehler/**forced error**) oder zwei Punkte (eigener leichter Fehler ohne Not) zählt

Variationen

- Zusätzlich kann jeder Netzfehler als **unforced error** definiert werden, sodass dieser auch zwei Punkte zählt
- Die Doppelpunkt-Regel zählt nur innerhalb der jeweils ersten drei Schläge jeder Person

Spielform „Longline-Eröffnung" (LFG Tennis)

Trainingsziel

- Entscheidungsverhalten verbessern
- Chancen erkennen und nutzen
- Selbstvertrauen in eigene Stärke gewinnen

Ablauf

- Spieler*innen spielen cross gegeneinander, Angabe erfolgt von unten oder oben
- Eine Longline-Eröffnung des Ballwechsels ist erst erlaubt, sobald der/die Gegner*in nach außen aus dem Feld getrieben wurde, d. h. bspw. nach dem Schlag mit einem Fuß außerhalb der Doppellinie steht (vgl. Abb. 9.20)
- Pro Punkt haben die Spieler*innen einen „Joker" fürs Cross-Duell, d. h. wenn sie einen Fehler machen, bevor Longline eröffnet wurde, zählt dieser beim jeweils ersten Mal nicht als Punkt
- Zählweise:
  - Wenn Longline eröffnet und der Punkt gewonnen wurde = Doppelpunkt
  - Wenn Longline eröffnet und Punkt dadurch verloren wurde, d. h. der Longline-Schlag wurde verschlagen oder man kommt dadurch in eine schlechte Lage = Doppelpunkt für Gegner*in
- Jeweils einen Punkt über die Vorhand- und dann über die Rückhand-Seite

Abb. 9.20 Spielform
„Longline-Eröffnung"

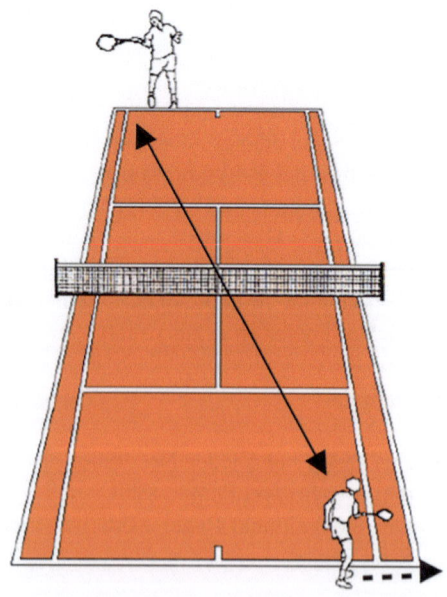

Variationen

- Ball wird über Kopf vereinfacht ins Spiel gebracht
- Punkt beginnt normal mit **Aufschlag** und **Return**, ab dem dritten Schlag (**+1 stroke**) darf Longline eröffnet werden
- Es gibt keinen Joker, sondern jeder Fehler zählt
- Bei mehr als zwei Spieler*innen wird in Teams gespielt und nach jeweils zwei Punkten gewechselt (Gegner*innen wechseln versetzt)
- Wartende Spieler*innen beobachten ihre Partner*innen und coachen hinsichtlich der getroffenen Entscheidung
- Einsatz der eigenen Stärke wird belohnt, bspw. gibt es einen Zusatzpunkt, wenn im Rückhand-Cross-Duell die **umlaufene Vorhand** erfolgreich eingesetzt wird

▶   Auch das Cross-Duell ist schon ein entscheidendes taktisches Element, da hier die Grundlage für eine erfolgreiche Longline-Eröffnung gelegt wird und zudem auch schon Punkte ohne die Longline-Eröffnung gewonnen oder verloren werden können (nach Verlust des „Jokers").

Spielform „Eigene Stärke – gegnerische Schwäche" (LFG Tennis)

Trainingsziel

- Anwenden der taktischen Grundprinzipien „Einsatz eigener Stärke(n)" sowie „Ausnutzung gegnerischer Schwäche(n)" (vgl. Abschn. 4.3) in einer einfachen Spielform
- Selbstvertrauen in eigene Stärke gewinnen

Ablauf

- Vor Beginn definieren alle Spieler*innen eine Stärke und eine Schwäche der Einfachheit halber zu Beginn: Vorhand und Rückhand als Stärke bzw. Schwäche definieren
- Die Spieler*innen spielen einen Grundliniensatz bis 11 Punkte gegeneinander
- Das Anspiel erfolgt dabei von unten aus der Hand, entweder mittig oder cross, danach ist der Punkt direkt frei
- Ab jetzt haben beide Spieler*innen das Ziel ihre eigene Stärke einzusetzen sowie gleichzeitig die gegnerische Schwäche anzuspielen.
- Die Spieler*innen gewinnen einen Doppelpunkt bei erfolgreichem Einsatz der eigenen Stärke auf die gegnerische Schwäche
  - bspw. wenn sie die eigene Vorhand auf die gegnerische Rückhand spielen und damit den Punkt gewinnen

Variationen

- Zusätzlich zu Vorhand und Rückhand können individuell weitere bzw. andere Schläge oder Situationen als Stärke und Schwäche definiert werden
  - bspw. Netzspiel, ankommende hohe Bälle, Rhythmuswechsel, Stopps erlaufen, tiefe Schläge
- zu Beginn kann der Fokus auch nur auf eine der beiden Grundprinzipien gelegt werden, d. h. es gibt Doppelpunkte für den erfolgreichen Einsatz der eigenen Stärke oder das Ausnutzen der gegnerischen Schwäche
- Für Fortgeschrittene (mit Schwäche Rückhand und Stärke Vorhand): Start im Rückhand-Duell, nach jeweils zwei Rückhänden ist der Punkt eröffnet

Die verbotene Zone (Born & Vogt, 2021b; Schönborn, 2016; Antoun, 2007)

Trainingsziel

- Die Spieler*innen lernen das Konzept der verbotenen Zone (siehe Abschn. 2.3.3) kennen
- Taktisch günstige Platzierungen der Grundschläge und Angriffsbälle werden trainiert
- Von der **Technikanwendung** über den **Taktikerwerb** bis hin zum **Taktiktraining**

Ablauf

- Die **verbotene Zone** wird in der Mitte des Platzes markiert, idealerweise mit Markierungsstreifen. Die Größe richtet sich nach dem Leistungsstand der Spieler*innen
- Es werden Ballwechsel zunächst miteinander und später gegeneinander gespielt, mit dem jeweiligen Ziel möglichst alle Schläge außerhalb der Zone ins Feld zu spielen
- Zunächst freie Schlagauswahl, um die **verbotene Zone** kennenzulernen, später dann vorgegebene Schlagfolgen und Spielzüge wie bspw. einen **erweiterten Hosenträger** (s. Abb. 9.21)

Variationen

- Spieler*innen spielen Ballwechsel miteinander und müssen eine bestimmte Anzahl Schläge ins Feld außerhalb der **verbotenen Zone** platzieren
  - Insgesamt 20 Treffer gemeinsam
  - Wer schafft als erstes 20 Treffer?
- Wie oben, jedoch gibt jeder Schlag in die **verbotene Zone** einen Punktabzug
- Spieler*innen spielen eine vorgegebene Schlagfolge bzw. Spielzüge miteinander
  - Cross-Duell (Vorhand und Rückhand)

Abb. 9.21 Trainingsform
„Verbotene Zone" in der
Variation erweiterter
Hosenträger

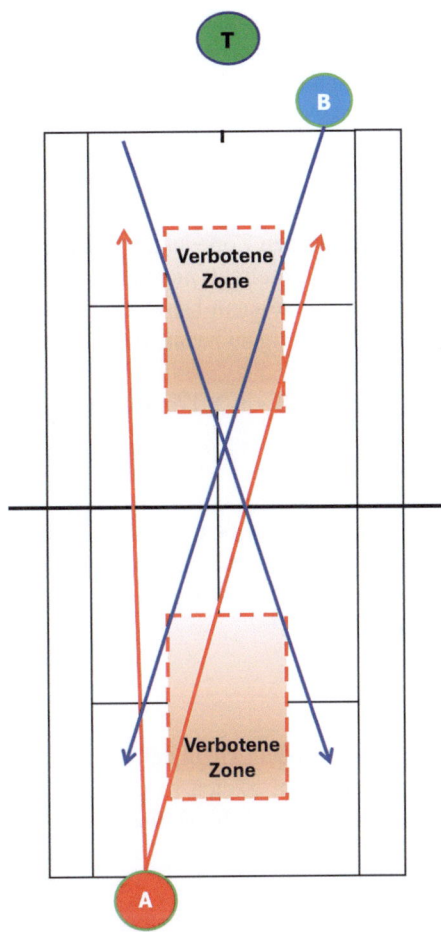

- Bei Zonentreffer des Partners longline spielen und Wechsel auf andere Cross-Richtung
- Hosenträger (Spieler*in A spielt alles cross, Spieler*in B alles longline)
- **Erweiterter Hosenträger** (Spieler*in A spielt abwechselnd cross und long-line, Spieler*in B alles cross; s. Abb. 9.21)
- Spieler*innen spielen Punkte gegeneinander mit Angabe von unten
  - Punkte beginnt mit vorgegebener Schlagfolge (z. B. cross, cross, longline) und danach ist der Punkt offen
    - oder Punkt erst frei, wenn in **verbotene Zone** gespielt wurde
  - Das Gleiche beginnend mit **Aufschlag** und **Return** (**verbotene Zone** erst ab dem dritten Schlag des Ballwechsels „aktiv")
- mögliche **Zählweisen**:
  - Zonentreffer = Punkt kann nicht mehr gewonnen, sondern nur noch „ver-teidigt" werden, d. h. es bliebe beim Punktgewinn bei 0–0

- Zonentreffer = Punktverlust
  - Variation: zweiter Zonentreffer einer Person führt zu Punktverlust
- weniger Zonentreffer im Ballwechsel = Zusatzpunkt
- Punkt gewonnen unmittelbar nach gegnerischem Zonentreffer = Doppelpunkt
- Offene Punkte (mit oder ohne **Aufschlag**) unter Anwendung der **verbotenen Zone**
  - Spieler*innen sollen selbst erkennen, wenn ein gegnerischer Schlag in der **verbotenen Zone** landet und entsprechend (offensiv) reagieren
- Weiterer Lerneffekt: nicht jeder Schlag in der **verbotenen Zone** ist ein schlechter Schlag, so kann bspw. ein gegnerischer tiefer Slice in die **verbotene Zone** auch schwierig zu beantworten sein

Die C-Zonen (Born, 2017a; Born et al., 2021)

Trainingsziel

- Spieler*innen lernen das Konzept der **C-Zonen** kennen und trainieren Grundschläge und Angriffsbälle in die **C-Zonen** zu platzieren
- Von der **Technikanwendung** über den **Taktikerwerb** bis hin zum **Taktiktraining**

Ablauf

- Gleicher Ablauf wie in der Übung „Die **verbotene Zone**" (s. oben).
- Spieler*innen spielen möglichst alle offensiven Schläge in die **C-Zonen**, sowohl cross als auch longline

Variationen

- Vorschaltung einer Korbübung (je nach Leistungsstand der Spieler*innen; s. Abb. 9.22 *links)*
- Trainer*in spielt so an, dass die Spieler*innen die Schläge offensiv spielen können
- Spieler*innen platzieren alle Schläge in die **C-Zonen**, zunächst frei und später nach Vorgabe
- Spieler spielen einen **erweiterten Hosenträger** (Abb. 9.22 rechts) und versuchen möglichst die **C-Zonen** zu treffen.
- Zählweise:
  - gemeinsam möglichst viele Treffer
  - gegeneinander: wer schafft als erstes 10 Treffer?
- Freie Punkte
  - Wer als erstes eine **C-Zone** trifft, kann den Punkt nicht mehr verlieren
  - Wer öfter die **C-Zonen** trifft bekommt einen Bonuspunkt
  - Zwei **C-Zonen**-Treffer einer Spielerin in Folge = direkter Punktgewinn

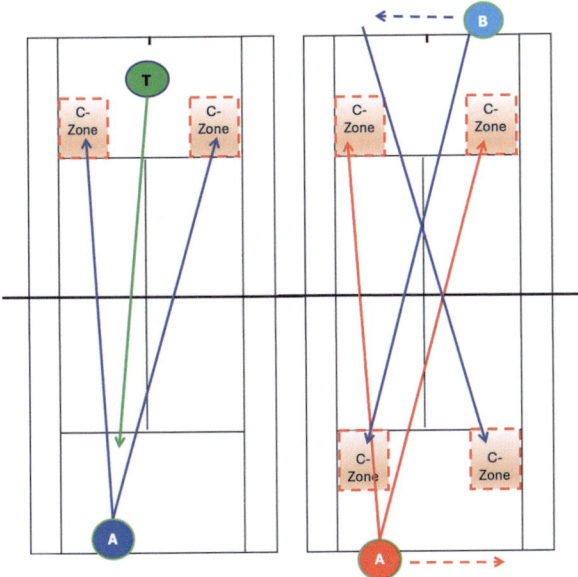

Abb. 9.22 Trainingsform „C-Zonen" in den Variationen Korbübung (links) und erweiterter Hosenträger (rechts)

Basis Taktik 4 Ecken (LFG Tennis)

Trainingsziel

- Offensiv: Dominantes, aber gleichzeitig konstantes und sicheres Verteilen aus beiden Platzecken, Timing für (oftmals Longline) Winner entwickeln bzw. verbessern, Einsatz von höheren oder Winkel-Bällen in der Offensive, um die Gegenseite hinter bzw. aus dem Feld zu treiben
- Defensiv: Cleverer Einsatz von Höhe, Tempo und Platzierung in der Verteidigung, um der offensiven Person keine Möglichkeit für Winner zu bieten bzw. die eigenen Laufwege kurz zu halten, zusätzlich Auge für Übernahmemöglichkeiten aus der Defensive in die Offensive schärfen

Ablauf

- Spieler*in 1 (Offensiv) verteilt aus der Vorhand-Ecke beliebig (unregelmäßig) in das ganze Feld bei Spieler*in 2, dabei verfolgt Spieler*in 1 das Ziel den Punkt zu gewinnen (vgl. Abb. 9.23)
- Spieler*in 2 (Defensiv) muss durchgängig in die Vorhand-Ecke von Spieler*in 1 verteidigen, kann dabei aber Tempo und Platzierung frei wählen (vgl. Abb. 9.23)

Abb. 9.23 Basis Taktik 4
Ecken

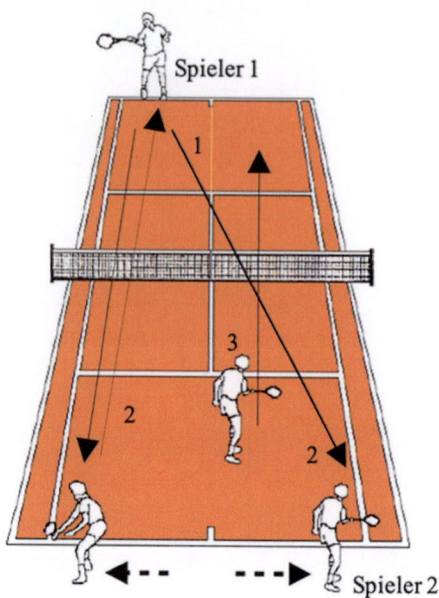

- Sollte Spieler*in 2 so gut verteidigen, dass Spieler*1 zu kurz bzw. nicht zwingend verteilt (im Sinne von nicht fordernd und geeignet für die Angriffsübernahme), darf Spieler*in 2 in die freie Ecke (in diesem Fall die Rückhand-Ecke) von Spieler*in 1 angreifen, danach wird der Ballwechsel durch den Trainer neu gestartet
- Spieler*in 1 versucht (wahrscheinlich vermehrt) über das Cross-Duell aufzubauen, darf jedoch jederzeit longline spielen und hat das Ziel Winner zu schlagen
- Alle 4 Ecken werden durchgespielt, Spieler*in 1 verteilt wie beschrieben zuerst aus der Vorhand-Ecke, dann verteilt Spieler*in 2 aus der Vorhand-Ecke, danach verteilt Spieler*in 1 aus der Rückhand-Ecke, abschließend verteilt Spieler*in 2 aus der Rückhand-Ecke

Variationen

- Auf ein Signal der Trainerin kann ein Ballwechsel jederzeit geöffnet werden und fortan spielen beide Spieler*innen den Punkt frei über das ganze Feld aus

▶ - Vorteil dieser Übung im Vergleich zum weit verbreiteten Basis Cross Drill (zwei Spieler*innen müssen verpflichtend cross spielen), ist die Freiheit jederzeit longline zu spielen. Einerseits muss die verteidigende Person dadurch immer das ganze Feld im Auge behalten und kann nicht in der jeweiligen Ecke „parken", andererseits soll das Cross-Duell oftmals den Longline Winner vorbereiten bzw. ermöglichen und beim Basis Cross Drill neigen Spieler*innen dazu, diese Chancen dann zu verpassen und nochmal cross zu spielen

- Das Anspiel der Trainer*innen sollte von der Angriffsseite erfolgen, damit die verteidigende Person den ersten Schlag (in die vorgegebene Ecke) spielt und nicht die offensive Person direkt einen Winner auf das (evtl. zu wenig fordernde) Trainer*innen Anspiel schlägt.

Basis Taktik Verteilen aus der Mitte (LFG Tennis)

Trainingsziel

- Offensiv: Aktive **Beinarbeit** auch bei zentral ankommenden Bällen, Bälle früh nehmen, um der gegnerischen Person Zeit zu nehmen, Anspielen der (erweiterten) **C-Zonen**
- Defensiv: Cleverer Einsatz von Höhe, Tempo und Platzierung in der Verteidigung, um der offensiven Person keine Möglichkeit für Winner zu bieten bzw. die eigenen Laufwege kurz zu halten

Ablauf

- Spieler*in 1 (Offensiv) verteilt zentral aus der Mitte regelmäßig abwechselnd in die Vorhand- und Rückhand-Ecke bei Spieler*in 2, dabei verfolgt Spieler*in 1 das Ziel den Punkt zu gewinnen (vgl. Abb. 9.24)
- Spieler*in 2 (Defensiv) verteidigt durchgängig in die Mitte des Feldes (eingezeichnete Zone; vgl. Abb. 9.24) von Spieler*in 1, kann dabei aber Tempo und Höhe frei wählen

Abb. 9.24 Basis Taktik Verteilen aus der Mitte

- Spieler*in 1 versucht die (nach vorne etwas erweiterten) **C-Zonen** einzusetzen, sofern sich die Möglichkeit bietet (insbesondere nach eher longline verteidigten Bällen von Spieler*in 2)
- Nach einigen Ballwechseln werden die Aufgaben gewechselt, 3 Durchgänge pro Spieler*in

Variationen

- Bei 3 Spieler*innen kann auf der Defensivseite nach vorgegebener Schlaganzahl (Empfehlung: nach 4 bis 6 Schlägen) fließend gewechselt werden, also Spieler*in 2 spielt den letzten Ball aus der Rückhand-Ecke und Spieler*in 3 startet dann mit dem von Spieler*in 1 ankommenden Ball in der Vorhand-Ecke
- Auf ein Signal der Trainerin kann der Ballwechsel jederzeit geöffnet werden und fortan spielen beide Spieler*innen den Punkt frei über das ganze Feld aus

▶   Viele Spieler*innen bewegen sich schnellstmöglich und aktiv in die jeweiligen Platzecken (rechts-links), jedoch mangelt es oftmals an der gleichen Aktivität bei der Bewegung vermeintlich „leichter" Bälle, die zentral in die Mitte kommen. Trainer*innen sollten daher hier die offensiven Spieler*innen immer wieder motivieren die ankommenden Bälle früh zu nehmen (Vorteil: Zeitverlust Defensive) und sich optimal zum Ball zu stellen, also eine vergleichbare Aktivität der **Beinarbeit** einfordern.

Aufschlag-Spielzüge (Born, 2017a)

Trainingsziel

- Training der **Aufschlag**-Präzision in vorgegebene Zonen
- anschließende direkte Vorbereitung auf den Folgeschlag
- präzise Platzierung des Folgeschlages in eine vorgegebene Zone
- gleichzeitiges Training der **Return**-Präzision sowie des **Return**-Folgeschlages
- Automatisierung standardisierter **Aufschlag-Spielzüge**

Ablauf

- Spieler*in A schlägt in eine vorgegebene **Aufschlag**-Zone auf, Spieler*in B returniert den **Aufschlag** lang-mittig (entspricht den Zonen 1b/2b nach Born, 2017a bzw. Born & Vogt, 2021b)
- Spieler*in A spielt den Folgeschlag (dritter Schlag des Ballwechsels oder + **1 stroke**) wiederum in eine vorgegebene Zone (idealerweise in eine der **C-Zonen**), Spieler*in B macht das gleiche mit dem + **1 stroke**
- Zonentreffer können gezählt werden, bspw. 5 × beide Zonen (**Aufschlag** und Folgeschlag) in Kombination treffen = Aufgabenwechsel

Variationen

- Spieler*in A schlägt nach außen in Zone w auf und spielt den Folgeschlag in die freie Ecke = **Aufschlag-Spielzug** „großes-V" (s. Abb. 9.25)
- Spieler*in A schlägt nach außen in Zone w auf und spielt den Folgeschlag in die gleiche Ecke = **Aufschlag-Spielzug** „Gegenfuß"
- Spieler*in A schlägt nach innen in die Zone t auf und spielt den Folgeschlag in die freie Ecke = **Aufschlag-Spielzug** „kleines-V"
- Spieler*in A schlägt nach innen in die Zone t auf und spielt den Folgeschlag in die gleiche Ecke = **Aufschlag-Spielzug** „Gegenfuß-V"
- Zu Beginn der Übung kann der **Return** noch simuliert werden, d. h. aus der Hand bzw. dem Korb angespielt werden, sodass möglichst viele **Aufschlag** + Folgeschlag-Kombinationen für die Spieler*innen zu Stande kommen

Abb. 9.25 Trainingsform Aufschlag-Spielzüge in der Variation „großes V" mit Trainer*in als Return-Back-up

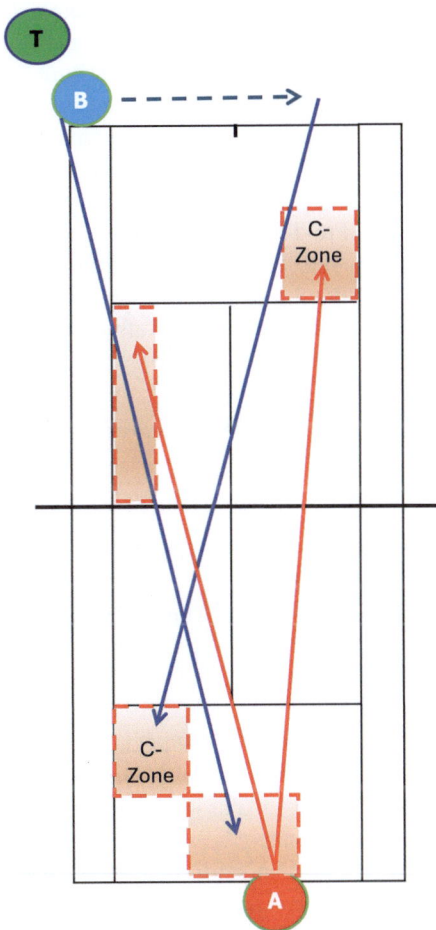

- Die Trainerin kann auch im weiteren Verlauf hinter dem Returnierenden stehen und bei einem **Aufschlag**- oder **Return**fehler ebenfalls den **Return** per Anspiel aus der Hand simulieren, sodass die Aufschläger*innen in jedem Falle die Kombination aus **Aufschlag**+Folgeschlag trainieren können (s. Abb. 9.25)
- Alle **Spielzüge** von Einstand- und Vorteilseite trainieren
- *Spielform „***Aufschlag-Spielzüge***"*
  - Es werden freie Punkte ausgespielt
  - Es werden zwei spezifische **Aufschlag-Spielzüge** definiert, Doppelpunkt bei erfolgreicher Anwendung einer dieser
  - nächstes Level: zusätzlich noch Bonuspunkt für Gegner*in bei **unforced errors** innerhalb der Schläge 1–4
- *Spielform „High-Pressure-***Spielzüge***"*
  - Es werden freie Punkte gespielt
  - Sagt die Aufschlägerin den geplanten **Aufschlag-Spielzug** vor dem Punkt laut an, dann besteht die Chance auf einen Doppelpunkt
  - Aufschlägerin ist unter höherem Druck, da Returnierender weiß welcher **Spielzug** kommt und dieser auch gespielt werden *muss*
  - *Spielform „Perfect Rally" (Craig O'Shannessy)*
  - Spieler*innen spielen die ersten vier Schläge
    - Trainer*in oder Spieler*innen selbst vergeben Punkte für Schläge oder Schlagkombinationen mit hoher „Qualität"
    - Beide Spieler*innen sammeln die Punkte gemeinsam
    - Pro 4-Schlag-Rally können 0–4 Punkte vergeben werden (max. 2 für den Aufschläger und max. 2 für den Returnspieler)
    - Bis 10 Punkte von der Einstandseite erreicht wurden, dann Aufgabenwechsel, erneuter Aufgabenwechsel bei erneuten 10 Punkten, dann weiter von der Vorteilseite

Aufschlag-Gewinnquoten-Spielform (Born, 2017a; Grambow et al., 2021a)

Trainingsziel

- Matchnahes Training mit Fokus auf die Gewinnquoten nach erstem und zweitem **Aufschlag**
- Gutes Test-Tool für Trainer*innen

Ablauf

- Es werden 10 oder 20 Punkte gespielt
- Aufschläger*in hat bei jedem Punkt so viele erste **Aufschläge** zur Verfügung bis dieser regelkonform im Feld ist, sodass jeder Punkt mit einem ersten **Aufschlag** beginnt
- Aufschläger*in muss den ersten **Aufschlag** nach außen (Zone w) oder zur Mitte (Zone t) platzieren
- Aufschläger*in gewinnt mit sieben bzw. 14 oder mehr Punkten (min. 70 % Gewinn-Quote erreicht)

- Returnspieler*in gewinnt mit vier bzw. acht oder mehr Punkten (min. 40 % Gewinn-Quote erreicht)

Variationen

- Es stehen anstatt unbegrenzt nur drei erste **Aufschläge** zur Verfügung, danach gilt der Punkt für den/die Aufschläger*in als verloren
- Gleiche Spielform mit zweitem **Aufschlag:**
  - die Aufschläger*innen haben jeweils immer nur einen zweiten **Aufschlag** zur Verfügung, sodass jeder Punkt mit einem zweiten **Aufschlag** beginnt (Variation: 1 Joker pro Satz)
  - die Aufschläger*innen müssen den zweiten **Aufschlag** auf den Körper (b) oder die gegnerische Rückhand platzieren
  - die Aufschläger*innen gewinnen mit fünf oder mehr Punkten (min. 50 % Gewinn-Quote erreicht)
  - die Returnspieler*innen gewinnen mit sechs oder mehr Punkten (min. 60 % Gewinn-Quote erreicht)

Vorhand einsetzen (Born, 2017a)

Trainingsziel

- Offensives Einsetzen der eigenen Vorhand
- 3/4 des Platzes mit der eigenen Vorhand abdecken

Ablauf

Taktikerwerb:

- Spieler*in A spielt offensive Vorhände in die Rückhand-Ecke von Spieler*in B und deckt dabei ¾ des Platzes mit der Vorhand ab (vgl. Abb. 9.26)
- Spieler*in B verteidigt in die mittlere lange Zone (vgl. Abb. 9.26)
- Nach 20 Treffern von A in die vorgegebene Zone (entweder seitliche Zone oder **C-Zone**) Aufgabenwechsel

Taktikanwendung:

- Spieler*innen spielen Rückhand-cross (oder longline bei einem Linkshänder) gegeneinander
- Nach jeweils einem Schlag (Angabe und Rückhandreturn), darf und soll die Vorhand eingesetzt werden (cross oder longline), ab dann ist der Punkt frei
- Angabe von unten und abwechselnd
- Wenn die Vorhand eingesetzt und der Punkt damit gewonnen wird, gibt dies einen Doppelpunkt
- Sätze bis 11 Punkte

Abb. 9.26 Trainingsform
„Vorhand einsetzen"
im Taktikerwerb. Die
Zielzonen können in der
Taktikanwendung als
Orientierung beibehalten
werden

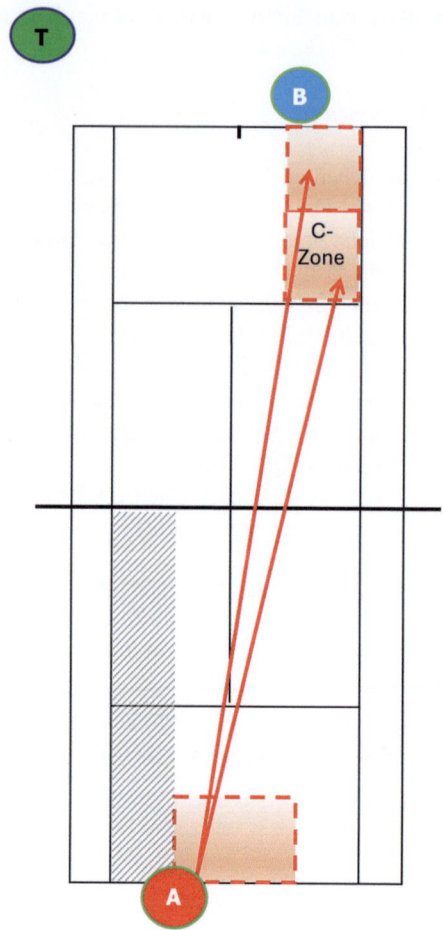

Variationen

Taktikerwerb:

- Nach einer bestimmten Trefferanzahl ist der Punkt eröffnet und wird ausgespielt

Taktikanwendung:

- Ball wird über Kopf vereinfacht ins Spiel gebracht
- Bei 3–4 Spieler*innen:
  - Jeweils 2 Punkte, dann Wechsel (Gegner*innen wechseln versetzt)
  - Wartende Spieler*innen: Beobachtung der Partner*innen und coaching hin-
    sichtlich der getroffenen Entscheidung(en)

Taktischer Einsatz des (Rückhand-) Slice (LFG Tennis)

Trainingsziel

- **Taktikerwerb** und **-anwendung** des (Rückhand-) Slice
- Differenzierten Einsatz des (Rückhand-) Slice in verschiedenen Situationen

Ablauf

- *Induktiver Einstieg; Slice-Duell im T-Feld*
    - es werden Einzelpunkte in beiden T-Feldern gegeneinander gespielt
    - es sind ausschließlich Slice-Schläge erlaubt
    - Satz bis 7 Punkte
- *Rückhand-Slice als Rhythmuswechsel*
    - Es wird ein Rückhand-Cross-Duell gespielt
    - Beide Spieler*innen versuchen den Slice einzusetzen, um einen Fehler zu erzwingen.
    - Gelingt dies, zählt der Punkt doppelt
    - Satz bis 11
- *Slice aus der Defensive*
    - Beide Spieler*innen starten an der Ecke Grundlinie-Einzellinie diagonal versetzt zueinander
    - Herausforderndes Anspiel in die freie Ecke von Spieler*in A, Slice aus dem vollen Lauf, Punkt ist frei
    - Nächster Punkt aus der anderen Ecke starten
    - Einen Satz bis 7, dann Aufgabenwechsel
- *Slice als Angriffsball*
    - Es werden Punkte von der Grundlinie gespielt
    - Beide Spieler*innen versuchen jede Gelegenheit zu nutzen ans Netz zu kommen und nutzen dafür einen Slice als Angriffsball
    - Satz bis 11
- *Drei-Punkte-Spiel mit Slice-Einsatz*
    - Es werden Einzelpunkte gespielt und die Spieler*innen spielen drei Punkte direkt hintereinander
    - Durch das Anspiel (durch Trainer*in und Spieler*in) starten die drei Punkte mit verschiedenen Situationen:
        1. Punkt: Spieler*in A bekommt flaches Anspiel auf die Rückhand und muss diese mit Slice auf die Rückhand von Spieler*in B spielen.
        2. Punkt: Spieler*in A startet in der Vorhand-Ecke und bekommt einen schwierigen Ball in die Rückhand angespielt. Es muss mit einem (defensiven) Slice geantwortet werden.
        3. Punkt: Spieler*in A bekommt ein kürzeres Anspiel auf die Rückhand und muss mit einem Slice-Angriffsball ans Netz gehen
    - Zählweise:
        gewinnt eine Spielerin alle drei Punkte, so steht es 2:0, gewinnt eine Spielerin 2–1 Punkte, dann steht es 1–0
    - Aufgabenwechsel nach einem Satz bis 7, auch in Teams möglich

- *Freie Punkte mit Slice-Bonus*
  - Es werden freie Punkte (mit **Aufschlag**) gespielt
  - Erfolgreicher Einsatz des Slice führt zu einem Doppelpunkt, also bspw.:
    - Gegner*in wird durch Slice zum Fehler gezwungen
    - Einsatz des Slice führt zu einem kurzen Ball, der anschließend zum Punktgewinn genutzt wird
    - Slice-Angriffsball führt zum Punktgewinn

- ▶
  - Jede der vorgestellten Spielformen kann auch einzeln in eine Trainingseinheit eingebaut werden
  - Ideal in Verbindung mit einem vorgeschalteten Techniktraining des Slice

Angriffschancen erarbeiten, erkennen und nutzen (LFG Tennis)

Trainingsziel

Aus dem Ballwechsel heraus Angriffschancen erarbeiten, erkennen und nutzen

Ablauf

- Vorbereitende Übungen:
  1. miteinander von der Grundlinie spielen, dabei jedem ankommenden Ball entgegen gehen und spätestens im höchsten Punkt schlagen.
  2. Longline in einer Doppelhälfte gegeneinander Punkte ausspielen. Bei jeder Gelegenheit, bei der man ins Feld gehen kann, den Ball früh nehmen, ans Netz aufrücken und den Punkt dort beenden
- Spielform ohne **Aufschlag**
  - Spieler*innen starten in der **Aufschlag-Return**-Position
  - Aufschläger*in spielt den Ball aus der Hand in die freie Ecke an (Simulation des dritten Schlages/ **+1 strokes**) und Punkt ist frei
  - Doppelpunkt für erfolgreichen Angriff
- Spielform mit **Aufschlag**
  - Es werden normale **Aufschlagspiele** gespielt
  - Punkte, die am Netz gewonnen werden, zählen doppelt, auch wenn nach einem Angriffsball der Passierball verschlagen wird

Variationen

- Neben der Belohnung für einen erfolgreichen Angriff gibt es auch Doppelpunkte für Gegner*in bei falscher Angriffsentscheidung bzw. nicht erfolgreichem Angriff

Ampel Prinzip (LFG Tennis)

Trainingsziel

- Frühzeitiges Erkennen einer Situation und angepasstes Verhalten
- Erfahrungen sammeln für die selektive Schlagauswahl in unterschiedlichsten Situationen

Ablauf

- Spieler*innen spielen von der Grundlinie aus miteinander durch die erweiterte Mitte, d. h., dass ein Zielbereich jeweils 1 m nach rechts und links der Mitte anvisiert werden darf
- Spieler*in A muss jeden von Spieler*in B geschlagenen Ball einschätzen und dementsprechend das eigene Verhalten (**Beinarbeit** und Schlagauswahl anpassen)
- Spielt Spieler*in B einen gut zu attackierenden Ball (langsam und/oder kurz und/oder hoch), so ruft Spieler*in A laut „grün", darf anschließend einen offensiven Ball spielen, bspw. einen kurzen Winkelpunkt anspielen (**C-Zone**) oder einen Abschluss in Form von einem Stoppball oder in eine Ecke
- Schätzt Spieler*in A den Ball als sehr schwierig ein und es ist das einzige Ziel den Ball sicher und hoch im Spiel zu halten, dann ruft Spieler*in A laut „rot" und führt dementsprechend einen sicheren Schlag mit ausreichender Höhe über das Netz aus
- Alle anderen Bälle sollten von der Spieler*in als neutrale Bälle eingestuft werden. Diese werden durch den Ausruf „gelb" klassifiziert.

Variationen

- Beide Spieler*innen spielen die Übung gleichzeitig
- Ein*e Spieler*in befindet sich am Netz und die Übung wird von dort aus durchgeführt, dabei sind grüne Bälle als Passierbälle zu spielen
- Die Übung mit einem Trainer durchführen; dieser kann die eigenen Schläge so anpassen, dass die gewünschten Situationen entstehen

▶ - Die Einschätzung des gegnerischen Schlages beginnt oft schon mit der Einschätzung des eigenen Schlages. Spielt man selbst einen sehr langen Ball, der den Gegner nach hinten drängt, so kann man eher mit einem anschließenden grünen Ball rechnen und die eigene Position etwas nach vorne schieben.

Spielform „Return mittig" (LFG Tennis)

Trainingsziel

- Das sichere Platzieren des **Returns** in die Mitte des Platzes
- Folgende Gründe sprechen dafür:
  1. Den Gegner*innen keinen möglichen Winkel geben, um den „Platz zu öffnen"
  2. Es herrscht eine höhere Wahrscheinlichkeit den Ball nicht ins Seitenaus zu schlagen, wenn man sehr mittig zielt
  3. Man zwingt die Gegner*in sich präzise vom Ball weg zu bewegen, d. h. sich ausreichend Platz zu machen. Dies ist oft schwieriger, als 1–2 Schritte zum Ball zu machen
  4. Die Daten der Profis legen diese Platzierung nahe (vgl. Abschn. 2.3.1)

Ablauf

- Die Spieler*innen spielen eine bestimmte Anzahl (10–15) von **Returns** auf zweite **Aufschläge** auf ein vorher ausgelegtes Ziel in der Mitte des Platzes (auf Sandplatz eignet sich die Abziehmatte)
- Nachdem das Ziel mehrfach (mindestens 5-mal) getroffen wurde werden die **Aufschlag**seiten gewechselt
- Nachdem beide Spieler*innen beide **Aufschlag**seiten absolviert haben werden die Punkte frei ausgespielt. Dabei bleibt das **Return**ziel vorhanden

Variationen

- Es werden sowohl erste als auch zweite **Aufschläge** serviert
- Im Zählmodus bekommt der returnierende Spieler einen Extra- Punkt für das Anspielen des korrekten Zielbereichs beim **Return**, d. h. dass er in einer Aktion – für den Fall, dass er den Punkt gewinnt und das Ziel beim **Return** getroffen hat- zwei Punkte erreichen kann.

9.5   Schwerpunkt Koordination

2-Ball-Challenge (Born & Vogt, 2020a)

Trainingsziel

- Physisches und kognitives **Warm-up**
- Training von Differenzierungs-, Orientierungs-, Reaktions-, Kopplungs-, Rhythmisierungs- und Umstellungsfähigkeit
- Training unter Zeit-, Präzisions- und Komplexitätsdruck

Ablauf

- Die Spieler*innen stehen so auf dem **Tennisplatz**, dass sie genug Platz zu allen anderen Spieler*innen und evtl. Hindernissen haben
- Sie versuchen zwei **Tennisbälle** zur gleichen Zeit in Bewegung zu halten (vgl. Abb. 9.27)
- Die Bälle dürfen aufspringen (auch mehrmals), direkt aus der Luft gespielt, hochgespielt oder nach unten geprellt werden
- Ein Durchgang ist vorbei, sobald einer der Bälle rollt oder liegt

Variationen:

- Challenge: wer schafft die meisten Ballkontakte am Stück bzw. wer hält die Bälle die längste Zeit in Bewegung?
- Die Anzahl der Bälle kann auf drei oder sogar vier gesteigert werden
- Vorgaben: nur Vorhand, nur Rückhand, nur hochspielen, nur runterprellen, mit der schwachen Hand, maximal ein Aufsprung pro Ball zwischen den Schlägen usw.

▶   Diese Übung ist (auch) als **Warm-up** für Fortgeschrittene zu empfehlen

Abb. 9.27   2-Ball-Challenge

Volley-Duell (Born & Vogt, 2020a)

Trainingsziel

- Spezifisches Einspielen am Netz
- Training der Reaktionsfähigkeit
- Training unter Zeit- und Präzisionsdruck

Ablauf

- Die Spieler*innen stehen sich am Netz gegenüber und spielen ein Volley-Duell (vgl. Abb. 9.28)
- Ziel ist es hierbei, den/die Partner*in herauszufordern, ohne zu überfordern
- Drei bis vier Ballkontakte pro Spieler*in pro Ballwechsel reichen aus

Variationen

- Schlagrichtung vorgeben (z. B. nur Vorhand-Volleys cross),
- Abstand zum Netz und zwischen den Spieler*innen variieren
- Schlaggeschwindigkeit variieren
- Zwischen den herausfordernden Ballwechseln können die Spieler*innen immer wieder in ein ruhigeres Volley-Duell mit mehr Entfernung zwischen sich wechseln. Somit wird der Effekt der Übung, mehr Zeit und Ruhe in der realen Spielsituation, unmittelbar spürbar

▶   Voraussetzung: grundlegende Spielfähigkeit im Volley

Abb. 9.28 Trainingsform
Volley-Duell

Ein-Bein-Tennis (Born & Vogt, 2020a)

Trainingsziel

- Training von Gleichgewichts- und Differenzierungsfähigkeit
- Training unter Belastungs-, Situations- und Komplexitätsdruck
- Direktes Feedback über Stabilität während des Schlages durch den Ein-Bein-Stand
- Kennenlernen der Vor- und Nachteile der Gewichtsverlagerung auf das vordere bzw. hintere Bein

Ablauf

- Die Spieler*innen spielen miteinander von der T-Linie
- Sie müssen während ihrer gesamten Schlagbewegung auf einem Bein stehen (vgl. Abb. 9.29)
- Zwischen ihren Schlägen dürfen sich die Spieler*innen normal zu den Bällen bewegen

Abb. 9.29 Trainingsform
Ein-Bein-Tennis

Variationen

- Je nach Leistungsstand gleicher Ablauf auch aus dem Midcourt und/oder von der Grundlinie
- Das Bein regelmäßig wechseln, sodass mal auf dem linken und mal auf dem rechten Bein stehend die Vor- bzw. Rückhände geschlagen werden.
- Immer wieder zwischen den Ein-Bein-Ballwechseln in einen normalen Ballwechsel übergehen, um die Wirkung der Übung, stabilerer Stand und bessere Gewichtsverlagerung auf zwei Beinen, unmittelbar zu spüren
- Schwierigkeitssteigerungen:
  - Spieler*innen müssen auf einem Bein bleiben, bis der eigene Ball im Feld des Gegners aufgesprungen ist
  - Spieler*innen müssen sich durchgehend nur noch auf einem Bein fortbewegen, mit Wechsel des Sprung- und Standbeines nach zwei Schlägen, um Ermüdung vorzubeugen
  - Korbdrill von der Grundlinie: Spieler*in spielt Schläge aus der Bewegung und der Schlag muss auf einem Bein ausgeführt werden

▶ - Gutes allgemeines **Warm-Up** als Voraussetzung
   - Belastung dosieren, um Qualität aufrecht zu erhalten

Spiel mit zwei Bällen (Born & Vogt, 2020a)

Trainingsziel

- Training von Rhythmisierungs-, Orientierungs-, Reaktions-, Differenzierungs- und Kopplungsfähigkeit
- Training unter Zeit-, Präzisions- und Komplexitätsdruck
- Möglichst lange zwei Bälle gleichzeitig im Spiel halten, indem der eigene Schlagrhythmus auf den des Partners angepasst wird

Ablauf

- Die Spieler*innen spielen von der T-Linie aus mit zwei Bällen gleichzeitig (vgl. Abb. 9.30)
- Hierzu spielen beide Spieler*innen gleichzeitig einen Ball zum Gegenüber und versuchen diesen Rhythmus beizubehalten.
- Beide Spieler*innen haben mindestens einen weiteren „Back-Up-Ball" in der Hosentasche, um, falls ein Ball verschlagen wird, einen weiteren Ball ins Spiel zu bringen
- Immer wieder in einen normalen Ballwechsel mit einem Ball wechseln, damit die Wirkung der Übung unmittelbar nachvollzogen werden kann: wie viel Zeit und Ruhe sie in einer „normalen" Situation haben, sich auf den ankommenden Ball vorzubereiten.

Abb. 9.30 Trainingsform „Spiel mit zwei Bällen" in der Variation von der T-Linie

Variationen

- Nach dem Start an der T-Linie je nach Gelingen die Komplexität erhöhen, indem…
  - die Spieler*innen weiter auseinander gehen
  - mit drei Bällen gleichzeitig gespielt wird
  - Vorgaben gemacht werden hinsichtlich Richtung (cross, longline) und/oder Schlagart (nur Vorhand, nur Rückhand, immer abwechselnd)

Spiel mit Zusatzaufgaben (Born & Vogt, 2020a)

Trainingsziel

- Training von Kopplungs-, Orientierungs- und Differenzierungsfähigkeit,
- Training unter Zeit-, Situations- und Komplexitätsdruck
- Training der kognitiven Abschottung
- Tiefe Automatisierung der Schlagtechniken
- Die Spieler*innen lernen mehrere komplexe Bewegungsabläufe (Schlag und Zusatzaufgabe) schnell hintereinander und bestmöglich zu koppeln

Ablauf

- Die Spieler*innen spielen einen (Cross-) Ballwechsel von der Grundlinie miteinander (vgl. Abb. 9.31)
- Oberstes Ziel ist, den Ballwechsel so fehlerfrei und technisch sauber wie möglich zu spielen
- Zusätzlich absolvieren sie zwischen ihren Schlägen jeweils eine Zusatzaufgabe,
  die…
  - in der zur Verfügung stehenden Zeit zu schaffen ist
  - die Spieler*innen herausfordert
  - bspw. sein kann: Schläger um den eigenen Körper oder zwischen den Bei-
    nen herum- oder durchreichen, den Schläger mehrmals hochwerfen und
    fangen, einen Ball in einiger Entfernung aufheben oder ablegen, mehrere
    Hampelmann-Sprünge, Liegestütze o. ä. absolvieren

Variationen

- als Zusatzaufgabe einen weiteren, angeworfenen Ball zwischen den einzelnen
  Schlägen der Rallys schlagen (vgl. Abb. 9.31)
- Quizfragen beantworten

Abb. 9.31 Trainingsform
„Spiel mit Zusatzaufgaben"
in der Variation „Zusätzliches
Schlagen eines zugeworfenen
Balles"

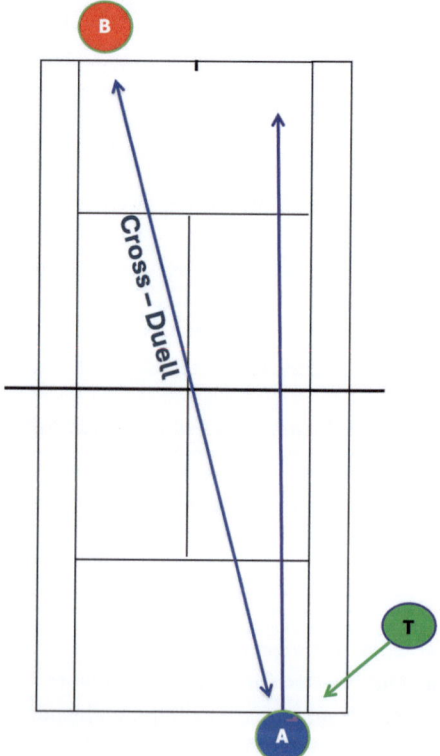

- Mischung aus allen Zusatzaufgaben
- Übung kann auch zur Testung des Grads der Automatisierung eines Schlages dienen: „Erhöht sich die Fehleranzahl mit einer Zusatzaufgabe deutlich, so fehlt es der angewendeten Technik noch an Automatisierung und Feinabstimmung" (Born & Vogt, 2020a, S. 24).

▶   Sehr gut differenzierbar und daher in jeglicher Leistungsklasse anwendbar

Orientierungsspiel (Born & Vogt, 2020a)

Trainingsziel

- Training von Orientierungs- und Reaktionsfähigkeit
- Training unter Zeit-, Präzisions- und Situationsdruck

Ablauf

- Beide Spieler*innen starten sich gegenüberstehend mit dem Schläger auf der Netzkante
- Trainer*in oder weitere Spieler*in steht an einem der Netzpfosten und spielt von hier einen Ball als Lob über eine*n der beiden Spieler*innen (vgl. Abb. 9.32)

Abb. 9.32 Spielform „Orientierungsspiel"

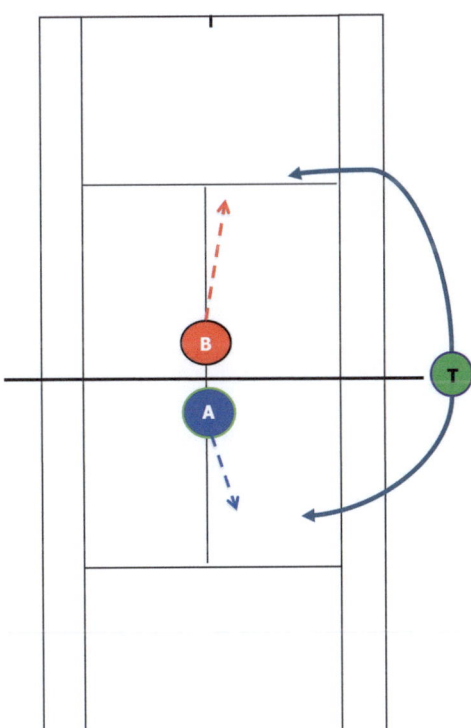

- Das Anspiel kann/muss einmal aufkommen, bevor der Punkt frei ist
- Es werden best-of-three oder best-of-five Punkte-Matches gespielt

Variationen

- Schwierigkeitssteigerung: beide Spieler*innen machen die Augen zu machen und reagieren auf ein akustisches Signal

Zonen treffen (Born & Vogt, 2020a)

Trainingsziel

- Training der Differenzierungsfähigkeit
- Training unter Präzisions- und Zeitdruck
- Training unter kognitivem Stress
- Möglichst viele Schläge zielgenau platzieren

Ablauf

- Der Platz wird auf der Trainer*innen-Seite in vier Felder aufgeteilt: die beiden Aufschlagfelder (Zonen 3 und 4; vgl. Abb. 2.12) und die beiden Hälften hinter der T-Linie (Zonen 1 und 2; vgl. Abb. 2.12)
- Spieler*in steht an der Grundlinie, Trainer*in spielt jeweils vier bis acht Bälle zu
- Spieler*in soll die Schläge zielgenau in die Zielfelder platzieren
- Die Spieler*innen durchlaufen mehrere Level, das nächste Level wird individuell bei Erreichung festgelegter Trefferzahl erreicht
- Level 1:
  - Alle Bälle werden entweder nur auf die Vor- oder Rückhand angespielt (Start mit dem individuell schlechteren Schlag)
  - jeder Ball muss in ein anderes Zielfeld (bei vier Bällen) bzw. jedes Zielfeld muss zweimal angespielt werden (bei acht Bällen)
  - Reihenfolge beliebig wählbar.

Variationen

- Level 1a: mit dem jeweils anderen Schlag
- Level 2: Trainer*in gibt die Reihenfolge der Zielfelder vor, z. B. blau, grün, rot, gelb (vgl. Abb. 9.33)
- Level 3: Trainer*in nennt das zu treffende Zielfeld erst kurz vor dem jeweiligen Schlag
- Level 4: Trainer*in spielt mittig an und sagt zusätzlich zu Level 3 auch die Schlagart kurzfristig an, z. B. „Vorhand, blau"
- Die Zonen können auch mit farbigen Hütchen markiert werden (vgl. Abb. 9.33)

Abb. 9.33 Trainingsform
„Zonen treffen"

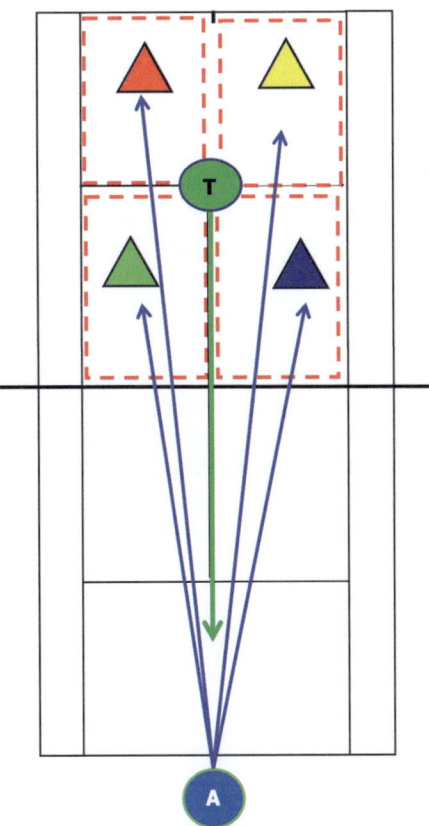

- Die Ansagen gelten für das jeweilige Gegenteil, d. h. bei Ansage „Vorhand" muss Rückhand gespielt werden, bei Ansage „blau" muss „grün" angespielt werden etc.
- Auch das Anspiel kann hinsichtlich aller Variablen (vgl. Abschn. 6) differenziert werden.

▶   Die gleiche Trainingsform kann auch als Training der Variabilität innerhalb eines **Techniktrainings** verwendet werden (vgl. Abschn. 3.4.1)

Zeitdruck (Born & Vogt, 2020b)

Trainingsziel

- Training unter Zeitdruck
- Trotz Zeitdruck, die Schlagtechniken sauber und präzise ausführen
- Unter Zeitdruck nach jedem Schlag direkt wieder auf den nächsten Ball vorbereiten

Ablauf

Teil 1:

- Spieler*in steht an der Grundlinie, Trainer*in wirft 6–8 Bälle aus dem Korb an
- Zu Beginn immer den gleichen Schlag (zum Beispiel nur Vorhand)
- Trainer*in lässt Spieler*in deutlich weniger Zeit zwischen den einzelnen Schlägen als im Ballwechsel

Teil 2 (vgl. Abb. 9.34):

- Spieler*in A steht an der Grundlinie, Spieler*in B und C (bzw. Trainer*in) stehen am Netz
- Spieler*in A muss unter erhöhtem Zeitdruck die ankommenden Bälle fehlerfrei und präzise zu den Mit-Spieler*innen am Netz spielen
- Nach einer bestimmten (erfolgreichen) Schlaganzahl Spieler*innen-Wechsel

Abb. 9.34 Trainingsform „Zeitdruck" in der Variation mit zwei Spieler*innen am Netz

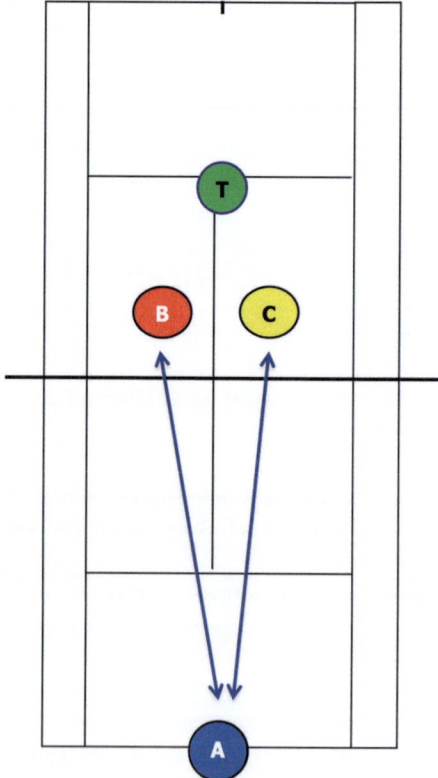

Variationen

- Teil 1: Schlagkombinationen
- Teil 2: Zeitdruck erhöhen, indem sich entweder die Entfernung zwischen den Spielern verringert und/oder die Ballgeschwindigkeit erhöht wird
- Als Zwischenstufe zwischen Teil 1 und 2 kann auch ein Trainer*innen-Zuspiel von der anderen Netzseite aus erfolgen

▶
- Teil 1: für alle Zielgruppen geeignet
- Teil 2: Fortgeschrittene
- Schlagqualität und Trefferquote (ins Feld oder in ein Zielfeld) muss durchgehend hoch bleiben. Wenn nicht, Anforderungen herunterfahren.

Präzisionsdruck (Born & Vogt, 2020b)

Trainingsziel

- Training unter Präzisionsdruck
- Wettkampfnaher mentaler Druck (psychischer Belastungsdruck)
- Jeden einzelnen Schlag mit höchster Präzision spielen

Ablauf

- Spieler*innen stehen an der Grundlinie, Trainer*in spielt aus dem Korb an
- Die Spieler*innen müssen bestimmte Zielfelder treffen
- Mögliche **Zählweisen**/Level:
  - Spieler*in muss eine bestimmte Anzahl Zonentreffer innerhalb eines Durchgangs erreichen, z. B. 6 von 8 Schlägen in die vorgegebene Zone
  - Spieler*in muss eine bestimmte Anzahl Zonentreffer am Stück erreichen.
- Spieler*in muss eine Schlagkombination erfolgreich in die Zielzonen spielen, z. B. Vorhand cross und longline, Rückhand cross und longline
- Es wird mit Konsequenzen gearbeitet, um den Druck noch zu erhöhen:
  - Die Übung wird so lange wiederholt, bis das angestrebte Ziel erreicht wurde
  - Ein wiederholtes nicht-Erreichen eines Ziels führt zum Level-Abstieg

Variationen

- Spieler*innen spielen ein Cross-Duell miteinander und müssen Zonen treffen
- Spieler*innen spielen eine vorgegebene Schlagfolge, z. B. den **erweiterten Hosenträger** (vgl. Abb. 9.35)

Abb. 9.35 Trainingsform
„Präzisionsdruck" in der
Variation "erweiterter
Hosenträger"

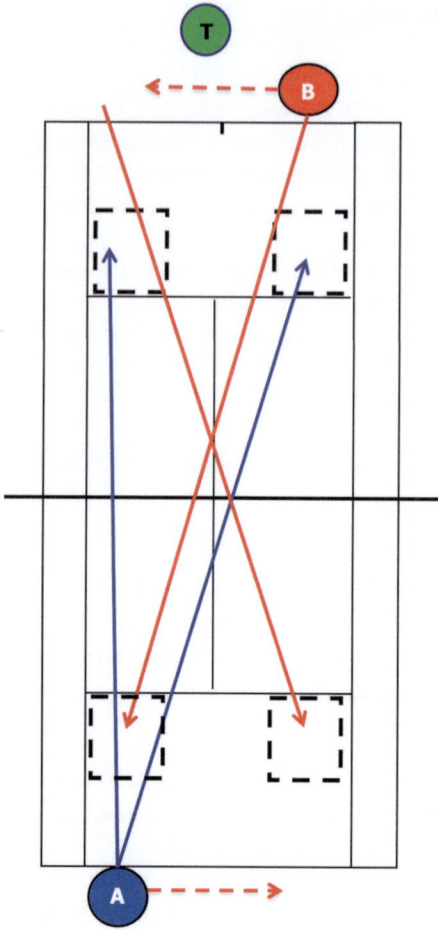

- Zusätzlich zu Zielfeldern aus Linien, können Hindernisse, wie z. B. ein Methodiknetz, welche über- oder umspielt werden müssen, den Präzisionsdruck noch mehr erhöhen (Born, 2017b, siehe auch Abb. 9.15)
- Spieler*innen müssen in vorgegebene Zonen spielen (bspw. Rückhand-Cross-Duell in die Zonen 2a und 2c (vgl. Abschn. 2.3.3), Punkt ist eröffnet, sobald nicht in die Zone getroffen wird. Diese Spielerin kann den Punkt nicht mehr gewinnen, sondern nur noch den gegnerischen Punktgewinn verhindern (also bspw. den Spielstand 0:0 beibehalten).

▶   - Anzahl der Zonentreffer abhängig vom Leistungsniveau der Spieler*innen.
    - Anforderungen erhöhen, wenn diese vom Spieler erreicht wurden, um immer wieder neue Reize zu setzen und Grenzen zu verschieben

Belastungsdruck (Born & Vogt, 2020b)

Trainingsziel

- Unter psychischem und physischen Belastungsdruck fehlerfrei spielen

Ablauf

- Spieler*in A spielt von der Grundlinie und hat die Aufgabe, eine bestimmte Anzahl Schläge am Stück ins Feld zu spielen
- Trainer*in spielt aus dem Korb zu
- Spieler*innen-Wechsel, sobald Spieler*in A die anvisierte Trefferzahl, bspw. 10 Schläge ohne Fehler, erreicht hat

Variationen

- Ein oder zwei Spieler*innen stehen am Netz und vollieren die Schläge zurück
- Konsequenzen einbauen zur Erhöhung des physischen und vor allem psychischen Belastungsdrucks:
  - bei jedem (Netz-) Fehler drei Treffer Abzug
  - bei jedem (Netz-) Fehler auf null zurück
- Zu- oder Mitspiele so platzieren, dass mehr Laufwege entstehen

Raumdruck (Born & Vogt, 2020b)

Trainingsziel

- Training unter Raum- und Zeitdruck
- Lernen einen Ball nah an der Grundlinie oder sogar im Feld zu schlagen

Ablauf

- Spieler*in A schlägt dynamisch auf und fängt sich direkt danach wieder ab
- Trainer*in wirft im direkten Anschluss einen Ball in die Füße von Spieler*in A
- Spieler*in A soll diesen Ball ohne oder mit minimalen Ausweichbewegung nach hinten bestmöglich schlagen

Variationen

- Erhöhung des Raumdrucks:
  - Hütchen hinter den Spieler*innen aufstellen (vgl. Abb. 9.36)
  - eine Barriere, bspw. ein Methodiknetz, in max. einem Meter Entfernung hinter der Grundlinie aufstellen
- Schlag nach dem **Aufschlag** muss als Halbvolley oder aus der Luft, als normaler Volley oder Topspin-Volley, geschlagen werden.

Abb. 9.36 Trainingsform
„Raumdruck"

- In der **Return**-Situation:
  - eine, auf beiden Seiten schräg nach vorne verlaufende, Hütchen-Linie oder Barriere hinter dem Spieler zwingt diesen, sich schräg nach vorne zu bewegen.
- In der Grundliniensituation:
  - Hütchen-Linie max. 1 Meter hinter der Grundlinie, um das Ausweichen nach hinten zu verhindern

▶   Für fortgeschrittene Spieler*innen

9.6   Schwerpunkt Kondition

Mäusefangen (LFG Tennis)

Trainingsziel

- Verbesserung der semispezifischen **Reaktions- und Laufschnelligkeit**
- **Semispezifische Schnelligkeit** der **Richtungswechsel**

Ablauf

- Spieler*in A befindet sich hinter der Grundlinie mit Schläger in der Hand sowie Blick Richtung Netz und bewegt sich auf der Stelle (**Split-Steps** oder submaximale Tappings)
- Spieler*in B steht mit zwei **Tennisbällen** in der Hand etwa einen Meter hinter Spieler*in A (vgl. Abb. 9.37)
- Stufe 1:
  - Spieler*in B wirft oder rollt einen der **Tennisbälle**, sodass der Ball an Spieler*in A vorbei in Richtung Netz rollt bzw. fliegt
  - Spieler*in A sprintet dem Ball hinterher, sobald dieser im Blickfeld ist und fängt den Ball (bzw. die „Maus") mithilfe des Schlägers schnellstmöglich ein. Hierbei reicht eine Berührung des Schlägers mit dem Ball
  - Nach jedem Sprint kurze Pause (ca. 10 Sek.) und Aufgabenwechsel
  - 3–5 Sprints pro Person und weiter mit Stufe 2

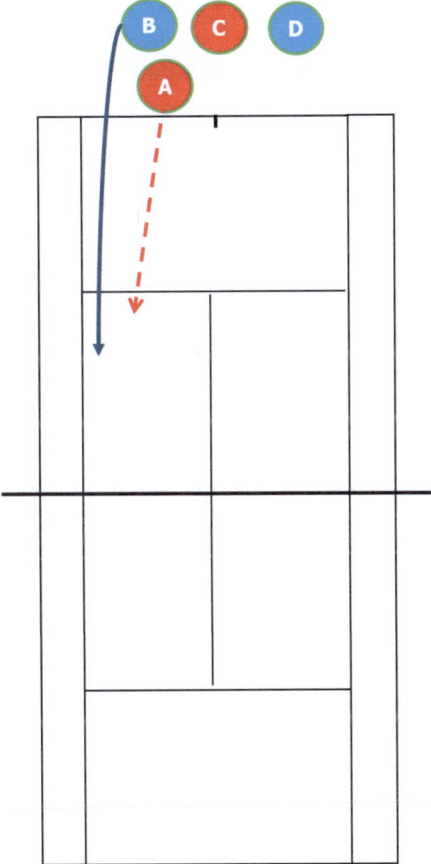

Abb. 9.37 Trainingsform „Mäusefangen"

- Stufe 2:
  - In dem Moment in dem Spieler*in A den ersten Ball erreicht hat, lässt Spieler*in B einen zweiten Ball ungefähr aus Schulterhöhe fallen
  - schnellstmöglicher Richtungswechsel von Spieler*in A und Sprint zum zweiten Ball, der möglichst vor dem zweiten Aufsprung erreicht werden soll

Variationen

- Bei einer 3er oder 4er Gruppe…
  - fällt die Pause weg, da jede Person genug Pause zwischen den Sprints hat
  - wird rotiert: B wirft für A, C wirft für B, A wirft für C (bzw. D für C und A für D)

▶ - Auch ideal als letzter Teil des **Warm-Ups** vor einer Tenniseinheit
   - Die Bälle müssen so gerollt, geworfen und fallen gelassen werden, dass die sprintende Person maximal gefordert wird.
   - Dies ist der Fall, wenn der/die Spieler*in den Ball erst kurz vor dem Netz bzw. kurz vorm zweiten Aufsprung erreicht

Tennisspezifische Laufschnelligkeit (Ferrauti et al., 2014)

Trainingsziel

- **Tennisspezifische Laufschnelligkeit**
- **Schnelligkeit** der **Richtungswechsel**

Ablauf

- Spieler*in A startet mittig an der Grundlinie
- Trainer*in spielt drei maximal fordernde Bälle von der T-Linie der anderen Seite aus an (vgl. Abb. 9.38)
  - Erster Ball in die Vorhand-Ecke von Spieler*in A
  - Zweiter Ball in die Rückhand-Ecke
  - Dritter Ball erneut in die Vorhand-Ecke
- Spieler*in A sprintet zu den Bällen und versucht diese ins Feld zu spielen, anschließend jeweils schneller **Richtungswechsel** und Sprint zum nächsten Ball
- Nach jedem Durchgang genug Regenerationszeit: Belastungs-Erholungs-Verhältnis mindestens 1:4

Variationen

- Gleiche Aufgabe jedoch Rückhand, Vorhand, Rückhand
- Gleiche Aufgabe jedoch Vorhand, Rückhand, Stop erlaufen

Abb. 9.38 Trainingsform
„Tennisspezifische
Laufschnelligkeit"

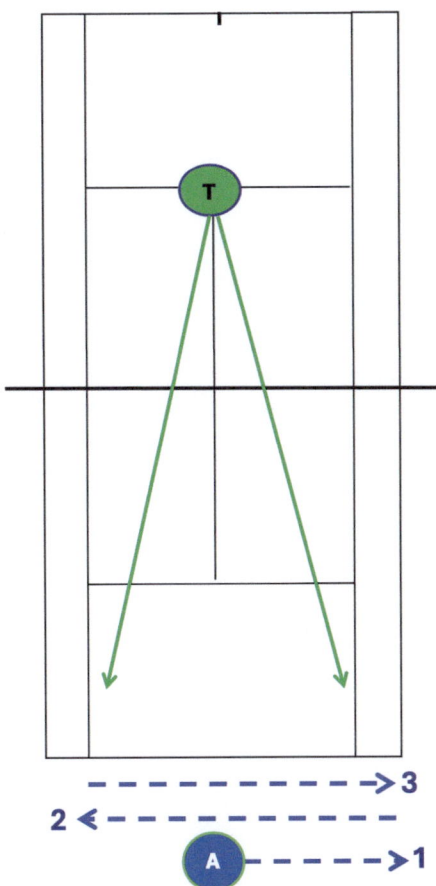

- Trainer*in wirft die Bälle von der T-Linie der Spieler*innen-Seite aus an
  - Vorteil: bessere Steuerung möglich
  - Nachteil: matchferne Ballflugbahn
- Aufbauende Spielform:
  - Es werden Einzelpunkte gespielt
  - Beide Spieler*innen starten ihrer Rückhand-Ecke (Variation: Vorhand-Ecke)
  - Trainer*in spielt forderndes Anspiel in die freie Ecke von Spieler*in A, Sprint zum Ball und cross zurück, Punkt wird ausgespielt
  - Kurze, intensive Sätze bis max. 7 Punkte
  - Sprint-Spieler*in entscheidet über Pausenlänge, um Qualität hochzuhalten

▶   Entscheidend ist die maximale Forderung der Spieler*innen durch die
     Anspiele bzw. Anwürfe, daher lieber einen Ball zu schwer anspielen
     bzw. -werfen, anstatt die Spieler*innen zu wenig zu fordern.

Tennisspezifische Schnelligkeitsausdauer/HIT-Tennis (Ulbricht et al., 2012)

Trainingsziel

Tennisspezifische Schnelligkeitsausdauer

Ablauf

- Spieler*in A startet mittig an der Grundlinie
- Trainer*in spielt acht submaximal fordernde Bälle von der T-Linie der anderen Seite aus abwechselnd auf die Vorhand und Rückhand an (vgl. Abb. 9.39)
- Spieler*in A sprintet zu den Bällen und versucht diese ins Feld zu spielen, anschließend jeweils schneller **Richtungswechsel** und Sprint zum nächsten Ball
- Im direkten Anschluss startet Spieler*in B den Achter-Durchgang

Abb. 9.39 Trainingsform
„Tennisspezifische
Schnelligkeitsausdauer"

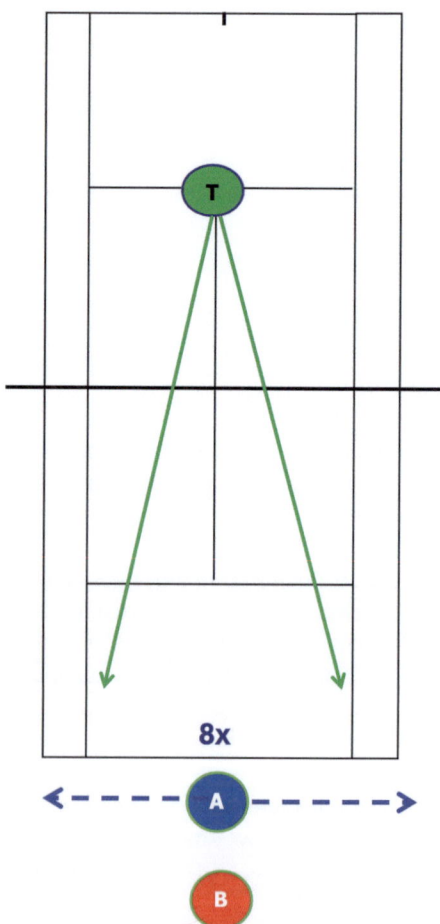

- Nachdem Spieler*in A für die Dauer des Durchgangs von Spieler*in B Pause hatte, folgt direkt der zweite Durchgang, Belastungs-Erholungs-Verhältnis ist idealerweise also nahezu 1:1
- Mindestens drei Durchgänge pro Person

Variationen

- „Das große X": Gleiche Aufgabe jedoch Anspiel abwechselnd lang und hoch auf die Vorhand und dann kurz und flach auf die Rückhand (und im nächsten Durchgang andersherum)
- Am Netz: gleiche Aufgabe, diesmal aber abwechselnd tiefer Volley und Schmetterball aus dem Sprung
- Bei nur einem Spieler: acht Bälle spielen, gleiche Zeitdauer Pause, dann nächster Durchgang
- Bei mehr als zwei Spieler*innen:
  - über Zusatzaufgaben so steuern, dass für jede Person das Belastungs-Erholungs-Verhältnis von 1:1 zu Stande kommt, z. B. durch Zusatzaufgabe „Schattenlauf": Spieler*in C läuft in genügend räumlichen Abstand zu Spieler*in A die gleiche Strecke als „Schatten" mit und imitiert die Schläge in den Ecken, hat dann Pause während des ersten Durchgangs von Spieler*in B und ist danach mit dem Achter-Durchgang dran
  - Organisationsanpassung: Zwei Spieler*innen gleichzeitig aktiv, indem Spieler*in A einen Ball in die Vorhand angespielt bekommt und, während Spieler*in B einen Ball in die Rückhand angespielt bekommt, wieder zurück zur Mitte läuft usw., Spieler*in C (& D) haben Pause
- Trainer*in wirft die Bälle von der T-Linie der Spieler*innen-Seite aus an
  - Vorteil: bessere Steuerung möglich, Nachteil: matchferne Ballflugbahn

▶   Entscheidend ist die Einhaltung des Belastungs-Erholungs-Verhältnisses von idealerweise nahezu 1:1, um den **HIT**-Effekt zu bekommen

Tabata – High Intensity Interval Training (HIIT) (LFG Tennis)

Trainingsziel

Training der **tennisspezifischen Ausdauer**

Ablauf

- Es wird hochintensiv in 4-min-Blöcken trainiert. Die 4-min-Blöcke bestehen jeweils aus 8 × 20 Sek. Belastung und 10 Sek. Pause.
- Die Inhalte der 20 Sek. Belastungsphase sind grundsätzlich frei gestaltbar, sollten jedoch hoch-intensive Belastungen darstellen

- Je nach Leistungsstand der Spieler*innen, vorhandener Zeit sowie Trainingsziel können 1–6 Tabata-Blöcke mit jeweils 1–2 min Satzpause absolviert werden
- semispezifisches Beispiel-Tabata:
  - Erste Übung (s. Spieler*in A in Abb. 9.40): Imitation von Vorhand- und Rückhandschlägen im Wechsel und **tennisspezifische Beinarbeit** zwischen den Einzellinien hin und her (schneller Lauf zum Schlag hin, **Überkreuzschritt** nach dem **Richtungswechsel**, Side-Steps bis zur Mitte)
  - Zweite Übung (s. Spieler*in B in Abb. 9.40): Imitation von einer **umlaufenen Vorhand** in der Rückhand-Ecke und einer Vorhand aus dem Sprint im Wechsel
  - Dritte Übung (s. Spieler*in C in Abb. 9.40): Imitation eines tiefen Volleys und einem Schmetterball aus dem Sprung im Wechsel
  - Vierte Übung: (s. Spieler*in D in Abb. 9.40): „Großes X". Imitation einer langen und hohen Vorhand, einer kurzen und tiefen Rückhand, einer langen und hohen Rückhand sowie einer kurzen und flachen Vorhand im Wechsel mit **tennisspezifischer Beinarbeit**
  - Die Übungen werden entweder jeweils 2 × in Folge (1, 1, 2, 2, 3, 3, 4, 4) gemacht oder alle vier Übungen hintereinander weg und dies dann wiederholen (1, 2, 3, 4, 1, 2, 3, 4)

Variationen

- Mit bis zu 16 Spieler*innen gleichzeitig auf einem **Tennisplatz** umsetzbar
  - Anpassung auf 15 Sek. Belastung und 15 Sek. Pause
  - Acht Spieler*innen gleichzeitig aktiv (vier pro Platzhälfte), acht haben jeweils Pause
- Tennisspezifisch:
  - gleiche Übungen mit Schlägen aus dem Trainer*innen-Zuspiel
  - 2er-Gruppe: Spieler*in A bekommt Bälle zugespielt, Spieler*in B macht die gleich Übung als Schatten-/Imitations-Übung, Aufgabenwechsel nach 10 Sek. Pause

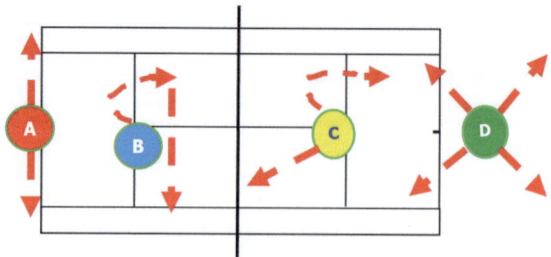

Abb. 9.40 Trainingsform „semispezifisches Tabata-HIT" mit den vier Übungen „Vorhand-Rückhand-Imitation", „Vorhand-umlaufen, Sprint zur Vorhand", „tiefer Volley, Schmetterball aus dem Sprung" und „großes X"

- 3er- oder 4er-Gruppe: Belastungs-Pausen-Verhältnis auf 1–1 anpassen (bspw. jeweils) 15 Sek. Organisationsform A und B Belastung, C und D in der Zeit Pause, dann Wechsel
- Auch ideal ins **Warm-Up** integrierbar, hierfür werden der erste Tabata-Block submaximal und insgesamt 2–3 Tabata-Blöcke durchgeführt.

▶
- Das HIIT wird oftmals auch als **HIT** (**High Intensity Training**) bezeichnet
- Innerhalb einer Trainingseinheit sollte ein komplettes Tabata-HIIT am Ende liegen, da eine Ausbelastung der Spieler*innen gewünscht ist.

„Tschüss, mach's gut"/Ausdauer-Doppel (Lukas Wolff, LFG Tennis)

Trainingsziel

- Spielerisches **tennisspezifisches Ausdauertraining**
- Gruppendynamik
- Spaß am **Ausdauertraining**

Ablauf

- Es wird ein **Doppel** von der Grundlinie gespielt, kontrollierte Angabe von unten jeweils vom Gewinnerteam des letzten Punktes
- Bei Fehler/Punktverlust muss der/die Spieler*in eine Strafrunde um den ganzen Platz laufen („Tschüss, mach's gut"), Partner*in spielt inzwischen allein weiter, gegnerisches Team darf in der Zeit nur ins Einzelfeld spielen (vgl. Abb. 9.41)
- Muss auch der/die zweite Partner*in aufgrund eines Fehlers laufen während der/die Partner*in noch unterwegs ist, kann das generische Team durch eine Angabe ins „leere" Feld einen Punkt erzielen
- Ein Satz bis 2 Punkte, Best-of-Three-Sets

Abb. 9.41 Spielform „Ausdauer-Doppel/Tschüss mach's gut"

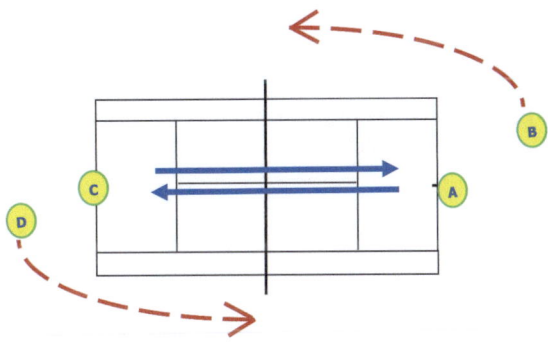

Variationen

- Es wird jeder Punkt gezählt und Angaben ins „leere" Feld zählen 5 Punkte, einen Satz bis 11 oder 15
- Es werden anstatt Doppelpunkte jeweils Einzelpunkte ausgespielt, nach jedem Punkt ist der nächste im Team dran.
- Bei Gruppen > 4 gibt es jeweils ein bis zwei Auswechselspieler und es wird nach jedem Punkt rotiert
- Abstufungen der „Strafrunde":
  - Fehler ins Aus: Lauf zu einem Netzpfosten und zurück
  - Fehler ins Netz: Eine Runde um den ganzen Platz
  - Winner des gegnerischen Teams: 2 Runden um den Platz

▶   Am Ende einer Trainingseinheit einplanen, da eine Ausbelastung der Spieler*innen gewünscht ist.

Semispezifischer Konditions-Zirkel (Stationentraining) (LFG Tennis)

Trainingsziel

- Training der **tennisspezifischen Kondition** in Form eines Stationentrainings
- Möglichst breit angelegtes **Konditionstraining** unter bestmöglicher Zeit- und Raum-Nutzung

Ablauf

- Der Zirkel besteht aus acht (teils Partner-) Übungen à 30 Sek. Belastung sowie 30 Sek. (Wechsel-) Pause
- Übungen (vgl. Abb. 9.42):
  - Schlittschuh-Sprünge im Doppelkorridor
    - Spieler*innen A & B machen nacheinander jeweils Serien von acht Schlittschuh-Sprüngen rechts-links zwischen Einzel- und Doppellinie hin und her

Abb. 9.42 Semispezifischer Konditions-Zirkel mit acht Übungen

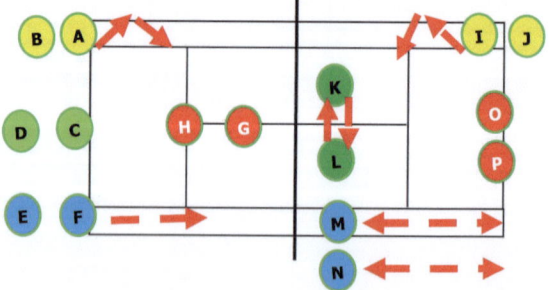

- Schlittschuh-Sprünge: einbeinige, seitliche Sprünge vom rechten auf das linke Bein und wieder zurück mit möglichst kurzem und gleichzeitig stabilem Bodenkontakt
  - Trainierte Fähigkeit(en): **Schnellkraft, Reaktivkraft**
- Liegestütz/Plank
  - Spieler*innen C & D machen gleichzeitig 30 Sek. lang Liegestütz oder Planks
  - Trainierte Fähigkeit(en): Rumpfkraft, Schulter- und Armkraft
- Mäusefangen aus Tappings
  - Spieler*innen E & F spielen „Mäusefangen" (vgl. Abb. 9.37) und starten ihre Sprints jeweils aus Tappings heraus
  - Trainierte Fähigkeit(en): **Reaktionsschnelligkeit** und **Laufschnelligkeit**
- **Movement Preparation** Übungen
  - Spieler*innen G & H machen gleichzeitig Übungen aus dem Bereich der **Movement-Preparations** (vgl. Abb. 2.11)
  - Trainierte Fähigkeit(en): **Beweglichkeit** und **Kraft**
- **Richtungswechsel**-Side-Steps im Doppelkorridor
  - Spieler*innen I & J machen nacheinander **Richtungswechsel**-Side-Steps im Doppelkorridor, Wechsel nach acht **Richtungswechseln**
  - Trainierte Fähigkeit(en): **Schnelligkeit der Richtungswechsel**
- Medizinballwürfe seitlich und Überkopf
  - Spieler*innen K & L werfen sich gegenseitig Medizinbälle hin und her, sowohl Überkopf als **Aufschlag**-Imitation als auch seitlich als Vorhand-/Rückhand-Imitation, jeweils 6 Würfe pro Person dann Aufgabenwechsel
  - Trainierte Fähigkeit(en): **Schnellkraft** der oberen Extremitäten
- Pendelsprint
  - Spieler*innen M & N machen zeitgleich Pendelsprints zwischen Grundlinie und Netz
  - Trainierte Fähigkeit(en): **Schnelligkeitsausdauer**
- Schnelle Vorhände in Zaun/Vorhang
  - Spieler*innen O & P lassen sich gegenseitig jeweils 4–6 Bälle fallen, die der/die Partner*in als Vorhand mit maximaler Geschwindigkeit in den Zaun bzw. den Vorhang schlägt
  - Trainierte Fähigkeit(en): **Schlagschnelligkeit, Schnellkraft**

Variationen

- Bei weniger Spieler*innen ist nicht jede Station besetzt oder die Anzahl der Stationen wird angepasst
- Bei ungerader Spieler*innen-Anzahl entweder Einbau des/der Trainer*in als Partner*in oder Anpassung der Stationen, sodass diese ohne Partner*in durchführbar sind
  - Medizinballwürfe gegen Wand/Zaun; Kurzsprints anstatt Mäusefangen; schnelle **Aufschläge** anstatt schneller Vorhandschläge

▶   • Sehr gut als alleinstehende Trainingseinheit durchführbar
      – Zirkel 2–3 × durchführen und nach jedem Durchlauf kurze Trink-
        pause und evtl. nötige Anpassungen der Übungen vornehmen
      – Auch am Ende einer Tenniseinheit (Zirkel einmal durchlaufen)
        oder als **Warm-up** (Zirkel mit 15 Sek. Belastung 1 × durchlaufen)
        durchführbar.

Semispezifischer Schnelligkeits- und Schnellkraft-Zirkel (LFG Tennis)

Trainingsziel

• Training der **semispezifischen Schnelligkeit** und **Schnellkraft** in Form eines
  Stationentrainings
• **Konditionstraining** unter bestmöglicher Zeit- und Raum-Nutzung

Ablauf
  Der Zirkel besteht aus 11 (teils Partner-)Übungen à 15 Sek. Belastung sowie
45–60 Sek. (Wechsel-) Pause (Belastung-Pause-Relation 1:3 bis 1:4)
  Übungen:

• Niedersprung (von Aerobic-Stepper) und anschließender 5 m-Sprint, zurück
  joggen
• T-Run an der Grundlinie: Lauf zum Hütchen in Vorhand-Ecke, danach Rück-
  hand-Ecke, zurück zur Mitte und vor bis zur T-Linie, wieder zurück und erneut
  in eine Ecke
• Hürdensprünge (Reaktiv aus den Fußgelenken, 1. Runde vorwärts, 2. Runde
  seitlich)
• Schnellkräftige Zugband-Züge (Vorhand-/Rückhand-Imitation, Oberkörper-
  rotation im Fokus)
• Medizin-Ball-Würfe gegen Wand (Überkopf und seitlich)
• Pre-Stroke Schlagimitationen
• Zick-Zack um Hütchen (1. Runde Side-Steps, 2. Runde vor-zurück)
• Imitation tiefer Volley & Schmetterball aus dem Sprung
• Leiterläufe (schnelle Füße, hohe Frequenz)
• Schnellkräftige Vorhand-/Rückhand-Schläge mit Schaumstoffbällen gegen den
  Zaun (Partner lässt Bälle fallen)
• „Ballwechsel-Imitation": **Aufschlag**, Sprint in Vorhand-Ecke, Sprint in Rück-
  hand-Ecke

Variationen

• Die Übungen können frei zusammengestellt werden, je nach verfügbarer Zeit,
  Raum und Material sowie Trainingsziel und Gruppengröße

▶ • Max. 10–20 Sprünge am Stück innerhalb eines 15-Sek.-Durchgangs
• Entweder als alleinstehende Trainingseinheit oder zu Beginn einer Tennis- oder **Konditionstraining**seinheit nach gutem **Warm-up.**

Komplextraining (LFG Tennis)

Trainingsziel

• Integration von konditionellen Aspekten und (Vor-)Übungen in ein Tennis-**Techniktraining**
• Verbesserung der tennisspezifischen **Schlagschnelligkeit** und **Schnellkraft**

Ablauf

• Vor die jeweilige Tennis-Technikübung werden konditionelle Übungen geschaltet, um den Nachwirkungseffekt zu nutzen
• Beispiel **Aufschlag:**
  – Spieler*innen machen ca. 4–6 schnellkräftige Schwünge mit einem schwereren Schläger, bspw. einem Pre-Stroke
  – Im direkten Anschluss schlagen die Spieler*innen 4–6 × maximal schnell auf
  – 3–5 Durchgänge
• Beispiel Vorhand:
  – Spieler*innen machen 4–6 schnellkräftige, seitliche Medizinballwürfe
  – Im direkten Anschluss werden 4–6 Bälle aus der Hand so angeworfen, dass die Spieler*innen maximal schnelle Vorhände spielen können
  – 3–5 Durchgänge

Variationen

• Vorhand-Übung auch mit Rückhand durchführbar
• **Laufschnelligkeit** bspw. mit vorgeschalteten Tappings und anschließendem Erlaufen eines Stopps trainierbar

▶ • Gutes **Warm-up** vorschalten
• Auf genügend Pausen achten
• Gute Organisationsform wählen, damit der Effekt der Vorübung optimal in die Hauptübung integriert werden kann.

9.7 Schwerpunkt Mentale Stärke

Die Psyche allgemein und die **mentale Stärke** im Besonderen sind entscheidende Leistungsfaktoren im Wettkampftennis und müssen daher regelmäßig gezielt trainiert werden. Hervorgehoben werden soll an dieser Stelle das **Matchtraining,** welches aus Sicht der Autoren für alle wettkampforientierten Spieler*innen einen hohen Stellenwert haben muss und zusätzlich zu allen Übungs- und Trainingsformen regelmäßig im Training stattfinden sollte.

Set-up-Points (Gilbert & Jamison, 2007)

Trainingsziel

- Training matchnaher Drucksituationen
- Vermehrtes Training kritischer Spielstände
- Selbstvertrauen in kritischen Spielständen entwickeln

Ablauf

- Es werden normale **Aufschlagspiele** im **Einzel** oder **Doppel** gespielt
- Jedes **Aufschlagspiel** startet allerdings bei einem Set-up-Point
  - Set-Up-Points = Spielstände, die zu einem Spiel-, Break-, Satz- oder Matchball führen können: 0:30, 30:0, 30:30, 30:15, 15:30, Einstand
- Hierzu zieht der/die Aufschläger*in vor dem Spiel eine der vorbereiteten Set-up-Points-Karten (vgl. Abb. 9.43) und startet bei diesem Spielstand das **Aufschlagspiel**
- So startet jedes Aufschlagspiel mit einer Drucksituation für einen oder sogar beide Spieler*innen
- In dieser Form kann ein ganzer Satz oder ein ganzes Match gespielt werden

Abb. 9.43 Beispielhafte Set-up-Points-Karten, von denen jeweils eine vor jedem Aufschlagspiel gezogen wird und den Punktestand vorgibt

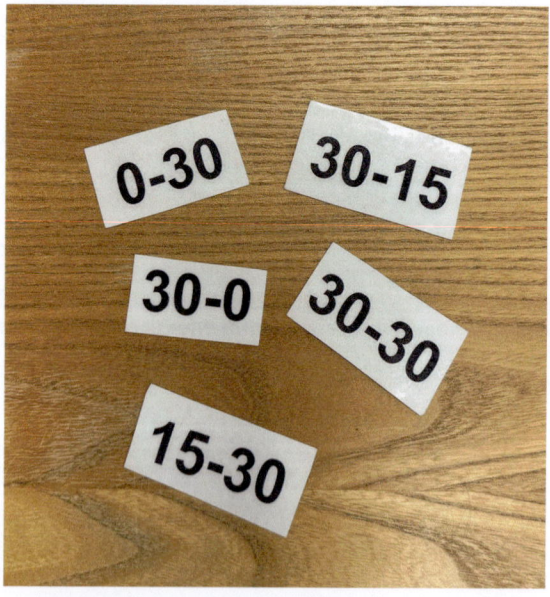

Variationen

- Auch der Satz kann in Set-up-Situationen gestartet werden, bspw. beim Spielstand 4:4 und der Satz wird zu Ende gespielt, auch eine Kombination von Start bei 4:4 oder 5:5 mit der Verwendung der Set-up-Points ist denkbar
- Fokus auf den Umgang mit den unterschiedlichen Drucksituationen
  - Umgang mit Führung
  - Umgang mit Rückstand
  - Anwendung des positiven **Selbstgesprächs**, STOP bei aufkommenden negativen Gedanken, 4 Phasen nach Loehr (vgl. Abschn. 2.1.3.1)
- Die jeweils wartenden Spieler*innen achten auf
  - Selbstgespräche der Spieler*innen
  - 4-Phasen zwischen den Punkten
    …und coachen die Spieler*innen nach dem **Aufschlagspiel**

▶ Sehr gut anwendbar, wenn nicht mehr viel Zeit für das **Matchtraining** innerhalb der Trainingseinheit bleibt, da die wirklich wichtigen Situationen trainiert werden und die Spiele bzw. Sätze weniger Zeit in Anspruch nehmen.

Hop-Hit (Ferrauti et al., 2014)

Trainingsziel

- Konzentrationsfähigkeit
- Fokus auf den ankommenden Ball und den eigenen Treffpunkt
- Sicherstellung eines Treffpunktes vor dem Körper
- Abschirmung der Außenwelt
- Flow-Zustand erreichen
- Unterstützung des Bewegungsrhythmus

Ablauf

- Spieler*innen schlagen Bälle miteinander und artikulieren jeweils hörbar „Hop" beim Ballaufsprung vor dem eigenen Schlag und „Hit" beim eigenen Treffpunkt

Variationen

- Zusätzlich beim Aufsprung und Schlag des Gegenübers Hop-Hit artikulieren
- Jegliche andere einsilbige Worte möglich (Hip-Hop, Sprung-Schlag…)
- „Ball anpusten": Deutliches und aktives Einatmen, während der Ball ankommt, aktives Ausatmen beim eigenen Schlag im Moment des Treffpunkts
- Nach einer Weile nur noch leise für sich oder gänzlich im Kopf Hop-Hit artikulieren

▶ • Spieler*innen sollten reflektieren welche Variante individuell besser
    funktioniert
  • Reflektion bzgl. der rechtzeitigen Einleitung der Schlagbewegung,
    bei „Hop" sollte der Oberkörper schon mit der Rotation begonnen
    haben und der Schläger sich möglichst hinter dem Körper befinden
  • Auch sehr gut in Matchsituationen anwendbar

Dranbleiben!/Durchhalten! (Ferrauti et al., 2014)

Trainingsziel

• Konzentration
• Konstanz
• Frusttoleranz
• Durchhaltevermögen

Ablauf

• Fehlerfrei miteinander spielen…
  – auf bestimmte Zeit
      möglichst lange fehlerfreie Rally innerhalb von 2/3/5 min, bei Fehler geht
      es bei 0 wieder los, längste Rally zählt
  – bis zu einer bestimmten (fehlerfreien) Wiederholungszahl
      20/50/100 zusammenhängende Treffer zusammen oder pro Person
• in bestimmte Zielfelder
  • länger als T-Linie
  • nur im Doppelkorridor
  • außerhalb der **verbotenen Zone**
• Kombination von den oben genannten Dingen

Variationen

• Miteinander – gegeneinander spielen
• Korbanspiel des Trainers
  – Regelmäßig rechts-links; unregelmäßig rechts-links, großes X mit Ansage,
    großes X ohne Ansage
  – Gleiche Aufgaben wie beim miteinander spielen

▶ • Anzahl, Zeitdauer, Zielfelder so wählen, dass es machbar aber
    herausfordernd ist
  • Genug Zeit einplanen, da die Übung gerade davon lebt, dass sie
    auch mal länger dauert und die Ziele schwierig zu erreichen sind

Pausengestaltung/4-Phasen nach Loehr (Loehr, 1997)

Trainingsziel

- Nachbereitung des vorangegangenen und Vorbereitung des kommenden Punktes bzw. Spiels
- Umgang mit Punktgewinn und -verlust
- Optimale Nutzung der Pausenzeiten im Match
- Entwicklung von **Routinen**

Ablauf

- Es werden normale Einzelpunkte in Form von **Aufschlagspielen** gegeneinander gespielt
- In den Ballwechselpausen werden die 4-Phasen nach Loehr (vgl. Abschn. 2.1.3.1) bewusst geübt und angewendet
- Zu Beginn dürfen sich die Spieler*innen bewusst mehr Zeit für die einzelnen Phasen und somit auch insgesamt zwischen den Ballwechseln lassen, um die einzelnen Phasen und Maßnahmen in Ruhe üben zu können
- Trainer*in beobachtet Spieler*innen und hilft mit Hinweisen zu den einzelnen Phasen
- Nach jedem **Aufschlagspiel** gibt es eine kurze Reflektionsphase:
  - Was hat gut funktioniert bzw. geholfen?
  - Welche Phase/Maßnahme ist noch unklar oder hat nicht gut funktioniert bzw. geholfen?
  - Gibt es Fragen?
  - Hinweise von Trainer*in zu beobachteten Verhaltensweisen

Variationen

- Auch mit 3er oder 4er Gruppen durchführbar. Hier entstehen automatisch längere Pausen zwischen den Punkten, sodass die Spieler*innen mehr Zeit zum bewussten Üben der Pausengestaltung haben
  - 3er-Gruppe: Spieler*innen A und B spielen als Aufschlagteam gegen Spieler*in C und wechseln sich nach jedem Punkt ab. A und B haben somit immer einen ganzen Punkt lang Zeit ihre Pausenroutinen zu üben
  - 4er-Gruppe: Spieler*innen A und B spielen **Aufschlagspiele** gegeneinander und Spieler*innen C und D ebenso. Es wird jedoch nach jeweils einem gespielten Punkt gewechselt, sodass jede: Spieler*in nach einem gespielten Punkt immer einen Punkt lang Pause hat und dann wieder spielt.
- Es werden **Tiebreaks** gespielt und nach jedem **Tiebreak** gibt es eine Reflektionsphase
- Es wird zusätzlich die Pausengestaltung beim Seitenwechsel geübt und auch hier die Phasen nach Loehr (1997) kennengelernt, geübt und angewendet

▶ • Es ist meist sinnvoll, die einzelnen Phasen nach und nach einzuführen, d. h. nicht direkt mit allen Phasen zu beginnen, sondern bspw. zu Beginn der Übung des Fokus zunächst nur auf Phase 1, die Reaktion auf den vorangegangenen Ballwechsel, zu legen.
   • Es hat sich als hilfreich gezeigt, die 4 Phasen auf dem Platz zu visualisieren, bspw. an der hinteren Wand bzw. dem hinteren Zaun diese als Plakate aufzuhängen oder am Zaun auf dem Boden auszulegen.

Aufschlag-Level-Challenge (Grambow et al., 2021a)

Trainingsziel

• Verbesserung des 1. + 2. **Aufschlages** hinsichtlich Konstanz, Präzision und Variabilität
• Offenlegung präferierter und weniger präferierter **Aufschlag**richtungen
• Konzentrations- und mentale Widerstandsfähigkeit
• Verfestigung von **Aufschlagroutinen**
• Erhöhung des Selbstvertrauens in die eigenen Aufschlagfähigkeiten
• Angemessene Trainingszeit für den **Aufschlag**

Ablauf

• 3 Zonen pro Aufschlagfeld (Mitte, Körper, Außen), 6 Zonen insgesamt (vgl. Abb. 9.44)
• 5 Versuche pro Zone bzw. Level, möglichst viele Treffer schaffen

Abb. 9.44 Aufschlag-Level-Challenge

- Eigene **Routinen** und Rituale beachten, möglichst matchnahes Aufschlagverhalten
- Festlegung auf 1. oder 2. **Aufschlag**, bei Bedarf beide Varianten nacheinander absolvieren
- Aufstieg bzw. Abstieg aus den jeweiligen Leveln abhängig von den vorgegebenen Quoten, welche sich am internationalen Profitennis orientieren
  1. **Aufschlag**: 3/5 Treffer für den Verbleib im Level, 4+/5 Treffer für den Aufstieg ins nächste Level, 2/5 Treffer einfacher Abstieg um ein Level, 1/5 Treffer Abstieg in Level 1
  2. **Aufschlag**: 4/5 Treffer für den Verbleib im Level, 5/5 Treffer für den Aufstieg ins nächste Level, 3/5 Treffer einfacher Abstieg um ein Level, 2/5 Treffer Abstieg in Level 1
- Lauter verbaler Hinweis an Trainingsgruppe bzw. Trainer*in, vor jedem „Aufstiegs-**Aufschlag**" oder einem möglichen „Total Abstiegs-**Aufschlag**" zur Erhöhung der Drucksituation
- Freie Wahl in welcher Reihenfolge die Zonen bzw. Level durchlaufen werden, Beendigung bei erfolgreichem Absolvieren von Level 6 (ausreichend Treffer für einen erneuten Aufstieg, den es nicht mehr gibt) oder nach einem vorher bestimmten Zeitraum (z. B. 30 min)

Variationen

- Für unterschiedliche Spielstärken können sowohl die Levelanzahl als auch die Aufschlagversuche reduziert bzw. angepasst werden
- 2 Zonen pro Aufschlagfeld, 4 Zonen insgesamt
- 4 Versuche pro Zone bzw. Level
- 3 Versuche pro Zone bzw. Level
- Daran angepasste Auf- bzw. Abstiegsregelungen, z. B. für 4 Versuche:
  1. **Aufschlag**: 2/4 Treffer für den Verbleib im Level, 3+/4 Treffer für den Aufstieg ins nächste Level, 1/4 Treffer einfacher Abstieg um ein Level, 0/4 Treffer Abstieg in Level 1
  2. **Aufschlag**: 3/4 Treffer für den Verbleib im Level, 4/4 Treffer für den Aufstieg ins nächste Level, 2/4 Treffer einfacher Abstieg um ein Level, 1/4 Treffer Abstieg in Level 1

▶ - Sowohl die Trainierenden als auch die Trainer*innen lernen die individuell „guten" bzw. „schlechten" Aufschlagrichtungen kennen und können folglich Trainingsschwerpunkte setzen oder in wichtigen Matchsituationen auf dieses Wissen zurückgreifen
- Auch gut allein (mehrfach wöchentlich) durchführbar für ambitionierte, disziplinierte und ehrgeizige Spieler*innen, gerne alternierend mit 1.+2. **Aufschlägen**

Prognosetraining Aufschlag (Ferrauti et al., 2014)

Trainingsziel

- Erhöhung der psychischen Stabilität durch Zielsetzung
- Aufbauen von Selbstvertrauen durch realistische Selbsteinschätzung

Ablauf

- Es werden zehn erste **Aufschläge** auf ein vorher festgelegtes Ziel absolviert, dieses Ziel sollte anspruchsvoll, aber realistisch sein
- Die Spieler*innen sollen sich vor Beginn ein konkretes Ziel (Anzahl von Treffern) setzen, dies aber niemanden mitteilen (verdeckte Prognose)
- Im Anschluss wird das Resultat mit der Einschätzung verglichen

Variationen

- Die Zielfelder werden anspruchsvoller
- Es werden zweite **Aufschläge** absolviert, dabei muss eine bestimmte Anzahl am Stück absolviert werden
- Die Selbsteinschätzung wird dem Trainer mitgeteilt (Halboffene Prognose)
- Die Selbsteinschätzung wird der Trainingsgruppe mitgeteilt (Offene Prognose)
- Konsequenzen bei eigener Überschätzung, d. h., wenn Prognose nicht eintrifft

▶
  - Bei einer Gruppe muss der Trainer abwägen inwiefern eine „Offene Prognose" sinnvoll ist
  - Je nach Leistungsstand muss das Ziel gewählt werden. Bei leistungsstarken Spielern können Zielfelder innerhalb des Aufschlagfeldes gelegt werden (wide, body und t). Bei Anfängern sind gültige **Aufschläge** das Ziel

„Behalte deine Punkte" (Meffert, 2022)

Trainingsziel

- Mentale Resistenz
- Jeden Punkt bestmöglich spielen, jedem Punkt eine Wertigkeit geben
- Hartnäckigkeit

Ablauf

- Es wird ein Satz mit normaler **Zählweise** ausgespielt. Allerdings darf der Verlierer des **Aufschlagspiels** die von ihm gewonnenen Punkte mit in das nächste Spiel nehmen. Verliert Spieler A ein Spiel zu 30 (zwei gewonnene Punkte), dann startet das darauffolgende Spiel mit 30–0 oder 0–30, je nachdem ob Spieler A serviert oder returniert.

Variationen

- Es ist möglich, die Führung auf maximal 30–0 zu limitieren.
- Die Regel wird nur für den aufschlagenden/returnierenden Spieler angewendet
- Die Regel wird nur für einen Spieler generell angewendet – je nachdem, was die Intention der Trainerin ist

▶ Die Übung eignet sich bei offensichtlichen Leistungsunterschieden besonders und sorgt dafür, dass auch schwächere Spieler*innen wahrscheinlicher Spiele gewinnen

„Der letzte Punkt entscheidet" (Meffert, 2022)

Trainingsziel

- Mentale Resistenz
- Hohe Konzentrationsfähigkeit
- Abrufen der Stärke in dem wichtigsten Moment

Ablauf

- Zwei Spieler*innen spielen sieben Aufschlagpunkte gegeneinander aus (nur Spieler*in A serviert). Allerdings entscheidet nur der letzte gespielte Punkt, wer die vorher gewonnen Punkte behalten darf (z. B.: Spieler*in A führt 5–1 – verliert er/sie aber den letzten Punkt, ist der Punktestand 0–2, weil Spieler B den letzten Punkt gewonnen hat und die zwei gewonnenen Punkte behalten darf). Damit steigt der Druck für beide Spieler*innen an, da ihnen der Verlust aller gewonnenen Punkte droht. Anschließend wechselt das Aufschlagrecht und es wird bis insgesamt 20 Punkte gespielt.

Variationen

- Die Serienlänge ist variabel. Je länger eine Serie gespielt wird, desto bedeutender wird der letzte Punkt
- Nur der aufschlagende Spieler verliert seine Punkte bei Verlust des letzten Punktes
- Jeder Spieler hat nur einen Aufschlagversuch pro Punkt

▶ Spieler*innen sollten optimalerweise bei dem entscheidenden Punkt **Spielzüge** spielen, die bisher erfolgreich geklappt haben und sich auf ihre Stärken konzentrieren.

9.8   Schwerpunkt Doppel

Einführung Doppel (LFG Tennis)

Trainingsziel

- Einführung und Erlernen des (Basis-)**Doppels** in einer Trainingseinheit

Ablauf
Methodische Reihe **Doppel**

- **Warm-Up**
  - „Schweinchen in der Mitte" (vgl. Abschn. 9.1) als induktiver Einstieg in **Doppel**-spezifische Laufwege, **Techniken**, **Taktiken** und Kommunikation
- Einspielen
  - cross miteinander von der T-Linie, dann von der Grundlinie, jeweils beide Schlagrichtungen
  - Volleys miteinander longline
  - Volley und Schmetterball zu Grundlinie
  - **Aufschlag** und **Return**
- Volleyball-**Doppel** (vgl. Abschn. 9.1) als weiterer induktiver Einstieg
- Die wichtigsten theoretischen Grundlagen des **Doppels** werden kurz besprochen:
  - die Aufgaben der vier Spieler*innen, Laufwege, Netzspiel im Fokus, Kommunikation mit Partner*in, Theorie der Mitte, Platzabdeckung, **Return** cross-mittig, hohe Quote in **Spieleröffnung** (vgl. Abschn. 4.4)
  - Verbindung zum induktiven Einstieg herstellen: was wurde hier geübt bzw. war gefordert?
- **Doppel** ohne **Aufschlag**
  - Es werden vier normale **Aufschlagspiele** unter Anwendung der No-Ad-Regel (s. Abschn. 1.2) gespielt, d. h. jede Person ist einmal Aufschläger*in
  - Anstatt der normalen **Spieleröffnung** durch **Aufschlag** und **Return** wird der Ball zu Beginn einfach von unten cross ins Feld gespielt (Ball muss nicht im Aufschlagfeld landen), um sicher zu stellen, dass möglichst viele Ballwechsel entstehen
  - Fokus liegt auf den spezifischen Aufgaben der vier Spieler*innen (Aufschläger*in, Aufschlagpartner*in, Returnspieler*in, Returnpartner*in)
- **Doppel** mit **Aufschlag**
  - Gleiche Aufgabe wie zuvor, jetzt jedoch inkl. der normalen **Spieleröffnung**

Variationen

- bei 5 Spieler*innen rotiert jeweils der/die Aufschläger*in nach dem eigenen **Aufschlagspiel** raus und der/die Wartende rotiert rein
- am Ende kann zusätzlich noch ein **Tiebreak** gespielt werden, der aufgrund der **Zählweise** und häufig wechselnder Aufschläger*innen, oftmals eine Herausforderung darstellt.
- Beim „**Doppel** ohne **Aufschlag**" kann der Punkt auch durch ein Trainer*innen-Anspiel losgehen, sodass durch dieses bestimmte Situationen herbeigeführt werden
- Beim „**Doppel** mit **Aufschlag**" können die Regeln auch noch an die Spielstärke der Spieler*innen angepasst werden, um möglichst viel Spielfluss zu ermöglichen
  - **Aufschläge**, die im Aus landen jedoch gut returnierbar sind, werden weitergespielt
  - Punkte, die durch **Aufschlag** und/oder **Return** gewonnen werden, zählen nicht
  - So viele **Aufschlag**versuche wie nötig

▶ Diese Trainingseinheit bietet sich vor allem für Spieler*innen mit keiner oder wenig Erfahrung an, kann jedoch genauso zielführend für fortgeschrittene Spieler*innen sein, da oftmals trotzdem wenig **Doppel**-spezifische Erfahrung vorherrscht und wenn doch, auch hier ein (erneutes) Training sinnvoll ist.

Platzabdeckungs-/Verschiebe – Übung (LFG Tennis)

Trainingsziel

- Erlernen bzw. Verbesserung des gemeinsamen Verschiebens am Netz
- Verbesserung der Kommunikation im **Doppel**
- Verdeutlichung der Bedeutung der Mitte im **Doppel**
- Sensibilisierung für die Auswirkungen entsprechend der Platzierung der eigenen Volleys

Ablauf

- Team 1 startet zwischen T- und Grundlinie, Team 2 an der Grundlinie
- Trainer*in steht hinter Team 1 und spielt einen Ball an, Team 1 rückt mit dem Ball an Netz auf
  - Team 1 rückt dem Anspiel folgend ans Netz auf, d. h. wurde in die Mitte angespielt, rücken beide Spieler*innen gerade nach vorne auf, wurde jedoch zu einer der beiden Seiten angespielt, so rücken die Spieler*innen diagonal, dem Ball folgend, ans Netz auf (vgl. Abb. 9.45)
- Der Punkt wird offen ausgespielt

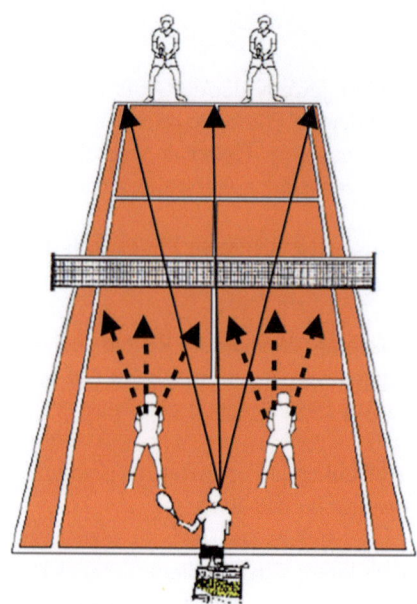

Abb. 9.45 Platzabdeckungs-/Verschiebe – Übung

Variationen

- Sonderpunkte für das verteidigende Team, wenn ein Passierball durch die Mitte ohne Berührung gelingt (mangelhafte Abdeckung bzw. Verschiebung durch das Netz Team), damit 1) das Netz-Team gezwungen wird die Mitte immer gut abzudecken, 2) das Grundlinien-Team animiert wird viel durch die Mitte zu passieren, 3) es häufig zu der Situation kommt, dass in der Mitte abgedeckt werden muss

▶ - Die Spieler*innen darauf hinweisen, dass ein solches Verschieben natürlich nicht nur beim Anspiel zu erfolgen hat, sondern im gesamten Verlauf des Ballwechsels
   - Durch das Anspiel wird den Spieler*innen verdeutlicht, was bei cross gespielten Volleys passieren muss (→ man setzt sich selbst unter Zugzwang zu verschieben).

Poaching-/Wildern-Übung (Ferrauti et al., 2014)

Trainingsziel

- Erlernen des Timings für erfolgreiches Poaching
- Verbesserung der **Beinarbeit** am Netz, im Speziellen beim Poaching

- Verbesserung des Volleys beim Poaching
- Verbesserung der taktischen Platzierung innerhalb der Cross oder Longline Rally von der Grundlinie, damit die Netzspieler*in erfolgreich poachen kann

Ablauf

- Klassische **Doppel**aufstellung, bei der zwei Spieler*innen in der Cross Rally an der Grundlinie spielen (vgl. Abb. 9.46)
- Die beiden Netzspieler*innen befinden sich in der Hot-Seat-Position, verschieben also permanent nach dem Ball des Partners nach vorne (näher ans Netz) und vor dem Ball des Partners zurück (Höhe T-Linie)
- Die beiden Netzspieler*innen versuchen zu poachen, also den Ball vorne am Netz abzufangen
- Bis es zum ersten Volley (erfolgreiches poachen) kommt, sind keine longline Schläge erlaubt

Variationen

- Die Spieler*innen an der Grundlinie spielen eine Longline Rally
- Nächstes Level: Die Grundlinienspieler*innen dürfen bereits vor dem ersten Volley schon longline bzw. cross spielen

Abb. 9.46 Poaching-/ Wildern-Übung

▶   Verdeutlichung der sinnvollen Platzierung (z. B. recht lang durch die
         Mitte), damit vorne gepoached werden kann.

Doppel mit Aufgaben (LFG Tennis)

Trainingsziel

- Anwendung verschiedener Formationen, **Taktiken** und Laufwege

Ablauf

- Es werden normale **Aufschlagspiele** gegeneinander gespielt
- **Aufschlag**-Team bekommt bestimmte Aufgabe(n), z. B. verschiedene Forma-
  tionen oder Laufwege
  - Beispiel: **Aufschlag**-Team startet in i-Formation (vgl. Abb. 9.47 mitte)
       Return-Richtung ist vorgegeben und dem **Aufschlag**team bekannt
  - **Return**-Team bekommt bestimmte Aufgabe(n), z. B. Wechsel nach dem **Re-
    turn**, Chip and Charge, beide von der Grundlinie usw.
  - Situation(en) immer mehr öffnen z. B. muss eine von drei Optionen gespielt
    werden: Poaching, Serve and Volley/Chip and Charge, beide von der Grund-
    linie usw.

Variationen

- Nur eines der Teams bekommt eine Aufgabe oder beide gleichzeitig
- Die gestellte Aufgabe ist auch dem gegnerischen Team bekannt oder komplett
  geheim
- Es werden freie Punkte gespielt und bestimmte Aufgaben können bei Erfüllung
  zum Bonuspunkt führen

Abb. 9.47 Doppel mit Aufgaben

Einzel-Doppel/DonZel/EiDo (LFG Tennis)

Trainingsziel

- Spielerisches **Doppel**training
- Kommunikation mit Partner*in
- Peripheres Sehen und taktische Übersicht
- Schlagtraining im Cross-Duell

Ablauf

- Alle vier Spieler*innen starten an der Grundlinie
- Die Spieler*innen eines Teams spielen gleichzeitig jeweils einen Ball cross rein (vgl. Abb. 9.48)
- Der Punkt startet mit zwei parallel stattfindenden Cross-Duellen im jeweils halben **Doppelfeld**
- Sobald eines der Cross-Duelle beendet ist, wird mit dem verbliebenen Ball der Punkt im **Doppel** ausgespielt.
- **Zählweise:** beide Punkte zählen, d. h. sowohl der erste Punkt, er im Cross-Duell beendet wird als auch der **Doppel**punkt. Es werden Sätze bis 15 Punkte gespielt mit zwei Punkten Abstand

Abb. 9.48 Einzel-Doppel/
DonZel/EiDo

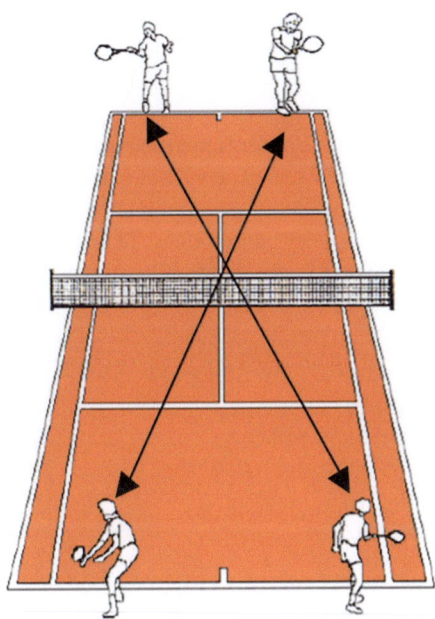

Variationen

- Anstatt des Cross-Duells wird mit zwei parallelen Longline-Duellen begonnen
- Nach jeweils vier Punkten wechselt ein Team die Seiten (rechts – links), nach weiteren vier Punkten wechselt das andere Team usw.
  - So spielen innerhalb des Satzes alle Spieler*innen in beide Cross-Richtungen und gegen beide Gegner*innen
- **Zählweisen**-Variationen:
  - nur der Doppelpunkt zählt.
    - Vorteil: einfacheres Mitzählen
    - Nachteil: Cross-/Longline-Duell verliert an Bedeutung
  - Punkt zählt nur, wenn ein Team beide Punkte gewinnt, dann Sätze verkürzen bis 7 Punkte
- nach einer bestimmten Anzahl Cross-Schläge (z. B. zwei pro Spieler*in) ist alles erlaubt, sodass mit zwei Bällen gleichzeitig auf das gesamte **Doppelfeld** zwei gegen zwei gespielt wird

Tischtennis-Doppel & Ein-Schläger-Doppel (Grambow et al., 2021b)

Trainingsziel

- Kommunikation mit **Doppel**partner*in
- Gruppendynamik
- Lösung ungewöhnlicher Situationen

Ablauf

- Alle vier Spieler*innen starten an der Grundlinie
- Es wird Zwei-gegen-Zwei jedoch auf dem **Einzel**feld gespielt
- Die Angabe erfolgt von unten und wird neutral mittig ins Spiel gebracht
- Die Spieler*innen eines Teams müssen, wie beim Tischtennis, abwechselnd schlagen (vgl. Abb. 9.49)
- Es werden Sätze bis 11 Punkte gespielt

Abb. 9.49 Tischtennis-Doppel & Ein-Schläger-Doppel

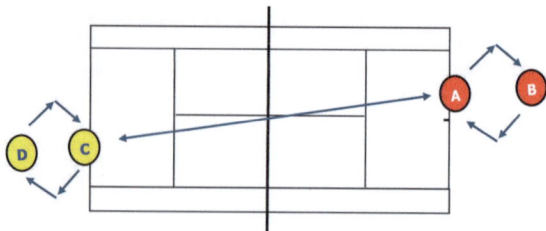

Variationen

- Ein-Schläger-**Doppel**: gleiche Spielform, jedoch hat jedes Team nur einen Schläger zur Verfügung, der nach dem Schlag jeweils an übergeben werden muss
- Der Punkt beginnt normal mit **Aufschlag** und **Return**, jedes Team schlägt zweimal in Folge auf
- Auch als 3-gegen-3 oder 4-gegen-4 spielbar

Königs-Doppel / Prinzessin-Doppel (LFG Tennis)

Trainingsziel

- Verbesserung des Angriffs- und Netzspiels auf eine sehr dynamische und spielerische Art
- Verbesserung der Kommunikation und des gemeinsamen Verschiebens im **Doppel**
- Verbesserung der Passierbälle und der Reaktionsfähigkeit
- Gruppendynamik
- Spaß

Ablauf

- Es können bis zu 4 **Doppel** auf einem Platz spielen, wobei immer ein **Doppel** (verteidigendes Team) auf der Königsseite ist, während alle übrigen **Doppel** (angreifende Teams) auf der anderen Seite sind und versuchen mit drei aufeinander folgenden Punktgewinnen auf die Königsseite zu wechseln, dabei spielt immer ein Team, während alle weiteren Teams hinter dem Platz warten (vgl. Abb. 9.50).
- Trainer*in steht hinter dem Team auf der Königsseite und spielt bis zu 3 Bälle für das an der Grundlinie startende (und angreifende) Team an. Anspiel 1 ist ein kurzer Ball Richtung T-Linie zu Spieler*in 1 vom angreifenden Team, der als Angriffsball gespielt werden soll und mit dem das Team auch ans Netz vorrücken soll. Bei Punktgewinn für das angreifende Team erfolgt Anspiel 2 als Volley für Spieler*in 2, erneut wird der Punkt ausgespielt. Sollte auch dieser Punkt vom angreifenden Team gewonnen werden, erfolgt Anspiel 3 als schmetterbarer Lob, damit wahlweise Spieler*in 1 oder Spieler* 2 des angreifenden Teams einen Schmetterball spielen kann. Wurden alle drei Punkte gewonnen, wechselt das Team auf die Königsseite
- Nur auf der Königsseite können, für jeden gewonnenen Punkt, Matchpunkte gesammelt werden. Es gewinnt das Team, welches zuerst 11 (oder auch wahlweise 15 oder 21) Matchpunkte errungen hat

Abb. 9.50 Königs-Doppel/
Prinzessin-Doppel

Variationen

- Je nach Spielniveau müssen $2\times$ oder $3\times$ alle drei Angriffspunkte gewonnen werden, bevor ein Team auf die Königsseite wechseln darf
- Je nach Spielniveau erfolgen nur 2 Anspiele, ein Angriffsball und wahlweise ein Volley oder Schmetterball

▶
- als Trainer*in darauf achten, dass immer sofort die nächsten Anspiele erfolgen können (ausreichend viele Bälle im Korb)
- Sehr gut kombinierbar mit Musik am Platz
- Als Trainer*in von 3 herunterzählen (3, 2, 1), sobald ein angreifendes Team den dritten Punkt gewonnen hat und sich auf den Weg zur Königsseite macht. Anspiel erfolgt bei 1, unabhängig davon, ob das Team schon komplett hinter der Grundlinie angekommen ist (für noch mehr Dynamik).

Doppelspezifische Schläge und Laufwege (LFG Tennis)

Trainingsziel

- Systematisches Training doppelspezifischer Schläge, Schlagkombinationen und Laufwege

Ablauf

Korbübung:

- Trainer*in spielt aus dem Korb von der Grundlinie drei Schläge an: erster Volley auf Höhe der T-Linie, hoher Volley vorne am Netz und einen Schmetterball in der Rückwärtsbewegung bzw. im Sprung
- Laufwege der Spieler*innen:
  - Spieler*innen starten mit einem simulierten **Aufschlag** und bewegen sich danach dynamisch wie beim Serve and Volley auf ihrer Platzhälfte nach vorne in Richtung Netz
  - Split-Step auf Höhe der T-Linie und erster tiefer Volley cross
  - Aufrücken in netznahe Position, **Split-Step** und Poach-Bewegung auf andere Platzhälfte und zweiter hoher Volley
  - Rückwärtsbewegung inkl. Sprung zum Schmetterball
- Bei mehreren Spieler*innen rotieren diese nach den jeweils drei Schlägen durch

Herausfordernd miteinander:

- 2–3 Netzspieler*innen und 1 Grundlinienspieler*in
- Grundlinienspieler*in spielt aus einer Ecke heraus abwechselnd cross und longline und versucht jeweils ca. die Einzellinien zu treffen
- Netzspieler*innen spielen den cross gespielten Ball auf Höhe der T-Linie als ersten Volley cross in Richtung Grundlinienspieler*in, rücken danach schnell auf und spielen den longline geschlagenen Ball als Poaching-Volley longline in Richtung Grundlinienspieler*in
- Netzspieler*innen rotieren

9.9　Schwerpunkt Beinarbeit

Beinarbeit an der Grundlinie (LFG Tennis)

Trainingsziel

- Automatisierung und Training der **Beinarbeit** an der Grundlinie
- Ökonomische **Beinarbeit** zum Ball hin und optimale Platzabdeckung nach dem Schlag

Ablauf

- Spieler*innen stehen mittig hinter der Grundlinie
- Trainer*in steht an der T-Linie auf der Netzseite der Spieler*innen und wirft von dort an
- Anwurf von sechs Bällen regelmäßig rechts und links, sodass die Spieler*innen sich zwischen den Einzellinien hin und her bewegen müssen
- Spieler*innen üben die **Beinarbeit** hin zur Vor- bzw. Rückhand in der Seitwärts-Bewegung entlang der Grundlinie sowie das Abstoppen und die anschließende Platzabdeckung hin zur **Winkelhalbierenden** und den **Split-Step**
- Jeweils sechs Schläge, danach Spieler*innen-Wechsel

Variationen

- Anwurf von sechs Bällen unregelmäßig rechts- links, Spieler*innen üben die **Beinarbeit** unter erschwerten Bedingungen, Wichtigkeit des **Split-Steps** wird durch möglichen Anwurf gegen die Laufrichtung verdeutlicht.
- Anwurf von sechs Bällen regelmäßig hinten-vorne auf der Vorhand- oder Rückhandseite, Spieler*innen üben die **Beinarbeit** in der Bewegung nach hinten weg vom Ball und in der Bewegung nach vorne zum Ball sowie die jeweiligen Bewegungen zurück zur **Winkelhalbierenden**
- „großes X": Anwurf von sechs Bällen unregelmäßig in alle sechs Richtungen (Vorhandseite hinten, seitlich, vorne sowie Rückhandseite hinten, seitlich, vorne) inkl. jeweiliges Einnehmen der **Winkelhalbierenden**

▶   Idealerweise folgt eine Anwendung im Spiel miteinander, bspw. im Cross-Duell mit Fokus auf die **Beinarbeit**.

Spielerisches Beinarbeits-Training (LFG Tennis)

Trainingsziel

- **Beinarbeit** trainieren in spielerischer Form

Ablauf

Erweiterter Hosenträger *(vgl.* Abb. 9.51)

- Grundlinien-Duell mit folgender Schlagfolge: cross-cross- cross-longline bzw. Spieler*in A spielt abwechselnd cross und longline und Spieler*in B alle Schläge cross (vgl. Abb. 9.51)
- **Beinarbeits**-Keypoints:
  - Lauf zum Ball
  - Schlagstellung

Abb. 9.51 Erweiterter
Hosenträger

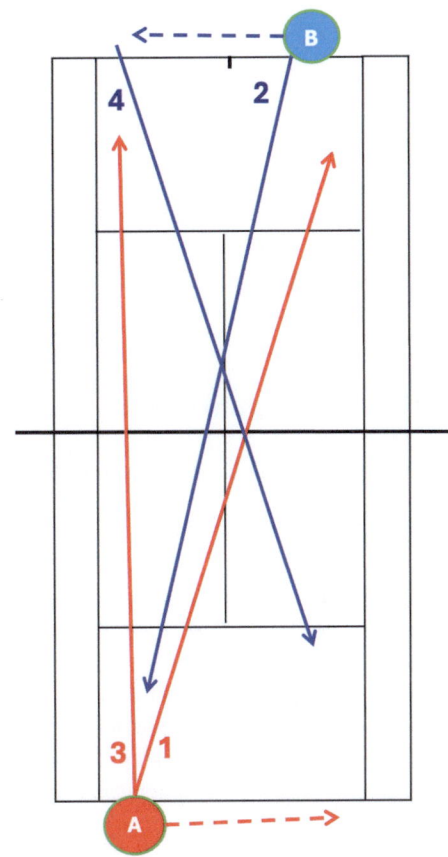

- Recovery-Step
- **Überkreuz-Schritt** aus der Ecke heraus
- Bewegung zurück zur **Winkelhalbierenden**

Richtungswechsel-Punkte

- Beide Spieler*innen stehen sich cross gegenüber an der Grundlinie und starten einen Meter mittig von der Einzellinie
- Auf ein Kommando Start zur Einzellinie, **Richtungswechsel** und Lauf in die freie Ecke
- Anspiel in den Lauf von Spieler*in A, Sprint zum Ball und ersten Schlag cross, danach ist der Punkt frei
- **Beinarbeits**-Keypoints:
  - Schnelle **Richtungswechsel**
  - Schlag aus dem Lauf, erneuter schneller **Richtungswechsel**

Variationen

- **Erweiterter Hosenträger** auch gegeneinander möglich: weiterhin sind die Schlagrichtungen festgelegt, es wird jedoch der Punkt ausgespielt
- **Richtungswechsel**-Punkte auch mit unbekanntem Anspiel möglich, d. h. der erste Ball kann auch gegen die Laufrichtung von Spieler*in A angespielt werden, danach ist der Punkt sofort frei

▶   Jeweils auf eine passende Belastungs-Pausen-Relation achten. Qualität muss erhalten bleiben.

9.10   Schwerpunkt Padel

Padel Up and Down Drill (Einspielen) (LFG Tennis)

Trainingsziel

- Erlernen bzw. Verbesserung des Timings bei der Übernahme der Netzposition
- Verbesserung und Förderung der Variabilität des Lobs (schneller, etwas flacher gespielte Variante und langsam, etwas höher gespielte Variante)
- Verbesserung der **Beinarbeit** beim Übergangsspiel ans Netz (nach dem Aufrücken zum Volley) und der **Beinarbeit** beim Zurücklaufen zu einem Lob
- Verbesserung des indirekten Spielens nach der Wandberührung (Lob wird gegen die Rück- oder Seitenwand springen gelassen)

Ablauf

- Beide Spieler*innen stehen sich zu Beginn in der Defensivposition (circa 1 Meter hinter der Aufschlaglinie, Höhe des vierten seitlichen Pfostens) gerade gegenüber (Spieler*in 1 auf der Einstandseite, Spieler*in 2 auf der Vorteilseite)
- Auf ein Anspiel von unten rückt Spieler*in 1 an Netz auf, das Anspiel wird von Spieler* 2 flach zurückgespielt, sodass Spieler*in 1 einen Volley spielen kann. Diesen Volley beantwortet Spieler*in 2 mit einem (schnellen oder langsamen) Lob und versucht so die Netzposition zu übernehmen, folgt also dem eigenen Lob ans Netz. Spieler*in 1 lässt den Lob aufkommen und im Idealfall (sofern es die Flugkurve zulässt) gegen die Rückwand springen, bevor der Ball flach zurückgespielt wird. Dieses Rückspiel (Lob-Antwort) wird von Spieler*in 2 als Volley gespielt, worauf nun Spieler*in 1 selbst mit einem (schnellen oder langsamen) Lob erneut die Netzposition übernimmt
- Rotierender Kreislauf in dieser Reihenfolge, sollte ein Lob zu kurz sein, wird dieser als Volley zurück-gespielt und auf einen besseren Lob gewartet, die Reihenfolge verzögert sich dann um einen Schlag

Variationen

- Anstatt die Übung im festen Rhythmus miteinander zu spielen, kann die am Netz stehende Person versuchen die Netzposition zu verteidigen, also möglichst viele Lobs direkt aus der Luft Überkopf zu beantworten und danach wieder ans Netz aufzurücken. Spieler*in 2 muss in diesem Fall mit dem Aufrücken ans Netz warten, bis Spieler*in 1 einen Lob aufkommen lässt und somit die Option entsteht, die Netzposition zu übernehmen
- Anstatt die Übung miteinander zu spielen, kann man sie auch gegeneinander spielen und Variante 2 (ohne fest vorgegebene Reihenfolge der Übernahme) um Punkte spielen
- Anstatt die Übung longline zu spielen, können sich die beiden Spieler*innen auch cross aufstellen (sowohl Einstandseite zu Einstandseite als auch Vorteilseite zu Vorteilseite) und alle Varianten in dieser Aufstellung durchspielen

▶ - Bei unerfahrenen Padel Spieler*innen unbedingt die Schlagreihenfolge und das Aufrücken ans Netz vorgeben, damit die Kernidee des Spiels, der Kampf um die Netzposition, schnell verinnerlicht wird und trotz evtl. Vorbehalte die Spieler*innen schnell lernen, dass man als Team im Padel immer versucht gemeinsam die Netzposition einzunehmen
- Eine denkbare Variante können kleinere Sanktionen wie z. B. „Hampelmänner" sein, falls ein*e Spieler*in das Aufrücken ans Netz nach einem erfolgreichen Lob vergisst.

Padel Wand Drill (LFG Tennis)

Trainingsziel

- Erlernen bzw. Verbesserung des indirekten Spielens mit der Wand
- Frühzeitige Oberkörperrotation zur Schlagseite
- Ausholen des Schlägers auf Höhe des erwarteten, vor dem Körper liegenden, Treffpunktes
- Schulung der **Beinarbeit** in der Defensive

Ablauf

- Trainer und Spielerin befinden sich beide auf der gleichen Seite, wahlweise auf der Einstand- oder Vorteilseite, wobei sich die Spielerin in der Defensivposition (mittig in ihrer Hälfte circa 1 Meter hinter der Aufschlaglinie) mit dem Rücken zur Wand befindet, während der Trainer ihr gegenüber mit dem Rücken zum Netz circa 1 Meter vor der Aufschlaglinie steht (vgl. Abb. 9.52)
- Der Trainer spielt Bälle unterschiedlicher Länge zu, die Spielerin soll den Ball aufkommen lassen und entscheiden, ob direkt nach dem Aufkommen

Abb. 9.52 Padel Wand Drill

zurückgespielt wird, oder aus der Luft, nachdem der Ball gegen die Rückwand gesprungen ist

- Zu Beginn kann der Trainer verbale Hinweise (z. B. „direkt" und „Wand") geben, allerdings im Laufe der Übung soll diese Entscheidung von der Spielerin (möglichst intuitiv) getroffen werden
- Die Spielerin spiel den Ball dosiert zum Trainer, sodass dieser den nächsten Ball direkt aus der Luft zuspielen kann
- Frühzeitiges Eindrehen des Oberkörpers Richtung Vorhand oder Rückhand, je nachdem wohin der Trainer zugespielt hat, mit gleichzeitig stattfindender (optional tiefer/halbhoher/hoher) Zurückführung des Schlägers (Mögliche Verbalisierung: tiefe Tür öffnen, normale Tür öffnen, hohe Tür öffnen)
- Im Verlauf der Übung auch die Seitenwand mit einbeziehen, sobald das Spielen nach der Rückwand sicher erscheint

Variationen

- Gleiche Übung, aber der Trainer steht diagonal versetzt Richtung Mitte des Platzes, sodass die ankommenden Bälle aus einem anderen Winkel (cross) zugespielt und beantwortet werden
- Hierbei sollen die Bälle nicht nur unter Einbeziehung der Rückwand, sondern vermehrt auch nach Berührung der Seitenwand gespielt werden
- Vergrößerung des Abstandes zwischen Trainer und Spielerin, damit sowohl bei der Longline Variante als auch bei der Cross Variante die Zuspiele durch den Trainer mit mehr Tempo und Absprunghöhe (nach dem Wandkontakt) gespielt werden können

▶ • Angepasst der Spielstärke und Athletik der Spielerin, kann der Trainer die Zuspiele im Wechsel Richtung Seitenwand und Platzmitte anspielen, um die Beinarbeit und Fitness der Spielerin zu fordern
   • Die Spielerin darauf hinweisen, dass der Treffpunkt weiterhin immer vor dem Körper liegen muss, oftmals wird der Schritt hinter den Ball vergessen oder der Absprung des Balles aus der Rück- oder Seitenwand überschätzt.

Padel Volley Duell (LFG Tennis)

Trainingsziel

• Verbesserung der Spiel- und Reaktionsfähigkeit am Netz
• Differenzierung der Geschwindigkeit und Platzierung bei Volleys und deren Auswirkung
• Erlernen des Timings zum Aufrücken bei gut gespielten (platziert und angepasstes Tempo) Volleys

Ablauf

• Beide Spieler*innen stehen sich am Netz gegenüber, eine Person auf der Einstandseite, die andere Person auf der Vorteilseite, zu Beginn jeweils in der Netzposition (Höhe zweiter Seitenpfosten im Gitter oder bis zu einem halben Meter davor; vgl. Abb. 9.53)
• Beide Spieler*innen sind angehalten den Ball aus der Luft (Volley) zu spielen, sollte es dabei zu Halb Volleys kommen, ist dies erlaubt und der Ballwechsel wird weitergespielt
• Aufgabenverteilung: eine Seite spielt nur longline, die andere Seite nur cross (Aufgaben wechseln später)
• Miteinander Rekordversuch, möglichst langer Ballwechsel

Variationen

• Aus Miteinander wird Gegeneinander, die Punkte werden ausgespielt, wobei Volleys, die hinter der Aufschlaglinie landen würden oder nach dem ersten Aufsprung an die Rückwand springen, als Fehler gewertet werden, sofern diese durchgelassen wurden
• Startposition auf Höhe der Aufschlaglinie, danach dürfen beide Spieler*innen aufrücken
• Keinerlei Vorgaben bezüglich der Schlagrichtung des Volleys, sofern dieser in das Aufschlagfeld platziert wird

Abb. 9.53 Padel Volley
Duell

▶ • Die Spieler*innen sollen die Vorteile präzise platzierter (z. B. kurz vor
      das seitliche Gitter) und bezüglich des passenden Tempos dosierter
      Volleys verdeutlicht bekommen
    • Schafft es eine Person die andere Person unter Netzhöhe zu er-
      wischen, bietet sich die Gelegenheit aufzurücken und den Folge-
      schlag (Volley) selbst über Netzhöhe zu vollieren und seitlich an der
      anderen Person vorbeizuspielen

Padel Verteidigung der Netzposition (LFG Tennis)

Trainingsziel

• Verbesserung des gemeinsamen Netzspiels und der Kommunikation
• Angemessener Einsatz des Tempos bei Volleys und Überkopfbällen
• Verbesserung der Beinarbeit am Netz, im Speziellen zu Überkopfbällen und im
  Anschluss an diese, damit die Netzposition wieder eingenommen wird
• Gemeinsames Verschieben sowohl seitlich als auch für den Mitspieler die Mitte
  abdecken, nachdem dieser einen Überkopfball spielen musste
• Schulung des Timings für ein gemeinsames Aufrücken

Ablauf

- Vier Trainierende auf dem Platz, wobei ein Team zusammen am Netz steht, während das andere Team zusammen hinter der Aufschlaglinie in der Defensivposition startet (vgl. Abb. 9.54)
- Das Anspiel erfolgt von unten durch das am Netz stehende Team, danach wird der Punkt ausgespielt, wobei das Defensiv-Team auf direkte Bälle keine Lobs spielen darf
- Lobs sind nur dann erlaubt, wenn ein indirekter Ball (also nach einer Wandberührung) gespielt wird oder wenn ein ankommender Ball aus der Luft (Volley Lob) gespielt wird
- Sollte ein Lob durch das Netz-Team nicht aus der Luft gespielt werden, rückt das Defensiv-Team gemeinsam ans Netz vor und übernimmt die Netzposition
- Gespielt wird wahlweise entweder auf Zeit oder bis zu einer bestimmten Punktzahl für das Netz-Team oder das Defensiv-Team, danach werden die Aufgaben gewechselt

Variationen

- Alternativ gilt die Vorgabe auf direkte Bälle nur Lobs zu spielen, nur indirekte Bälle (also nach einer Wandberührung) oder Volleys dürfen flach gespielt werden
- Auch in diesem Fall gilt, sollte ein Lob durch das Netz-Team nicht aus der Luft gespielt werden, rückt das Defensiv-Team gemeinsam ans Netz vor und übernimmt die Netzposition (kommt häufiger vor, weil deutlich mehr Lobs gespielt werden)

Abb. 9.54 Padel
Verteidigung der Netzposition

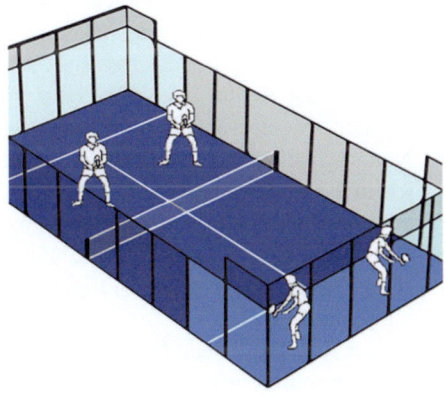

▶ • Übung in dieser Form für Fortgeschrittenes Niveau, im Einsteiger Be-
    reich kann das Anspiel durch den Trainer erfolgen, dann auch optio-
    nal von der Defensivseite und direkt für einen Volley oder Überkopf-
    ball des Netz-Teams
  • Im Einsteigerbereich keine Vorgaben bezüglich wann flach oder ein
    Lob gespielt werden darf

Padel Aufschlag, Return +1 Drill (LFG Tennis)

Trainingsziel

• Verbesserung des Aufschlags (Platzierung, Tempovariationen, Beinarbeit, Kon-
  stanz)
• Verbesserung der (flachen) Returns (Platzierung, Tempovariationen, Beinarbeit,
  Konstanz)
• Erlernen und Verbesserung des ersten Volleys direkt nach dem Aufschlag (Plat-
  zierung, Tempovariationen, Beinarbeit, Konstanz)

Ablauf

• (2 bis) 4 Spieler*innen trainieren gemeinsam auf dem Platz, wobei Spieler*in
  1 Aufschläge von der Einstandseite serviert, Spieler*in 2 mit Returns auf diese
  Aufschläge von der gegenüberliegenden Einstandseite startet, Spieler*in 3 Auf-
  schläge von der Vorteilseite aufschlägt und Spieler*in 4 mit Returns auf diese
  Aufschläge von der gegenüberliegenden Vorteilseite beginnt
• Spieler*in 1 hat wie im Match zwei Aufschlagversuche und diagonal Richtung
  Aufschlagfeld. Bei gültigem 1. Aufschlag entfällt der 2. Aufschlag, andernfalls
  erfolgt der zweite Versuch. Nach erfolgtem Aufschlag muss Spieler*in 1 ver-
  pflichtend Serve & Volley spielen, also dem eigenen Aufschlag ans Netz folgen
• Spieler*in 2 returniert den ankommenden (gültigen) Aufschlag flach diago-
  nal Richtung Mitte oder cross ins Aufschlagfeld, sodass Spieler*in 1 den ankommenden Return als Volley oder ggf. als Halb-Volley spielen kann (cross
  Richtung Spieler*in 2, dort wird der Ball gestoppt bzw. gefangen)
• Nun ist Spieler*in 3 von der Vorteilseite an der Reihe und geht genau wie Spieler*in 1 vor, nur mit dem Unterschied, dass Spieler*in 3 Richtung Spieler*in 4
  aufschlägt und volliert (erneut stoppt bzw. fängt nun Spieler*in 4 den Volley)
• Danach wechseln die Aufgaben, nun serviert erst Spieler*in 2 (mit dem gestoppt bzw. gefangenen Ball) Richtung Spieler*in 1, danach Spieler*in 4 Rich-
  tung Spieler*in 3
• Dieser Kreislauf wiederholt sich, bevor die Aufschlagseiten nach vorgegebener
  Zeit gewechselt werden

Variationen

- Die Übung kann auch zu zweit oder dritt absolviert werden, bei ungerader Zahl sind zwei Spieler*innen beim Aufschlag, während nur eine Person returniert. Nun wird nach jedem Punkt beim Aufschlag gewechselt
- Hierbei bietet es sich an, einen Korb mit Bällen auf der Aufschlagseite zu haben und den Volley nicht wie vorher cross zu spielen, sondern longline in die leere Platzhälfte (dort stören die gespielten Bälle nicht und nach gemeinsamem Bälle sammeln können die Aufgaben gewechselt werden)

▶
- Bei fortgeschrittenen Padel Spieler*innen, die sich schon auf eine Spielseite (Rechts- oder Linksseiten Spieler*in, siehe Abschn. 1.8.1 Abschnitt Drive und Reves) festgelegt haben, sollte nach dem Aufschlag auf die auch im Match verwendete Seite aufgerückt werden und der Volley von dort gespielt werden. Folglich sollte der Return auch Richtung Mitte oder der jeweiligen Seite gespielt werden
- In solchen Fällen auch die Aufschlagposition bedenken, also zentral sehr mittig, wenn beim Aufrücken diagonal gelaufen werden muss oder deutlich weiter außen für einen bessere Aufschlagwinkel Richtung Seitenglaswand, wenn gerade nach vorne aufgerückt werden kann.

Literatur

Antoun, R. (2007). Using Variety from the Baseline in Women's Tennis. *ITF Coaching and Sport Science Review, 43*, 2–3.

Born, P. (2017a). *Systematische Analyse der erweiterten Spieleröffnung des Aufschlägers im Herrentennis der Weltspitze inklusive Ableitung anwendungsorientierter Trainingsformen.* Deutsche Sporthochschule Köln.

Born, P. (2010). Eine Nation spielt Jeder gegen Jeden. *Tennissport, 21*(4), 12–13.

Born, P. (2011a). Warm-Up-Serie: Werfen & Fangen. *Tennissport, 22*(1), 7–9.

Born, P. (2011b). Warm-Up-Serie: Zonen Ball. *Tennissport, 22*(2), 14–15.

Born, P. (2011c). Warm-Up-Serie: Touch and Go. *Tennissport, 22*(4), 16–17.

Born, P. (2017b). Handlungssicher unter Druck. *Tennissport, 28*(4), 4–9.

Born, P., Malejka, L., Behrens, M., Grambow, R., Meffert, D., Breuer, J., & Vogt, T. (2021). Stroke placement in women's professional tennis: What's after the serve? *International journal of racket sports science, 3*(1), 37–44.

Born, P., & Vogt, T. (2020a). Feinabstimmung ist alles. Teil 1. *Tennissport, 1,* 20–25.

Born, P., & Vogt, T. (2020b). Unter Druck bestehen. Teil 2. *Tennissport, 2,* 20–24.

Born, P., & Vogt, T. (2021b). Match analysis in tennis. *Match analysis: How to use data in professional sport,* 136–145.

Born, P., & Vogt, T. (2022). How to practice the return and +1s in women's professional tennis. *ITF coaching & sport science review, 30*(86), 14–17.

Ferrauti, A., Maier, P., & Weber, K. (2014). *Handbuch für Tennistraining* (3. überarb. Aufl.). Meyer & Meyer.

Gilbert, B., & Jamison, S. (2007). *Winning ugly.* zu Klampen.

Grambow, R., O'Shannessy, C., Born, P., Meffert, D., & Vogt, T. (2021a). Serve efficiency development indicates an extended women's tennis world class cohort: Analysing 14 years of Ladies Wimbledon Championships – implications for coaching. *Human Movement, 2*(22).

Grambow, R., Born, P., Meffert, D., & Vogt, T. (2021b). Tennis im Sportunterricht: Ein Einstieg. *Lehrhilfen für den Sportunterricht, 70*(6), 269–275.

Loehr, J. E. (1997). *Tennis im Kopf.* München: Der mentale Weg zum Erfolg.

Meffert, D. (2022). *Big points im Tennis? Zur spielsituativen Handlungsvermittlung für die Tennisausbildung.* Erkenntnisse aus der Weltklasse.

Schönborn, R. (2016). *Tennis: Techniktraining* (5. überarbeitete Aufl.). Meyer & Meyer Verlag.

Ulbricht, A., Wiewelhove, T., Fernandez-Fernandez, J., Born, P., & Ferrauti, A. (2012). High-Intensity Training. *TennisSport, 23,* 18–25.

Verstegen, M. (2008). *Core Performance – Tennis.* Riva Verlag.

Schlussworte 10

Ziel dieses Lehrbuches war es, Ihnen die Sportart Tennis mit all ihren Facetten in möglichst vollem Umfang nahe zu bringen, ganz unabhängig davon, ob Sie sich im Sportstudium befinden, als Freizeit- oder ambitionierte Breitensportler*innen bis hin zu Leistungssportler*innen selbst aktiv oder bei der Vermittlung an diese tätig sind. Wir hoffen dieses Ziel erreicht zu haben, sodass Sie sich bereit fühlen, Tennis in den verschiedensten Kontexten mit Freude zu spielen oder zu vermitteln. Die Interdisziplinarität vieler taktischer, methodisch-didaktischer und organisatorischer Aspekte, sowie der Trainings- und Spielformen, sollte Ihnen die Chance geben, Ihr neu erworbenes bzw. vertieftes Wissen auch auf andere Sportarten zu übertragen.

Da sich dieses Lehrbuch sowohl an Sportstudierende, Trainer*innen bzw. Übungsleiter*innen sowie Tennisspieler*innen aller Fähigkeiten-Niveaus, aber auch Sportlehrkräfte richtet, war es uns wichtig, die wechselseitigen Zusammenhänge der einzelnen Komponenten des Tennislernens und -spielens darzustellen, damit Sie in Ihrem (Trainings-) Alltag von diesem neu erworbenen bzw. vertieften Wissen profitieren können. Hierbei galt es einen erfolgreichen Spagat zu machen, einerseits die Themenbereiche voneinander abzugrenzen und andererseits auch Fragestellungen aus den Bereichen Natur-, Sozial- und Geisteswissenschaft zu thematisieren, bspw. historische Hintergründe, bewegungs- und trainingswissenschaftliche Erkenntnisse, aber auch soziale und psychologische Zusammenhänge.

Ein besonderer Dank gilt an dieser Stelle Christian Seewald für die Bereitstellung der Videos zu den Technikleitbildern. Zudem wollen wir uns bei unseren ehemaligen, aktuellen und zukünftigen Studierenden bedanken, die mit ihrer Begeisterung für die Sportart Tennis, ihren Rückfragen und ihrem Interesse dafür sorgen, dass wir uns ständig mit unserer Sportart auseinandersetzen dürfen und beständig weiterlernen.

Auch wenn dieses Lehrbuch knapp 250 Seiten umfasst, kann die Komplexität der Sportart Tennis nur angedeutet werden. Tennis ist eine sehr beliebte und

© Der/die Autor(en), exklusiv lizenziert an Springer-Verlag GmbH, DE, ein Teil von Springer Nature 2025
P. Born et al., *Tennis – Das Praxisbuch für Studium, Training und Freizeitsport*, Sportpraxis, https://doi.org/10.1007/978-3-662-70466-0_10

gleichzeitig hoch lukrative Sportart im Spitzensport, sodass es unabdingbar ist, dass sich die Sportart durchgängig weiterentwickelt bzw. weiterentwickelt wird. Dies gilt sowohl für taktische Überlegungen, athletische und spielerische Anforderungen sowie letztlich auch technische Neuerungen, die Auswirkungen auf Analysemethoden und in ihrer Folge damit auf Trainingsmethoden und Trainingsinhalte haben. Unsere Hoffnung ist es, dass dieses Lehrbuch trotz all dieser Dynamiken möglichst lange aktuell und relevant bleibt.

Stichwortverzeichnis

+

+1 stroke, 63, 231, 238, 244

A

Ampel-Prinzip, 146
Anforderungsprofil, 36, 37, 42, 45, 51
Association of Tennis Professionals (ATP), 3,
    15–17
    Turnier, 54
Athletiktraining, 46
ATP s. Association of Tennis Professionals
Aufschlag, 7, 9, 22, 23, 27, 29, 30, 39, 41, 43,
    44, 46, 57, 59–62, 65, 67, 69, 78,
    84, 85, 87, 90, 134, 136, 138, 141,
    144, 183, 197, 228, 231, 246
    Angabe, 216
    aus dem Rucksack, 218
    Einführung, 218
    Fehler, 240
    Gewinnquoten-Spielform, 240
    Pickleball, 31
    Positionierung, 153
    Präzision, 238
    Prognosetraining, 278
    Return, 217
    Simulationswürfe, 218
    simulierter, 289
    Spielzüge, 134, 238, 240
Aufschlagbewegung, 87
Aufschlag-Level-Challenge, 276
Aufschlag-Return-Position, 244
Aufschlagroutine, 276
Aufschlagspiel, 7, 8, 58, 244, 272, 275, 278,
    280, 284
Aufschlagtechnik, 171
Aufschlagtraining, 199, 219

Auge-Hand-Koordination, 197, 200
Ausdauer, 36, 42
    Definition, 45
    physische, 46
    psychische, 46
    tennisspezifische, 45, 265
Ausdauer-Doppel, 267
Ausdauertraining, 52
    semispezifisches, 51
    tennisspezifisches, 51, 52, 267

B

Ballwechsellänge, 38, 59, 62, 64
Basistechnik, 221
Beachtennis, 29
Beinarbeit, 39, 45, 79, 83, 90, 101, 112, 151,
    157, 166, 180, 197, 199–202, 204,
    227, 228, 237, 245, 282, 292
    an der Grundlinie, 289
    in der Defensive, 293
    Techniken, 158, 160
    tennisspezifische, 160, 266
    Training, 160, 290
Belastungsdruck, 153, 259
Beweglichkeit, 36, 42, 52, 269
    Definition, 46
Bewegungsanalyse, funktionale (FBA), 75, 84
Big Three, 4
Break, 8

C

CHANGE-IT-Modell, 182
Cross-Over-Step, 159
C-Zone, 64, 67, 138, 234, 237, 238, 245

D

Davis Cup, 2, 54
Dehnungs-Verkürzungs-Zyklus (DVZ), 45,
        158, 165
Demonstration, 82, 129, 173, 189
Deutscher Tennis Bund (DTB), 13, 14, 29,
        36, 180
Differenzierung, 181
Differenzierungsmöglichkeiten, 182
Doppel, 8, 14, 17, 19, 29, 37, 42, 59, 103, 139,
        141, 164, 179, 207, 228, 267
    Einführung, 280
    methodische Reihe, 280
    mit Aufgaben, 284
    mit Aufschlag, 280
    ohne Aufschlag, 280
    Padel, 23
    Pickleball, 31
    Spieleröffnung, 280
Doppellinie, 153
Doppeltraining, 285
Down Drill, 292
Druckbedingungen, 40
Drucksituation, 42
DTB s. Deutscher Tennis Bund
DVZ s. Dehnungs-Verkürzungs-Zyklus

E

Ein-Bein-Tennis, 249
Ein-Schläger-Doppel, 286
Einzel, 9, 14, 17, 19, 37, 42, 59, 135, 138, 164,
        179, 228
    Doppel, 285
    Pickleball, 31
Einzellinie, 153
Einzeltaktik, 135
Ermüdungswiderstandsfähigkeit, 45
Explosivkraft, 157

F

Fähigkeiten
    konditionelle, 36, 39, 42, 46, 160
    koordinative, 39, 42, 160
FBA s. Bewegungsanalyse, funktionale
Fehlerkorrektur, 76, 77, 132
    Definition, 79
Fehlersport, 64
Forced error, 65, 67, 137, 229
Formation
    australische, 140
    i-Formation, 140

G

Ganzjahressport, 15
Gewinnsatz, 7, 58
Grand-Slam-Turnier, 2, 3, 13, 15–17, 60, 62
    in Wimbledon, 13
Grundaufstellung, 139
Grundlagenausdauer, 46, 51, 52

H

Hauptaktion, 76, 77, 79, 86, 92, 99–101, 109,
        111, 113, 131, 214, 222, 223, 227,
        228
    des Aufschlags, 218
    erweiterte, 92, 99, 100, 110, 111, 113
Heiligenschein-Position, 113
High Intensity Interval Training (HIIT), 265
High Intensity Training (HIT), 51, 265, 267
High-Pressure-Spielzüge, 240
Hilfsaktion, 76, 77, 79, 131, 218, 227, 228
HIT s. High-Intensity-Training
Hop-Hit, 273
Hosenträger, erweiterte, 193, 216, 232, 234,
        257, 290

I

i-Formation, 142
International Tennis Federation (ITF), 2, 6, 9,
        13, 15, 16, 22, 29, 174, 180
Intervallmethode, 51
ITF s. International Tennis Federation
    Play + Stay-Konzept, 10
    Regeln, 9, 22
    Regelwerk, 176

J

Jeu de Paume, 2, 4

K

Kick-Aufschlag, 221
Kommunikation, 141, 164, 208, 281
Komplexitätsdruck, 153
Komplextraining, 53, 160, 271
Kondition, 42, 79
    tennisspezifische, 268
Konditionstraining, 160, 184, 268, 270
    Definition, 46
Konditions-Zirkel, semispezifischer, 268
Königs-Doppel, 287
Konzeption

integrative, 172, 173
spielorientierte, 171, 172, 176
technikorientierte, 171, 172
Koordination, 36, 38, 40, 41, 79, 124, 152,
        159, 197, 200, 219
    der Beinarbeit, 153
Koordinationstraining, 40, 41, 184, 193
    Zuspiel, 166
Körper-Aufschlag, 141
Korrektur, 79, 80, 130, 146, 164, 173, 181,
        187
    Bewegungsablauf, 82
    funktionale, 82, 131
Korrekturtipp, 82
Kraft, 36, 42, 269
    Definition, 44
Krafttraining, 47
    funktionelles, 49
    mit Kindern, 51
Kreuzschritt, 201, 204, 205

L

Laufschnelligkeit, 43, 156, 205, 209, 210, 260,
        269, 271
    tennisspezifische, 262
Lawn Tennis, 2
Lehr-Lern-Video, 84, 189
Leistungsklasse (LK), 14
LK s. Leistungsklasse
Lob, 114
Longline-Eröffnung, 230
Low-T-Ball, 179, 214

M

Mannschaftsspiel, 14, 36, 44, 179
Match, 44, 45
Matchanalyse, 190
Matchbeobachtung, 190
Matchtraining, 193, 271, 273
Mäusefangen, 260
Maximalkraft, 44
Medien, digitale, 187
Mitspiel, 167
Mixed, 179
Movement-Preparation, 49, 52, 195, 207, 269

N

Nettospielzeit, 37, 58

O

Open Era, 3
Orientierungsspiel, 253

P

Padel, 22, 27, 29
    Aufschlag, 29, 298
    Bandeja, 28
    Entstehung, 23
    Padel Up, 292
    Return, 29, 298
    Spieleröffnung, 29
    Verteidigung der Netzposition, 296
    Volley Duell, 295
    Wand Drill, 293
    Zählweise, 26
Padelbälle, 26
Padelplatz, 26
Padelschläger, 25
Padelspieler*in, 27
Pausengestaltung, 275
Pickleball, 31
    Aufschlag, 31
    Spielidee, 31
Platzabdeckungs-Übung, 281
Play+Stay, 22, 84, 167, 173, 179, 180,
        182–184
    Bereich, 14
    Definition, 174
Poaching-Übung, 282
Präzisionsdruck, 153, 257
Prinzessin-Doppel, 287
Prinzip des umgekehrten Trichters, 145
Prognosetraining, 58

R

Raumdruck, 259
Reaktionsschnelligkeit, 43, 157, 209, 260, 269
Reaktivkraft, 36, 44, 156, 158, 210, 269
Regenerationsfähigkeit, 45
Return, 29, 41, 57, 60, 62, 63, 67, 87, 94, 136,
        138–140, 144, 153, 183, 217, 221,
        231, 284
    Fehler, 69, 240
    mittig, 246
    Präzision, 238
    Technik, 228
Returnposition, 69
Returntraining, 219

Richtungswechsel, 37, 44, 45, 47, 52, 152,
        156, 157, 159, 200, 201, 204, 205,
        262, 266, 291
    Side-Steps, 269
Rollstuhltennis, 13, 19, 193
    Definition, 19
Routine, 56, 57, 275
Rückhand, 90, 243

S
Sanduhr-Prinzip, 144
Schattenlauf-Warm-up, 199
Schläge, doppelspezifische, 289
Schlagschnelligkeit, 43, 269, 271
Schlagtechnik, 160
Schmetterball, 226
Schnelligkeit, 36, 42, 44, 47, 52, 152
    Definition, 43
    der Richtungswechsel, 210, 262
    semispezifische, 270
        der Richtungswechsel, 260
Schnelligkeitsausdauer, 43, 51, 211, 269
    tennisspezifische, 264
Schnelligkeitsausdauertraining, 51
Schnelligkeitstraining, 47, 51
    semi-spezifisches, 47
    tennisspezifisches, 47
Schnellkraft, 36, 43, 44, 50, 52, 152, 156, 210,
        269–271
Schnellkraftausdauer, 45
Schnellkrafttraining, 165
Selbstgespräch, 56, 273
Selbstkorrektur, 80, 82, 131
Situationsdruck, 153
Situativität, 120, 127
Slice-Aufschlag, 221
Spezial-Warm-up, 217
Spieleröffnung, 29, 42, 59, 62, 139
    +1 strokes, 62
    erweiterte, 60, 62
Spielidee, 6, 9, 21
    Pickleball, 31
Spielzüge, 142, 279
Split-Step, 89, 92, 100, 101, 110, 111, 158,
        160, 202, 204, 205, 228, 261, 289,
        290
Sport der Fehler, 6
Stabilität, 120, 127, 166
Standardformation, 139, 142
Stärke, mentale, 53, 55, 271
Stationentraining, 268
Stoppball, 116

Strategie, 133
Synchronkorrektur, 131

T
Taktik, 36, 65, 83, 133, 135, 137, 138, 143,
        180, 188, 189, 207, 208
    4 Ecken, 235
    im Doppel, 138
    Verteilen aus der Mitte, 237
Taktikanwendung, 143, 144
    Rückhand, 243
    Vorhand, 241
Taktikerwerb, 143, 144, 148, 232, 234
    Rückhand, 243
    Übungen, 145
    Vorhand, 241
Taktiktraining, 119, 142, 146, 148, 193, 232,
        234
    explizites, 144
    implizites, 144
    Unterrichtsmaßnahmen, 147
Technik, 36, 39, 53, 76, 77, 90, 118, 126, 135,
        137, 171, 188, 189, 207, 208, 226
    des Returns, 228
Technikanwendung, 232, 234
    Übungen, 145
Technikelemente, 189
Techniktraining, 42, 52, 53, 76, 118, 126, 142,
        146, 160, 166, 188, 193, 223, 271
    des Aufschlags, 219
Tennis 10s
    Xpress, 176, 180
Tennis, 180
Tennisball, 10, 29, 41, 47, 194, 197, 198, 221,
        247, 261
Tenniscamp, 185
Tennisfeld, 7, 19
Tennisplatz, 5, 11, 44, 137, 157, 160, 167,
        190, 247, 266
    Zonen, 66, 138
Tennisregeln, 6, 9, 13
Tennisschläger, 9, 194, 213
Tennisspiel
    mit Zusatzaufgaben, 251
    mit zwei Bällen, 250
Tennistechniken, 76
Tiebreak, 3, 8, 9, 36, 58, 176, 179, 275, 281
Tischtennis-Doppel, 286
Training, psychologisch orientiertes, 55, 56
Trainingsformen, 41

U

Überkreuzschritt, 159, 160, 266, 291
Unforced error, 65, 135, 190, 229, 240

V

Variabilität, 120, 127
Verletzung, 11, 12
Vermittlungskanäle, 181
Verschiebe-Übung, 281
Videoanalyse, 188
Visualisierung, 56, 57, 81, 189
Volley, 226
Volleyball-Doppel, 280
Volley-Duell, 248
Volley-Warm-up, 208
Vorbild-Technik, 189
Vorhand, 90, 241
    umlaufene, 59, 64, 231, 266

W

Warm-up, 12, 49, 52, 183, 194, 195, 199, 210,
    271
    induktives, 226
    kognitives, 205, 207–209, 211, 246

koordinatives, 197
mit Ball-Anwurf
    mit Schläger, 201, 202, 204
    ohne Schläger, 200
physisches, 205, 207–209, 211, 213, 214,
    246
tennisspezifisches, 194
Überkopf-Würfe, 218
WC s. Wild Card
Weltrangliste, 4, 14, 16
Wild Card (WC), 18
Wildern-Übung, 282
Wimbledon, 2, 5
Winkelhalbierende, 39, 151, 153, 158, 200,
    228, 290, 291
Winner, 6
Women's Tennis Association (WTA), 3, 15, 16
WTA s. Women's Tennis Association

Z

Zählweise, 4, 7, 22, 36, 54, 58, 176, 180, 182,
    183, 233, 257, 278, 281
Zeitdruck, 153, 255
Zone, verbotene, 68, 232, 234, 274
Zuspiel, 163, 165, 166